讀懂慈禧太后的困局，才能讀懂中國近代史

老佛爺不高興，後果很嚴重

她真的像人們口中所說的那樣，是一個貪圖權勢、驕奢淫逸、自私虛榮、剛愎自用的婦道人家嗎？這位19世紀全世界最有影響力的女性，到底為了什麼不高興？

晚清乃中國幾千年不遇之大變局。
與其說，是慈禧選擇了晚清，
不如說是晚清選擇了慈禧。

端木賜香／著

權威推薦
近代史學者—章立凡、袁偉時
歷史系教授—隋麗娟

緣起：老佛爺為什麼不高興？

老佛爺專政是中國歷史上的一個奇蹟。一個最鄙視女人的國度，竟然被一個女人玩弄於股掌近半個世紀。武則天咱就不說了，因為那時候的中國女人還沒有開始裹腳，那時候的中國寡婦還能再嫁，那時候的中國閹儒還沒有發明存天理、滅人欲之類的「生化武器」……

老佛爺她老公常說的一句話是：「我大清尚有人耶？」

有，這個人就是他老婆——懿貴妃！

從感情上講，我不太喜歡她；從理智上講，我從沒想到要寫她。作為執政者，她是一個封建帝王；作為女人，她是一個寡婦。封建帝王，中國兩千年的歷史下來，那是一串長長的名單。但是，除了我們河南帥哥袁世凱有特別的研究價值以外，其他帝王構不成文化基因上的突變與體制上的突破，因此都是不鹹不淡的話題。寡婦，中國兩千年的社會下來，可以組成一個又一個龐大的軍團。這個軍團的背後，是中國文化的反人性與反社會。只不過，既是寡婦又是最高執政的，在中國歷史上倒是不多。而且慈禧所面臨的棋盤也與以往有所不同：作為封建帝王，她既面臨了中國歷史週期率中的末世，又攤上了世界格局下中國文明的衰世——正如西方學者所言：「明朝的沒落是中國歷史的一幕，而清朝的滅亡則是世界歷史上的大事。」作為寡婦，她既失去了唯一的兒子，還跟養子鬧彆扭，自己也不敢明目張膽地牝雞司晨。在中國的宗法政治語境下，家事就是國事，國事就是家事，不論是家事還是國事，老佛爺都沒有處理好。能處理好的，我們至今還沒有見過，既然沒有見過，我們就不能苛求老佛爺了。老佛爺有她昏庸的一面，那是權力使然。中國式的政治運作，只會使權力者的智商越來越下降，因為子民百姓乾脆沒有智商。這也叫互相成全，你愚民，民愚你，在自己的歷史循環圈裡，差不多能維持兩三百年。維持不動後，崩盤，子民百姓再造一個救星，然後下一輪轉盤開始，跟蒙著黑布低頭拉磨的毛驢一個情境。老佛爺也有她開明的一面，搞洋務，搞維新，搞憲政，從器物改革到制度改革，百尺竿頭，謹慎挪移。雖然是大勢使然，但是她的改革，後面也沒人超越不是？

如果說大清時代的民族主義情緒都是真的，現在摻假的就多了。更詭異的是，假民族主義者反而是民族主義情緒氾濫的引領者，真民族主義者則是被引領者，真者乃至成為假者的工具。我們能看到的現象是：假者與真者一起在路上狂奔，造成一種聲勢。假者感覺火候差不多了，要求停下來；真者沒有停的意識，依照慣性繼續往前衝，結果不是自己跌個狗啃地，就是把假者踩上幾腳。公民意識比較到位、比較健全的社會，玩民族主義也許還能玩好，因為民族主義的一個重要前提乃是國民對國家的認同。比如歐洲的民族主義是在推翻了神權與王權，民族利益取代王朝利益，民族國家取代王朝國家以後才出現的。**正如美國學者漢斯・庫恩所言：「民族主義沒有人民主權觀念作為先導是不可想像的。」**一句話，我們這樣的臣民社會，註定玩不好民族主義，不是玩出悲劇，就是玩出鬧劇。

章立凡先生戲稱我為「歷史頑主」。這本書，應該更多地展現了我的「頑」意。拿歷史玩現實，拿現實玩歷史，直到玩得你分不出歷史與現實，夢回了大清王朝，我就算達到了目的，一旁憋不住地壞笑。所以，沒有玩心者、不具備起碼的幽默感者，就不要看了，免得不高興，找我算帳，我可賠不起，我什麼都不缺，就缺錢！

目錄

第二章：兒子太混蛋……54

第三章：甥侄有些負心……80

─中篇─
老佛爺的主張

【下篇】放下大菩薩，塑渺小之目標

引子：老佛爺不高興，後果很嚴重

咸豐十一年七月十七日（一八六一年八月二十二日）凌晨，大清第七代皇帝咸豐於日理萬機、焦頭爛額中因病不治，逝於熱河（現承德）避暑山莊，享年三十一歲（注：咱中國流行虛的，年齡也是，所以本書此後凡是出現中國人年齡，皆按民間傳統以農曆計虛歲，至於卦師們按立春計歲的規制，咱就不守了）。其唯一的兒子，六歲的載淳繼位，年號祺祥。

大清這艘破船，經歷了兩次鴉片戰爭，撞死了兩位船長，下一步準備駛向何方？小載淳不知道，他爹給他指定的顧命八大臣不知道，也許只有他娘知道？

他娘，大清第一寡婦——葉赫那拉・杏貞。

葉赫那拉・杏貞，小名杏兒，少數民族，滿洲鑲藍旗人，後改隸鑲黃。雖然八旗滿人整個兒高於漢人，但其內部照樣分了等級：上三下五。鑲黃、正黃、正白稱為上三旗，擔任皇宮禁衛等任務，是皇帝的親兵，由皇帝親自控制，地位較高；正紅、鑲紅、正藍、鑲藍、鑲白稱為下五旗，駐守京師及各地，由諸王、貝勒統轄，地位較低。咸豐死的這一年，升級為太后的杏貞做了簾子後的國家領導人，就開了後門，把自家的旗籍成分做了塗改，由下五混進了上三！

閒話少說，晴天一聲雷，道光十五年十月初十（一八三五年十一月二十九日），杏貞出生了。出生聖地，北京西四牌樓劈柴胡同。她爹，安徽寧池太廣道惠徵，在女兒進宮前還是山西歸綏道，待咸豐二年（一八五二）女兒一進宮，女婿就給了他寧池太廣道這個肥缺，正四品。她爺爺，景瑞，最高做到刑部郎中，正五品。她曾祖父，戶部銀庫員外郎吉郎阿，從五品（大清中央銀行負責人）。

她八輩子祖宗，最著名的有康熙重臣納蘭明珠，以及明珠之子也是大才子納蘭性德。很多人認為慈禧乳名「玉蘭」，甚至把人家的出身地搞了很多處，從安徽蕪湖竄到內蒙古呼和浩特，從甘肅蘭州橫到浙江乍浦，從山西長治回溯到北京，跟搶親似的。現在更有搶屍的，比如我們安陽，不管考證是否充分，搶先宣布曹操墓就在我們這裡，搞得其他地方也爭相搶著表示，曹操的老家安徽亳州直喊：「曹操墓誰沒有啊？」河北邯鄲磁縣也嚷嚷說：「曹操墓不在別處，就在我們磁縣索井村！」曹操如果泉下有知，也算體驗了別樣的五馬分屍之味。同理，杏貞再親民，也不能每處都出生一回。我覺得，凡是不涉及價值判斷的，比如這種家譜瑣屑，我們最好信從葉赫那拉後裔的說法。具體來講，我採用的都是那根正的說法。

那根正，原名葉赫那拉・根正，出生於一九五一年，人家的爺爺是葉赫那拉・增錫。增錫的父親是葉赫那拉・桂祥，桂祥是杏貞的弟弟，桂祥的女兒、增錫的姐姐靜芬後來被她姑姑杏貞弄進宮裡做了光緒皇后，即後來的隆裕皇太后。也不知這個姑娘是謙虛還是營養不良，有限的幾張照片中總是彎腰駝背含胸縮肩的，整個是「敗儀天下」。至於智商，可能也高不了，至少比她姑姑差遠了，否則也不至於被袁世凱玩得滴溜溜轉，典型的被人賣了還幫人數錢。

簡單總結一句吧，隆裕是那根正的姑奶奶，杏貞是那根正的老姑奶奶。所以，姑奶奶們的人生履歷，還是人家侄孫說了算！

杏貞四歲時，開始在家館讀書寫字，一直讀到十四歲，人稱美才少女。咸豐元年（一八五一），十七歲的杏貞被選為秀女。咸豐二年（一八五二），十八歲的杏貞被她的老公也是大清最高領導咸豐封為蘭貴人，入宮進駐儲秀宮。貴人職稱偏低。清制，皇帝老婆共有八級：第一級皇后，第二級皇貴妃，第三級貴妃，第四級妃，第五級嬪，第六級貴人，第七級常在，第八級答應。據張鳴說，他們的大學也是這樣分的，從講師到教授劃分出十三級，比皇宮裡還多了五級，可見大學之大。蘭貴人算是第六級吧，起點不高。不過事在人為，貴人明白，既然不能一步登天，那就一級一級地往上爬吧，大學教授也都是這樣搞的嘛！咸豐四年（一八五四），由於長得好兼幹得好——用普通話來講，是以美色得寵；按野史來講，是用金錢買通內侍，讓他們引導咸豐走近圓明園的「桐蔭深處」，杏貞其時正在那裡大唱「同一首歌」，坐觀老人，於是咸豐就被釣上了。總之，杏貞晉級了，被提拔為懿嬪。咸豐六年（一八五六），幹得太好了，給老公生了個兒子，政績突出，再次晉級，是為懿妃。咸豐勤勤懇懇地在後宮耕耘，硬是結不出一粒子來。咸豐五年（一八五五），麗貴人倒是生了，可惜是個丫頭。現在懿嬪生了個兒子，革命後繼有人，喜得咸豐誦詩云：「庶慰在天六年望，更欣率土萬斯人。」

高興之餘，當然是提拔孩子他娘。不過高興得有些過頭，不由分說，就把他爹和全國人民都代表了。因為這首詩的意思是：老爹道光在天之靈六年了，眼巴巴的等孫子，這下可高興了；還有，全國億萬人民由於有了新的小主子，用魯迅的話來講，有望做穩了奴隸，所以也欣喜萬分。可見，中國人民被代表幸福，也是很有傳統的。咸豐七年（一八五七），隨著兒子的茁壯成長和咸豐長期的「點球」失誤，導致其他后妃們沒一個能生出其他的皇子，加之咸豐的高興勁兒一直緩不過來，所以懿妃第三次晉級，是為懿貴妃。由於前面沒有皇貴妃，懿貴妃就算是第二把交椅了，僅次於皇后。是年，杏貞二十三歲。

歷史充分證明，女兒也是傳後人，生男生女一個樣。說實話，大清的百姓要是生個兒子做了皇家太監，倒不如生個女兒做皇家后妃。後者是漢唐雄風時代的漢人才能攤上的美差，自從大清入了關，這張彩票就輪不到漢人頭上了，因為大清實行「種族歧視政策」，奉行肥水不落外人田的傳統，滿漢不得通婚，漢人家的女兒是無緣進宮的，這叫做「漢不選妃」。當然，漢人也不算太吃虧，因為清政府也規定「滿不點元」。也就是說，滿洲人科舉考得再好，也不能進前三元：狀元、榜眼、探花，也叫做三鼎甲。這叫做「堤內損失堤外補」，漢家女人用自己的肉體犧牲，給漢家男人換來了科舉前三名。我們經常說，一個成功的男人，背後必有一位為之犧牲的女人，看來這種犧牲也是有傳統的。野史傳說，杏貞的老公咸豐在「漢不選妃」方面做了一些手腳，以打更需要購進了諸多漢女。說是讓這些女人打更，其實是咸豐給她們「打更」——其中最受寵幸的四個更女，被咸豐賜曰牡丹春、杏花春、武林春、海棠春，是為四春。但是再春也僅是皇家三陪的角色，編制外的，職稱也是沒有的，所以漢人們只好重男輕女了，至不濟，生些曾國藩、李鴻章、袁世凱之類的好男兒，權作彌補與安慰！

幸福的女人都是相似的，不幸的女人各有各的不幸。現在，杏貞不幸做了寡婦，其情何堪？

普通的寡婦吧，哭丈夫的時候少不了幾句「你這個挨千刀的，你這個狠心的，怎麼捨得丟下我們孤兒寡母」云云。問題是，杏貞不是普通的寡婦，不能如此凌遲丈夫，口頭上也不行。一國首腦的老婆，人稱第一夫人；一國首腦的遺孀，是不是就該稱第一寡婦了？理論上講，咸豐死後，大清的第一寡婦應該是皇后鈕祜祿氏。鑑於理論與實踐的經常性脫節，與遠遠的掛不上鉤是大清特色；鑑於鈕祜祿氏智商與情商的嚴重低下，以及她在政治舞台上的實際地位與渺小作用；更鑑於杏貞對咸豐政治遺囑的發揮性繼承，以及其俱往矣數風流人物還看寡婦的一婦專權萬夫莫開的巾幗氣度，所以大清真正的第一寡婦非杏貞莫屬。既然是第一寡婦，哭丈夫的時候就不能猶如思想覺悟不高的一般老百姓。再說了，杏貞二十七歲就守了寡，不悲痛也對不起自己。

好歹生了個兒子，還是咸豐唯一的兒子，沒有競爭對手參與競標。雖然年齡小了些，六歲，但在天朝做皇帝，是不論年齡的。也算不幸中的萬幸吧，六歲的載淳順理成章地接班，做了大清皇帝。小皇帝登基後，諭內閣給兩個娘上了尊號：鈕祜祿氏升級為母后皇太后，葉赫那拉氏升級為聖母皇太后；前者住到了避暑山莊「煙波致爽」殿的東暖閣，後者住到了西暖閣，所以又有了東太后與西太后的俗稱。一個月之後，兒皇帝又諭內閣，給兩個娘上了徽號，前者為慈安，後者為慈禧。

孤兒寡母，其情何堪。更不堪的是，咸豐臨終前任命的以肅順為首的顧命八大臣有些不合拍。如果說鈕祜祿氏由於她的低智商與低情商和無欲無求的品性，好歹能贏得肅順八人幫的一些尊敬，葉赫那拉氏正好相反。明朝之後，中國流行女子無才便是德。葉赫那拉氏不但有才，寫字、讀書、繪畫、批奏摺，樣樣都行，雖然免不了許多錯別字；還有欲，權欲、人欲、女人欲一大堆。據說，後來丁寶楨殺安德海，還故意晾其屍，似乎想讓臣民看清楚，小安子那東西確實被閹淨了，也算側面給太后平反了，免得百姓吃飽了沒事幹，製造謠言贏得誹謗罪。不過，即使這樣，按照當時的正統標準，杏貞也算是多重「缺德」了。

肅順作為中國男人中的男人，對杏貞這種「缺德」女人，還是有些側目的。作為杏貞老公的第一親信，肅順也知道，咸豐已經有些不太喜歡杏貞。咸豐身為大清後宮唯一的男人，每天與女人切磋交流，敦交睦好，當然不會太憨，隱約覺得孩子他娘不是個好東西。為此，他甚至想到了鉤弋夫人——漢武帝殺母留子的故事，並且探過肅順的口風，據說肅順嚇得不敢吭氣。當然，另有其他版本，說是肅順啟發咸豐仿效漢武帝，但咸豐不僅沒聽從，還在酒後洩露給了孩子他娘。充分說明人家兩口子床頭打架床尾和，第三者最好不要摻和。事實上，最後的結果也證明了這一點：無論如何，肅順算是得罪了杏貞。現在老公死了，肅順智囊團的存在與驕橫，讓她很不高興。小寡婦化悲痛為力量，抹掉眼淚上戰場，一舉發動了辛酉政變，成功粉碎了以肅順為首的八人幫。舉國上下，一片歡騰：形勢大好，不是小好！

小寡婦出手就這麼漂亮，奠定了她「我是寡婦我怕誰」的底氣，以致最後發展成這樣的思想精神：誰讓我一個人不高興，我就讓他全家不高興；誰讓我一時不高興，我就讓他永遠不高興！

按照慈禧娘家代表那根正的說法，慈禧擁有的是「不快樂的青春」。咸豐活著的時候，慈禧因為漂亮而受寵，引來了諸多嫉妒、閒話、陷阱，她不得不接受挑戰；咸豐死後，肅順八人幫欺負孤兒寡母，二十七歲的小寡婦不高興，發動政變，開始了第一次垂簾聽政！按照祖制，兩太后應該居住慈寧、壽康、寧壽等宮，但為了方便聽政，就住進了皇帝的寢宮——養心殿後殿。慈禧住西耳房，當時名為「平安房」；慈安住東耳房，當時名為「綏履殿」。載淳親政後，慈安移居東六宮的鐘粹宮，慈禧移居西六宮的長春宮，快樂的日子就這樣繼續下來了。

問題是，沒高興多長時間，寡母的獨子同治皇帝又死了，時為同治十三年（一八七五），慈禧四十一歲。守寡十四年，資深寡婦最大的痛當是：中年喪子！按照娘家人那根正的說法，慈禧「所有的幸福都結束了」。

一個寡婦的幸福結束了，陪葬的卻是大清全體臣民！

也不知哪方專家說過，一個女人，最適合她的是三個孩子，否則精力充沛的她會無事生非。這句話我信，能量守恆嘛，母愛也是一種能量，總得讓她有事幹。潘金蓮若與武大郎生了三個寶寶，與西門慶勾搭成姦的偏好和「性」趣將會大大減少，甚至沒有。中國現在社會也很流行情人制、一夜情，甚至禮貌性上床……但是說慈禧紅杏出牆，似乎又不太可能，後宮裡一溜的宮女與太監，縱有賊心，也沒賊與你搭配啊！宮外這麼多爺們，也沒人敢跟她講「禮貌」。她又不好意思像武則天那樣，公開的牝雞司晨兼包養二爺團什麼的，只好把全部能量灌注到國家大事與自己的吃喝玩樂上。她把自家妹妹婉貞與老公弟弟醇親王奕譞的兒子即四歲的載湉抱進了宮中，收做了兒皇帝，是為光緒。從咸豐這方面排，光緒是侄兒；從慈禧那方面排，光緒是外甥。像慈禧這種女強人，連自己的親兒子都談不上愛，對載湉這樣的侄兒兼外甥，更是鐵定後娘心了。

瞿鴻禨記載，慈禧曾經跟他感歎曰：「皇帝入承大統，本我親侄。以外家言，又我親妹妹之子，我豈有不愛憐者？皇帝抱入宮時，才四歲，氣體不充實，臍間常流濕不乾，我每日親與滌拭，晝間常臥我寢榻上，時其寒暖，加減衣衿，節其飲食。皇帝自在邸時，即膽怯畏聞聲震，我皆親護持之。我日書方紙課皇帝識字，口授讀《四書》、《詩經》，我愛憐唯恐不至，尚安有他？」

那根正也說，他老姑奶奶一開始也想把這個孩子視為己出，只是後來越來越失望。此話也許對，因為我們無法考證，更無法誅心，斷定慈禧一開始就是個後娘心。但是我們可以看結果，按照我的評價，娘親不親，主要得看孩子在娘面前敢不敢撒嬌、耍賴、耍橫。光緒老大不小了之後，在慈禧面前一副乖孩子的模樣，個性不像同治那樣無所顧忌，與他娘玩二百五什麼的，這應該就是後娘與親娘治下孩子的顯著差別了。

總之，刨除遺傳的因素，同治的驕橫與光緒的懦弱，從某種程度來講，還是能說明慈禧做親娘與做後娘是有所不同的。不過，也不知這個後娘怎麼想的，武則天給自己創造一個獨特的名字：武曌，這個後娘卻給自己創造一個獨特的稱呼：親爸爸！如果說「明空」反映了武皇的政治訴求與人生境界，「親爸爸」則顯得有些不倫不類和彆扭。日常口語中，滿族人稱爸爸為「阿瑪」，稱媽媽為「額娘」，而「爸爸」則是「額娘」的尊稱，一般只有掌家的嫡母（正妻）才可以配享。如果說「爸爸」顯示的是慈禧掌家的正宮太后之威風，加個「親」字幹嘛？大清版的爹親娘親不如老佛爺親？

光緒稱慈禧為親爸爸，與此同時，宮裡宮外的人開始稱慈禧為老祖宗、老佛爺。老祖宗還好理解，《紅樓夢》裡的賈母就被一干人等一口一個老祖宗的招呼著。至於老佛爺，據說來源不少：第一，它是清朝皇帝的特稱，就像宋朝皇帝特稱「官家」一樣。第二，據說是光緒初年慈禧二度垂簾時，皇宮「大秘書長」李蓮英拍馬屁的結果——李「秘書長」在北京萬壽寺大雄寶殿三世佛的後面，另建一尊慈眉善目的觀世音坐像，當著文武百官與寺院住持之面，認定太后就是當今救苦救難的觀世音菩薩，並帶頭跪下大喊「老佛爺」。自此，老佛爺這個稱呼便橫行天朝，資深寡婦開始向老寡婦過渡！

老寡婦越來越不高興。光緒二十年（一八九四），老寡婦六十歲了，想大辦生日。偏偏小日本搗蛋，甲午戰爭爆發。小日本搗蛋也就算了，國內某些大臣也搗蛋，建議老寡婦停止挪用海軍軍費擴建她的頤和園，以至於老寡婦咬牙切齒地說出了她的名言：「今日令我不歡者，吾亦將令彼終生不歡！」

她不僅這樣說，更是這樣做。兒皇帝光緒富國心切，強國心盛，病急亂投醫，跟「廣東小人」（恭親王老六語）康有為攪到了一起，搞什麼勞什子維新，維得老寡婦與既得利益集團和頑固派「心神不寧」。於是，她又政變了，時惟光緒二十四年（一八九八），舊曆戊戌年，所以稱戊戌政變。老寡婦六十四歲，開始了第三次垂簾，名曰「訓政」！

年齡越老，脾氣越大，訓政也覺得不夠解恨。既恨光緒對她的負心，更恨「廣東小人」康有為對光緒的拐騙，還恨日、英等東西洋人對「廣東小人」的庇護和對維新的支持。於是，老寡婦想廢掉光緒，另立端王載漪的兒子溥哟。沒想到，外國人嚴重干涉大清內政，抗議並聲明：除了光緒，其他中國領導人，他們一概不承認，還說什麼後果自負！老寡婦一聽就冒煙了。載漪又從背後添了一把火，搞了一張「勒令老太后歸政」的洋人照會。這下完了，老寡婦乾柴失火，豪邁千古，同時向十一國列強宣戰。宣戰就宣戰吧，問題是老寡婦的宣戰與眾不同，完全無視當時的國際遊戲規則，對外沒有給任何一個國家下最後通牒，只對內下發一個「俺實在忍受不了」的詔書，以至於一些高級將官不知道該跟誰開戰，回問中央：「我們到底與哪一國失和了？」更要命的是，太后所謂的開戰，就是讓官軍與義和團特攻隊攻打外交使館與租界區，不分哪一國，見洋人就殺，遇洋貨就燒，逢洋字就罵，沾洋氣就打。朽屋遭暴雨，破船遇颶風，天朝陷入了庚子之亂……歷史證明：老佛爺不高興，後果很嚴重！

天朝路在何方，天朝如何崛起？

過去仍舊在向我們招手，歷史依然是未來的路徑。老佛爺不在了，但她的精神猶存！讓我們走進歷史的深處，去體會歷史的弔詭吧！

上篇

老佛爺為什麼不高興？

第一章：老公很昏庸

對於老姑奶奶慈禧所嫁的這位咸豐皇帝，那根正概括如下：「除了是一個病秧子以外，懦弱無能是他一生的寫照。」

概括得很對。咸豐皇帝，清文宗（一八三一—一八六一），愛新覺羅・奕詝，道光皇帝的第四個兒子，一八五〇—一八六一年在位。即位不久，因為「童試」數次失敗而得了失心瘋的洪秀全，就給他上了一份重重的厚禮——太平天國運動。終其一生，咸豐都沒有把這場運動鎮壓下去。對外，簽訂《瑷琿條約》、《天津條約》、《北京條約》，把大清國引向了喪權辱國的泥坑。中國很多國家領導人都犯這個毛病，關鍵時刻他上天堂了，留下一個爛攤子讓後人打理，很不負責任。咸豐也是如此，英法的鐵蹄剛撤走，北京的硝煙還未散盡，他就在熱河病逝了，就不能等兩年再逝？別說賣國了，就是賣東西也要有個售後服務嘛！當然，逝的原因除了國事之外，還跟他自幼體弱多病、面如黃土、素有咯血之疾有關。更要命的是，身邊還有一大群患有社交饑渴症的女人需要他來講「禮貌」，講得頭昏眼花、腰疼腿軟，走路時一不小心就摔個跟頭。幸得御醫指點迷津，平日裡全靠喝鹿血維持。問題是，家事國事一塌糊塗，鹿血也支撐不起他的小命了。

那根正進一步說，在他爺爺看來，「中國歷史上，從來沒有這麼一個窩囊的皇帝」。當然，他們所謂的中國歷史，僅限於大清史。所以，與老祖宗順治、康熙比較起來，「咸豐簡直就是一個敗家子」。敗家子也對。咸豐二十歲登基，在位十一年，政績幾乎為零，如果我們不引入負數制。其主要業務，除了泡女人抽大煙，就是引發內禍引進外患。內禍方面，他爹好歹鎮下了張格爾的叛亂，他既沒有鎮下太平天國，也沒有鎮下捻軍；外患方面，他爹頂多把外患引到了南京，他倒好，從南京到天津，從天津到北京，一步步引敵深入，引得英法聯軍竄進他的後花園，並且放上了火，以至於那根正恨恨地說：「今天說他平庸，只是因為人們的心情已經冷靜下來了，以當時的情況來看，咸豐帝就是個昏君。」

我覺得，咸豐的昏，首先是對外，與西方列強打交道，整個處於山頂洞人的狀態，不打他兩下，西方世界都會感覺對不起中國人民。話說回來，愛新覺羅家如果都是英明帝王，不出咸豐這樣的敗家子，我們還真不樂意。道理很簡單，若不是他啟動了敗家的接力棒旅程，說不定我們現在還留著辮子撅著屁股，給愛新覺羅家三跪九叩。所以，我們很樂意旁觀他的昏庸。

皇位是靠坑蒙拐騙坐上的

道光共有九子：大阿哥奕緯，二阿哥奕綱，三阿哥奕繼，四阿哥奕詝，五阿哥奕誴，六阿哥奕訢，七阿哥奕譞，八阿哥奕詥，九阿哥奕譓。

道光二十六年（一八四六），六十五歲的道光開始考慮秘密立儲問題。

鑑於嫡長子繼位制的許多毛病，前輩雍正對之進行改革：一個是秘密立儲，一個是擇優不擇長。所以九個候選人之中，道光實際能選的只有老四與老六：老大奕緯由於不好好讀書，還說當了皇帝後先殺掉老師，給爹得知後，請安時被爹的飛毛腿踢向了襠部，道光十一年（一八三一）死了，年二十四歲，追封隱郡王；老二奕綱活得比較短，兩歲時死，追封順郡王；三子奕繼活得更短，一個多月時死，追封慧郡王。老五奕誴生於道光十一年六月十五日（一八三一年七月二十三日），但相貌粗醜、生性低俗，據說夏天他可以手持蒲扇，光著膀子踞坐於什剎海邊納涼，怎麼看也不像個貴族子弟，更無領袖風采，不討老爸喜歡，就在這年被過繼給嘉慶帝的第三子、道光亡弟、惇親王綿愷為嗣子，等於直接被踢出了接班人之列。老七七歲、老八三歲、老九兩歲，一溜的小娃娃。相形之下，老四奕詝生於道光十一年六月初九（一八三一年七月十七日），現年十六歲；老六奕訢生於道光十二年十一月二十一日（一八三二年一月十一日），現年十五歲，兩個孩子都是風華正茂，英雄少年！

按照後來的歷史發展以及老六的稟性，也許大家會認為，老六才是皇位繼承的最佳人選。但道光不這麼看，他在老四與老六之間有些猶豫不定。當然，他最後確定的是老四，中間經過了三次測試：

第一次，諸皇子校獵南苑，結果老六獲禽最多，老四卻未發一矢，問之，就把他老師山東大儒杜受田預先教的那套背了出來：「時方春和，鳥獸孕育，不忍傷生以干天和，且不欲以弓馬一日之長，與諸弟競爭也。」這套以德治獸、孝悌皆具的假話，哄得道光樂開了花，說：「是真有人君之度也！」打獵的過程中，老六所獲最多，顧盼自喜間，也發現四哥不動手，策馬到跟前慰問，兄長給弟弟的回覆是：

我這兩天身體不適，不敢騎著馬跑來跑去：「無他，今日適不快，弗敢馳逐耳。」

看看，老四不管跟老爹還是跟老弟，說假話都不眨眼的！

第二次，道光弄了兩個盒子，一個金製，一個木製，金製的雕著龍，金光閃閃；木製的刻著麒麟，漆得油黑發亮。道光讓兄弟兩個各挑一個，老四說：「六弟先挑吧！」老六聽了，好像沒聽過儒家炮製的孔融讓梨故事似的，下手就把金盒抓到了自己手裡。老六手裡抓獲的是金盒，屁股下失去的卻是龍椅，最後只混個恭親王的名號，這跟他的老師來自四川的卓秉恬不會教授學生儒術有直接的關係！

第三次，道光二十九年（一八四九），道光生病，覺得身體一天不如一天，希望最後決定人選，遂召二皇子入對。二皇子都知道這是最後一次機會，所以各請命於其師，卓秉恬對自己的學生說：「上如有所垂詢，當知無不言，言無不盡。」這位老師知道自己的學生聰明伶俐，學問優長，所以叫他發揮特長。杜受田對自己的學生說：「阿哥如條陳時政，智識萬不敵六爺。惟有一策，皇上若自言老病，將不久於此位，阿哥惟伏地流涕，以表孺慕之誠而已。」這位老師知道自己的學生笨，只好因材施教，教他以孝藏拙。

最終的結果大家都知道：道光託付後事的時候，老六在一旁指點江山，糞土當年萬戶侯，好像在參加國際辯論比賽似的。老四則在一旁撅著屁股只管哭，不但哭得老六無法說下去，還哭得道光也掉了淚，於是老四就被立為接班人。

幸運的是，道光秘密立儲的文件保存了下來，現存中國第一歷史檔案館。楠木匣裝有相關諭旨：立儲諭旨一份，滿漢合書「皇四子奕詝著立為皇太子」，漢文書「皇六子奕訢封為親王」，包封紙上寫有

「道光二十六年六月十六日」；道光臨死前親筆朱諭一份，上寫「皇四子奕詝著立為皇太子，爾王大臣等何待朕言，其同心贊輔總以國計民生為重，無恤其他」。第一份諭旨很不正常，一紙兩諭，把老四立為太子，還把老六立為親王，這在大清王朝是從來沒有過的。第二份諭旨也不正常，臨終前的道光似乎對王大臣有些不耐煩，難道王大臣之中有人對道光的政治安排有所異議？

不管怎麼說，老四弄成了。

有人說：咸豐做皇帝，錯不在他自己，而在道光。因為道光在選皇太子的時候，只考慮以德治國，忘了才。對此，那根正表示了不同意見，他認為咸豐也沒有什麼德。

是啊，咸豐有什麼德？如果有，也是偽德罷了。中國是一片神奇的土地，有神奇的文化和神奇的人民，什麼樣的人間奇德都能炮製出來。孔融四歲能讓梨，不知是他爹炒作的，還是他娘瞎編的，多麼的孝悌啊！幸虧，這個孩子長大以後，發表了這樣的高論——後來，這篇高論竟然成為曹操殺他的理由之一：「父之於子，當有何親？論其本意，實為情欲發耳。子之於母，亦復奚為？譬如寄物甕中，出則離矣。」這篇高論扭轉我對他的悲哀看法，他終於不再是偽德下的犧牲。至於我們河南林州，乾脆發生郭巨埋兒的故事——這個故事讓我對林州耿耿於懷，因為我是林州的媳婦。郭巨怕自己的兒子與母親爭食，影響自己的孝心，所以弄個罎子把兒子活埋了。這一埋，就上了中國二十四孝的光榮榜！

殺人犯都能成為道德的表率，也只有中國的土壤能醞釀出這樣的怪胎——道德的實質是極不道德，甚至違法；道德的操作是虛偽，甚至是玩道德。不得不承認，滿洲人入關前，精神上還沒有這麼衰，但是很不幸，他們入關了，漢化了，於是就傳染上了——滿洲皇帝搞起文字獄，絕對不比漢家皇帝差；滿洲皇帝喊起以德治國，絕對不比漢家皇帝弱。具體到咸豐，整個是三無產品——無才、無能、無德，但在山東大儒杜受田的指導下，就玩上了皇位，你不服還真不行！

老四糊弄得了大清臣民，卻糊弄不了洋鬼子

《南京條約》簽訂後，西方國家原本認為，中國進入條約時代了，只要按照條約，平等會有的，生意也會有的。問題是，隨著時間的推移，他們發現不是那麼回事。

首先，清政府依然一廂情願自作多情地把外國當作進貢國看待。一般的常識是：前事不忘，後事之師；大清國所走的路線卻是：前事懵懂，後事迷糊，始終弄不清自己是老幾。監修咸豐朝《籌辦夷務始末》的大學士賈楨，在給同治帝的進書表中云：「欽惟我文宗顯皇帝，仁義兼施，恩威並用，體天地好生之德，擴乾坤無外之模，率俾遍於蒼生，潤澤流於華裔。較之漢家盛德，呼韓向化而款關，唐室中興，回紇輸誠而助順，有其過之，無不及焉，而宵旰憂勤，猶恐中外子民未盡出水火而登衽席，如傷之隱，時切聖懷。」

看他把天朝吹的，遠超漢唐不說，連全世界人民都心向北京了，大清國的任務就是拯救全天下水深火熱的三分之二！

其次，如果說道光是撫夷派，咸豐則是剿夷派，御前聚集了一批嗷嗷叫的強硬份子，以「盲人騎瞎馬，夜半臨深池」、「敬酒不吃吃罰酒」、「挨整磚不挨半截磚」的二百五和半吊子精神跟西方外交，

這方面的典型代表是兩廣總督葉名琛。西方人的印象裡，葉名琛是「一個表示死不交涉的代名詞」。於是，第二次鴉片戰爭的煙火依然由廣東點起，一路燒到了天津，於咸豐八年（一八五八）燒出一個《天津條約》。如果第二次鴉片戰爭到此為止，英法聯軍進北京、火燒圓明園的事情就不會發生。可是咸豐又玩起了他那套坑蒙拐騙的儒術，他以為洋人都是他爹，好騙——咸豐九年（一八五九），他與僧格林沁合謀，在大沽口誘擊西方前來換約的人馬。當時，郭嵩燾在僧格林沁營中隨幕，其日記載：「怡親王來營……入京換約之說，始終不能改易……怡邸言奉旨密商一語：如夷人入口不依規矩，可悄悄擊之，只說是鄉勇，不是官兵。予曰：凡事須名正言順，須緩緩商之。」可惜沒有人聽郭嵩燾的話，「怡邸憒憒可笑」。於是「悲劇」發生，英法聯軍換約人馬在大沽口人仰馬翻。咸豐十年（一八六〇），當西方前來報復，雙方在通州再次坐下談判時，他又指示談判大臣怡親王載垣扣押西方談判人員和虐殺西方俘虜。人家三十九個活的來，歸還的時候，只剩十九個喘氣的。世界上哪有這樣野蠻的政府？這樣野蠻的政府，中國人習慣了，西方人怎麼能容忍？

咸豐不按照國際遊戲規則出牌，屢次玩失信與悔約，其理論支持來自於儒家孔夫子的要盟不信——和約是你們強迫我們簽的，我們可以理直氣壯地不予遵循。再說了，那種和約條款打死也不能接受啊：公使駐京也就罷了，竟然還要求中國皇帝親自接見；親自接見也就罷了，竟然不執中國通行的三跪九叩之禮，咸豐的小臉拉不下來啊——全國人民都在我腳下匍伏著，他們之中的一小撮才有資格在我面前下跪三次，而且每次下跪後，都要額頭貼地屁股朝天如是者三。周邊的朝鮮、越南、琉球使者都是這樣來的，只有你們西夷不跪，全國人民得知後，皇帝的臉面何在？威風何在？當然了，臉面與威風的背後，藏著所謂的「禮」，即儒家的政治訴求，比如：君叫臣死，臣不得不死的君臣之禮；三從四德的婦人之禮；融四歲能讓梨的孝悌之禮；率土之濱莫非王臣的中國中心之禮；懷柔遠人教化夷狄的夷夏有別之禮。老六恭親王奕訢雖然沒做成皇帝，但他在《禮可以為國論》的文章中強調：「辨上下而定民志者，禮也。上下之分既明，則威福之權皆出自上。君君臣臣，國本固矣」，「壞國者，必先去其禮」。

一句話，禮就是清政府的基本國策，延伸到叩頭上，叩頭就可以興國，不叩頭就足以亡國。於是，我們看到的歷史情形是：咸豐為保住一個儒家的叩頭之禮，而導致英法聯軍進北京；為遵循儒家的要盟不信，而導致英法聯軍火燒圓明園。

老四真不是爺們

看人家崇禎，在社稷危難之時，既不遷都，也不南下，而是發出「朕死，無面目見祖宗於地下，去朕冠冕，以髮覆面，任賊分裂朕屍，勿傷百姓一人」的哀歎，登上煤山，找了一棵歪脖子樹，吊上去了。問題是，咸豐同志做不到這一點。沒見到棺材的時候，他挺著小肚子嗷嗷叫；一見到棺材蓋，他又氣虛心軟，只會帶頭先跑了。

咸豐十年（一八六〇），英法聯軍前來報復大沽口被襲之恥，清政府竟然不在北塘設防。僧格林沁在大沽口截擊，並表示要與炮台共存亡，咸豐一聽不願意了，給僧格林沁下諭，你不知道那道諭旨有多麼體貼：「握手言別，倏逾半載，大沽兩岸，正在危急，諒汝憂心如焚。天下根本，不在海口，實在京師，稍有挫失，須退守津郡，自北而南，迎頭截剿，萬不可寄身命於炮台，以國家依賴之身，與醜夷拼命，太不值矣。南北岸炮台，須擇員代為防守。」咸豐的意思很簡單，國家根本在京師，而京師根本在我咸豐。僧格林沁不傻，知道主子是什麼意思，遂從大沽撤軍，英法聯軍緊隨其後，佔領了天津。

天津談判時，咸豐還是對英法所要求的公使駐京和親遞國書特別不滿。雖然這些都是國際慣例，但是咸豐不管那麼多，大清就是國際，大清的規則才是國際慣例，聽說英法堅持這兩個要求，他就擺出不惜與英法重新開戰的優美姿態。僧格林沁看形勢不妙，密奏咸豐帝「戰既不勝，惟有早避」，皇帝「巡幸木蘭」吧！所謂的巡幸木蘭，就是咸豐巡幸河北承德的皇家避暑山莊。國難當頭，巡什麼幸呢？一者，皇帝走到哪裡哪裡亮，哪裡就得了大幸抽了巨獎；二者，皇帝逃跑不能叫做逃跑，只能找個好聽的詞語代替。咸豐也知道這樣做很不要臉，遂下詔說：他要御駕親征，親統六師，直抵通州。對咸豐來講，御駕親征是不可能的，他既沒有那個膽，也沒有那個才，無非是意思意思罷了，然後王公大臣們都勸他巡幸木蘭，他就好意思了，所以詔書最後有一句：著王大臣們對此討論一下。我們村裡有個小娘們，智商和情商應該也不低於咸豐。小娘們跟公公婆婆生氣，欲跳井唬人，演出了以下場景：坐在井沿上，兩腿耷拉在井裡，一邊哭一邊對著村內喊：「快來人啊，有人跳井了！」於是，村民們都來了，雖然發現她坐的姿勢再安全不過，根本沒有跳的意思，但是勸說一下還是很有必要的……

咸豐的王公大臣們，跟這些村民一樣，都來了。雖然知道自己的領導沒有這個意思，但大家還是認真地討論，討論的結果是：

第一，親征是不行的。地異澶淵，時無寇準啊！

前半句不論，後半句說得極是。南宋真宗年間，遼國蕭太后與遼聖宗耶律隆緒御駕親征，揮軍南下。真宗嚇壞了，大臣們都說跑吧，只有寇準說不能跑，皇上要跟我親征。皇上說，我去後宮交代一下，寇準心想，皇上一去就被后妃們摟住回不來了，遂拉著真宗袖子不放，直接把他弄到澶州城下，結果宋軍士氣大振，打了勝仗，並且乘勝簽訂澶淵之盟。問題是，文字獄盛行和君主絕對專制到極點的大清王朝，比優待士大夫的大宋王朝差遠了，紀曉嵐那樣的文人都成為統治者眼裡的倡優，只剩下三陪般的娛樂功能，哪裡能出產寇準這樣的大臣呢？

第二，巡幸也是不行的。北京都守不住，一馬平川的熱河行宮又怎麼守得住？說得更是了，幸虧英法聯軍沒有「皇帝輪流做，明天到我家」的意思，否則大清王朝真的就完了。洋槍隊第二任首領白齊文投降太平天國後確實有這個意思，曾經找機會跟洋槍隊第三任首領戈登商量，兩人合夥，弄一支兩萬人的部隊，先拿下蘇州，然後進入北京，建立一個王國。這個美國流氓在中國待的時間長了，漢化了，竟然做起劉邦、項羽般的美夢。戈登沒有答應白齊文的建議，這件事就作罷了。戈登雖然不同意白齊文做中國的皇帝，但是他卻相中了李鴻章。中俄伊犁之戰的時候，李鴻章徵詢前來拜訪的戈登意見，這個傢伙衝口而出：「中國今日如此情形，終不可以立於往後之世界。除非君自取之，握全權以大加整頓耳。君如有意，僕當執鞭效犬馬之勞。」老天爺不幫忙，也不知道打個雷，就像幫劉備那樣，幫李鴻章把手中的筷子打落地上，搞得李鴻章「瞿然改容，舌撟而不能言」。李鴻章沒有賊膽，否則國父這頂帽子就落不到「孫行者」（康黨對孫中山的蔑稱）頭上。

第三，前事不忘，後事之師。大唐安史之亂時期，唐玄宗往四川跑，他兒子李亨就被人勸進了，玄宗一下子被抬舉成太上皇！明英宗親征瓦剌，發生了土木堡之變，被蒙古人綁架，英宗弟弟朱祁鈺也被人勸進了，英宗別說當太上皇，北京乾脆不往回贖他了，您老就在外國政治避難吧！

可以說，第三點才是最可怕的！問題是，此時的咸豐非常怕夷人，說：「我就是要巡幸，怎麼樣？不讓我跑，你們說說看，誰能給我保證京師安全？」隨後，王公大臣們開會，討論京師是否能保住，大家也不傻，沒一個敢擔保的。咸豐一聽，理直氣壯地下諭：「即將巡幸之預備，作為親征之舉。」這句話矛盾得看不出他是要親征還是要親逃，他自己的解釋是：通州若開戰了，我就坐鎮京北，鼓舞士氣！

戰場在京南，咸豐「親征」卻奔京北！可憐的愛新覺羅家，擇優擇出這個無能加無恥的接班人！局勢讓他這麼一攪和，北京先亂了。恭親王老六摟著皇帝哥哥的兩隻腳哭得眼淚嘩嘩的，惇親王奕誴甚至賭氣說要到祖陵上撞死自己，其他沒資格在皇陵前自殺和摟皇帝腳的大臣說：「非得殺了端華和肅順不可，就是他們一直教唆皇上逃跑。」至於京城的百姓，畢竟是皇城根的，先富起來的傢伙不少，所以大家收拾黃金細軟開跑了。沒有黃金細軟的，也怕自己的破爛鋪蓋被人捲走，人心惶惶、手足無措。再加上政府徵調車馬的指令，搞得京城計程車陡然漲價，連前門的燒餅也盡被買去。看這個苗頭，英法沒有打過來，大清自己先崩盤了。在大家的勸阻下，咸豐諭告：巡幸木蘭，那是謠言。朕是天下人主，國難當頭，哪有時間去打獵秋遊？即使要去，也會明白宣示。至於徵調車馬，那是軍需。為了平息謠言安定人心，徵調的車馬一律發還。

明白了吧？政府所謂的「謠言」，正好就是事實與真相！清政府就這樣被咸豐攪和得喪失最後的公信力。當然，公信力這個玩意兒本來就沒有多少。只能說，騙術越來越低劣了，更多的是騙自己。咸豐發神經的當口，英法聯軍開向了通州，咸豐一看攔不住了，遂撤掉天津談判大臣桂良的欽差使命，另換上怡親王載垣前往攔截。通州當然也談不攏，還是那些條款——公使駐京，親遞國書，鞠躬如儀！簡直是要咸豐的小命，堂堂天朝皇帝怎麼丟得起這個臉？於是，怡親王按照咸豐之前的指示，扣押巴夏禮為首的談判使團。巴夏禮被扣，談判崩盤，英法聯軍在張家灣開火，緊跟著是八里橋大戰，被咸豐倚作長城的僧格林沁領導的蒙古騎兵大敗。消息傳來，咸豐傻了，他所有能想到的對策是：找個理由，找些保鏢，領著妻兒，往北邊逃吧！

值得一提的是，身為老婆之一的懿貴妃反對老公先跑。她進言說：「皇上在京，可以鎮懾一切，聖駕若行，宗廟無主，恐為夷人踏毀。昔周室東遷，天子蒙塵，永為後世之羞。今若遽棄京城而去，辱莫甚焉！」

由此可以看出，懿貴妃身為女人，比老公素質高了那麼一截。只可惜，也僅是年輕時候的靈光一閃，或是站著說話不腰疼。因為年老的時候，她是大清國的最高領導，八國聯軍進中國時，她「親征」西安比她老公「親征」承德還要跑得快，「辱莫甚焉」之類的，她就顧不得想了。

在哪裡跌倒，就在哪裡爬起來再跌倒

面對完全陌生的異質文明，反省可能是個系統工程，不是一時半刻更不是一個人能搞定的。但是第一次鴉片戰爭結束後，大清國從上到下根本沒有什麼反省。臣民們不反省也就罷了，最高領導也不反省，所以歷史只好重演了。黑格爾說，中國歷史沒有進步，只有重複。他說得對，但他更多的意思是指：中國傳統的農民起義只有改朝換代，沒有本質性進步。有人說這是歷史週期率，我說這是路徑依賴。歷史的鐵軌延伸了兩千年，所有的司機只想到了順軌開車，有些雖然裝模作樣地下來修軌，但是修來修去，不是修得比原先還窄，就是修得一塌糊塗。大清面臨異質文明的叩關，也算是難得的進步機會，但是正如周寧所言，制度會使機會變成災難。大清的制度，導致這艘破船根本無法轉身，別說華麗的轉身了，笨拙的轉身都完不成。

第一次鴉片戰爭，道光沒有反省，咸豐也沒有反省，結果引來了第二次鴉片戰爭。在一個地方跌倒不說，還在同一個地方再次跌倒，而且第二次跌得比第一次嚴重。跌倒之後，沒有新的應對辦法，至少用傳統辦法吧，比如學學勾踐，臥個薪啊嘗個膽什麼的。咸豐沒有。剛上任那幾年，倒是下過兩個罪己詔。第一次下罪己詔，是在咸豐二年（一八五二），原因是天災人禍不斷。大的天災，一是道光三十年（一八五〇）夏天，四川發生七點五級強震，地裂冒水，山體滑坡，房屋倒塌，死傷無數；二是咸豐元年（一八五一）夏天，黃河在江蘇豐縣決口，以致豐縣和沛縣變成澤國，鄰近山東各縣也被殃及，遍地餓殍，饑民騷動。大的人禍，不外是洪秀全那個「童試落榜生」於咸豐元年搞起的太平天國運動，「很黃很暴力」，弄得咸豐「心神不寧」。情急之下，咸豐下了一個罪己詔，向全國人民道歉。在詔裡，咸豐說了兩個原因，一個是「因循疲玩」、「法令廢弛」，一個是自己「薄德」，這一切都是我的錯云云。但是解決辦法，惟有「自省愆尤」與「倍深刻責」。說來說去，就是個文件，也不濟事的。第二次下罪己詔，是咸豐三年（一八五三）南京被太平軍攻下之後，咸豐再次向全國人民道歉。在這個罪己詔裡，咸豐態度比原先更誠懇一些，除了說自己「薄德」之外，還說了一句「深慚治理乖方」，等於公開承認自己治國無術。問題是，態度再誠懇也無濟於事。大清的問題，是文化與制度長期累積和交互影響下的路徑依賴問題，已經處於鎖定狀態，內部根本無法突破。大清的臣民們更是麻木到了牛馬不如的境地，皇上的罪己，既挑動不起百姓的同情，更激發不起大臣們的天良！

這兩個罪己詔是咸豐在即位之初的頭幾年頒下的，之後也許是發現罪己頂個了，他就不再玩這把戲。而且，初登寶座的奮發向上也沒有了，開始縱情聲色，並且把主意打到了漢家女兒身上。清代的家法是極嚴的，入關之初，順治帝之母孝莊怕福臨被漢家女兒所誘，特地在宮門外豎二塊鐵牌，上書「敢以小腳女子入此門者斬」。也不知他們是怕小腳還是怕漢女，總之小腳的漢家女人成為滿族皇帝的禁果。既是禁果，便分外甜了。前輩們就是乾隆也僅是在南巡的時候在外面偷偷吃個野食，沒想到咸豐敢於在這方面進行改革與突破。當然，主意還是由大臣們出的，說什麼天下多事，圓明園地在郊外，內侍不夠用，親近左右也不能周全，不如雇些民間婦女入內打更，巡邏寢室四周，更番為役，皇帝就安全了。咸豐一聽，妙極，馬上弄進幾十個漢家女子，每晚抽三位輪值寢宮之外，人手一梆鈴，專供敲更。天知道她們是如何敲的，敲著敲著，可能就與皇帝敲上了。敲來敲去，咸豐本來就病病歪歪的身子就更病歪了，於是就吃春藥。吃春藥吃壞了，御醫建議他飲鹿血，藉以補陽。於是，圓明園裡又養上了百隻小鹿，專供領導喝血補精備敲更。

咸豐北上抗夷的時候，沒來得及帶上這些鹿，身體更差了。國事更是不堪，咸豐就有些破罐破摔，唱戲聽曲，打獵泡妞，吃喝玩樂，甚至抽大煙，一樣都不少。更不堪的是，這個主子自此之後再也不敢回北京了，甚至恭親王有可能取而代之，他也不怕了。他就怕：回到北京後，夷人還來找我麻煩怎麼辦？還想公使駐京和親遞國書並且不叩頭怎麼辦？

那根正罵咸豐：「祖宗的臉面都讓他丟盡了！」罵得不對，咸豐要的就是臉面啊！只不過，要得過分了，在後人眼裡，竟有不要臉之嫌了。因為，祖宗的臉面無所謂，祖宗的江山才是正理。有江山在，就有臉面在；沒了江山，別說臉面，屁股都沒地方放了。中國的潛規則，從來都是屁股決定臉面！問題是，咸豐的臉和屁股撞車了：明面上，夷人拒絕三跪九叩，讓咸豐感覺丟臉；暗地裡，夷人打進了北京，讓咸豐屁股發燒。最後，臉打敗了屁股，咸豐要了臉，屁股沒地方放了，只好到陰間找地方了。

「我大清尚有人耶？」

肅順（一八一六—一八六一），滿洲鑲藍旗人，愛新覺羅氏，字雨亭，又字豫亭、裕亭，清太祖努爾哈赤之侄濟爾哈朗的七世孫，父親和碩鄭親王烏爾恭額是濟爾哈朗的第十二代王爵繼承人。烏爾恭額有正老婆（嫡福晉）一人，副老婆（側福晉）兩人，副副老婆（庶福晉）五人，八個老婆共生八子。正老婆無子，副老婆各有一子，但只有排行老三的端華長大成人，所以繼承了父親的爵位，是為鄭親王。肅順是副副老婆生的，排行老六，妾婢之子，只落個閒散宗室。

清朝宗室爵位共分十二等，分別是親王、郡王、貝勒、貝子、鎮國公、輔國公、不入八分鎮國公、不入八分輔國公、鎮國將軍（分一二三等）、輔國將軍（分一二三等）、奉國將軍（分一二三等）、奉恩將軍（此外，還有奉特旨才加封的親王世子和郡王長子兩個爵位，所以清室爵位也可以說成是十四等）。總之，同一個爹，不同一個娘，導致了端華能襲第一等爵位，肅順什麼都不是。當然，作為閒散宗室，也還是能享受一些政治特權與優厚待遇。道光年間，肅順在侍衛處任職，後來考封三等輔國將軍，才算進了宗室爵位之列。清宗室取得爵位的方式有四種：功封、恩封、襲封、考封。所謂的功封，乃因功而封，清朝的功封多為「世襲罔替」。世襲罔替，俗稱鐵帽子王，子孫後代輩輩為王，見了皇帝不參不拜，不接不送，因此也叫做懶王。大清歷史上，總共有十二位王取得了此種爵位：清初的禮親王代善、鄭親王濟爾哈朗、睿親王多爾袞、豫親王多鐸、肅親王豪格、承澤親王碩塞（兒子之後改封莊親王）、克勤郡王岳託、順承郡王勒克德渾，雍正時的怡親王，同治時的恭親王，光緒時的醇親王、慶親王。所謂的恩封，就是皇帝直系子孫年滿十五歲者，由宗人府奏請皇帝封爵。這種王爵多為世襲遞降，但也不是無限制的降，有一個最低界線，親王降至鎮國公，郡王降至輔國公、貝勒降至不入八分鎮國公、貝子降至不入八分輔國公、鎮國公降至輔國將軍、輔國公降至輔國將軍以後不再遞降，均直接世襲。所謂的襲封，是指親王以下、奉恩將軍以上的宗室貴族逝而出缺的時候，由其一嫡子繼承一定的爵位。所謂的考封，是指親王以下各王公除了一子襲封以外，其餘諸子至二十歲，例得推封。所謂的推封，就是宗人府在人數達到十人以上的時候，派欽定的王大臣試騎馬、射箭、滿文翻譯三項，合格者授予一定等級的爵位，具體為：親王餘子封不入八分輔國公，親王側福晉子封二等鎮國將軍，別室所居妾媵之子封三等輔國將軍，郡王餘子封一等鎮國將軍，以下類推。肅順爹為親王、娘為妾媵，所以只能弄個三等輔國將軍了。

薪水待遇什麼的就不說了，接下來說本事。咸豐帝自從接班之後，就感覺到「接」不逢時。接位之年，遇上了洪秀全那個「童試落榜生」化失心瘋為大運動。洪秀全的部隊雖然不怎麼樣，但咸豐治下的八旗綠營更不怎麼樣，洪秀全在南京坐了龍椅不說，其派出的北伐軍還差點打到了皇城根下，一不小心，這把龍椅就可能易位。內憂未除，外患又起，英法聯軍也從洪秀全老家點了一把火，一路往北京燒了過來。此前，咸豐御前重用兩位宗室庸人；一個是怡親王載垣（一八一六－一八六一），一個是鄭親王端華（一八〇七－一八六一），肅順的三哥，鄭親王第十三代掌爵人；一個是怡親王載垣（一八一六－一八六一），康熙帝第十三子允祥的五世孫。兩個鐵帽子親王雖然兼了許多令人眼花撩亂的官與銜，但是在內憂外患的局勢中，這些官銜也讓他們難受：「苦於漢文不甚通達，且自覺才短，對於咸豐帝的意見，多不能發展，知肅順習漢文，又多知風俗利病，遂合薦其才可大用。」於是，肅順也成為咸豐的骨幹大臣。君臣四個形成這樣的生物鏈：端華聽肅順的，載垣聽端華的，咸豐聽端華、肅順、載垣三人的。肅順到底有什麼本事？或者說，什麼叫做「習漢文」、「知風俗利病」？

所謂的習漢文，首先是熟悉漢文的意思。但是肅順除了習漢文，更習漢人。他說：「滿人暮氣深，非重用漢人，不能已亂。」還說：「咱們旗人混蛋多，懂得什麼？」「滿人糊塗不通，不能為國家出力，惟知要錢耳。」這些話總結起來，意思只有兩個：第一，長期處於特權狀態的滿人和旗人，都淪為混蛋兼糊塗蛋了，正好應驗民間那句話：「權力讓人智商退化。」第二，值此亂世之秋，我們滿人就別出頭露面出乖露醜了，讓漢人替我們維護江山社稷吧！眾所周知，滿洲入關後，政權運行首崇滿人。順治時期規定，各部院衙門堂司，悉令滿人掌印。六部雖設滿、漢尚書各一人，但滿人掌實權。康熙中期，將理藩院中的漢人盡行裁去，獨存滿人；督撫之中，漢人十無一二。乾隆時期，巡撫滿、漢各半，但總督仍無漢人，至於高級武職，漢人更是不得沾邊。根據《清朝野史大觀》記載，大清宮內曾經有專供滿臣閱看的立碑：「本朝君臨漢土，漢人雖悉為臣僕，然究非同族。今雖用漢人為大臣，然不過用以羈縻之而已。我子孫須時時省記此意，不可輕授漢人以大權，但可使供奔走之役」云云。如此說來，中原是滿洲的殖民地而已，偶爾用個漢人，也叫做以漢治漢（後來，日本人圖謀亞洲雄風時，就利用了這一點，自稱中華神州不說，還喊出了驅除滿洲韃虜的口號，孫文在日本組建同盟會，首要綱領竟然就是「驅除韃虜，恢復中華」）！咸豐時期，中原又面臨被西人殖民的風險。兩害相較取其輕，肅順知道，不重用漢人是不行了，否則西人進入中原，意味著滿人退出中原。所以，他力主破除滿漢觀念，重用漢人。重用漢人也不好，那就是地方分權過重，導致中央力量虛弱，武昌一聲炮響，整個清王朝土崩瓦解。只不過，如果不重用漢人，要嘛洪秀全成事了，要嘛鬼子亂中華，滿人還是沒戲。所以，重用漢人頂多是鬧出個同治中興，鬧出個洋務運動，讓大清的晚期癌症延長一些時日而已。但是肅順明白，在緩亡與速亡面前，政府必須選擇前者，選擇前者就意味著必須重用漢人。曾國藩、胡林翼、左宗棠、郭嵩燾，都得到肅順的推崇、提拔、重用、維護。

所謂的「知風俗利病」，也就是肅順早年做閒散宗室時在市井上混過，「習知京師五城諸坊利病」。據說，肅順整日在街上晃蕩，「好為俠邪游，惟酒食鷹犬是務」。到了冬天，他會盤著辮子，「反披羊皮褂，牽狗走街頭」。當然，表面上是個混混，實質上卻是個有心人，否則京師五城諸坊利病，他是不會習知的。而且，這個哥們還有一利：「接人一面，終身能道其形貌；治一案牘，經年能舉其詞。」可能太熟悉這個社會了，所以第一次蒙咸豐帝召見時，他就提出了亂世用重典，頗得皇帝的歡心。至於他的職位，更是由咸豐登基起，就一溜煙地往上升，從內閣學士兼禮部侍郎到戶部尚書、工部尚書、禮部尚書，從御前侍衛到御前大臣，從領侍衛內大臣到總管內務府大臣，從協辦大學士到贊襄政務王大臣，從副都統、都統到經筵直講、鄉試正考官……兩位親王的推崇，咸豐的欣賞，加上自己的市井能力，終於讓肅順坐大，形成所謂的肅黨。肅黨主要集中於中央政府內部，以軍機大臣為主，肅順得以控制中樞大權，在亂世用重典方面，玩了些大手筆。

第一，在「戊午科場案」中，堅持力斬大學士也是主考官柏葰。

所謂的「戊午科場案」，全稱為戊午順天鄉試科場案，發生於咸豐八年（一八五八）。鄉試揭榜之後，有御史孟傳金上奏，說此次鄉試中發生諸多舞弊行徑，甚至有中式舉人朱墨不符者（考生的原始試卷用黑墨書寫，稱墨卷；由謄錄生統一抄寫之卷則用紅筆，稱朱卷。朱墨不符就是原始卷與謄錄卷內容不一致），而且中式的舉人平齡竟然是個不讀書的伶人。咸豐感覺問題嚴重，遂命怡親王載垣、鄭親王端華、戶部尚書全慶、兵部尚書陳孚恩會審。中國的考試，只要查，總能查出毛病。這一查，毛病還不小。中舉的人之中，有卷內錯字被考官代改的，有錯字三百多個的，有問及中舉之事竟然說不清的，更有諸多高官及高官子弟和正副考官及閱卷大臣之間遞送條子打招呼的（清朝的科舉閱卷方式叫做糊名謄錄法，也就是說考生名字被糊封，考生試卷由謄錄生統一謄錄一遍，免得大家看著名字與筆跡進行作弊交易）。總之，不查都門門清，一查全都說不清。此次鄉試，主考官是柏葰，同考官是翰林院編修蒲安，副考官是戶部尚書朱鳳標、左都御史程庭桂。會審結果，主考官柏葰犯案最嚴重：廣東肇慶考生羅鴻亀，託請同鄉兵部侍郎李鶴齡，向同考官翰林院編修蒲安遞「條子」，約定其考試時的第一篇文章用「也夫」二字結尾，第二篇用「而已矣」三字結尾，第三篇用「豈不惜哉」四字結尾，詩則用「帝澤」結尾。閱卷時，身為主考官的柏葰原本欲將羅鴻亀的試卷撤下，但同考官蒲安已經囑託柏葰的家人靳祥……中國官場潛規則，官員都聽家屬及閘丁等身邊人的，所以柏葰將已經中式的一名舉人拿下，換上了羅鴻亀。

放榜後，羅鴻亀向李鶴齡贈送五百兩白銀，李鶴齡拿出三百兩轉給蒲安，蒲安拿出十六兩轉給柏葰。當朝一品大員也是大學士的柏葰，為了十六兩銀子就跟人潛規則，不知是窮得鬧心還是人情世故無價。四大臣報請對柏葰「斬立決」，咸豐帝想維護柏葰，一來柏葰是兩朝重臣，二來柏葰剛被提拔為文淵閣大學士，位高名重。咸豐帝召見諸親王、軍機大臣、內務府大臣、各部尚書會商，問題是有肅順在那裡橫著，其他大臣默無一言，一句好話也不敢替柏葰說，於是柏葰就完了。陪他上路，同樣斬立決的有同考官蒲安、兵部侍郎李鶴齡、新科舉人羅鴻亀。收受條子的副考官和其他高官與高官子弟及相關考生，大辟的大辟，革職的革職，流放的流放，降級的降級，罰俸的罰俸，總計牽連到九十一人。

肅順這次可是得罪了不少人。讀書人嘛，考試作個弊算什麼啊！當時的風氣，作弊光榮，不作弊可恥。就拿收受條子來說，大家都幹，你不幹，那不是傻子嗎？有些人甚至公開誇口自己條子多。條子上都畫著圈，三個圈表示中式後送您三百兩銀子，五個圈表示中式後送您五百兩。話說回來，中國的科舉制，即使不作弊又能怎地？還能如龔自珍所期盼的那樣不拘一格選人材？作弊上去的，不見得不是能吏或清吏；不作弊上去的，不見得不是庸官或貪官。帝國的體制，書讀得死，八股文寫得僵，就能當官。

讀書寫字與當官有什麼破關係啊！更要命的是，肅順打黑，只打別人黑，不打自己黑。別人科場不能舞弊，但他自己在科場則公開舞弊，為讓自己的門客幕友高中一把，也是上躥下跳的。更有意思的是，大清官僚群體自感對付不了肅順這個二百五，轉而恨上那個舉報者孟傳金了：您老兄吃飽了撐的還是怎麼樣？如此多事！後來，乾脆把他排擠出御史隊伍了，一邊涼快去吧您！

第二，因為對外議和問題而堅持力斬前大學士耆英。

可憐的耆英老頭在戰爭中，上了結結實實的一堂課，知道帝國無論是硬實力還是軟實力，都離英國差得遠，因而成為一個堅定的主和派。道光時代問題還不大，因為道光雖然昧於夷情，但至少很厚道，知道耆英是給皇家擦屁股的。道光臨死前，耆英甚至做到了文淵閣大學士，賜紫禁城乘坐肩輿。問題是，年輕的咸豐一上台，就想對外國說「呸」，不過先從內部呸起。中央大員方面，首拿穆彰阿與耆英開刀，下《朱筆罪穆彰阿、耆英諭》，把兩個主和派呸了個狗血噴頭，老穆被革職永不敘用，耆英降五品頂戴以六部員外郎回家候補。帝國官員給帝國皇帝打工，本來就不可靠，老頭若能如此安度晚年也算不錯，奈何隨著第二次鴉片戰爭的發展，咸豐與肅順發現呸不下去了，於是又想起了善擦屁股的耆英，一道詔諭就把老頭請出來了，著他前往天津充當談判代表。老頭不知輕重，樂顛顛地去了。其實，知輕重也無計可施，因為帝國臣子都要遵循這樣的精神：我是一塊磚，哪裡需要哪裡搬；一顆紅心向中央，帝叫幹什麼就幹什麼。其實，耆英也沒什麼特別的高招，他就是哄孫子罷了——傳統中國式的坑蒙拐騙。比如他對英國公使璞鼎查極盡巴結討好之能事：稱老璞為英地密特朋友（intimate）；向老璞表示，想收他的大兒子為乾兒子；與老璞互相交換老婆的照片（事後還給皇上解釋英國鬼子是女尊男卑）。

試看耆英致璞鼎查的一封豔信：「正殷懷想，忽接來書，深慰遠念。索取令政夫人小照，即如命奉上，遠望有便寄來。愚正室早亡，茲將側室小照付覽。昨至香港，會晤德公使。望雲遙想，倍憶從前。正未悉何年得晤，手肅，敬候因地密特公安，不禁馳思。」

怎麼樣，這封信夠豔吧？還有比這更豔的，耆英給璞鼎查寫的另一信，乾脆被當代美國學者戲稱為一封情書：「一年多來我倆均在致力於同一工作，而且彼此瞭解對方都是一心為國的：既不為私利之動機所驅使，亦不被欺詐之盤算所左右，在商談和處理事務中，彼此心心相印，我們之間無事不可相商；將來人們會說，我們身雖為二，心實為一……分袂在即，不知何年何地再能覿面快晤，言念及此，令人酸惻。」

耆英真是不容易，為了保護大清的江山，他就這樣淪為了影帝。他給道光彙報說，與夷人打交道就是馴獸：「制夷之法，必須先知其性而後能制之。即如吉林省擒虎之人手無寸鐵，僅以一皮襖蓋於虎首，則虎即生擒矣。」總之，咱「若深知其性」，就「可以攝其心膽」了。

除了把英夷當老虎以外，耆英說得比較多的還有一個詞：「犬羊之性」。問題是第二次鴉片戰爭爆發後，廣州失陷，夷人們從廣州衙門裡搜索到的文件中，就有耆英寫給皇帝的諸多奏摺。所以英夷一看耆英訕著一張老臉又來了，馬上不樂意了，當面朗誦起了那些奏摺，並且聲明從此不跟老頭玩了。老頭是厚道人，還算要臉，知道戲演砸了，無地自容，跟另外兩個談判代表桂良、花沙納一交代，夷務我也管不了了，我回京吧！問題是，咸豐原本就忌恨耆英在自己父皇時代的主撫，這下更有理了，認為他不待諭旨，辜負皇恩，私自回京，自找速死，著僧格林沁逮拿進京，著惠親王會同王大臣、宗人府嚴訊。恭親王報告會審結果，絞監候。恭親王奕訢這是想維護耆英，因為清朝死刑制度有兩種：一種是斬立決、絞立決，也就是立即執行死刑；一種是斬監候、絞監候，也就是緩期執行死刑。按照慣例，後一種經秋審或是朝審後大多會減免罪刑，甚至能開釋復官。第一次鴉片戰爭時期的靖夷將軍奕山、揚威將軍奕經、兩江總督牛鑑都曾定為斬監候，後來都重新上崗了。但是肅順單獨上了一個奏摺，要求對耆英立即執行死刑，理由大致如下：判絞監候，轉而讓這個傢伙苟延歲月，遂其偷生之私；倘若他幸運地因病身亡，落個全屍，國法何申？官邪何儆？何況今天還有諸多辦理夷務者，大家都學他，成何事體？在肅順的堅持下，咸豐不得不對耆英立即執行死刑，不過咸豐還是開恩了，說是要「情法兩全」，雖然對耆英立即執行死刑，但是就不讓您老人家死得這麼難看了，加恩賜自盡吧，於是老頭就「被自盡」了。

耆英之死，是否有助於帝國內政的進步與帝國外事的成功呢？否。肅順別說殺一個耆英了，就是把帝國官員殺完也無濟於事。帝國內憂是所有封建統治者解決不了的，那是個週期率問題；帝國外患是大清末世統治者解決不了的，西風壓倒東風那是一定的。

肅順這樣的大手筆還很多，不說了，沒用。我們現在還有人提倡亂世用重典。那是沒看到根本上，制度不轉型，文化不改良，再重典也不行，再說誰能重過朱元璋？即使重過朱元璋，您無非是由後清子民蛻變為前明子民罷了，給誰當民不是民？

以下說一下外事方面，這方面肅順更想不出什麼招，倒是把街頭混混那套裝傻充愣的功夫全用上了。總理衙門建立之前，清政府沒有近代意義上的外交機構，其僅有的一點對外交涉只限於兩項：一是與周邊的藩屬小國的朝貢往來，二是對外通商的貿易事務。處理這方面的事務按傳統舊制，由禮部和理藩院兼轄。禮部所屬設有會同四譯館，職掌接待各藩屬國貢使事宜。會同四譯館由禮部郎中兼鴻臚寺少卿銜一人攝之，凡貢使來京都由館卿接待，經辦翻譯朝貢文字及交涉事務。理藩院原是執掌蒙、回、藏少數民族事務的機構，也分擔了部分藩屬國及交涉事務。它與禮部的大致分工是：由東、南兩方海路往來的，歸禮部接待處理；由北、西兩方陸路往來的，歸理藩院管轄。所以，俄國此時只能與清政府的理藩院打交道。肅順從咸豐七年（一八五七）出任理藩院尚書，後又以戶部尚書管理理藩院事務。加上咸豐九年（一八五九）後，肅順日受咸豐看重，權威日隆，連軍機處班子都要看肅順的眼色行事，與俄國打交道，也就只能多勞肅順了。當時的沙皇俄國固然不是東西，在中俄談判桌上耍蠻玩橫，但肅老六也不是好東西，他就會裝傻充愣。

先說裝傻。第二次鴉片戰爭期間，中俄簽訂《天津條約》。有關通商口岸問題，中方沿海路給俄方新開七口：上海、寧波、福州、廈門、廣州、台灣、瓊州。同時規定，若別國再在沿海增添口岸，准俄國一律照辦；兩國平等了，以後外交也不用中國的理藩院了，俄使有權與大清的軍機大臣直接照會往來，還有一年內換約執行。

問題是，換約時因為進京路線問題，清政府與英法聯軍在大沽口開戰，俄美雖然一路跟隨，但嘴上一直叫喚著和平換約。雖然中俄《天津條約》規定，俄方可以繞開具有朝貢色彩的理藩院與清政府軍機大臣直接交涉，但中方派出的交涉代表還是肅順，怕肅順二百五起來沒有轉圜的餘地，還給他派了一個刑部尚書瑞常做助手。清政府與英法在大沽口開戰前，俄國就與中國換了約；開戰後，又拉著美國換約以孤立英法。同時，清政府照會俄使：我們與美國正在北塘換約，原先說的是，換約之後四個月，各通商城市開口。現在，從緩執行，因為英法兩國還沒有換約。何時開口，等欽差大臣、兩江總督何桂清通知。美國代表華若翰已經同意了，四國應該一體辦理，特此知會。

俄方代表一聽就急了：中俄《天津條約》已經換約，按規定換約後就可以執行了，誰跟你們說過換約之後四個月才執行呢？而且，我們是我們，跟英法美有什麼干係？中俄《天津條約》只說開口七處，根本沒說換約四個月之後才執行，更沒有說必須等到別國換約之後才執行。

肅順照會俄使：中俄條約裡是沒有規定四個月的延緩期，可是英法美條約裡都有啊！而且，中俄條約裡說了，其他國有什麼，俄國一體均霑。這不是一體均霑嗎？況且前面換約時，貴方談判代表也當面答應了這條，並且說要傳達給貴國。中俄條約規定七口通商是不假，但是不用說本來就應該等其他各國都換約之後一起按新稅則執行。

俄方談判代表一看，生氣了：一方面，肅順睜著眼睛說瞎話，英法美條款裡哪有通商口岸四個月的延緩開放呢？英國條約裡倒有四月一說，卻是規定自訂約後限四個月為期，各領事館與中國稅官夥同公布子口稅清單。另一方面，即使英法美條款裡有四個月的延緩期，那也跟我們俄國無關啊！我們只按我們的條約來。我們條約裡是有一體均霑的要求，但我們一體均霑均是沾便宜啊，條約裡明說了，「大清國日後若有重待外國通商之事，凡有利益之處，毋庸再議，即與俄國一律辦理實行」。簡單一句，就是我們只霑利益之處，不霑沒利之處。而且這個霑與不霑，決定權在我們手裡，霑是我們的權利，不霑也是我們的權利。肅順等人理解為，一體均霑就是一切統一，你不霑那是不行的。

後說充愣。中俄邊界談判中，肅順的愣勁兒表現得最充分。第二次鴉片戰爭期間，俄國利用天津的軍事危機，逼迫黑龍江將軍奕山簽訂了中俄《璦琿條約》。根據這個條約，外興安嶺以南、黑龍江以北六十多萬平方公里的大清領土劃給了俄國，只有江東六十四屯歸中國管轄；原屬清政府的烏蘇里江以東約四十萬平方公里的土地，包括吉林省全部海岸線及海參崴海口，歸中俄共管。除此之外，俄國還奪取了黑龍江和烏蘇里江的航行權，為自己開闢了黑龍江通往太平洋的通道。《璦琿條約》之後，簽訂中俄《天津條約》。有關中俄雙方的邊界問題，如此規定：原先清理好的，得以補充進此約；沒清理好的，雙方繼續會商。

此條前半截，俄方是拐著彎讓清政府再次承認之前不久剛簽的中俄《璦琿條約》。問題是，傻咸豐看到奕山上奏來的夾付的《璦琿條約》清摺後，看不懂，不像我們現在，教材直接給你算個數字，沙俄吃掉我們多少多少領土。咸豐看到的是，這裡劃到那裡歸俄國，那裡劃到這裡歸中國，他就沒學過地理，看得雲裡來霧裡去的，只能囑託相關官員好好查辦啊，等於是稀里糊塗地認了帳。這條款的後半句，為下一步繼續侵佔中國領土預設了台階，比如烏蘇里江以東約四十萬平方公里的中俄共管地。

這裡補充一下為什麼中俄換約那麼容易，簡單說，是因為中國太要臉，不要國家利益，而俄國不要臉，只要國家利益。比如公使駐京、長江航行什麼的，俄方根本沒要求，甚至連在北京換約都沒要求，只要你劃國土給我，怎麼都行。不像英法，比清政府還要臉，換約時非得大搖大擺地走大沽口，結果被僧格林沁坑得好苦，在大沽口徹底翻船。但是俄國當時貪心不足，換約後，其代表賴在北京不走，提出了補續和約的要求，還想乘人之危再從清政府腳下挖些地皮出來，遂照會清政府，有關中俄邊界還有些方面得說清楚。肅順急了，玩起了愣的：中俄《天津條約》雖然已經互換了，但之前簽訂的《璦琿條約》我們還沒批准，而且皇上早就跟簽訂《璦琿條約》的奕山著急了。他簽的條約，政府根本沒承認。

俄方本想乘著《璦琿條約》與《天津條約》乘勝追擊，接著談判烏蘇里江那一片共管地，可是清政府乾脆連《璦琿條約》也不承認了。為了表示不承認的決心，清政府乾脆將簽訂《璦琿條約》的奕山革職留任（不久調回北京）。還有，這個時候的中方剛在大沽口把英法換約的聯軍兜了個底朝天，正揚眉出劍鞘我笑豺狼哭，所以談判桌上，肅順玩得更邪乎了：關於《璦琿條約》，一會兒說根本沒有這個條約，他根本不知道此事；一會兒說是有這個條約，但是當時奕山與俄方談判時，既沒有全權證書，又沒有正式關防，所以《璦琿條約》根本無效，政府早就把它報停了。別說烏蘇里江那四十萬共管地了，就是黑龍江那六十萬，我們都沒有承認。俄方說：中國皇帝對其臣屬是否滿意與俄方毫不相干，但是《璦琿條約》是你們皇上批准過的，不能否認它的合法性。他甚至把咸豐發給桂良，由桂良轉呈給俄國駐華公使的，批准《璦琿條約》的諭旨翻譯成漢文給肅順看。在這份諭旨裡，咸豐明明白白地批示：他看到了奕山的條約奏本。既然定了條約，合了心意，俄國就應該為中國出力，英法聯軍來到了天津，俄使就應出面替咱說和，方能對得住中國云云。這批示當然是最高當局對於《璦琿條約》的承認！

肅順一看咸豐的諭旨都出來了，無法否認了，就直接不要臉了，說：俄方翻譯有誤，跟皇上原諭不符。俄方代表說：那就拿出你們的原諭咱對照一下。肅順回說：不行，我們的諭旨都在軍機處裡收存著，軍機大臣無權擅自抄出一份給你對照……吵到激烈處，肅順乾脆把對方遞給他的《璦琿條約》擲到了桌上，說它是一紙空文，毫無意義。俄方代表認為肅順舉止失禮，藐視國際文件，當即退場。但是肅順不管他這一套，我們大清不但可以說不，還可以說呸，管你什麼國際不國際……氣得俄國代表要求中方換人，中方就是不換，我們只有一個肅順能和你們耍二百五，換誰呢？俄國公使對之評價如下：「有權勢的肅順是與歐洲為敵的頭號壞蛋，他已經不止一次地公開宣稱，必須將全部歐洲蠻夷趕出中國。」

肅順應該是合格的民族主義者，對外一直強硬，但是強硬不能僅留在口頭和態度上，背後必得有實力作基礎。否則，結果更不好。事實上也是如此，俄方一看英法報復大沽口換約之恥的聯軍來了，就跑過去給人當參謀去了，而且一路趁火打劫跟著英法聯軍進了北京，直到最後簽訂了《北京條約》，不但逼迫中國政府承認了《璦琿條約》，還把《璦琿條約》沒承認的，烏蘇里江以東那四十萬平方公里的中俄共管地全部吞到了自己肚裡。奕訢在北京交涉的時候，肅老六跑得遠遠的，為什麼不回來跟英法俄美拍桌子呢？

咸豐常說的一句話是：「我大清尚有人耶？」

說得真對，大清真沒人了。咸豐活著時，大清就依靠一個二百五肅順；咸豐死之後，大清就依靠一個小寡婦杏貞。

杏貞攤上這樣的老公，幸耶，不幸耶？不過，老公畢竟是老公，聊勝於無。電影《戲說慈禧》在描寫小寡婦的寡居生活時，曾經給了這麼一組鏡頭：太后的妹妹婉貞嫁給七王爺奕譞做了福晉，進宮去看太后。慈禧坐在床邊，撫摩著床單說：「你和老七早上起來，床單一定是皺的。我的卻是平整的，我才二十九歲……」

雖然有些戲說，但「床單不皺」對慈禧來講應該是一個問題。所以逢到咸豐忌日，老寡婦就要不高興一陣子。駐法公使裕庚的女兒德齡，在光緒二十九年（一九〇三）父親任期屆滿之後隨全家回到中國，在慶親王奕劻的引薦下，和妹妹容齡一起進宮，成為慈禧太后的御前女官。在她的回憶錄《紫禁城的黃昏》裡，對此做出詳盡的描述：「這段時期，太后的一門心思全用在已故的咸豐皇帝身上，整天愁緒滿懷，鬱鬱寡歡。我們所有的人都倍加小心，生怕惹她生氣。她更加愛挑剔、易發怒，對誰都不說話，終日獨自飲泣，不能自已。我有些不懂，為什麼咸豐皇帝死了這麼多年，太后還要如此悲痛不已。七月整整一個月中，所有女官都不准穿顏色鮮豔的衣服。我們大家穿的不是深藍就是淺藍，太后自己則一直穿著黑顏色的衣服，就連手帕也是黑色的。通常每月朔望要開演的戲院，在七月也一概關張。沒有音樂，每件事情都在莊嚴肅穆中默默進行。事實上，整個宮廷都籠罩在深深的悲痛之中。」

是夠悲痛的。整個宮廷，大堆的怨婦與大堆的怨閹，就夥著咸豐那麼一個傳說中的哥，日子怎麼過呢？

第二章：兒子太混蛋

咸豐六年三月二十三日（一八五六年四月二十七日），時為懿嬪的杏貞生子載淳。

說來也怪，咸豐後宮守著一堆女人，卻近乎顆粒不收。咸豐五年（一八五五），麗嬪他他拉氏生個閨女，這是咸豐唯一的女兒，後封榮安固倫公主，這公主於同治十二年（一八七三）下嫁，同治十三年（一八七四）就逝世了，滿打滿算活了二十年，可憐見的；咸豐八年（一八五八），玫貴人徐佳氏生下一個皇子，這個孩子更可憐，沒等起上名字就死了，後來被追封為憫郡王。這就越發顯得載淳的寶貝了。可是這個寶貝很不爭氣，實乃混蛋一個。

不好好學習

咸豐與杏貞為了把兒子培養成理想的接班人，給他配備的師資力量陣容強大。咸豐在位的時候，為兒子配備的是李鴻藻。李「博導」，咸豐朝進士，名宦世家，學識淵博。知識越多越反動，這位老師後來成為守舊派主要人物之一，並且是李鴻章的死對頭。不過，政治立場與學術無關，李鴻藻的學業在當時屬鳳毛麟角的水準！

咸豐死後，同治登基。杏貞所有的希望都落到了兒子身上，遂擴充兒子的師資隊伍。除了前面的李鴻藻外，另加祁寯藻、翁心存、倭仁等。

祁寯藻，嘉慶進士，少年神童，十歲能成文，二十二歲中進士，官至體仁閣大學士、首席軍機大臣；資深教師，之前已經先後做過道光、咸豐的老師；書法極佳，為大清中晚期著名書法家。

翁心存，道光進士，官至內閣學士、兵部尚書、體仁閣大學士；他死後，兒子翁同龢子承父業，做了同治帝師。

倭仁，道光進士，官至文淵閣大學士，著名的理學大師，著有《倭仁文選》十三卷，同治年間頑固派領軍人物。

除此之外，慈禧還專門為兒子配備了其他科目老師：著醇郡王奕譞教習蒙語及騎射；著倭仁的哥哥愛仁教習滿文。恭親王親任學習總監，後勤供應由惠親王綿愉負責。

慈禧這些動作，跟現在的某些娘為兒子報補習班、請名師是一個心態。唯一的差別是，慈禧不用出學費，嘖嘖，有權就是好。問題是，同治無心學習，既對不起他娘，還對不起這些名師。人常說，沒有學不好的學生，只有教不好的老師，錯矣！

第一，由於同治他娘一心關注政事與後宮的爭風吃醋，導致同治從小母愛不夠，受太監們的影響，放蕩治遊，不安生學習，略相當於咱們現在所謂的劣等生。他根本不把老師們當老師，上課的時候不是精神不振昏昏欲睡就是嬉笑玩樂，甚至與陪讀的恭親王之子、貝勒載澄打打鬧鬧，一幫子師傅在他面前成為弱勢群體，無力管束，無可奈何，氣到掉淚。老師掉淚後，同治用手蓋住教科書上的「君子不器」

之「器」字的下半部，向老師請教「君子不哭」是什麼意思。學生如此調戲老師，老師們既不敢罰他站，更不敢打他戒尺，只有抹眼淚的份了。相形之下，大明王朝的帝師就比大清王朝的帝師剽悍多了。比如十歲登基的萬曆皇上的老師張居正，在學生面前就很牛，由不得他的學生調皮搗蛋。萬曆偶爾想淘氣一下，老師就來了：「不要亂扔石頭，丟到了小朋友怎麼辦？即使沒打到小朋友，砸著花花草草也不對嘛！」上課的時候，萬曆想蹺個二郎腿，挪挪酸屁股蛋子，老師又來了：「為人君者，可不敬哉？」萬曆想賞給妃子們一點美容錢，老師還來：「君民魚水一家親，為人君者，應該關注百姓們的衣食才對啊！」萬曆書法練得極好，老師又來了：「陳後主和宋徽宗都是大藝術家啊，誰不知道藝術誤國啊！」天上出星變了，老師還來：「天子德政不修，上天才警示的啊，得，趕緊寫『檢查』給全國人民請罪吧……」萬曆他娘，出身山西小農，在望子成龍方面跟咱們一般百姓一樣，她甚至動不動讓兒子給張老師下跪。同治帝之所以不怕老師，除了大清君主絕對專制下朝風不振，文人士大夫已經淪為統治者的伶優玩偶以外，慈禧太后的淫威也是一個很重要的原因。打狗看主人面，打兒子當然也要看娘面了，何況人家慈禧太后還不是一般的娘！

第二，同治的學習效果很差。小寡婦給兒子垂簾，用現在的話來講，那是扶上馬送一程。問題是，這個兒子有些送不出手。

同治十年（一八七一），十六歲的同治即將大婚親政了，但考察學業，卻差得不如現在的小學生。他說話不太清楚；不會句讀，讀奏摺都讀不成句，能不能讀明白也值得懷疑；他娘錯別字就夠多了，他比他娘還多。慈禧原本的理想是，把兒子當順治和康熙的樣子打造。特別是康熙，八歲登基，十四歲親政，親政後不但一手好文章，政治能耐更是非同一般。所謂的康乾盛世就是這個孩子打的頭。皇家下仔，一窩不如一窩，眼看著這兒皇帝與八輩子祖宗差遠了，慈禧當然很失望。

不過，兒子沒好好學，他娘卻學上了。垂簾剛開始時，給事中孫楫就向兩宮太后奉上了《帝鑑圖說》。這本書是明朝內閣大學士也是萬曆朝首輔張居正為十歲登基的萬曆小皇帝朱翊鈞量身定做的特殊教材，配著插圖，將歷代帝王正反面案例編成故事，可謂是圖文並茂、有趣生動，略相當於「媽媽給我講故事」之類。沒想到慈禧拿到這本書後，自己倒先迷上了。她將圖書留下仔細研讀，收穫頗多。後來，江南道監察御史徐啟文又給慈禧上了一道摺子，建議將「列聖實錄寶訓」和漢唐以來母后臨朝的事實經驗彙編為一冊，以供兩宮太后參考。慈禧很高興，讓南書房、上書房、翰林院等馬上進行編寫，寫成後慈禧特賜名為《治平寶鑑》，並不時地安排大臣給自己進行講解。

一句話，慈禧原本是陪讀的，結果卻是陪讀的興趣盎然，被陪的一場糊塗。常言說，時世造英雄。其實，時世也造寡婦的！

小小接班人毛病多

別看太監們生理有疾，但在他們的帶動與影響下，同治的體育卻得到了全面發展。同治最喜歡的事有治遊、蹋球、舞劇、攢交，尤其是後者。攢交，據說是起源自三皇五帝時代的一種中國式的摔跤活動，有角力、角抵、相撲、善撲、攢交、摔角、博和（蒙古語）、布庫（滿洲語）等多種說法。大清王朝設有摔角訓練所，稱為善撲營。金庸《鹿鼎記》中描寫康熙皇帝為剷除權臣鼇拜，命小內監強有力者習布庫摔角以為戲，練成後趁其入奏時擒之。電影《火燒圓明園》裡，導演竟然讓僧格林沁與巴夏禮也「博和」上了，三撥拉兩撥拉，巴夏禮就被咱的蒙古僧王舉過了頭頂，然後「吧唧」扔到了池塘裡。很多觀眾，特別是孩子們看得蕩氣迴腸的，大長我大清志氣，大滅洋鬼子威風。但是在洋鬼子那邊的記載裡，僧王扣押巴夏禮後根本沒跟人摜交，而是讓手下摁住巴夏禮的頭，讓他磕了一組響頭而已。看來，導演讓僧格林沁與巴夏禮玩摜交，並且把人玩成落湯雞，其藝術功能略等於安慰，安慰中華民族那顆受傷的、稚嫩的、脆弱的心！

同治玩的這種摜交不是安慰，但很要命。初練時，同治發明了一種新的玩法，他讓小太監（這個玩意兒跟體操似的，年齡較大的人就無法練了）橫臥在板凳上，然後他用手摁住人家的腹部，一圈一圈的旋轉。小太監們哪裡受得起這樣的胡亂折騰，所以就不時的鬧出人命來。

太監不是東西，可以理解，因為為了給皇家服務，做人的硬體被拆卸掉了，軟體也就運行不良，導致整個系統有問題。有些翰林院侍讀竟然也不是東西，就不好理解了。有一個叫王慶祺的，提前開發小同治男女方面的情趣，提供給他淫穢畫冊，小皇帝看得樂此不疲、「心神不寧」，並且心中逐漸有了一座「斷背山」，據說此後與長得「豐美儀」的王慶祺發生了不該發生的故事。總之，這個學習上的劣等生又變成一個嚴重的問題少年！看來掃黃打非很有必要，只不過重點應該放在宮裡最高領導那一塊。

光在宮裡低俗不夠過癮，同治帝還經常微服出遊。這方面的導師是恭親王的兒子載澄，是載澄讓同治明白宮外的生活很精彩。兩人喜歡同時穿上黑衣，茶坊、酒肆、妓院無所不至，昏天黑地，經常去的地方是八大胡同，與民（女）同樂。

恭親王與慈禧太后都或多或少地知道同治與載澄的這些「性趣」。對恭親王來講，他無法管束同治，因為他管不住自己的兒子。這是天朝的高官家庭最容易出現的問題之一，因為在家裡，高官是兒子的爹，可以有一定的發言權，但在家外，高官兒子又是大部分中小官員的爹。一個孩子，從小就有這麼多兒孫，他不學壞都對不起周圍一溜的孝子賢孫。對慈禧太后來講，姐弄的不是權，是寂寞。兒子不爭氣，不太喜歡管理朝政，正好給做娘的她提供機會與舞台，所以對兒子閒遊放蕩、尋花問柳之事睜一眼閉一眼，也叫各司其職，母水不犯子水。

有其母必有其子

慈禧一輩子剛愎自用，我行我素，由不得別人說她半個不字。個中原因，除了權力的因素以外，還有很大的個人因素，也就是個性與品性，同治很不幸地繼承了他娘的毛病。

同治十二年正月二十六日（一八七三年二月二十三日），十八歲的同治帝在太和殿舉行了親政大典，開始親政。對比十四歲親政的順治與康熙，同治這政親得也夠晚了。沒辦法，一是娘不捨得放權，二是同治不爭氣。

同治親政之後，天朝歷史上發生了一件意義深遠的事情。可以說，從一七九二年馬戛爾尼使華，到一八四〇年鴉片戰爭發生，再到一八六一年咸豐咯血而死，外國公使以國際通行的鞠躬禮親見中國皇帝、親遞國書一直在天朝行不通。太后垂簾時，還好意思跟人推說，女人家的沒臉見野男人。現在同治親政了，找不出藉口了，在外國公使一再的強烈要求下，同治十二年六月初五（一八七三年六月二十九日），日本大使以作揖禮、西方各國公使以鞠躬禮在紫光閣覲見了同治。事後，不管是外國報紙還是各國公使，都把這當成是外交上的一大勝利，經過一個世紀的摩擦，外國終於與清國平起平坐了。但是事隔不久，他們又大呼上當。英國公使率先提出紫光閣乃清廷接見宴筵藩屬國君主或使臣之地，大家一聽，群急：又讓大清玩了我們一把！這還不算，清國方面的記載才叫意淫。《京報》載：「英國公使先誦國書，約二三語，五體顫慄。帝曰：『爾大皇帝健康？』英公使不能答。皇帝又曰：『汝等屢欲謁朕，其意安在？其速直陳。』仍不能答。各公使皆次第捧呈國書，有國書失手落地者，有皇帝問而不能答者。」出殿後，「恐懼之餘，雙足不能動。及至休息寓所，汗流浹背，以致總署賜宴，皆不能赴。其後恭親王語各公使曰：『吾曾語爾等，謁見皇帝，非可以兒戲視之，爾等不信，今果如何？吾中國人豈爾外國人之輕若雞羽耶？』」之後，時人平步青又把這番情景誇張了一番，說什麼外國使者嚇得話說不出，步邁不得，「經恭親王當眾嘲笑『草雞毛』，令掖之下階，不能動步，坐地汗喘」。

同治帝到底是個什麼東西？不就是個語不成句、智不夠數的皇家小嫖客，外國公使至於嚇成這樣，需要清政府拎小雞似的給拎出來嗎？中國皇帝有這神功，還讓軍隊打什麼仗，自己往陣前一站，外國軍隊不就自動崩潰了嗎？中國皇帝周遊世界一周，地球就哆嗦著毀滅了！「被接見」在我們的語境裡原本是一種屈辱，但語言稍一撥弄就顛倒乾坤，變成大滅洋鬼子威風、大長我中華志氣的勵志鏡頭了！不服還真不行。

如果說公使覲見是同治親政後的外事風波，同治親政後還鬧了一場內事風波，這場風波動靜更大，是謂修復圓明園之爭。

同治十二年九月二十八日（一八七三年十一月十九日），同治帝發布上諭，決定重修圓明園。諭旨一出，臣僚大譁！眾所周知，圓明園是愛新覺羅家的皇家園林，素有「萬園之園」的美稱。它是在明代園林的基礎上，歷經康熙、雍正、乾隆、嘉慶、道光和咸豐等朝一百五十多年的不斷增修擴建而成的。問題是，英法聯軍進中國，為了懲罰咸豐的失信，把它火燒了。現在要重修它，可不是個小工程，需要嘩嘩的白銀。

現在說不準，同治是孝順他娘，還是希望把他娘踢到園子裡，讓她遊山玩水樂不思政，以減少她對朝政干預的興趣，或是為了自己享受，或者兼而有之。總之，他拿定主意要重修圓明園了。國庫沒錢，同治也不怕，他別出心裁，希望羊毛出在驢身上，讓官員們捐款。驢們當然也不傻，自然捐不出多少錢來，奕訢捐了二萬兩，算是帶個頭，內務府堂郎中貴寶緊隨其後，捐了一萬五千兩，漢族官員們好像不知道這件事似的，沒幾個人響應，滿族官員捐得也不踴躍。至同治十三年（一八七四），各地官員的捐款加到一起才三十萬兩左右，不夠皇家蓋幾平方公尺的。於是同治又指令戶部撥銀，朝廷震動。御史沈淮上奏請求緩修，說：別說咱沒錢了，就是有錢，現在也不能修。國事艱難，仇人在國，修什麼園子嘛！同治把他叫過來，當面斥責一頓：俺孝順娘，你怎麼好意思攔呢？御史游百川再上奏諫阻，同治無心跟他廢話了，乾脆將其革職。這我行我素的威風，一點不比他娘差，嚇得其他御史都閉上了鳥嘴。

圓明園重修工程於同治十三年（一八七四）年初開工，首先開工的是正大光明殿、天地一家春（原慈禧住處）等處。

大臣們發現，這工程一開工，同治皇帝就撒上歡兒了。他每個月都到工地視察。雖然他不能像現在的領導那樣頻頻出鏡，到工地視察，又是指導工作，又是親切慰問民工的，後面打傘的打傘，攝影的攝影，有領導自天上來，不亦樂乎！但是就這視察也讓臣僚看不慣。皇帝這是藉機出外遊玩嘛，遊玩不說，還時常夜不歸宿，這還了得？深居後宮的慈禧並不知情，大臣們乾著急沒辦法。向他娘告狀吧，還不能說得太直白；說得隱諱點吧，他娘又不在意；向皇帝面諫吧，這皇帝資質低，品性更低，別說聽不明白，就是聽明白了也置若罔聞！

大臣們乾著急沒辦法的當口，藉口終於來了：李光昭案發生！

李光昭，廣東籍木材商人，與內務府官員們熟識，由此被任命為圓明園工程監督，前往各省「採辦木植」。但這個傢伙心太黑，購自英法商人的木材，原議定價為洋銀五萬四千餘元，而李光昭在向內務府呈報費用時，卻謊稱值白銀三十萬兩之多。事發後，李光昭又面求美領事代瞞價格。人家外國人哪裡玩這個啊，可以說，至少從大清朝開始，人家洋人就替咱反上腐敗了，不好意思呵！這裡舉一例，中國海關第一任總稅務司乃英國人李泰國，當時中國的上海道台屢次想拉他下水，比如兩條商船一起到達口岸時，上海道台就建議李泰國，咱們一人一條船私吞其關稅，李泰國當然不幹，氣死中國方面的官員了。以後另一個英國人赫德代替了李泰國，更是在整個中國的官衙系統建立了一個唯一的清廉機關。咱們當代史學家中有人特別喜歡罵赫德，藉民族主義與愛國的名義罵得臉紅脖子粗的，我都懷疑他們是上海道台的後代或者親友團！

正話少說，言歸本傳。李光昭案傳出後，大臣們可逮著藉口了，紛紛上奏，要求立即停止修復圓明園工程。同治十三年七月十六日（一八七四年八月二十七日），奕訢、奕譞等十大臣聯銜遞摺，從八輩子祖宗打江山一個勝利走向下一個勝利開始說起，一直說到近年來的勝利成果。他們認為，打江山不易，守江山更難，修圓明園擾民，更不是時候。為此他們向皇帝提出六條建議：畏天命、遵祖制、慎言動、納諫章、勤學問、重庫款。

摺子遞上之後，一怕侄兒根本不看奏摺，二怕侄兒看也看不懂，奕訢隨後請求皇上召見。皇上拒不召見，奕訢再請。實在躲不過了，三天後，同治接見了他們一行人等。召見時，奕訢發現，奏摺果然沒有拆封，便要求侄兒當場閱讀，一是讀不懂，二是沒那耐心，所以侄兒讀了數行便賭氣對叔父說：我停工不就得了，你們還饒什麼舌？叔叔說：除了停修圓明園一事，還有很多事，容臣當場給你誦讀一下。

當年父皇擇定接班人的時候，老六因缺少影帝潛質不會哭鼻子而痛失皇位，如今在侄兒面前更是發揮了最佳辯手風采，黃河之水天上來，奔流到海不復回。說話都不甚清楚的侄兒被滔滔不絕的叔叔煩死了，說：我這個位置讓給你如何？

一句話堵得他叔叔差點噎死，水龍頭一下子被擰上，再沒有了置嘴的餘地。奕訢的鐵桿夥計、軍機大臣文祥伏地痛哭，幾近氣絕，被人扶了下去。

剩下的掃尾工作由醇親王奕譞來完成。同治的這個七叔兼姨父邊哭邊諫，一不小心就說出了同治出去治遊的事情。同治先是不承認，後是無話可說，就岔開話題，搬出了他娘：諸臣所言各條朕願接納，惟園工一事不能馬上停止，為討太后歡心而修，故不能擅自做主，容朕轉奏太后之後再行決定。

大家一聽，也無話可說了。誰都知道，重修圓明園確是老太后心願，老太后都親自參與設計工程圖樣，同治重修圓明園，又打著孝順娘的旗號。更何況，這個資深寡婦誰都惹不起。於是君臣會不了了之，同治依然大模大樣地去工地進行考察，與民工們親切見面。考察之餘，依然與民妓們切磋技藝，友善往來！

這個時候，帝師李鴻藻出場了，他上摺兩宮太后，說：「臣等以為與其徒斂眾怨，徒傷國體，於事萬難有成，不如及早停工，以安天下之心乎？伏願皇太后明降懿旨，停止園工，則皇太后之威德，皇上之孝思，均超越千古矣。」這是關於停止修園一事，兩宮太后收到的唯一的一份奏摺。慈禧太后沒有表示，她在靜觀事態發展。

七月二十七日（九月七日），同治召見軍機，議及李光昭案處置事項。之後，同治單獨召見奕訢，詢問出宮冶遊一事到底是誰說的，奕訢以「臣子載澄」作答，同治聽了很不高興：載澄這不是洩露國家機密嗎？如此不忠，叫朕被動！

七月二十九日（九月九日），同治召見王公大臣，商議修園一事。一看停工已是大勢所趨，不停不行，所以他問王公大臣：待十年或二十年後，四海平定，庫項充裕，園工是否可以再開？大臣們趕緊叩頭如搗蒜，說：託皇上的福，真是那樣的話，一定修！

但是同治不想完全讓步，他有條件，圓明園工程可以暫停，但西苑的北、中、南三海要修，大臣們同意了，退出大殿去吃午飯，軍機大臣們則回到軍機處擬旨。然而諭稿呈上之後，同治並未馬上批答，而是發給大家一道事先寫好的朱諭：盡革恭親王所兼軍機大臣及一切差使，由親王降為不入八分輔國公，交宗人府嚴議。

前面講過，不入八分輔國公屬於宗室十二等爵位中的第八等。十二等中，前六等可統稱「入八分公」，後六等統稱「不入八分公」。所謂的「八分」，是貴族特權的標誌。其一，努爾哈赤建立八旗制度時，八位和碩貝勒共事議政。八貝勒各置官屬，凡朝會、宴饗、賞賜必均及，是為八分。這種身分及待遇後來逐漸固定下來，成為貴族等級的象徵。其二，入八分的公爵可以與諸王、貝勒、貝子等一體分左右翼列班上朝議事，而不入八分者只能隨旗行走。入八分都在京當差，不入八分不必在京。其三，入八分也是八種標識，用以彰顯其尊貴身分，這八種標識是：朱輪（紅車輪）、紫韁（乘馬用紫色韁繩）、寶石頂（一品大員用珊瑚頂，寶石在珊瑚之上）、雙眼花翎、牛角燈、茶搭子（盛熱水的壺）、馬坐褥和門釘（府門上的銅釘）等。

侄兒就這樣將叔叔奕訢由第一等一下子降至了第八等，連入八分的待遇都沒了，想羞煞他叔叔。可見這個兒子跟他娘一個德性：誰讓我不高興，我就讓他一輩子不高興！

文祥等人拒不奉旨，並請求皇帝召見，同治一概拒絕。但是第二天，七月三十日（九月十日），同治帝發下一份更改的朱諭，稱自親政以來，恭王每逢召對時，「語言之間，諸多失儀。著加恩改為革去親王世襲罔替，降為郡王，仍在軍機大臣上行走，並載澄革去貝勒郡王銜，以示懲儆」。看來，除了對叔父動手，他對載澄這位出賣同志的嫖友也動手了。

八月初一日（九月十一日），同治又以「朋比為奸，謀為不軌」的罪名擬了一道聖諭，革去恭王、惇王、醇王、伯彥訥謨祜、景壽、奕劻、文祥、寶鋆、沈桂芬、李鴻藻等十位重臣的職務。十位重臣重到什麼狀態呢？前三個是道光三個兒子，三王，自不待言。四、五、六是三位御前大臣，其中伯彥訥謨祜是僧格林沁之子，景壽是道光帝的駙馬爺、咸豐爺的姐夫。七、八、九是三位軍機大臣。最後一個是帝師。同治皇帝這麼胡亂打黑，隱藏幕後的慈禧不親自出面不行了，要維持穩定啊！於是兩個寡娘跑到弘德殿進行現場調解。調解的場景是這樣的：同治皇帝在下面跪著聽訓，兩個寡娘在上面哭著鼻子憶苦思甜，吃水不忘挖井人，六叔的恩情比海深，十年以來，沒有六叔就沒有我們今天的幸福生活。憶苦思甜的結果是：革十大臣職的上諭留中不發，十大臣官位照舊，處分撤銷；重修圓明園依然是重點修葺西苑三海。

這場風波顯示，同治資質明顯不夠，徒有他娘的某些劣質品性，卻沒有他娘的政治智慧。

不親親娘，老是跟親娘作對

母以子貴，慈禧當然知道自己現在所得，很大程度上藉助了兒子這個道具。但是兒子並不親她，甚至專跟當娘的作對。

第一例：咸豐十一年（一八六一），咸豐初死，肅順等八大臣在廷上與兩寡娘辯論爭權，肅順聲震屋宇，嚇得六歲的小同治尿濕了褲子，鑽到皇額娘懷裡大哭。注意同治所鑽的娘可不是他親娘，而是東太后慈安這個娘。孩子這個小小的動作充分說明，在同治那裡，東太后比親娘還親。事實上，當孩子剛一出生，親娘大部分身心都貫注到政事與醋事之中的時候，頭腦簡單並且對政事與醋事皆沒有興趣的東太后則利用她的皇后地位，給予同治充分的母愛。長大之後，同治依戀的依然是東太后而不是自己的親娘。這當然會讓西太后大大的不高興，自己親生的孩子，竟然不親自己，白眼狼！

第二例：與東太后、奕訢等合作，殺掉了西太后最寵信的太監安德海。安德海，直隸南皮縣人。少年志氣大，自殘入宮做太監，人稱小安子。小安子很聰明，善於察言觀色，並且知書能文。咸豐北上抗夷時，他隨咸豐到了熱河行宮。辛酉政變中，他在叔嫂之間穿針引線往來奔走，得到了慈禧的信任。同治初年（一八六二），當上了總管太監，成為慈禧非常器重的心腹。由於有慈禧的寵信，他壓制群僚，干預國政，為所欲為，甚至不把慈安、奕訢放在眼裡。

同治帝打小就不喜歡安德海，稍大的時候，對小安子的橫行霸道看在眼裡，恨在心上，有時候會藉故斥責他一下。結果小安子就會跑到太后那裡說同治的壞話，導致同治反過來被太后數落一頓。同治恨小安子，又無法下手，於是命人做了一些小泥人，自己用刀再砍掉他們的頭。身邊太監問及，小皇帝就回曰：殺小安子！

小安子終於給了小皇帝機會。同治八年（一八六九），小皇帝十四歲，安德海在慈禧太后的默許下，藉皇上大婚、採辦龍袍的名義，乘樓船沿運河南下。按清朝祖制家法，太監不准出京。但小安子是慈禧的紅人，不知道走江湖要「低調」。雖然太監出京直接違背祖制，但是他一出京就張揚起來了，唯恐別人不知道太后的紅人要南巡！沒想到，半路上遭遇了丁寶楨。

丁寶楨，字稚璜，貴州人，咸豐朝進士，時為山東巡撫。同治二年（一八六三）任山東按察使時，僧格林沁正在山東剿殺捻軍。僧格林沁為人十分傲慢，會見司道官員從不設座。丁寶楨前來投謁時，讓門人轉告僧格林沁：坐則見，否則罷。僧格林沁一聽大驚，馬上改容優禮予以接見。山東巡撫閻敬銘聞之，大大的佩服，親自出郊迎接，並且在退休時推薦丁寶楨出任山東巡撫。此番安德海南下，正好經過丁寶楨的地盤，不倒楣才怪！

安德海首先經過的是直隸地界，當時的直隸總督是大名鼎鼎的曾國藩，曾氏正好罹患眼疾，而且心裡盤算的是《勸學篇示直隸士子》，提出儒學有義理、考據、經濟、辭章四科，唯義理為治學根本云云，所以安德海從他的地盤揚長而過，但一進山東巡撫丁寶楨的地盤，小安子就完了：直接逮問！

丁寶楨不愧是丁寶楨，對慈禧太后的大紅人，用的卻是先斬後奏。他逮住小安子一行，審問過後，直接就殺了，其餘二十餘隨從一個不留。完事後他才上了奏疏。恭親王接到奏疏後，馬上率軍機大臣入宮，請示同治皇帝與兩宮太后。慈安太后非常重視此事，與恭親王奕訢和內務府大臣明善及其他有關大臣商議，一致認為，安德海違反祖制家法，殺無赦，宜立即就地正法！同治也表態說：「此曹如此，該殺之至。」慈禧自知理虧，安德海違反的是祖制，大家又都同仇敵愾的，無法再替他轉圜，也就不情不願地同意了。會後，恭親王立刻趕到軍機處擬旨給丁寶楨！

丁寶楨這邊，雖然先斬後奏了，但卻來了聰明的一手，故意晾小安子屍體三天，方便百姓看清楚安德海的真身，以平息臣民中間關於安德海與慈禧關係曖昧的傳言與猜測。坊間野史傳說，安德海身子並不淨，丁寶楨提前割淨他的下根才晾其屍的，並且在密摺中告知了慈禧。看來，民間百姓對太后床單不皺的事也挺體貼的，總想給她製造個代用男人。只不過這個傳說反汙了丁寶楨的一世清名：第一，好好的一個丁寶楨，被描繪成拍慈禧馬屁的骯髒小人；第二，即使拍馬屁也沒有這樣拍法，資深寡婦會惱羞成怒的。之所以會出現這樣的傳說，可能跟慈禧過後並沒報復丁寶楨有關。我覺得慈禧太后並沒有報復丁寶楨，原因可能很簡單：安德海畢竟只是一個奴才，後宮奴才有的是，慈禧犯不著為他折掉一個良官能臣！再說了，慈禧當時的政敵僅是慈安太后、恭親王奕訢，甚至自己的兒子，而不是一個清正剛烈的封疆大吏！

慈禧太后雖然事後沒有報復丁寶楨，但這並不意味著她不會生氣。大丟顏面、有苦難言的她，無法與慈安與奕訢公開叫板，只好把同治叫到身邊大發脾氣。沒想到，小皇帝滿不在乎地說：「殺一個小太監有什麼大不了的事？」惹得他娘更加氣憤了，對著兒子一頓臭罵！不過，一個小太監真的沒什麼大不了的，再受慈禧寵愛，也就是一個阿貓阿狗的待遇，死了就算了，慈禧不高興兩天就過去了。

第三例：同治八年（一八六九），同治十四歲，按照八輩子祖宗順治與康熙的先例，該大婚了，大婚之後就要親政。西太后不願意歸政，就給兒子拖婚事，一直拖到同治十一年（一八七二），同治帝已經十七歲，無法再拖了，這才給同治議婚。九月十五日（十月十六日），同治舉行了大婚典禮。在大清歷史上，這就叫晚婚了！

同治選擇皇后時，兩個娘是有分歧的：慈安皇太后喜歡侍講崇綺的女兒阿魯特氏，慈禧皇太后則喜歡員外郎鳳秀的女兒富察氏。據說阿魯特氏的特色是端莊靜默，富察氏的特色是貌美聰慧。由此可見兩個娘給兒子選后，都是以自己為樣本的，審美觀念與價值觀念不同嘛，很正常。問題是兩個娘意見不一，卻把球踢給了同治，要他自選。同治按東太后的偏好，選定了阿魯特氏，冊立阿魯特氏為皇后。慈禧沒有辦法，只好退而求其次，要求兒子封富察氏為慧妃。但兒子專門跟親娘作對，不選親娘喜歡的女人，卻選東宮喜歡的女人，讓慈禧耿耿於懷！

阿魯特氏的祖父為大學士、軍機大臣賽尚阿，嘉慶、道光、咸豐三朝為官，聲名赫赫；外祖父是鄭親王端華，咸豐為兒子同治任命的贊襄八大臣之一，在辛酉政變中被賜自盡；皇后的父親崇綺，有清一代唯一的「蒙古狀元」，既能當上狀元，說明漢化很嚴重。而且，這個老丈人後來在庚子之亂中表現得很不好，像個腦殘志短的老憤青，既教唆義和團作亂，還對保持清醒的帝國官員落井下石，起碼的人品與學品都沒有，容後再講。按一般的看法，皇后出身於這樣的官宦名門、詩書大家，教養那是非同一般，據說同治很喜歡她。有些記載強調，同治喜歡阿魯特氏的原因之一，就是新婚當晚同治向皇后提問起唐詩，新娘子背得一字不差，同治愈發喜歡了云云。可笑之至。試想，書香門第、大家閨秀出身的皇后，應付一個說話不甚利索、讀摺不會句讀、寫文錯字連篇的同治，那也太兒科了；同治新婚當晚，拿己之短去考皇后之長，胃口也太好了些！只是不知考試的時候這考官是如何對照答案的？

按我分析，同治也不見得多喜歡阿魯特氏，小夥子就是專門給他親娘添堵罷了。史載，慈禧不許同治與皇后同房，而要同治對慧妃多多眷遇，具體是這麼說的：「慧妃賢慧，雖屈居在妃位，宜加眷遇。皇后年少，未嫻宮中禮節，宜使時時學習。帝毋得輒至中宮，致妨政務。」可憐的同治，跟誰睡覺都有娘在上頭指示。他娘怕兒子不聽，甚至派人監視。據說同治帝不敢違抗，又不喜歡慧妃，於是賭氣獨宿，以示抗議。這些記載雖然很合慈禧太后的作派，但也有讓人不解的地方，同治既然敢跟娘賭氣獨宿，為什麼就不敢賭氣與皇后合宿？同治既然敢選擇娘不喜歡的人做皇后，為什麼就不敢選擇與自己喜歡的人同房？同治在立誰為后的大事上反娘反得夠剽悍了，為什麼在與誰同房的小事上反而忍讓後退？

說來說去，同治就是專門跟他娘作對罷了！如果他娘反對他對富察氏好，他說不定更喜歡富察氏。心理學怎麼說來著？促使一對男女盡快結合的最好辦法，就是雙方的父母都反對。同治年齡漸長，跟他娘一個稟性，所以對他娘就有些「凡是娘支持的，他就反對；凡是娘反對的，他就擁護」的邪勁，何況成婚時小夥子正處於青春叛逆期呢？

他娘的心裡別提多生氣，兒子跟自己添堵也就罷了，偏偏這位皇后跟兒子一個德性，也跟自己添堵。

慈禧愛看戲，阿魯特氏陪侍左右，戲台上一出現三俗劇情，這個兒媳就回首面壁不欲觀。慈禧累諭之，不從。你看看，寡婦婆婆瞧些帶色的戲，過過精神上的癮，這個兒媳都不體貼，還裝，襯得婆婆跟個老流氓似的，天底下哪有這樣做兒媳的？小媳婦嚴重缺少常識，還不夠人性化。

阿魯特氏身邊的人勸她與慈禧搞好關係，否則於己不利。沒想到，這個小媳婦回答說：「敬則可，暱則不可。我乃奉天地祖宗之命，由大清門迎入者，非輕易能動搖也。」小娘們，天地間浩然一女丈夫也，也不想想這句話多傷婆婆的心。清制，皇后大婚由大清門進入，經天安門、端門、午門、太和門、內左門、乾清門，一路正門，在乾清宮前落轎。至於嬪妃，則由神武門迎接入宮。偏房只能走偏門，而大清門乃清宮大內第一正門（大概是現在毛主席紀念堂的位置），除了皇帝與太后之外，只有兩種特殊情況下的特殊之人可以從那裡踐一次：一是傳臚之後的新科狀元（傳臚是皇帝在太和殿舉行的新科進士唱名及揭榜儀式，完畢後，順天府須備儀仗送新科狀元經大清門回家）；二是皇帝大婚之日所迎娶的皇后。俗說話，樹怕揭皮，人怕揭短。難道不知道婆婆是偏房出身，不是由大清門迎入的？這麼噁心婆婆，婆婆能忍嗎？雖然她不能像一般的婆婆，比如焦仲卿、陸游等人的娘那樣，按照中國傳統禮制，子甚宜其妻，母不悅，去之。也就是說，兒子再喜歡自己的妻子，與妻子再般配，但是婆婆不喜歡，就可以休掉她！但是給媳婦添堵還是可以的。同治帝有病，皇后不敢去侍奉，慈禧就大罵她「妖婢無夫婦情」。同治帝彌留之際，皇后哭著前往探視，並且為同治帝擦拭膿血，慈禧又大罵：「妖婢，此時爾猶狐媚，必欲死爾夫耶？」總之，阿魯特氏左右皆不是。還有一次，皇后去養心殿探視病重的同治，二人說了些悄悄話，阿魯特氏說自己過得太苦了，同治帝安慰她說：「卿暫忍耐，終有出頭日也。」不想傳到了慈禧太后那裡，這個婆婆當場趕來，闖進去大罵。小皇后情急之下頂了一句：「媳婦是從大清門抬進來的，請太后留媳婦的體面！」一下子又戳住了婆婆大人的心病：妖婢，為什麼動不動提大清門呢？你從大清門進的又怎麼樣？還不照樣挨我的虐待？她牽著皇后的頭髮把她拖出來，叫來太監備大杖伺候。可憐的同治又急又氣又怕，竟然暈了過去。慈禧見狀，才未對皇后動刑。

根據胡思敬的《國聞備陳》，則是小皇后前往探視病重中的皇帝，沒跟婆婆彙報，婆婆就去吵了。吵急了，小皇后回了一句：「妾乘鳳輦從大清門入，天下皆知，今入宮問皇帝疾，有何罪名而勞太后詰問？」太后回的是：「婢子，汝以我為未嘗入大清門乎？汝由我而入，安知不由我而出？」

總之，這對婆媳確實沒緣分，都吵到這個份上了。根據崇彝的《道咸以來朝野雜記》記載，慈禧曾經想廢掉阿魯特氏，並將擔任宗人府宗令的老五惇親王奕誴召來商議。惇王說：「欲廢后，非由大清門入者不能廢大清門入之人，奴才不敢奉命。」又是大清門，等級制度真是害死人，慈禧更恨兒媳了，廢不掉你，我虐待你總行吧？

同治遇到這種娘真是倒楣，但是更倒楣的是阿魯特氏，貴為皇后，卻成為人家娘兒倆互相賭氣的犧牲品！歷史上還真不乏這樣的可憐女人，比如朱安女士。魯迅的娘就喜歡朱安，魯迅就不喜歡朱安；魯迅的娘自作主張把朱安娶進了家，魯迅就不進朱安的房，不上朱安的床，連房都不給你圓，氣死你！被氣死還沒有資格葬老公身旁，氣活你！中國女人地位低，但是一當婆婆就猛地見高。一高，就掌握不好平衡了，比自己的婆婆還婆婆。

這個短命君主還死得不明不白

八輩子祖宗如何打下來的大清江山就不說了，單說同治想坐穩龍椅就大大的不易。

咸豐臨終時，朝廷的政治勢力分作兩大股：一股在承德，核心力量就是咸豐臨終任命的贊襄政務八大臣：載垣、端華、景壽、肅順、穆蔭、匡源、杜翰、焦祐瀛，他們以肅順為首，可稱作「承德集團」。另一股在北京，以恭親王奕訢為首，其背後的力量有軍機大臣、戶部左侍郎文祥，奕訢老丈人、大學士桂良，內務府大臣寶鋆，戶部尚書周祖培等。除此之外，還有自家兄弟一大堆——老五惇親王奕誴、老七醇郡王奕譞、老八鐘郡王奕詥、老九孚郡王奕譓等，可稱「北京集團」。

咸豐臨終前做了三件事：第一件，立皇長子載淳為皇太子。第二件，命御前大臣載垣、端華、景壽，大學士肅順和軍機大臣穆蔭、匡源、杜翰、焦祐瀛八人為贊襄政務大臣。第三件，授予皇后鈕祜祿氏「御賞」印章，授予皇子載淳「同道堂」印章（由慈禧代掌）。顧命大臣擬旨後要上蓋「御賞」印章，下蓋「同道堂」印章。這也算大清版的三權分立吧，顧命八大臣、鈕祜祿氏、小皇帝，各佔一權，卻沒有「北京集團」的戲。

大清版的三權分立並不均衡，因為它事實上就是兩極：八大臣一極，孤兒寡母們一極，所以八大臣與兩宮太后之間很快發生了衝突。衝突的核心就是一個字：權！從個人好惡方面來講，慈禧與肅順之間早就互相看不慣了：一是當年咸豐欲對懿貴妃行鉤弋故事時，肅順沒有幫著說話，而且說不定這靈感就是他提供給咸豐的；二是當年跟著老公巡幸木蘭時，懿貴妃坐的那輛破車太難受，嬌嬌媚媚地跟肅六爺要求好一些的車輛時，這六爺竟然直愣愣地說：兵荒馬亂的，我哪顧得上這些事啊；三是咸豐剛死，這肅老六就不把貴妃放在眼裡了，而且在東、西兩太后之間抬高東風貶低西風。是可忍，孰不可忍？總之，這一切給了「北京集團」第三者插足的機會。

咸豐臨死前，恭親王想去熱河看看四哥，但四哥與肅順等人都防著他，堅決不批准。肅順作為承德集團的靈魂人物，當然要防北京集團的靈魂人物前來與最高權力者接觸，萬一兄弟兩個放棄前嫌精誠合作，自己不就沒戲了嗎？咸豐作為北上抗夷的一國之君，既懷疑老六這個曾經的帝位候選人對於落選一事耿耿於懷不已，更對英法聯軍欲另立恭親王為帝的傳言有所猜忌，當然也不願意他前來熱河了。現在，咸豐死了，恭親王想去給四哥弔個孝，承德集團都不批准，一氣之下，他化妝成薩滿一路潛伏過去了，八大臣見人也來了，諒他也翻不了棺材蓋，就同意了。老六見了四哥的棺材，淚落如雨，哭聲震天，內心裡怎麼想的，是否有藉別人墳頭哭自己心曲兒的嫌疑，是否聯想到了哥倆的皇位之爭，是否聯想到了四哥做皇帝後對自己的猜忌與冷落，是否聯想到了自己留守北京所受的委屈，是否聯想到了自家後花園圓明園被燒殺劫掠的遭遇，這一切我們都無從知道，只知道八大臣在一旁聽著都變了顏色，自從咸豐死後還沒聽到過這麼痛快淋漓發自肺腑的哭聲。哭了棺材，老六表示要接受兩位寡嫂的接見，並邀請八大臣中有人陪著。八大臣不好意思了，你們叔嫂見面，我們摻乎個什麼啊，你們自己見吧！這一見就壞事了，叔嫂聯手，一舉粉碎了以肅順為首的八人幫。據時人筆記，那也叫大快人心呵：「都人市聞將殺肅順，交口稱快，其怨家皆駕車載酒，馳赴西市觀之。肅順身肥面白，以大喪故，白袍布靴，反接置牛車上。過騾馬市大街，兒童呼曰：肅順也有今日乎？或拾瓦礫泥土擲之，頃之面目遂不可辨云。」就這麼著被一個小寡婦玩了，肅順心有不甘啊：「將行刑，肅順肆口大罵，其悖逆之聲，皆為人臣子者所不忍聞。又不肯跪，劊子手以大鐵柄敲之乃跪下，蓋兩脛已折矣。」不用說他是罵西太后，但劊子手有能耐，硬是把他小腿敲斷，叫你再能！

儒家禮教規定：男女授受不親，叔嫂不通問！這規定導致某些富有想像力的國人傻傻地追著孟子問：嫂子要是掉進河裡呢？小叔子也不援手相救嗎？

沒想到，大清還真發生了嫂子掉河裡的故事：兩宮太后同時掉進了河裡，小叔子奕訢出手相救，這一幕叔嫂聯手，玩得很漂亮。於是天朝政局發生了變化：肅順那支股東退出了董事會，確立以同治為中心，恭親王議政、兩宮太后垂簾聽政為兩翼的政局格式。

皇家董事會鬧衝突，我們也不能搞道德評價，說這個好那個壞，本質上是一路東西。只能說，這個當家那個不當家，而且誰當家都一樣。不得不承認，面對歷史的三岔口，中國人的心態竟然是：吃到的葡萄都是酸的！總是認為，慈禧若不專權，大清應該更好。其實，歷史的邏輯並不是這樣來的，也許慈禧若不專權，大清更短命。中國歷史的車輪也夠邪門，總是要軋碎我們想像中的葡萄；或者說，不管車輪如何走，我們總是希冀車轍之外的葡萄。比如歷史選擇了咸豐，我們就把多情的目光投向恭親王；歷史選擇了慈禧太后，我們就對著光緒一再駐足；歷史選擇了袁世凱，我們就眼巴眼看地寄希望於孫中山。現在，中國歷史選擇的是慈禧！

此外，需要說明的是，不管是誰當政，國家利益與其個人利益有衝突之處，也有重疊之處。岳飛不明白這一點，所以死得很難看。秦檜明白這一點，所以玩得很燦爛。對於慈禧來講，不妨礙其個人權勢的情況下，還是希望國家強大的，她又不傻。所以慈禧當家後，以前所未有的魄力開始了改革開放，既重用漢人（這正是肅順的政策），還學習西方（這是肅順沒有的政策），大清由此進入了一個嶄新的時代，史稱「同治中興」。

一八六一年，中國第一座軍火工廠安慶軍械所成立！

一八六二年，中國第一支近代陸軍在天津編練！中國第一所翻譯學校北京同文館設立！

一八六五年，中國第一座大型綜合兵工廠江南製造總局成立！

一八六六年，中國第一座造船廠福州船政局創辦！以斌椿為首的中國第一個公費出國考察團遊歷歐洲十餘國！

一八六七年，中國第一所近代海軍學校福州船政學堂成立！

一八七〇年，中國第一支近代海軍北洋海軍開始籌建！

一八七二年，中國第一批官派公費留學生奔赴美國！

……

對此，美國女學者芮瑪麗評價說：「不但一個王朝，而且一個文明看來已經崩潰了，但由於十九世紀六〇年代的一些傑出人物之非凡努力，它們終於死裡逃生，再延續了六十年。這就是同治中興。」芮瑪麗所謂的傑出人物，不外是洋務派們，但他們所有的成功都離不開慈禧太后的領導與支持。所以，把西太后稱作大清改革開放的總領導，一點也不為過。問題是，歷史老人喜歡捉弄咱們的寡婦，連帶著也是捉弄中國：大清正在崛起的當口，慈禧太后唯一的兒子，同治帝命數已盡了。

具體來講，就是在重修圓明園風波之後，同治就病倒了，時間是同治十三年十月二十日（一八七四年十一月二十八日）。次日，同治帝開始明顯地表現出出疹症狀，御醫判斷，同治帝感染了天花。十天後，同治帝病情突然加重，身上開始出現毒瘡，而且毒瘡在腰部潰爛如洞，流膿不斷，疼痛不止，面頰腫硬，口噴臭氣。之後，項、脖、臂、膝皆現潰爛。之後，脈息皆弱而無力。之後，腰間腫處每日流膿至一茶盅有餘。在與疾病抗爭四十多天後，同治死去。時間是同治十三年十二月初五（一八七五年一月十二日），按照中國農曆計歲的傳統，享年十九歲；在位十三年；親政二年！

江河嗚咽，大地同悲，中國又失去了一位最高領導。當然，最悲的莫過於慈禧太后，辛辛苦苦十九年，活蹦亂跳的兒子說沒就沒了，死得又快又難看，蒼天哪，大地哪！

關於同治之死，傳說頗多，主要有死於天花、死於梅毒、死於天花和梅毒三說。

我傾向於梅毒一說，因為同治染上性病的機率太大了。小皇帝雖然資質不高，但他娘這種寡婦太強悍，無視兒子的幸福與偏好，兒子挑個皇后她干涉，兒子跟誰睡覺她干涉。同治帝左右不是，就經常獨宿乾清宮。日子一長，便只有外出尋歡一途了。問題是，大清的規矩，皇帝只能在宮裡嫖，不能出宮嫖的；出宮嫖，也不能進北京外城的高級妓院，被手下大小官員們撞見，發現君臣戰鬥在同一個戰壕，多不好意思呵！於是，他只好在內城的私娼小妓中偷樂。中國那時候的妓院，都不搞衛生執照，政府也不掃黃打非，小皇帝不染性病才怪。

小皇帝染上性病的另一個旁證是，他的嫖友載澄也沒落著什麼好。據說也是性病，僅比同治多活了十年。

染上性病就染上吧，也不是什麼大不了的事。問題是，對中國皇帝來講，理論上他是不能得這種病的。得了，現實上有諸多障礙：

第一障礙：太醫不能公布病症實情，更不敢告之太后。

第二障礙：一些大臣向慈禧暗示，同治的病可能跟他外出尋歡有關，慈禧一聽就生氣了。生性低俗的老五惇親王奕誴倒是敢於實話實說，但他說得太直白，惹得慈禧大怒，王公大臣們只得叩頭請饒，從此大家再也不敢暗示人家兒子得性病了！

第三障礙：由於慈禧諱疾忌醫，更由於龍體不能得性病，所以對外只宣稱皇帝是逢「天花之喜」；開藥時，也只好按天花下藥，結果藥不對症，甚至產生副作用，疾病就越來越嚴重。

第四障礙：就是對中醫來講，梅毒也不是不可治的。對西醫來講，梅毒更可治了。但是讓西醫走進中國皇宮，不說文化上的偏見與彆扭、政治上的忌諱與阻滯了，就西醫那些刀刀剪剪就可以定西醫十次謀不軌了！

總之，同治是不能得性病的，得了性病也不能按照性病治。中醫無奈，西醫更進不得。於是，可憐的同治就死了，資深寡婦最後的幸福也沒有了。

第三章：甥侄有些負心

老寡婦失去了最後的幸福，但她可以掠奪別人的幸福，以彌補她這巨大的人生缺憾。她又抓了個兒皇帝！

再弄個兒皇帝

相傳，同治臨死前很清醒，他對自己這十九年的生命做了一定程度上的反省。反省的結果，據說是召帝師李鴻藻覲見。同治當著帝師之面問阿魯特氏，我死之後，你看誰做皇帝好？阿魯特氏回說：國賴長君，妾並不願弄個小皇帝以享太后之榮。於是，同治帝向李鴻藻口授遺詔，以貝勒載澍入繼大統。事後，李鴻藻拿著遺詔就向太后告密去了，太后閱畢，當即撕毀了遺詔，扔到地上還踏上了一隻腳，傳諭不許給同治進藥，不許外臣入視同治，於是同治就死了。

這個傳說很容易讓人信服，因為它符合太后的作風與理念。但是當時並沒有載澍這個人，有也才五歲。為什麼這樣說呢？這個要從同治的九叔，也就是道光第九子孚郡王奕譓說起。奕譓生於道光二十五年（一八四五），死於光緒三年（一八七七），享年三十三歲。死後無子，從康熙帝第十五子那支過繼來一個兒子，名叫載煌。載煌從遠支過繼到近支，改叫載沛。可是一年之後就死了，只好再過繼一個，這個來自康熙長子那一支，名叫載楫，同樣的原因，從遠支過繼到近支，改名叫載澍，時間是光緒四年（一八七八）。

由此可以看出，同治死的時候，載澍叫載楫，還沒有過繼來。此外，載澍生於同治九年（一八七〇），同治死的時候，人家才五歲啊！

所以，所謂的同治立載澍為皇位繼承人是不成立的。同治混帳了一輩子，臨死前是否清醒都值得懷疑。無從懷疑的倒是慈禧太后。兒子沒了，她自然是悲的。但是對她來講，有比悲哀更加重要的東西，那就是：權！丈夫能丟，兒子能丟，但是權力不能丟，她可不想退居二線，她有自己的算盤：

第一，不能立長君，那樣的話，她還垂什麼簾呢？

第二，即使立幼稚兒童也不能給同治立嗣，而得給咸豐立，這樣她就是永遠的皇太后，而不會是需要靠邊站的太皇太后了。

第三，同治帝不是喜歡那個皇后阿魯特氏嗎？阿魯特氏不是不挺我這個婆婆嗎？好，我讓你永遠沒戲。

慈禧太后成竹在胸，按照西方翻譯，這叫胸中裝著一根竹竿子。待同治駕崩之後，她與東太后在養心殿西暖閣緊急召見惇親王奕誴、恭親王奕訢等王公大臣。慈禧太后開口就說：此後垂簾如何？有人對曰：「宗社為重，請擇聖而立，然後懇乞垂簾。」慈禧一聽，很滿意，遂讓大家放言推薦。於是，有人推薦道光長門長孫溥倫，有人推薦恭親王之子載澄。正在大家討論繽紛之際，西太后又說話了：「文宗無次子，今遭此變，若承嗣年長者實不願，需幼者乃可教育。現在一語即定，永無更移，我二人同一心，汝等敬聽。」

看資深寡婦的口氣，她一語即定，其他人就是來敬聽的，「敬聽」的結果是：醇親王奕譞之子「載湉著承繼文宗顯皇帝為子，入承大統，為嗣皇帝」。

所謂的文宗，就是她老公咸豐。說的是給文宗過繼兒子，實質上那是給自己過繼。還有，老寡婦說，挑個小的好教育，似乎她老人家是個稱職的教育專家似的。底下的王公大臣沒一個敢問她：同治帝是您老生的，也不見您老把他教育得多好！

現在我們到歷史的三岔口張望一下，看看誰有希望做帝位候選人。因為對大清這艘破船來講，面對西方文明的衝擊，並不打算做文化與制度的大轉身，選擇什麼樣的船長順著老航道按慣性苟延殘喘繼續漂下去，就很有關鍵意義了。正如當年出使中國的英國使臣馬戛爾尼所言：「中華帝國不過是一艘破舊不堪的舊船，只是幸運地有了幾位謹慎的船長，才使它在近一百五十年間沒有沉沒。它巨大的軀殼使周圍的鄰國見了害怕。假如來了個無能之輩掌舵，船上的紀律與安全就都完了。」

前面說過，道光皇帝有九個兒子。長子奕緯、次子奕綱、三子奕繼皆早死；第四子奕詝，資深寡婦她老公，咸豐皇帝，也早死了；第五子奕誴過繼給惇親王綿愷為嗣了；第六子恭親王奕訢任議政王、軍機大臣；第七子醇郡王奕譞，同治十一年（一八七二）晉親王；第八子鐘郡王奕詥，同治七年（一八六八）死；第九子孚郡王奕譓。同治帝載淳屬載字輩，按照父死子繼的傳統及乾隆之後永、綿、奕、載、溥、毓、恒、啟的排列順序，當時入繼大統的應該是「溥」字輩，首選應當是道光帝長子奕緯長孫、載治長子溥倫（一八六九—一九二五）。載治原為乾隆第十一子成親王永瑆的曾孫、貝勒綿懿第三子奕紀之子，後過繼給道光皇帝長子奕緯為嗣。載治長子溥倫時年七歲，年紀不算大，不過輩分不行。他一繼位，同治皇后阿魯特氏就是皇太后了，慈禧不得不升級為太皇太后，那還怎麼好意思垂簾聽政呢？於是，慈禧以載治不是道光長子奕緯的親兒子，宗支疏遠而不同意。溥倫沒做成皇上，但他也算是愛新覺羅家的優秀人物。根據《宮女談往錄》記載，八國聯軍進中國，慈禧太后西逃，昌平到懷來的路上遇匪，有人隱藏在青紗帳裡拿火銃對著他們一行人開火。關鍵時刻，挺身而出跑到前面護駕的主要有兩個人物：一個是李蓮英，挺身站到了老太后的馱轎前；第二個就是溥倫了，挺身站到了光緒皇帝的馱轎前。兩個人都是捨命護主的，李蓮英護自己的主子，也算應當，可是溥倫護一個被廢的光緒，需要的就不只是勇敢了。還有，光緒三十年（一九〇四），美國舉辦世界博覽會，中國代表團前往參加，團長就是溥倫。中國此次參加世界博覽會，取得了圓滿成功不說，溥倫個人風采也受到外國好評。更重要的是，他向華僑表示，回國後就算披肝瀝膽，也要向西太后進立憲改革之言。所以晚清的憲政改革也有他的推動。問題是，慈禧太后選接班人，並不是看誰適合這個國家，而是誰適合她專權，於是溥倫就沒戲了。

溥字輩沒有合適的，就應該在同治帝的同輩「載」字輩裡找，至少符合兄終弟及的傳統。慈禧太后要的就是這個，這樣她就是永遠的太后啦。恭親王奕訢倒是有兩個兒子，長子載澄（一八五八—一八八五），二子載瀅（一八六一—一九〇九）。但慈禧根本沒有立他們的打算。第一，這兩個孩子的爹太厲害，而且是曾經的帝位落選人，說不定現在還耿耿於懷，若立了兩個孩子中的一個，不等於他爹間接得逞嗎？第二，載澄雖然天資聰穎，不下乃父，但高官子弟作風已經養成，風流放蕩。前陣子竟然傳說，他領著一幫惡少遊什剎海，碰見一個美貌婦人給他拋媚眼，他就派人給人送花示愛，兩個人勾搭上後，演出一場搶女人的把戲，光天化日下，就把人搶進他家。搶後才發現，這個女人也是宗室女，竟然還是載澄的姑姑輩。這個樣子的人如果做了皇上，皇宮內外還不得雞飛狗跳啊！鬧好了，是乾隆第二；鬧不好，就只能是同治第二。此外還有一點，估計跟同治共染性病的緣故，這個傢伙也無子。第三，因為恭親王八弟、鐘郡王奕詥死後無子，載瀅早就過繼給奕詥了。更關鍵的是，這個孩子雖然比載澄年幼，但也十五歲了，拉過來就是親政的年紀，雖然說可以扶上馬送一程，但是太后春秋正盛，一兩年後就要退居二線，那怎麼可以？

老太后就跟找朋友似的，找啊找啊找，找到一個好朋友，她找到了醇親王奕譞家裡。醇親王奕譞有四位福晉，共生育七個兒子。第一子、第三子早殤，第二子為載湉，他是醇親王奕譞與慈禧妹妹葉赫那拉・婉貞奉旨成婚的結晶。之所以找到這裡，第一，老七為人老實，好指使，不像老六那樣像個小保安似的動不動我驕傲；第二，孩子他娘是慈禧的親妹妹，這個妹妹也老實，至少不像她姐姐那樣不好對付；第三，更關鍵的是，這個孩子年紀小，好擺弄。可憐的載湉，生於同治十年六月二十八日（一八七一年八月十四日），同治堂哥兼表哥死時，他這個小表弟小堂弟還是幼稚園小班的年紀。這麼丁點的孩子讓他去做皇帝，比僱傭童工嚴重多了，更要命的是，這個雇主又是刻薄寡恩的慈禧。雖然從名分上講，他應該叫慈禧為四大娘或者大姨媽，但是這不是普通的大娘與大姨媽。正是由於這個原因，奕譞當時聽聞之下，如遭霹靂般被砸昏。據《翁同龢日記》載，奕譞當時嚇得「驚遽敬唯，碰頭痛哭，昏迷伏地，掖之不能起」。根據《清史稿》記載：「忽蒙懿旨下降，擇定嗣皇帝，倉猝昏迷，罔知所措。」爾後，「舁回家內，身戰心搖，如癡如夢」。孩子他爹都嚇成這樣，孩子他娘更可想而知了。兩口子知道這不是好事，可是又不能對慈禧說不，只好可憐兮兮淚眼婆娑地把可愛的小兒雙手拱出。慈禧管不了那麼多，只要她好就行。她以兩宮太后的名義下了懿旨：「皇帝龍馭上賓，未有儲貳，不得已以醇親王奕譞之子載湉，承繼文宗顯皇帝為子，入承大統，為嗣皇帝。俟嗣皇帝生有皇子，即承繼大行皇帝為嗣，特諭。」文宗是咸豐，大行皇帝是同治，古制，天子崩逝，因尚未定有尊謚，暫稱「大行」。所以，這個懿旨兩個意思：第一個，光緒入承的是咸豐的大統；第二個，待光緒有了孩子，就讓這個孩子入承同治的大統。對於慈禧母子，這叫兩全其美。

小載湉在睡夢中被人叫醒，穿上龍袍補服，一路哭喊著被抬進宮中，這是個不祥的序幕。

光緒元年正月二十日（一八七五年二月二十五日），小可憐兒載湉登基了，年號光緒。按中國傳統農曆計歲，小傢伙五歲；按照現行的週歲制，小傢伙還不到三歲半，可是他卻要當大清這艘破船的船長了，確實不是人幹的活兒。太監寇連材對小光緒的工作做過如此概括：「中國四百兆人中境遇最苦者莫如我皇上。蓋凡人當孩童時無不有父母以親愛之，顧復其出入，料理其飲食，體慰其寒暖，雖在孤兒，亦必有親友以撫之也。獨皇上五歲即登極，登極以後，無人敢親愛之，雖醇邸之福晉（醇親王之夫人，皇上之生母），亦不許親近，蓋限於名分也。名分可以親愛皇上者，惟西后一人。然西后驕侈淫佚，絕不以為念。故皇上伶仃異常，醇邸福晉每言及輒涕泣云。」

我哭豺狼笑，醇王福晉不高興了，可是她大姐高興，這個大姐經驗豐富，而且老同志不甘退居二線，還要垂簾聽政，奕訢還是給嫂子做助理！

其他沒變，就皇帝變得更小了。還有，同治皇后阿魯特氏變沒了。同治死後，她只得到了一個「嘉順皇后」的封號，並沒有按照祖制升級為皇太后，這意味著不管將來新皇帝是誰，她也只能以新皇帝寡嫂的身分自處了。如果做一個成年皇帝的寡嫂，也許還將就，皇帝可能還會關照她一二。一看登基的是娃娃光緒，阿魯特氏頓感絕望。她不是慈禧的對手，勉強活著，也是生不如死，於是終日以淚洗面，哭得眼睛腫了，死的心思也有了。她的父親崇綺請命於慈禧太后，這個當婆婆的說：隨大行皇帝去吧！於是阿魯特氏就死了，離同治死亡不足百天！關於阿魯特氏之死，也有多種說法，一說吞金而死，一說絕食而死，一說吞鴉片而死，一說吞毒而死。第一種說法最為流傳。但我認為，中國國情下，怎麼死都不能吞金。中國古代流行挖墳（現在流行的是挖墳加拆遷）。雖然皇家不缺的是金子，但您肚子裡若存了金子，有人惦記哪。民國年間，大清家的東陵沒少挨折騰，不管是民間還是官方，都喜歡刨墳掘墓，當地流傳說，阿魯特氏渾身被扒得一絲不掛，肚子被剖開，腸子流了一地。敢情，人們為了取金子，把這娘娘的腸子從頭到尾擼了一遍。

慈禧要的就是自己滿意，才不管兒子和媳婦。野史傳說，皇后肚裡可能有龍種。且當傳說吧，同治帝是否具有播出龍種的功能都值得懷疑。即使有了龍種，他奶奶也不接受不是？總之，大家都沒了，白茫茫一片大地真乾淨，天地間，就佇立著一位資深寡婦，向著末日招手！

新皇帝一心想強國富民

光緒二年（一八七六），光緒帝六歲。清朝乾隆年間規定皇子、皇孫六歲開始到上書房（在乾清宮左側）讀書，皇帝六歲，當然更得開始讀書了。由於讀書時已是皇帝了，所以讀書地點另選毓慶宮（當年同治也是基於同樣理由，設在弘德殿課讀）。師傅為署侍郎、內閣學士翁同龢和侍郎夏同善，翁同龢與夏同善為同榜進士。翁同龢主要教光緒讀書，夏同善主要教光緒寫字，另有御前大臣教習滿語、蒙語和騎射。

光緒二年四月二十一日（一八七六年五月十四日），光緒正式入學授讀。授業的第一天，恭親王傳來太后懿旨，說小皇帝近日身體不適，課程不可過長，「功夫不過一二刻可退」。

看意思，太后還挺心疼外甥的。問題是帝師們可憐，前面教了一個小同治，現在又來了一個小光緒！帝師們身上的擔子，絕不是一個學生的問題，而是大清這艘破船的命運問題。不過我們不得不承認，翁老師對他的這個學生，是傾注了所有心血的。

孩子也可憐，翁老師對他除了師生之情，還有一定程度上的父愛。眾所周知，慈禧對自己的親兒子同治還有些不管不愛的，對這個侄兒兼外甥如何更是可想而知了。翁老師既把大清的希望寄託在這個孩子身上，免得他重走同治的老路，更把自己的政治前途寄託在這個孩子身上，做帝師，可不是一般人能攤上的。所以，他對光緒除了學業上的精心輔導之外，在生活上也無微不至地體貼和照料。光緒三年（一八七七），翁同龢請假回籍修墓，小皇帝當天一聽說老師請假，就坐臥不安了。第二天本沒有課，光緒卻傳「明日書房照常」，為了能多與翁老師待一會兒，小傢伙竟然自己給自己加課了。沒有老師的日子裡，小光緒失魂落魄，無心讀書，不但讀書次數很少，甚至連讀書聲都沒了。待翁老師事畢歸來，小皇帝對翁老師的問候竟然是：「吾思汝久矣！」說得翁老師老淚橫流。這一天，小皇帝精氣神十足，一遍遍地大聲讀書，以此來顯示自己的幸福與歡欣，以至於太監都感歎：「久不聞此聲矣！」可憐的孩子。中國傳統政治的運作直接違背人性，而且這個傳統還一傳兩千年，如果不是境外「別有用心」的反動勢力，我們可能一點改變都不會發生。

光緒六年至七年（一八八〇—一八八一）的一段時間，慈禧生病，太監們乘機偷懶，對光緒帝的生活不管不顧。小皇帝有時候得自己照顧自己：自己鋪炕，弄得手指出血；自己倒水，手上被燙了泡；小皇帝感冒頭疼，氣粗腿軟，以致不能讀書，太監們也不彙報，翁同龢氣得大罵：「左右之人皆昏蒙，不識事體！」

光緒帝時常因「腹痛不思食」而空腹讀書，太監既不向慈禧稟報，也不向翁同龢說明，於是光緒帝常常出現血糖太低、體力不支的情形。每每遇到這樣的情形，翁同龢總是找太監理論，為自己的學生求一個說法。

可憐的孩子，實在沒什麼幸福可言，讀書竟然漸成他最大的精神享受了。這種享受，略類似於現代記者筆下所謂身殘志堅的孩子們：某某孩子坐著輪椅上課，學習很好，成績比正常孩子好多了。記者如此煽情很沒意思，因為用腳後跟想想都知道，沒腿的孩子，撒歡兒瞎跑的樂趣沒有，只能在枯燥的書本裡以心代腿、藉讀為樂了。成績再不好，豈不智也殘了？所以，這完全跟「志堅」沒什麼關係，只跟身殘的限制有關。小光緒雖然身不殘，但整個環境的無人性比身殘還嚴重，於是他最大的樂趣就只能是讀書了，跟智力沒有關係。不管什麼原因導致的，總之光緒喜歡讀書，讓翁老師這個傳統的儒家士大夫欣喜不已，他覺得只要自己好好教，他的學生一定會成為明君英主。在翁老師的日記裡，我們可以看到這位帝師對自己學生的得意之情：

「讀極佳，一切皆順，點書不復爭執矣。」（光緒四年十一月四日）

「讀甚佳，膳前竟無片刻之停。」（光緒五年二月十六日）

「自是日起，上不俟軍機，起即到書房，此於功課大有益也。卯正二來，讀極佳，且能講宮中所看《聖訓》。」（光緒八年元月二十四日）

「事下極早，讀甚發奮，功課雖未照常，亦復八九矣。」（光緒八年七月十一日）

皇天不負苦心人！光緒十一年（一八八五），十五歲的少年皇帝在自己的作文中寫道：「為人上者，必先有愛民之心，而後有憂民之意。愛之深，故憂之切。憂之切，故一民饑，曰我饑之；一民寒，曰我寒之。凡民所能致者，故悉力以致之；即民所不能致者，即竭誠盡敬以致之。」小皇帝還寫了一首《圍爐》詩：「西北明積雪，萬戶凜寒飛。惟有深宮裡，金爐獸炭紅。」

看這苗頭，光緒在師傅的影響下，要茁壯成長為一個勤政愛民的好皇帝了！但是，翁老師高興得有些過早了。

且不說所謂的敬德保民、愛民憂民，在很大程度上已是一種單純的愚民技術了，就是光緒個人真的在道德上很完善，那也不行了。這都什麼年頭了，西方硬的有輪船大炮，軟的有民主憲政，而且已經憑藉軟硬兩手打到了中國的大門口，中國的君主與帝師卻依然趴在儒家的垃圾堆裡尋找濟世的良方，如此這般的廢品回收能有多大的威力呢？

事實上，就在少年皇帝寫作文的當口，西方一個國家就給他上了結結實實的一課。這堂課叫中法戰爭！給光緒上課的這個國家是法國，正宗的外教！

中法戰爭（一八八三—一八八五），又稱清法戰爭，是清朝與法國之間為越南主權問題而爆發的戰爭。戰場除了在越南北部外，法國也派遣部隊攻打雲南邊界，並派遣孤拔率領遠東艦隊攻打福建、台灣、浙江，控制台灣海峽，佔領澎湖。戰爭過程中，雙方互有勝負：法國遠東艦隊擊潰清朝南洋艦隊，並攻佔澎湖、封鎖台灣海峽，卻沒有拿下台灣以達到威脅中國東南沿海的戰略目的；清朝在海戰中慘敗，陸戰中諒山取得大捷，導致茹費里內閣倒台。兩國都像賭徒一樣見好就收，簽訂了《中法新約》，清國丟失了自己的越南小兄弟，法國取得越南宗主權。其實對當時的清國來講，越南什麼的都無所謂，關鍵是面子問題。大清國明明崛起了，卻打不過一個法國。現代的中國人也不服氣，明明法國內閣都垮台了，我們為什麼不乘勝打下去呢？也不想想人家法國什麼制度。法國那樣的內閣議會制，就算沒有清法戰爭，內閣也經常倒台的。

法國彼時是第三共和（一八七〇—一九四〇），之前的第一共和（一七九二—一八〇四）、第二共和（一八四八—一八五二）及之後的第四共和（一九四六—一九五八）咱就不說了，只說這第三共和行的是內閣議會制，它是經由法國《一八七五年憲法》確立的。內閣議會制有什麼特點呢？特點就是民主得過頭了，總統虛設，內閣總理掌權，但他必須向議會負責，議會不滿意，他老兄就要倒台，這一切導致法國第三共和的內閣頻繁倒台，從一八七〇年到一九四〇年，這共和到底倒了多少內閣，都數不清了。就數第三共和的最後二十年吧，從一九二〇年一月米勒蘭內閣數起，到一九四〇年達拉第下台，法國共出現四十屆政府，這裡面的政府，有一屆只幹三個星期的，更有一屆才幹二天的。典型的你方唱罷我登場，各領風騷三五天。至於法國的第四共和，從一九四六年到一九五八年戴高樂重新出山，十二年之間，換了十九屆內閣。你能說這是大清王朝打得人家內閣倒台的嗎？所以，所謂的內閣倒台僅是人家內部的民主運作及體制問題罷了。具體來講，不是諒山大捷把法國內閣打垮台的，是法國的在野黨利用諒山大捷把執政黨搞下去的，我們這邊不能過分的自作多情！

法國政府真正的穩定是在戴高樂一九五八年重新出山，第五共和建立之後。之所以穩定，乃是由於第五共和修了憲，確立了半總統制政體。比較而言，咱中國也有過類似的樣板，民國初建，孫中山當總統時，實行的是美國式的總統制。孫中山明確表示，不願意做一個沒有實權的總統；可是等袁世凱當總統時，孫中山與宋教仁卻合夥逼人家袁大總統實行法國式的內閣制（實際上還不是完整的法式內閣制，只有國會對行政首腦的單方面制裁權，沒有總統與總理對國會的反制裁權），結果袁大總統發現什麼也幹不成，無奈之餘才想著恢復帝制，而且是立憲帝制。問題是中國國民猴性，容得愛新覺羅家做二百多年的皇帝，容不得袁家出一個皇帝；容得不穿龍袍的皇帝君臨中國，容不得穿龍袍的皇帝立憲；容得身邊的各種實質性土皇帝，容不得上面坐個有限制的皇帝。總之，老袁的立憲帝制沒弄成，卻惹了一身臊，挺不好意思地到陰間報到了，於是中國大亂，北洋政府也你方唱罷我登台。所以，中國版的走向共和，其實就是走向內閣總理制，也不想想那時咱民多人傻的老大難國家是否配姓共和這個姓。於是，咱也內閣頻繁倒台了，跟對外戰爭及其勝敗又有什麼因果？

光緒雖然無由知道那麼多，但戰爭的結果卻會讓他大受刺激。特別是中法戰爭之後，他年紀老大不小了，應該親政了。

光緒十二年（一八八六），光緒十六歲，不按順治與康熙，就是按同治的成例，慈禧皇太后也該考慮歸政了，於是她召見醇親王及軍機大臣、禮親王世鐸，告訴他們自己要歸政，並頒布諭旨，著欽天監選擇吉期，於明年給光緒舉行親政典禮。老佛爺一放話，下面拍馬屁的馬上跟進，很多高級領導上奏說：老佛爺還不能退休！

光緒他親爹、醇親王奕譞首先上奏說：「王大臣等審時度勢，合詞籲懇皇太后訓政。敬祈體念時艱，俯允所請，俾皇帝有所秉承，日將月就，見聞密邇，俟及二旬，再議親理庶務。彼時環宇之局益安，皇帝心志益定，實為宗社蒼生之福……將來大婚後，一切典禮規模，咸賴訓教飭誡，即內廷尋常事件，亦不可少弛前徽」；「歸政後必須永照現在規制，一切事件，先請懿旨再於皇帝前奏聞，俾皇帝專心大政，博覽群書」云云。

看這個親爹的意思，皇帝現在親政還不合適，至少再等兩年。即使兩年後親政了，皇帝也必須按照現在的規制，早請示晚彙報！

軍機處領班大臣禮王世鐸領著一幫人上奏說：「竊願皇太后……訓政數年，於明年皇上親政後，仍然每日召見臣工，披覽奏章，俾皇上隨時隨事親承指示。」

軍機領班的意思很明顯，老佛爺就是大清的明燈，皇帝的親政就是老佛爺的訓政。大事小事，皇帝都要聽老佛爺的指示！

如果說世鐸是真拍馬屁，醇親王奕譞到底是什麼意思，我們就不得而知了。不過奕譞再傻，也很瞭解他這大姨子兼四嫂的。他不這麼做，人家會不高興的。問題是慈禧不幹，再次表示需要歸政，奕譞就聯合更多的人再拍再請，於是慈禧答應了，發布懿旨曰：「皇帝初親大政，決疑定策，實不能不遇事提撕，期臻周妥。既據該王大臣等再三瀝懇，何敢固守一己守經之義，致違天下公論之公也。勉允所請，於皇帝親政後再行訓政數年。」這種接受廣大人民強烈要求不敢私自退休的鬧劇，在中國的歷史舞台上當然不是絕唱，咱這裡就不點名了吧！

光緒十三年正月十五日（一八八七年二月二十七日），光緒皇帝在太和殿舉行大典，頒詔天下，開始親政。從此大清子民都知道光緒親政了。但是大清臣僚們知道，光緒僅是半親政，他後面還站著個訓政的老太后。為了使訓政制度化，慈禧讓馬屁精王世鐸起草了《訓政細則》，不但用人權歸慈禧裁奪，就是平日的奏章也只有經慈禧閱覽後才能下發。

光緒十四年六月十九日（一八八八年七月二十七日），慈禧頒發了給光緒舉行大婚及親政的懿旨：「前因皇帝甫經親政，決疑定策，不能不遇事提撕，勉允臣工之請，訓政數年。兩年以來，皇帝幾餘典學，益臻精進，於軍國大小事務，均能隨時剖決，措置合宜，深宮甚為欣慰。明年正月大婚禮成，應即親裁大政，以慰天下臣民之望。著欽天監於明年二月內敬謹選擇歸政吉期具奏。」

看老太后的意思，這次是真的要退了。不過退之前，她還留了一手，那就是將自己的胞弟、副都統桂祥之女靜芬指定為光緒的皇后（宣統繼位時，靜芬做了皇太后，上徽號為隆裕）。當時的「超女」評委，除了光緒與老太后，還有一干福晉命婦及榮壽固倫公主，恭親王長女。辛酉政變成功後，兩宮皇太后宣布將恭親王長女撫養於宮中，晉為固倫公主，後經她爹請求，降為榮壽公主，有人乾脆合併其名號，稱之為榮壽固倫公主），經過一輪又一輪的海選，最後進入前五強的有：慈禧的內侄女、其弟桂祥之女；江西巡撫德馨的一雙女兒；侍郎長敘的女兒一雙。接下來的任務就是排定名次了！根據記載，光緒當時想選的皇后是德馨的女兒，特別是那個姐姐，據說漂亮得不得了，光緒一眼就看中了。可是待他拿著玉如意走向她們時（清制，選后中者，以玉如意予之；選妃中者，以荷包予之），太后猛不防喊了一聲皇帝，並暗示光緒選她的侄女。光緒被老太后嚇了一跳，待明白之後，無奈照辦了。按照太后原意，本來打算選皇后一名，嬪二名，貴人二名。但光緒臨場不選靜芬直奔德氏二女的舉動，使得太后當場改變主意，既然光緒意在德氏女，那就絕對不能讓她們進宮，即使選入妃嬪，亦必有奪寵之憂，所以不容光緒再選，匆匆命榮壽固倫公主授荷包一對予侍郎長敘的女兒，就是後來的瑾妃和珍妃姐妹，這場選拔賽就草草結束了。光緒十四年十月初五（一八八八年十一月八日），選拔結果公布：

「副都統桂祥之女葉赫那拉氏，端莊賢淑，立為皇后。」「原任侍郎長敘之十五歲女他他拉氏，封為瑾嬪；其十三歲女他他拉氏，著封為珍嬪。」

光緒身體不太好，但卻是個大帥哥，而靜芬長的那副模樣，別提有多難看了，幸虧有照片為證，否則只看官方公布的文件，會以為多麼端莊。老太后選她做皇后，只想著親上加親，肥水不落外人田：光緒是她妹妹的兒子，隆裕是她弟弟的女兒，兩個人生出一個孩子來，自然就是皇位繼承人，這個皇位繼承人更多的是葉赫那拉氏的血統。太后只想自己家的好事了，也不想想是否影響光緒的胃口。根據那根正說，光緒在新婚之夜撲到皇后懷裡哭道：「姐姐，我為難啊！」

是有些為難，我們看客都替皇帝為難，那怎麼下手啊？

第一，皇后長得太醜了。除了照片，我們可以參見《宮女談往錄》裡那個叫榮兒的宮女對靜芬她娘的描寫：「她，很壯實的身子，高高的個兒，兩條仙鶴腿，背板兒挺著，小肚子有點腆出來，走路邁著八字步。像盤子似的一個扁圓的臉，鬢角髮禿，有些往裡縮，越發顯得天庭又鼓又亮堂。小蒜頭鼻子，薄片嘴，大嘴角。疏疏的眉毛有些發黃，配上兩隻圓圓的眼睛，很大，雙眼皮。特殊的是，瞳孔裡帶有一道黃圈圈，不用問就看得出是蒙古人的血統。除去鼻子、嘴和隆裕有些差別以外，其他的部位十分相像。」娘長這個樣，與娘十分相像的閨女自然也長不出什麼好樣，一個版本，唯一的區別是，娘腆著肚子，閨女卻駝著背，也不知是進化還是退化了！在美國人筆下，這位皇后更慘了：「稍微有點駝背，瘦骨嶙峋。臉很長，膚色灰黃，牙齒大多是蛀牙。」其實，除了背駝、臉醜、牙蛀之外，這個丫頭兩隻肩膀還一高一低，遂使得頭部歪斜。據說選后當天，靜芬還想發出迷人的微笑，結果就把她蟲蛀過的大暴牙給暴出來了，搞得光緒差點嘔吐。

第二，醜也不是問題。俗話說，家有醜妻是個寶。問題是，光緒不喜歡靜芬！靜芬是光緒的表姐，兩個人小時也玩過，根據德齡講，慈禧早在十年前就開始為光緒帝謀劃婚事了，並巧妙地安排這位未來的皇后與光緒帝有過一段時間的接觸，但是她在光緒心目中不怎麼樣：「當時光緒只向靜芬看了一眼，心上便老大不高興。他覺得這個小女孩，絕對不是理想中的同伴；甚至他還認為她很可厭，不懂太后為什麼偏要挑中她？」一句話，老太后故意的安排，只不過讓光緒提前討厭上了未來的皇后而已。

第三，靜芬為了等光緒，都等成剩女了。靜芬比光緒大三歲，選后結束時，光緒十八歲，靜芬二十一歲。清制選秀，一般是十三歲至十六歲。十七歲以上謂之「逾歲」，略相當於現在的剩女，候選時要列到合例之女之後的，也就是替補隊員。慈禧的這個內侄女一直沒嫁人，淨等著嫁光緒了。可是她姑姑為了自己抓權，一直推遲光緒的親政與大婚時間，導致靜芬成為一大剩女！

第四，所謂的端莊賢淑，哄鬼啊！那根正倒是把自己的這個二姑奶奶誇得一朵花兒似的，什麼做事低調為人和氣、捨小我成大我、宮廷的犧牲品、仁義的化身、「女中堯舜」（最後這個美稱，是孫中山奉送的大禮物）。也不談談這二姑奶奶是什麼家教，什麼家庭環境！眾所周知，慈禧娘家無人，整個家族的智商與情商似乎都被她一人獨吞了似的。慈禧的爹惠徵，咸豐二年（一八五二）女兒一進宮，女婿就給了他安徽寧池太廣道這個肥缺。可惜好景不長，太平天國沿長江直下時，九江、安慶告急，當地大小官員都跑，惠徵當然也跑，也許是咸豐帝六親不認，也許是女兒還沒有得寵，總之老丈人的官被女婿罷免，於咸豐三年（一八五三）病死，終年四十九歲，生前沒得了閨女的福氣，死後父以女貴，被追封為三等承恩公；恩詔頒下，由慈禧的大弟照祥襲爵，但兩年之後照祥也死了；慈禧的二弟桂祥，也就是靜芬她爹繼承父兄的班，人稱桂公或者桂爺，算是慈禧最終的娘家代表了。可是這個代表一生特點如下：一輩子沒提過鞋後跟，永遠拖著鞋走路；一輩子說得最多的就是鴉片專業術語——用老太后的話說：「只知道雲土（雲南出的大煙土）、廣土（廣東出的大煙土），什麼西口土（娘子關進來的大煙土）、北口土（古北口進來的大煙土），整天跟底下人看什麼珍珠泡、栗子包、老牛眼（熬鴉片煙的術語）。」

桂爺是什麼東西，大家清楚了吧？要命的是，桂爺已經不是東西了，桂爺福晉、慈禧太后弟媳婦更不是東西。

靜芬是二妞，她的姐姐，也就是大妞，名叫靜榮，被太后指婚許配給嘉慶第五子惠親王綿愉的長孫、綿愉四子奕詢的嗣子輔國公載澤；她的妹妹三妞，名叫靜芳，也由老太后土婚，嫁給了道光第九子孚郡王的嗣子載澍。二妞被老太后留了下來，專準備嫁給光緒。有關大妞，根據那根正說「長相非常漂亮，但性子非常急躁」。具體有什麼故事，無從查知。現在能看到的就是她的幾張照片，特別是洋裝照，確實漂亮。相形之下，三妞就很出名了。有關三妞，那根正說她「平時不怎麼說話，脾氣也非常暴躁，只要一遇到事情，馬上就火冒三丈」。載澍受不了三妞，兩口子就會生氣。三妞就會向她娘告狀，她娘就找親家母孚王福晉吵架。孚王福晉說：「閨房裡拌嘴，是任何小夫妻都難避免的事，也很難分辨出誰是誰非。當父母的更不必從旁插手，越有旁人，他們感情越生分。本來是感情上的事，也很難論斷曲直。果真他們鬧出了圈心，勸一勸，讓他們不要過分就行了。家庭裡處處要以和為貴。」靜芬她娘不聽，轉頭找老太后告狀去，老太后為了給娘家人面子，為了給自己樹威信，為了敲山鎮虎，連帶著給光緒點顏色看看，就鄭重其事地請出宗正族長來，請出所有王爺來，評論載澍的罪過。所謂的評論就是老太后自評自論，她要求以大逆不道罪處死載澍。老五奕誴、老六奕訢苦苦哀求：老九無子，這是他過繼來的嗣子，處死不就絕後了嗎？老太后退而求其次，對載澍褫職奪府，杖責一百，永遠發往宗人府圈禁。在杖責的時候，桂公夫人又親自派人監視，生怕行刑者仗下留情，輕打了她女婿，嚇得施刑的人都不敢馬虎，一百杖打完之後，載澍褲子上的血和肉都黏在一起。之後，載澍在宗人府的高牆裡被圈禁了十多年，直到庚子年洋人進京釋放各種犯人，載澍才被放出。當時，孚王福晉一氣之下，搬到京西溫泉墓地去住，載澍放出後，也追隨母親住墓地裡了。三妞呢？沒人要了，靜芬她娘就悄悄地把她領回家裡守活寡。守著這樣的家庭，真不知靜芬怎麼樣端莊淑賢！

不管如何，太后給批個母豬，光緒也要接著，誰讓他是兒皇帝呢？

大婚典禮的全過程，包括納彩禮、征禮、冊立禮、奉迎禮、合巹禮、慶賀禮、賜宴禮等許多程序。問題是，就在大徵禮（向皇后家送一次大婚禮物，並告知迎娶皇后入宮的時間）過後十餘天，即光緒十四年十二月十五日（一八八九年一月十五日），老天搗亂，紫禁城突起大火，燒毀了太和殿前的太和門。火災來得很突然，也很不客氣，第一起的不是時候，偏偏起在了婚期內，太不吉利了；第二起的不是地方，偏偏起在了太和門。前面說過，按照大清祖制，皇后大婚要從大清門一溜正門地抬進來，太和門是其中一道正門。老天這是什麼意思呢？替光緒抱不平，拒迎這二妞還是想暗示這二妞是個喪門星？太后當然顧不得想這麼多，她充分發揮了封建主義制度的優越性，責令內務府連夜加班，在婚禮前搭蓋一個太和門彩棚！內務府緊急動工，一個山寨版的太和門如期被搭建起來。

光緒十五年正月二十六日（一八八九年二月二十五日），是奉迎皇后的吉日。這一天，光緒帝頭戴珠冠身著龍袍，升坐太和殿，文武百官三跪九叩，禮部官員宣讀冊封皇后的詔書。奉迎正使和副使待光緒帝回宮之後，率領著奉迎大臣們前往迎接皇后，由大清門經由山寨版的太和門，皇后被抬入了皇宮。與此同時，瑾、珍兩嬪由神武門被迎入後宮。太后長出一口氣，肥水終於流到自家田，而且自己不是從大清門抬進的遺憾，也由醜侄女給彌補上了。

但是醜侄女剛結婚就添了堵，按照清制，皇帝大婚後的第四天，要在太和殿宴請以國丈為首的皇后家族，以及在京滿漢大員。但是光緒卻藉口有病將賜宴禮撤銷，並且在命人把宴席分送給在京王公大臣時，故意不提國丈及后族，氣得隆裕哭鼻子。

隆裕氣，光緒更氣。但是話說過來，兩人在婚姻中也不是沒有一點收穫的。如果說隆裕收穫了皇后的名分，光緒則收穫了正式親政的名分。因為按照清制，皇帝大婚後即應親政，於是，二月初三（三月四日），慈禧訓政結束，十八歲的光緒帝舉行親政大典，開始了正式親政。當然這種正式親政還是有限的，因為大婚前，太后已命禮親王世鐸制定出太后歸政後的辦事條目了，要點如下：一、臨雍經筵典禮，御門辦事，仍恭候特旨舉行；二、中外臣工奏摺，應恭書皇上聖鑑，至呈遞請安摺，仍應於皇太后、皇上各遞一份；三、各衙門引見人員，皇上閱看後，擬請仍照現章，於召見臣等時請（懿）旨遵行……

雖然如此，畢竟那個簾子撤下來了，老太后也進駐了頤和園。對光緒來講，這比大婚要清爽多了。他的老師翁同龢也激動萬分地給自己的學生進呈了馮桂芬的《校邠廬抗議》。

不愧老師教導，親政後的光緒首先想到的就是強國富民，但是中法戰爭對整個天朝的衝擊是有限的。第一次鴉片戰爭衝擊有限，第二次鴉片戰爭照樣有限，中法戰爭更別提了，咱覺得也不弱於法國嘛，何況《中法和約》中，我們既沒割地又沒賠款。真正對光緒及大清國民造成衝擊的，是小日本！

光緒初步親政那一年，也就是一八八七年，日本政府就制訂了《征討清國策》，即侵略中國的戰爭計畫。如果當時的大清真正崛起也就罷了，日本就不會想著侵略它，關鍵是大清太弱了，引得西方列強虎視眈眈，誰都想咬它一口。日本認為自己為了自衛計也得先下手，否則中國被列強佔了，東亞危機啊！為此，日本人精誠團結，協力向上，到甲午戰前，終於建成一支近代化的海陸軍，雖然海軍總噸力不如北洋艦隊，日本五萬九千噸，中國八萬噸，當時西方評論家把日本海軍列在全球第十六位，把中國列在全球第八。但是日本人小志氣大，把朝鮮、中國東北和渤海灣的軍事地圖都繪畫完了。萬事俱備，只欠東風了。

東風是從朝鮮那邊刮過來的。朝鮮是中國的朝貢國，也叫藩屬國，這種中國特色的外交關係，起於朝鮮李氏王朝的太祖李成桂。李成桂當年乃高麗大將，把自己的主子幽閉後，自己想當國王，就派人前來大明呈表請命，很給我們這邊面子，我們這邊要的就是這個，很高興，更其國號曰朝鮮。從此高麗改叫朝鮮並且是咱的兒皇帝了，奉明朝為上國，平素按時進貢，上國對他們是厚往薄來。也就是來的時候帶些土特產作貢品，走的時候上國以超過貢品市價的數倍銀物賞賜他們。正因為如此，一些外國觀察家評論說：「朝鮮實質上是一個獨立國。誠然，它每年向中國進貢，但是這種進貢毋寧說是換取對中國通商權益的一種代價，而不是一種政府間的進貢。」但是對朝鮮來講，代價太小了，政治上裝裝孫子，經濟上佔些便宜，更關鍵的是，臨時有事，內憂外患什麼的，上國也需要出錢出力甚至出兵呢（朝鮮玩的也叫以夷制夷）。一句話，咱可不是白當大爺的。明朝萬曆時期，日本侵略朝鮮，中國政府就跨鴨綠江抗日援朝去了，這一抗就是七年（一五九二—一五九八），中國士兵死傷人數，咱就不說了，反正大國賤民，政府不在乎，史書上說得很模糊。只說經濟帳，明政府花去白銀二千六百萬兩，不過咱不缺錢。明朝滅亡後，朝鮮政府還搞反清復明，挺多情的，只不過反復不成，就改奉清朝為上國了，仍然以得到清國的承認與冊封為榮。

朝鮮不愧天朝的小兄弟，與天朝一個德行。當時的外電評論：在中國野蠻的統治下，「這個可憐的國家似乎並不存在，她的一千萬人民的任何野心都會被輕輕撣去，這是中國的一個毫無色彩和低能的翻版」。老牌的中國通、長期在大清海關工作的美國學者馬士說：「朝鮮政府或許是世界上最腐敗的政府。」說得對，因為有中國在前面頂著，它就只能是「或許最腐敗」了。馬士說，大清貪汙盛行、千瘡百孔，「其富源似乎只供維持官吏們的生活而已」。朝鮮當然也是如此。

同治三年（一八六四），朝鮮國王李昪死，無子，娃娃李熙以旁支入繼大統，其父大院君李昰應攝政。這個傢伙走頑固守舊之路，拒絕改革開放，宣布凡與日本交涉者，處死刑！是謂舊派，也叫保守派。在他眼裡，搞洋務，已經開始改革開放的大清都變成修正主義。同治十二年（一八七三）李熙親政，大院君去位，王妃閔氏及其親信漸握重權。

與此同時，朝鮮先與美國衝突，後與法國衝突，又與日本衝突，都讓中國以宗主國的身分替自己外交，恭親王也不傻，發現朝鮮也學著中國在搞以夷制夷：「其所謂求中國保護者，並非盡出真忱，不過欲借中國為卸肩地耳。」於是，藉著日朝衝突，中國政府驕傲地向前來交涉的日本方面宣布：「朝鮮雖隸中國藩服，其本處一切政教、禁令，向由該國自行專主，中國從不與聞；今日本國欲與朝鮮修好，亦當由朝鮮自行主持。」日本一聽高興壞了，說：朝鮮敢情是獨立實體，內政和外交都是自主啊！好，以後我跟朝鮮有什麼事，你們大清就別摻和了，沒你們什麼事啊！與中國說清之後，日本趁熱打鐵，光緒二年（一八七六）與朝鮮簽訂《江華島條約》，在條約第一款裡，日本特別規定「朝鮮為自主之邦，保有與日本平等之權」。

《江華島條約》之後，朝鮮出現所謂的新派，也叫開化派。他們倚托王妃閔族的勢力，親日，主張改革開放，主張向日本學習。隨著大院君的失勢，新派逐漸活躍起來，並且聘用日本人教練新軍。新舊兩派明爭暗鬥不止。與此同時，中國發現不妙了，光緒五年（一八七九）日本把琉球從中國手裡搶走。中國駐日公使何如璋提出，琉球已失，下一步就是朝鮮了，於是李鴻章改變對朝政策，狠插上了，既加強自己的宗主權，還幫助朝鮮與西方列強簽約。

光緒八年（一八八二），因為舊軍長期沒有領到薪水，朝鮮發生群體性事件——舊軍譁變，跟日本主持下、薪水特高的新軍發生火拼，並扶植大院君重新攝政，史稱壬午兵變。兵變中，日本使館遭遇舊黨圍攻，日本駐朝公使花房義質嚇得一溜煙地跑回本國搬救兵去了，中國這邊因李鴻章丁憂在家，暫由張樹聲代理北洋大臣。張樹聲派丁汝昌、吳長慶率北洋水陸軍出動平亂（現在的美國也常幹這種事），把亂首大院君綁架到天津（跟美國對付南聯盟總統米洛塞維奇和伊拉克海珊比較類似，只不過美國法治思想比較到位，對這些人進行了法律審判）。

在這次平叛中，吳長慶手下的營務處幫辦、年僅二十四歲的河南帥哥袁世凱表現突出，有勇有謀，不但贏得中方的高度讚揚，甚至贏得友邦好感，朝鮮國王兩次接見袁世凱，其中一次是單獨接見。但是由於大院君一黨跟中國後來的義和團似的，火拼中圍攻過日本外交使館，所以中日合商了一下，日本和朝鮮簽訂《壬午條約》：朝鮮賠償日本損失及軍費；日本駐兵朝鮮京城，護衛使館，有事還可以派兵入朝；朝鮮遣使前往日本謝罪。清國也與朝鮮簽約，除了駐軍朝鮮以外，還學著其他國家侵略自己的方式，從朝鮮方面獲得了領事裁判權和海關監督權，並在仁川、元山、釜山等港口城市設立了清國租界。

不過這些都不要命，要命的只有一條：中日皆駐軍朝鮮，而且有事可以派兵入朝！中國方面，吳長慶軍留駐朝鮮，虎將袁世凱更是給朝鮮國王練上了新軍。為了防止日本對朝鮮的影響，袁世凱暗地裡與閔氏一族結托，日本當然也不含糊，也拼命地拉攏一些新派骨幹人物，導致閔族與新派也有了衝突。雙方衝突越來越尖銳，中法戰爭爆發後，中方戰敗的消息頻傳，更加刺激了新派骨幹人物金玉均、朴泳孝等人，他們希望朝鮮立即走向改革開放，乘中法戰爭之機於光緒十年（一八八四）發動政變，殺閔族骨幹數人。日使竹添進一郎在新黨的邀請下帶兵入衛王宮，挾制國王改組新政府並且發布改革綱領。當時由於中法戰爭的爆發，吳長慶帶部分軍隊撤回中國，留袁世凱總理營務處並會辦朝鮮防務，所以朝鮮的保安由袁世凱承包。他所謂的保安，用馬士的話來說，是這樣的：「他的任務，就簡單的一面說，就是確保朝鮮對中國的從屬性，並打擊朝鮮國王的一切要實現獨立自主的努力，不問那些努力是打算把那位國王領上受俄國或者日本武裝保護的道路，還是打算使朝鮮甚至成為在美國策動下的一個主權國家。他積極勸喻朝鮮的腐朽政府採行有益的改革，但是始終不渝地堅持朝鮮對中國的從屬地位。」按馬士的進一步說法，袁世凱甚至希望以快刀斬亂麻的手段把朝鮮合併為中國的一個行省。現在，小日本搞第三者插足，袁世凱當然不能容忍，他接受閔黨求援，帶兵打入王宮，朝鮮國王落入袁世凱手中，日使跑得遠遠的，新黨損失慘重，幾個要人亡命日本。事後，朝鮮方面再次向日方賠償損失、謝罪等。至於中日之間，於光緒十一年（一八八五）由伊藤博文與李鴻章在天津商談，分贓如下：中日兩國駐朝軍隊各自撤回本國；朝鮮練兵，中日兩國皆不派教練官；將來朝鮮有事，兩國或一國派兵，須先行文知照對方！

之後，朝鮮並未安靜下來，新黨勢力由於金玉均、朴泳孝亡命日本而衰落。日本逮不著戰爭的藉口，但仍然扶植新黨勢力，並派遣少年軍人潛伏朝鮮，尋找機會；朝鮮王朝因袁世凱這個太上皇的強力剽悍而愈來愈兒化，想往歐美派出一些參觀團都因沒得到袁世凱的批准而流產；李鴻章想控制閔妃一派的勢力，放狗歸窩，把大院君弄回了朝鮮，讓他與閔妃互相咬去，袁世凱在中間來回拐騙，甚至企圖給朝鮮另立新君，然後讓大院君攝政，這讓閔妃集團心神不寧產生怨恨；沙俄乘機插上一腿，命其朝鮮公使勾搭閔妃集團……就在這亂哄哄中間，發生了刺殺案。

光緒二十年（一八九四），朝鮮派刺客赴日謀刺金玉均、朴泳孝，結果很滑稽：首先，金玉均被誘到上海，被刺而死，中國方面把金的屍體夥同刺客一併遞交朝鮮，但是金被戮屍，大卸八塊，而刺客則受到中國方面的禮遇，送回即被釋放，日人大憤。其次，刺殺朴泳孝的刺客反被朴泳孝逮住，另一同夥逃奔朝鮮駐日使館，日人更憤。就在這個關鍵時刻，東學黨起義了。東學黨也屬朝鮮舊黨，宗旨是明人倫、誅汙吏、救民生、反西教，自謂東學。他們比義和團稍微聰明些，打出的旗號是反朝滅洋，不管它西方文明還是東方封建，一起反了。當時的朝鮮國政一如他的老大哥清朝，吏治腐敗，民不聊生，天下苦朝久矣，所以起義是遲早的事情。起義一爆發，日本在朝鮮的少年軍人就乘機往起義隊伍裡混，企圖控制；至於日本國內政府，第一時間就想出兵，由於受了「歐風美雨」的影響，知道政府有保護僑民的義務了，內閣開會決議，由於朝鮮官兵屢敗，亂民猖獗，為保護公使館及日本國民，有派兵之必要。而且根據《壬午條約》，日本有事即可出兵，而且不用朝鮮政府邀請。但是日本在出兵前，想探知清政府的主意，清政府一直在猶豫。當然啦，朝鮮也猶豫，要不要邀請清政府出兵呢？要是自己能平叛就好了，誰不知道請神容易送神難，而且日本也不好惹啊！結果，日本不請自到了，還一直慫恿中國出兵，中國本不想出兵，但最後還是出了。原因如下：其一，中國方面，不管是李鴻章還是袁世凱，都判斷日本沒有出兵的意思。即使出了，也不過百餘名，保護日本使館而已，肯定沒有其他心思；有其他心思也不怕，我們控制著朝鮮政府，可以叫朝鮮政府駁回他們嘛！李鴻章甚至向日本方面表示，他願意日本政府派遣一兩艘炮艇前往朝鮮保護它的臣民。其二，中國這樣的老大哥，實在拒絕不了朝鮮這樣的小兄弟的求援。從歷史角度看，朝鮮就是中國人種的一個分支嘛，再說明朝咱就抗日援朝了；從政治角度看，朝鮮是我們的屬國，唇亡齒寒嘛；從面子角度看，咱是老大哥嘛，小弟有亂，而且發出了正式的求援信，不出面不厚道哇。袁世凱與李鴻章在電報裡是這樣講的：「韓歸華保護，其內亂不能自了，求華代戡，自為上國體面，未便固卻。」其三，中國如不出兵，「他國人必有樂為之者」。不用說，這個他國就是日本。朝鮮這塊肥肉，不能白白地奉給日本啊！其四，當時的大清，挨過英法多次打擊，還像小保安那樣「我驕傲」，更別提面對小倭寇了。其五，日本方面屢次示意，希望中國出兵。於是，老大哥就雄糾糾氣昂昂地跨過了鴨綠江。八十歲的老太申請參軍，精神可嘉，我們的泥菩薩就這樣過河了。

中方派出的部隊總數為二千人，由北洋陸軍提督葉志超和太原鎮總兵聶志成率領。部隊派出後，中方按照當年分贓的結果知照日方，並且在照文中強調「派援兵戡定內亂，乃從來保護屬邦之舊例」。問題是，中國的知照公文尚未到達日本，日本駐天津領事卻知照在天津的李鴻章：日方也已出兵（時差上，日本比中國晚了一天）！而且，針對中方的知照，日本的回覆是：「本帝國政府未嘗承認朝鮮為貴國之屬邦！」

中國首次出兵二千人；日本首次出兵四百人（後增加為一萬人）。中國一聽說日本也出兵了，慌了，馬上通知日本：你們出兵不宜多，而且人家朝鮮也沒請你們。你們就保護商館得了，萬不可入內地，免得咱們兵遇生釁。日本回覆說：按照先前的《天津條約》，我們出兵除行文知照貴國外，其他全是我們自己的事情，出兵多少及進退行止絲毫不受您中國政府牽制。朝鮮呢？一看引來了日清兩國部隊，東學黨馬上不起義了，自動解散。清朝一看沒事了，就通知日本，中日同時撤兵好嗎？日本不同意，既來之，則安之，中日合作，咱共同改革朝鮮內政吧！老大哥這會兒又拽上了，向不干涉別國內政云云。日本一看，你不干涉，那我就干涉吧，繼續增兵朝鮮，並且要求朝鮮國王聲明俺是獨立國不是中國屬國。中方一看不妙，也不怕干涉內政了，向日方提出，咱先撤兵，再議朝鮮改革，好不好？日本說，不但不撤兵，而且朝鮮改革的時候，我們日本與你們中國是一樣的權力與地位。意思很簡單，你們中國是朝鮮的宗主國，現在我們日本也要做它的宗主國，咱們中日平起平坐。中方說那不行，俺才是朝鮮真正的老大。要不這樣，我們實質上平等，但「遇朝鮮有大典，日本不能與中國並行」，而且朝鮮改革咱只能勸告，不能強迫人家。日本說不行，我們不但要強迫它改革，遇有大典，我們中日兩國還得平行！如此之下，中方就毛了。袁世凱甚至苦勸閔妃告退，選拔有名望的老臣由朝鮮自己進行所謂的改革。問題是閔妃這種娘們，跟慈禧太后那個娘們一樣的心思，寧願國家淪陷，也不願意自己權力丟散。氣得袁世凱又想給朝鮮發動一場政變了，但由於李鴻章不支持而放棄。李鴻章不希望給朝鮮添亂，更不希望中日之間發生戰爭，因為他太知己了，知道大清是個紙糊的房子，北洋海軍是紙糊的燈籠，嚇鬼可以，打日本則不行。用他自己的話說：「以剿內寇尚屬可用，以禦外侮實未敢信。」問題是憒憒書生們既不知己又不知彼，不知道老大哥外驕內虛，更不知道小日本名小實大，硬實力軟實力什麼的，一概不知。他們大罵李二先生是漢奸，大力呼籲中國增兵朝鮮。中方發毛的當口，英國方面又給出個主意，說：你們中日兩國分佔朝鮮如何？一個佔領北朝鮮，一個佔領南朝鮮，還不用你們打架，多好啊！中國方面說，這辦法還算公道，可以接受。但是日本不接受，而且認為這建議來得太遲，宣布：中國既然不同意朝鮮改革，朝鮮改革的事情我們日本就承包了，中國若增兵朝鮮，就是對日本挑戰。隨後，日兵衝進了朝鮮王宮，把閔妃囚禁到了日本使館裡，扶植大院君攝政。年屆八旬的大院君宣布廢除中朝兩國間所有的商約，並「授權」日本驅逐中國軍隊。這樣一來，中國在道義上就很被動了。之前來消滅東黨，那是由於朝鮮政府的邀請。現在，朝鮮政府宣布我們是敵人了，怎麼辦？還有，日本宣布中國增兵就是對日本的挑釁，怎麼辦？

這個時候，大清也有明白人，他就是被派上朝鮮的統領，時任太原鎮總兵的聶士成。他一看中日出兵朝鮮快要演變成中日之間的戰爭了，遂建議中國實行戰略退卻，從朝鮮班師。他致電李鴻章，分析說，日本蓄謀已久了，咱本來是去朝鮮幫人平亂，不是去與倭人爭雄的。與之相戰正好中了人家的奸計。咱趕緊派船，把咱的兵撤回吧！問題是這樣的，明白人不多，光緒帝一意主戰，並且動不動搬出太后，說太后也諭不能示弱。光緒帝師翁同龢一意主戰。光緒身後的一干帝黨，包括珍妃的老師，時任侍讀學士的文廷式和珍妃的堂兄，時任禮部右侍郎志銳都一意主戰。當然，這些帝黨主戰背後也懷了私心，就是藉由躍武國外，輕視日本，讓光緒出人頭地，憑陵母后，以奪得真正的親政大權。還有些人不見得是帝黨，但也一意主戰，跟現在的憤青差不多，提出了諸多黑色幽默的荒誕主張：有人認為對付日本，可以速戰速決，打它個稀里嘩啦，從此一勞永逸；有人認為可以施圍魏救趙之計，放日本主力在朝鮮，咱派奇兵直搗小日本本土，打它個哭爹叫娘，叫天不應叫地不靈；甚至有人發明了持久戰，說日本人少國小資源缺乏，咱跟它戰上個三五年，保證把它打成孫子。總之，當時的氣氛就是，誰主退卻，誰就賣國賊似的。於是，連太后都被感染了，認為與小日本過兩招，也不是什麼大不了的事情，遂放手讓光緒一試鋒芒。總之，在清議派一片主戰的叫囂聲中，半親政的光緒與掌握實權的老太后順應了民意民心繼續增兵！既有了朝鮮政府的授權，日本當然要開火——運兵船「高升號」在牙山口外遭遇日本襲擊沉沒！中國政府宣戰，中日戰爭正式爆發。時為光緒二十年（一八九四），農曆甲午，史稱甲午戰爭！

中國不出兵，我們就知道戰爭的結果了；中國一出兵，我們更知道戰爭的結果了。一句話，不出兵還可以像紙紮的草人一樣，嚇嚇初出巢的小鳥，一出兵就露餡了，把自己的小鳥露出來了，淨剩下丟人的份了。其他不說，這裡舉兩個例子：

第一例：淮軍統領衛汝貴帶軍向朝鮮開拔前，就記得把餉銀二十四萬兩扣下八萬兩匯往自己家中，家中的妻子更不含糊，與夫書一封：「君起家戎行，致位統帥，家既饒於財，宜自頤養，且春秋高，望善自為計，勿當前敵。」意思很簡單：「親愛的老公，咱官不小了，早當上大統帥了。咱錢也不少了，夠咱享福了。咱年齡也不小了，打仗的時候要放聰明些，別往前頭衝，給我往後縮啊！」有這麼賢慧的妻子，衛大統帥當然不含糊。平壤之戰一開，他與葉志超棄城狂奔三百里，一度逃得不知去向，七八天後才找回清軍大隊。

大清的統帥這麼擅長於田徑運動，似乎也不是什麼壞事。這麼多百姓累死累活賣兒賣女，才能供養出一個帝國官員，當然比較金貴了。可氣的是，日本鬼子不這麼看，得到這封家書後視為奇聞，舉國哄笑，把它當作戰利品，弄到自己的教科書裡當反面教材，教育他們的學生去了。

以下，我們看看日本人的家書。一位日本老父親林鷗村寫給在朝鮮前線的兒子森貞吉，老頭漢文修養很高，信是用標準的漢語文言文寫就的，《左傳》裡的典那是信手拈來。他在信中既表示了對兒子的心疼，又給兒子講了諸多大義，什麼「死生有命，忠孝難兩全」；什麼「苟為軍人者，宜慷慨赴難，鞠躬盡瘁」；什麼「家國民人，而不在功名富貴」；什麼「夫一隊猶一里，一伍猶一家，困厄相恤，疾病相護，旅進旅退，每戰必捷，以副輿望」。

第二例：甲午海戰之後，大清帝國北洋艦隊的主力艦被小日本拖到本土，停在一個海港的民用碼頭上，被當作躉船使用了，小日本對此所做的解釋是：「永久地侮辱那個厚顏無恥的大清帝國和那個低劣的支那種族。」侮辱支那的同時，更要紀念自己的戰士。戰後，日本出版《日清戰爭實記》，五十卷的記載中大量的篇幅是對英雄烈士們的報導及相關碑文悼詞。一排一排的神位被安置到了靖國神社，天皇親臨祭奠，即使冒天下之罵名他們也認了！

接著，我們看看中國是如何侮辱大和民族的，那種侮辱看起來更像自侮。七月二十五日的豐島海戰中，北洋一艘破舊的運輸船操江號由於沒有基本的戰鬥力而選擇投降。國內報紙大罵被投降官兵為什麼不自殺：「尚何所望而不即自裁甘受此侮辱哉？」罵了自己的官兵，再罵小日本沒有見識：操江號在中國都是個破船，日本竟然把它當寶貝，改作了訓練艦，真是傻瓜！日本人才不在乎，操江號從日本艦隊退役後，又在神戶港做了檢疫船，一直到一九六五年才拆解退休！

如此這般，中國如何能是日本的對手？

其實，真正的國恥不在一場戰爭的失敗，而在對這場戰爭的認識不清。百年前認識不清也就罷了，百年後還認識不清那就無法原諒！直到今天，還有不少國人因受了中小學教材的蠱，叫喚著要「核平東京」。跟當年的主戰派一脈相承！

清政府雖然智商和情商都不夠，認識不到失敗的真正原因，但是它能看到失敗的結果，跟中法戰爭一樣，又由於小兄弟的緣故走上了泥菩薩過河自身難保的尷尬境地。更尷尬的是，大清保護的是守舊派而不是改革派（開化派選擇的靠山是否可靠另說）。大清自己不改革也就罷了，還反對朝鮮改革，又打不過小日本。結果，泥菩薩自身被淹，割台灣、澎湖列島，賠償人家軍費二億兩不說，還把朝鮮最後的一次改革開放、繁榮富強的希望之路給滅掉了。朝鮮對中國來講，獨立了；但是對自己來講，僅是換個主子罷了，日本人成為它的主子。至於日本這樣的新主子與中國這樣的老主子哪個更好，我覺得還是朝鮮人民說了算。雪珥說，戰爭期間，「朝鮮的反華氣氛也達到了高潮」，「朝鮮婦孺多有見華人而呼為清國狗者」。這裡面的意味就比較豐富了。孫中山等革命黨把滿洲稱作「韃虜」，洪秀全等揭竿派把清政府稱作「清妖」，朝鮮人民稱天朝人民為「清國狗」也就順理成章了。而且，當時的日本很善於做宣傳工作，把自己打扮成仁義之師，把朝鮮描述為待解放的商紂之民。打進中國本土後，還描述九連城「居民簞食壺漿迎我王師，攜來雞和豬獻給我軍」，甚至有台灣百姓「稱我為大明國大元帥」，「請求為日本軍隊效力」。

或者，我們可以用一個問題來回答：如果您必須在一個病殘的老人與一個新進的暴發戶之間選擇自己的主子，您選誰？

雖然這個比方不見得合適，但是小日本已成新進暴發戶則是無庸置疑的。鴉片戰爭之後，日本門戶被美國叩開，它像鄰邦大清國一樣簽訂了諸多不得已的不平等條約。但是日本比大清可貴的一點是：它有正常的恥感。不像大清一樣，一直弄不清什麼是尊嚴，什麼是恥辱，長期摸不出雪恥復尊的路子，並且處於一種「我驕傲」的畸形狀態中。相形之下，小日本做得就挺好，它對內維了新，對外想透過圖謀朝鮮贏得世界列強的敬畏，連帶著把自家所簽的領事裁判權之類的不平等條款廢除。如果前者——針對中華帝國的冒險能成功，就可以大大地打動西方列強的心，進而有利於後者的解決。

事實上，它的冒險還在進行中，中日戰爭尚未正式爆發前，英國就對它刮目了，雙方在倫敦簽訂一項條約，廢除了英國在日本的領事裁判權，並適度地提高了海關關稅。同樣的建議，日本也向美、法、俄、德等國家提出了，但是除了美國，其他國家都以技術的理由予以拒絕。中日正式開戰後的第三個月，美國也與日本廢舊約改簽新約。其他國家一看再抗下去沒什麼意思了，紛紛跟進。於是，對中國戰爭的同時，日本與西方列強進行了一場不流血的戰爭，它終於與西方列強平起平坐了。

既然平了，它就想學西方列強的模樣，轉在中國尋求與他們一樣的特權。一個暴發戶就這樣誕生了。

中國政府雖然無由明白日本崛起的路徑，但是僅丟失朝鮮一事，就讓它痛極。單說丟失朝鮮本身，中國也許不算很痛——越南我們也丟了，也沒什麼事嘛！讓中國最痛的是，自己竟然打不過小日本，這可是歷史上沒有的事。一個原先你看不起，歷史上老是嚮往咱，甚至向咱進貢的蕞爾小國，竟然打得咱稀里嘩啦、哭爹叫娘，刺激啊！上海英文報刊《北華捷報》說：中日戰爭結束了「中國是一個大國，其領土不可侵犯的神話」；還說：「中國這個氣泡已經爆破了。」唉，氣泡破了，氣都鑽中國人肚子裡去了。說實話，從第一次鴉片戰爭英國割香港，到英法聯軍進北京火燒圓明園，到中法戰爭，到甲午戰爭，到八國聯軍進中國，再到抗日戰爭，中國經受的外辱也不少了，但是真正刺激中國的，讓中國人放不下的，就是日本做主角的兩場戰爭。

當時，大清臣民即使崇洋媚外，小日本也不包括在這「洋」和「外」裡。小日本算哪根蔥啊，不就一個生產倭人的小小荒島嗎？不就秦時因為徐福前去尋找長生不老藥，遺留到那個島上的一些童男童女做了其八輩子祖宗嗎？唐時，小日本多少學者與和尚來我們大陸參觀學習兼取經啊；明時，小日本乾脆都變成倭寇，全靠在我們大陸沿海搶燒餅過日子。這才過了幾天就闊了？闊了我們也不屑啊！別的「洋外」打我們，我們認了，可是小日本也跟著來打我們，「呸，你也配姓趙？」

中國人的這種心理一直流傳到了今天，所以所有侵略過中國的「洋外」們，唯獨日本人還處在天朝百姓亢奮的精神報復下。最典型的段子是：當年，武大郎因為受不了潘金蓮與西門慶的勾搭成姦，憤而跳河自殺。沒想到漂啊漂，漂到一個小島附近，被島民救下了。島民們一看，這個傢伙個子怎麼這麼高哇，於是立即推舉他做天皇。做了天皇的武大郎第一件事就是給臣民們弄國旗，於是我們看到的情形就是，武大郎的白圍裙上畫了一個紅彤彤的燒餅，在日本上空冉冉升起……

這段子對中國人還真是一種精神上的安慰。但是安慰的背後，遮不住Q哥的傷心路徑：阿Q被趙太爺打一個耳刮子，他可能不著急，因為他知道趙太爺一向很闊，但是被小D打一個耳刮子，他就受不了了，因為他一直認為這小D混得還不如他。為什麼英國打中國、英法聯軍打中國、法國打中國，大清臣民都沒有那麼的義憤填膺，屈辱難名，社會心理原因就在於此。因為西來的這些文明國家，在大清這個Q國眼裡，就是一向很闊的趙太爺，小日本就是一個活脫脫的小D！

Q哥被小D打了，這還了得？整個大清國，上下同惱。年輕的光緒當然也惱，強國富民成為他的主旋律思想。

兒皇帝只喜歡珍妃，不喜歡表姐皇后

慈禧之所以強迫光緒選她的侄女為后，是借鑑了同治選后的教訓。想當年，同治那個沒良心的，非得按東太后的意向選擇阿魯特氏，她喜歡的富察氏卻只能屈居慧妃的位置。娘倆個較量的結果，所有的人都沒有好果子吃，連國家都跟著遭殃。如今，她終於按自己的意向給光緒定下了皇后。但是她沒想到，她可以強迫光緒娶她的侄女為皇后，但是她無法強迫光緒喜歡這位皇后。

光緒對皇后不是一般的討厭。據皇后的娘家代表那根正說，光緒新婚之夜就撲在皇后懷裡大哭了一場。還算不錯，至少結婚當天把皇后當作姐姐看了。但是根據聽房的人傳下來的話，他們什麼動靜都沒聽見，就聽見皇后說了一句：「這就是你們愛新覺羅家的德行！」

這句話含意就豐富了，難免讓人想起有關光緒生理功能欠缺的傳言。而且更要命的是，新婚之夜這位「恐龍」皇后就這麼不給夫君面子，從根本上打擊男人的尊嚴，關係還能好得了？

那根正雖然把自己的這位姑奶奶誇得一朵花兒似的，但是這姑奶奶要長相沒長相，要智慧沒智慧卻是顯而易見。天下多少醜女，男人偏要愛她；天下多少傻女，男人偏要寵她。問題是隆裕偏就不爭氣，既沒有賢德來彌補自己的弱智，也沒有智慧來彌補自己的醜陋，整個一「三無」女人——無貌、無智、無賢。光緒帝是否努力過我們不知道，我們只知道，光緒拒絕與皇后同房。按那根正的說法，他這個姑奶奶幾乎守了一輩子的活寡。這樣說，雖然是控訴光緒的薄情，但是顯得皇后也太不招人待見了，所以那根正又補充一段：「雖然說隆裕入主後宮十幾年來，光緒帝對她幾乎沒有興趣，但也絕不是沒有碰過半個指頭。我曾經看到過一份清宮秘檔的『承幸簿』，雖然很少有光緒與隆裕同房的記錄，但是在多頁的珍妃記錄裡，還是時常會摻雜著光緒寵幸隆裕的記錄。但由於光緒、隆裕和珍妃的身體都不健康，所以沒能生下一兒半女。」

清制，每年的臘月三十、正月初一、初二這三天，皇帝是必須陪皇后睡的，此乃國母特權。我無緣查到「承幸簿」，不知道光緒與隆裕這為數不多的碰半指，是不是都在春節這三天。更不知道這為數不多的碰半指，是看在老太后的面子上，還是看在皇后的面子上，也就是現在流行的禮貌性上床？不管看誰的面子，都是看不起人。這讓老太后很不高興，認為光緒沒良心。我覺得，老太后有些內舉避親了。想當年，她可以公開叫兒子同治少睡皇后多睡慧妃，理由是慧妃賢慧，皇后年少不知禮。那現在就不能跟光緒要求多睡皇后嗎？理由更好找了，皇后年紀大，賢慧知禮什麼的。

當然了，讓最高領導如此求人，而且還是求人睡自己的侄女，真的挺難為情的。所以慈禧用了講故事的方式。某年大年初一的晚上，光緒與隆裕前來請安，幾句閒話之後，太后開始曲線救國了，問皇上從哪裡來的。光緒回說由養心殿來的。太后問由養心殿來經過螽斯門嗎？光緒回說經過了。太后問知道螽斯門的來歷嗎？光緒回說不知道。於是她告訴光緒：螽斯門是明朝舊名，先皇沒有改掉它的名字，就是因為這名字很吉利。雄的大蚱蜢名叫螽斯，一振動翅膀叫起來，雌的蚱蜢就會紛紛來到它身邊，每個雌蚱蜢都會給牠生下九十九個小蚱蜢……先皇之所以保留這個名字，就是希望愛新覺羅家也會成為這樣繁盛的大家族啊！

這麼小兒科的故事，光緒當然能聽懂。可是聽懂是一回事，執行是一回事。十八歲結婚，三十八歲死亡。二十年的漫長婚姻裡，光緒硬是沒有讓隆裕肚裡種下一隻小蚱蜢。

讓慈禧難為情的還有，似乎是為了專門襯托她侄女蠢笨似的，珍妃那個丫頭聰明伶俐，活潑可愛，竟然漸漸贏得了光緒的喜歡。珍妃（一八七六—一九〇〇），滿洲鑲紅旗他他拉氏。祖父裕泰，當過陝甘總督；伯父長善，由山海關副都統升任廣州將軍；父親長敘，官至戶部右侍郎。光緒六年（一八八〇）長敘因嫁女不慎，衝撞了康熙帝的忌辰，遭到清流派彈劾而免官歸家。長敘共有三子五女，長子志銳、次子志鈞及前三女為正妻所生，第三子志錡、四女瑾妃和五女珍妃為小妾所生。由於長善缺子少女，所以長敘先後將志銳、志鈞及瑾妃、珍妃等寄養在兄長府中。這使得孩童時期的瑾、珍二姐妹就跟隨出任廣州將軍的伯父長善生活在廣州，廣州的「歐風美雨」對珍妃影響很大，長善開明好客，喜結交名士，風流名士文廷式這樣的大才子也常來他家高談闊論吟詩論文。光緒十年（一八八四）長善卸任歸京，瑾、珍二姐妹也回到了北京父母家中，長善推薦文廷式做了二姐妹的家庭教師。瑾妃木訥遲鈍，看看她的照片大家就知道了，而且看照片前，您還得有一定的心理準備，因為一看見她的臉，總是難免讓人對光緒生出無限的同情。智商嘛，應該屬於上智下愚中的下段。至於珍妃，按現在的審美觀念，也談不上怎麼美麗，胖嘟嘟的一張臉，與其說美麗，不如說更多的是童真與可愛。雖然不能打入上智之列，但絕對不是下愚。這個丫頭迅速接受了文廷式的新式思想，喜歡新生事物，琴棋書畫樣樣精通，甚至可以雙手執筆寫出娟秀的梅花篆字。

當然，這不是最主要的，主要的是珍妃在後宮裡的無拘無束與返璞歸真的天性。比如她喜歡照相，喜歡女扮男裝，有時候還穿上光緒的龍袍，甚至與光緒手拉手相攜而行。據說，光緒帝還親自動手，像現在的小戀人一樣餵珍妃喝湯，這哪像大清的皇帝與妃子啊，簡直活得有些像人了。這一切，可能讓從小處於太后淫威下、缺失母愛、缺失一切人倫之愛、缺失諸多人類之樂的光緒感受到了前所未有的生命的歡欣，珍妃不但點起了他生活的希望，甚至點起了他政治上的雄心。珍妃就是他生命中的陽光，這樣的女人，他能不愛嗎？

當然在隆裕娘家人眼裡，是看不到人性與陽光的，他們只能看到心機。他們認為，珍妃得寵，憑的是心機，靠的是討好人的本事。據那根正講，最初是因為《紅樓夢》的故事。據說《紅樓夢》由於和珅喜愛，被乾隆允許出版，皇宮內自然也看。那根正說：「光緒也非常喜歡看這本書。可隆裕從來沒想到過這本書能給自己帶來什麼，所以也根本沒想去看，因為對於她來說，這本書當年絕對是不適合大家閨秀看的，家中也從來不會讓她看這種書。但珍妃和瑾妃就不一樣了，她們的老師是文廷式，所以這本書她們早就看過了，並且爛熟於心。」

據此看來，隆裕不看紅樓乃是由於家風尊貴、生性高雅，拒絕低俗、掃黃打非。說一句不客氣的，據我看，政治正確的書籍，隆裕估計也沒看過。她姑姑那麼聰明，貴為太后之後才看了些「媽媽給我講故事」之類的歷史小畫冊，更別提這個桂公館的二妞了，桂公館出過讀書人嗎？隆裕就不是讀書的人，珍妃是個小才女卻是一定的。但是在那根正筆下，小才女像個老練的政治家似的，得知光緒喜歡《紅樓夢》，就和姐姐瑾妃繪了一幅大觀園圖進獻上去。光緒一看，大為感動，深宮遇知音啊，於是馬上召見珍妃和瑾妃聊《紅樓夢》，聊天聊得特別高興。一高興，就喜歡上珍妃，當天晚上就寵幸她。有些野史宣稱，光緒皇帝喜歡珍妃，是因為他生理上有缺陷，不能過正常的夫妻生活，而年紀尚小的珍妃卻因為少不更事、不諳男女之事、天性活潑可愛而成為光緒的玩伴。

我覺得，可能不是光緒生理有缺陷，而是這一對少男少女對男女之事都不太上心，兩小無猜，所以成為最佳伴侶。因為珍妃曾經懷過孕，這一點，隆裕她弟弟、那根正他爺爺都承認的，說明光緒生理正常。只不過珍妃惹太后不高興，三個月的時候，被太后打得流產了。

不管什麼原因吧，反正光緒喜歡上了珍妃，而且一喜歡上就終身不渝。兩千年的皇宮裡，我們還難以尋覓到同樣的愛情經典。皇宮是不允許有愛情的，而且更不允許有天性。珍妃由於天性而遭遇了光緒的喜歡，同樣也會由於天性而遭遇太后的毒打。

面對珍妃的種種不幸，有時候我們難免起疑，這小丫頭好像有些記吃不記打的嫌疑，而且有些挨打也不全是天性童真所致。光緒二十年（一八九四），慈禧太后要大辦六十歲大壽，為了討吉利，春節當天就頒下恩詔，晉封了一批嬪妃，其中就有瑾、珍二姐妹：著封珍嬪為珍妃，瑾嬪為瑾妃。問題是沒高興多長時間，慶典結束後，本該擇期舉行冊封禮的，珍妃賣官一事卻被太后發現了。清制，皇后每年例銀一千兩，妃每年三百兩，嬪二百兩，分月例支。這工資不算高，珍妃又出手大方，對宮中太監時有賞賜，太監們得些小恩小惠，也都竭力奉承這位「小主兒」。「小主兒」精神上得了滿足，物質上卻嚴重匱乏。時間一長，竟然外與志銳相通、內與太監勾連，賣起官來了。一例是上海道，據說魯伯陽進四萬金給珍妃，珍妃轉求光緒而成。但是上任後遭兩江總督劉坤一彈劾被免。一例是四川鹽法道，珍妃賣給了一個叫玉銘的傢伙。新官放任前皇帝召見，問玉銘在哪一衙門當差，對曰在木廠，光緒聽了嚇一跳。命其將履歷寫出，玉銘竟久久不能成字，原來是一文盲。光緒大驚，另下一旨：「新授四川鹽法道玉銘，詢以公事，多未諳悉，不勝道員之任。玉銘著開缺，以同知歸部銓選。」還有一例是裕寬謀求福州將軍，先走的是李蓮英的路子，因其要價太高而轉走珍妃之路，遂成。世上沒有不透風的牆，何況隆裕皇后還站在牆邊盯梢，終於傳到了太后那邊。太后怒氣衝衝地從頤和園趕了回來，對光緒說：祖宗之法，後宮不得干預朝政。這件事情，你不管我管！

根據胡思敬的《國聞備乘》記載，慈禧責問珍妃：「他事猶可宥，汝寧不知祖宗家法而黷貨若此。誰實教之？」沒想到小丫頭反唇相譏：「祖宗家法亦自有壞之在先者，妾何敢爾？此太后之教也。」氣死太后了，長期以來，都是只許太后放火，不許皇帝點燈的。一個小妃子竟然敢如此跟太后頂嘴，來人：「袒而杖之，降貴人。」「袒而杖之」，就是脫了褲子挨板子，挨得不輕。正史沒有記載，宮廷御醫檔案，留下一些太醫給珍妃治病的記錄，上有「抽搐氣閉，牙關緊閉，筋脈顫動，人事不醒」等症狀，可見老太后確實下手不輕。

珍妃挨打的第二天，十月二十九日（十一月二十六日），慈禧降下懿旨：「本朝家法嚴明，凡在宮闈，從不准干預朝政。瑾妃、珍妃承侍掖庭，向稱淑慎，是以優加恩眷，洊陟崇封，乃近來習尚浮華，屢有乞請之事。皇帝深慮，漸不可長，據實面陳，若不量予儆戒，恐左右近侍藉為夤緣蒙蔽之階，患有不可勝防者。瑾妃、珍妃均著降為貴人，以示薄懲，而肅內政。」懿旨中所提到的關於衣飾、物品等，明顯是指珍妃所穿的新款衣服、男式服裝和照相器材等。懿旨中所提到的「乞請」、「干預國政」之事，除了指珍妃賣官之外，應該還包括她協助光緒帝培植帝黨勢力，打擊后黨勢力等行為，比如提拔其兄長志銳為禮部侍郎，破格提拔其老師文廷式為翰林院侍讀學士；中日戰爭期間以團夥形式輪番彈劾李鴻章衰病昏庸，請求朝廷「另簡重臣，以戰求和」。他們所謂的重臣，卻是在家坐了十年冷板凳，比李鴻章高明不了多少，甚至早已不如李鴻章的恭親王奕訢……總之，珍妃挨打也不是無辜的，她與太后過招純屬神仙打架，只不過小仙打不過老妖罷了。

而且神仙打架中，下面的凡人躲閃不及，容易被誤傷。比如可憐的李鴻章，帝黨也明明知道，外事捨李鴻章無人能倚仗，但是誰讓他主和，又是太后倚重的大員呢？凡是敵人的朋友，都是我們的敵人；凡是敵人的敵人，都是我們的朋友。帝黨沒有成氣候，成氣候也不見得好到哪裡去。就是珍妃本人，也不見得能比太后強到哪裡去。珍妃年輕、新潮、可愛，人家太后年輕時不一樣新潮可愛嗎？人家還在桐蔭深處大唱「同一首歌」勾搭過自己的老公。只不過，帝國體制與傳統下，權力愈高，智商愈低；在位愈長，情商愈短。你給我找個例外看看？找來找去，只能找到外國，就覺得英國歷史上的維多利亞女王與德國現在的梅克爾總理才叫可愛！當然了，即使是神仙打架，我們也應當同情弱者，何況珍妃還弱肩擔道義，希望大清在光緒的領導下中華崛起呢？

珍妃挨打的第三天，慈禧又降懿旨，在後宮專為珍妃、瑾妃立了一塊禁牌（史料上未見記載，原件保存於第一歷史檔案館）：「光緒二十年十一月初一日，奉皇太后懿旨：瑾貴人、珍貴人著加恩准其上殿當差隨侍，謹言慎行，改過自新。平素裝飾衣服，俱按宮中規矩穿戴，並一切使用物件，不准違例。皇帝前遇年節照例准其呈進食物，其餘新巧稀奇物件及穿戴等項，不准私自呈進。如有不遵者，重責不貸。特諭。」

看禁牌內容就可以發現，太后這是給珍妃算的一次總帳，連穿戴都為她規定了，而且新巧稀奇的物件不得呈進給皇上。受珍妃案牽連，處以極刑和杖斃的太監先後有六十多人，可見這案子不小。就是珍妃的胞兄志銳也被明升暗降，調出京城，前往烏里雅蘇台充參贊大臣了。另一位兄長志錡因賣官事件，逃亡上海。

太后之所以這麼對待珍妃，其主要原因不外是：其一，光緒太寵珍妃，寵得她不知道天高地厚。賣官倒在其次，關鍵是誰賣。這個丫頭風頭太盛，太后有必要殺雞給猴看，讓光緒明白做兒皇帝的道理！其二，甲午戰事及戰敗，影響老太后六十大壽。國事家事，一肚子毒氣，正好抓住了珍妃的把柄，不打你打誰啊！其三，甲午戰事引起了帝黨與后黨之爭。珍妃的老師文廷式、胞兄志銳均為帝黨骨幹，志銳做了禮部侍郎、文廷式被破格提拔為翰林院侍讀學士，都是珍妃在光緒面前吹的枕頭風。而且這些人三番五次輪番上奏，彈劾老太后最親信的軍機大臣孫毓汶、徐用儀。就連在帝黨與后黨之間盡量保持超然態度的李鴻章也遭到他們的彈劾，認為他已經是一個七十多歲的老糊塗，早該回家抱孫子了。太后雖然抓不出珍妃參與其中的確切把柄，但這件事情是用腳後跟想想都能想到的。其四，老太后雖然是個女強人，但更是個老寡婦。光緒對珍妃的過分寵愛，可能引起她諸多的不舒服。其五，皇帝大婚Z年了，對懿定的皇后既不親愛也不敬重，卻一心喜歡珍妃，乾曬著皇后，太不給太后面子了。藉此機會給珍妃點顏色看看，也算給侄女出一口氣。至於瑾妃，本身無過，不過是受了妹妹連累罷了。

問題是，氣不是這麼出的。你越出，結果越不好。光緒對隆裕原先是形同陌路，後來是反目成仇。因為珍妃所有的不幸，光緒都會算在隆裕頭上。

隆裕跟自己的娘家弟弟、那根正的爺爺訴苦說：「我知道外間傳我是一個多麼小氣、多麼醜陋的人，這一點很多人都告訴過我。甚至傳言我為了得到皇上的寵幸，去向老太后哭訴。對於我來說，寧肯守一輩子活寡，我也不會向人哭訴這樣的事情的。男女之事，如何能向別人提起？尤其是自己的長輩。我的臉還能往哪裡放啊？可恨皇上還經常惡作劇，看我老實，拘謹於宮裡的各種禮儀，有時候就捉弄我。有一天晚上，我回到宮內準備就寢，掀開被子的時候，就看到一隻被扒了皮的死貓，當場嚇暈過去。那次很多天我晚上都做噩夢，甚至不敢上床睡覺，一定要讓宮女把床鋪打掃乾淨，確認沒有任何惡作劇的事情，我才會躺到床上去。後來我才知道，這又是皇上和珍嬪一起想出的惡作劇。我忍著，因為我的歲數比他們大，而且皇后也要有皇后的尊嚴，所以我不聲張，我只當是小孩子玩的惡作劇而已。這樣的事情，在前朝，甚至中國歷史上，都是絕無僅有的，難道還不過分嗎？」

是有些過分。不過，這樣的事情如果皇后都能忍，而且把他們視作喜歡惡作劇的小孩子，他們還有什麼理由不敬愛您呢？

隆裕委屈的還有，老太后也不喜歡她。那根正說：「雖然慈禧是隆裕的姑姑，但慈禧並不喜歡隆裕。相反，慈禧不僅喜歡經常陷害隆裕的同治皇帝的妃子瑜妃，處處袒護瑜妃，甚至瑜妃找碴與隆裕發生衝突，最後受到慈禧責罰的還是隆裕。除了瑜妃，慈禧還喜歡珍妃。後世有很多人認為慈禧與珍妃勢不兩立，是慈禧害死了珍妃，其實不是那麼回事。當年隆裕與珍妃、瑾妃姐倆同時入宮，慈禧因為珍妃長得年輕貌美，並且非常聰明，所以非常喜歡她。隆裕和瑾妃由於相貌不出眾，所以慈禧對她們並不太理會。雖然隆裕是自己的親侄女，但在很多事情上，慈禧還是偏向瑜妃和珍妃。因此，隆裕在宮內的生活並不如意，一是沒得到皇帝的愛情，二是沒得到慈禧的寵愛，三是沒得到大多數人的理解。」

要說慈禧不喜歡隆裕，那也是可能的。別說侄女了，就是親娘也可能不喜歡自己的閨女。但是感情與理智不是一回事。慈禧感情上可能不太喜歡自己的這個內侄女，對她的蠢笨可能很失望，《宮女談往錄》中的那位榮兒宮女如此概括說：「隆裕是皇后，架子十足，小事不沾手，大事吹五呵六。雖然和老太后是姑姑和侄女——沒有比這個再近的親戚了吧？按理說，應該親親熱熱的，可是偏偏老太后一個月也不一定會理她一次。」感情上不親熱，但是理智上，她知道侄女就是侄女，那是有血親關係的。眾所周知，中國就是個宗法社會，首先認的是血親，說得不好聽一些，就是個黑社會，因為黑社會模仿血親關係，弄了一個準血親——所謂的歃血而盟，就是建立準血親關係的一種儀式，雖然我們血管裡流的不是同樣的血液，但胃裡流過混合的血就行了。以後做事，只認人不認理，一致對外。所以，慈禧太后感情上再不喜歡隆裕，理智上也知道後宮，包括大清整個天下都是她和她侄女的。事實上，打過珍妃之後，給珍妃樹立禁牌的同時，為了幫助隆裕樹立威信，太后還特意為隆裕做了一塊禁牌：「光緒二十年十一月初一日，奉皇太后懿旨：皇后有統轄門宮之責，俟后妃嬪等，如有不遵家法，在皇帝前干預國政，顛倒是非，著皇后嚴加訪查，據實陳奏，從重懲辦，絕不寬貸，欽此。」雖然是幫隆裕樹立威權，但太后對皇后不滿也是可以看出的。珍妃這麼不像話，身為六宮之首的隆裕也有失察之過。失察也就罷了，太后派太監杖責珍妃的時候，這位皇后竟然自己先嚇暈了，這麼點膽量能成什麼事！看看做姑姑的，要說魅功，能媚住咸豐；要說產功，能產個皇兒；要說政功，能把全國爺們都鎮住；要說治功，能把上至恭親王下至曾、李、左、張等大員拐騙得摸不著北。總之，二妞很讓大姑失望！

話說過來，隆裕可能有她厚道的地方。正如她的娘家人那根正所說，她是宮廷鬥爭的犧牲品。但是，犧牲也是她姑姑拉過來的，怪不得別人。再說了，葉赫那拉家已經有一位在宮廷鬥爭中處處得手了，一山容不得兩隻母老虎，別說隆裕沒有她姑姑的本事，就算真有她姑姑的本事，她首先想的應該是如何讓自己的老公擺脫太后的淫威，以及自己在後宮如何成為真正的老大，她就是慈禧最大的敵人了。慈禧對自己兒子與兒媳都可以不愛，何況一個外甥兼侄兒和一個外甥媳婦兼內侄女呢？繞來繞去咱就總結這麼一句吧：慈禧可以不喜歡自己的侄女，但是容不得別人不喜歡。常言打狗要看主人面，應該還包含另一層意思：主人可以打自己的狗，但是奴才絕對不能打主人的狗！

要說慈禧某種程度上喜歡珍妃，也不是不可能。包括同治帝的遺妃瑜妃，也是慈禧喜歡的。道理很簡單，兩個丫頭聰明伶俐，與年輕時的慈禧可能有相同之處。慈禧年齡越老，對於這些能從她們身上發現自己影子的女孩子就可能越喜歡。當然這種喜歡是有限度的。也就是說，你得乖，得聽太后的，再活潑可愛，也頂多是太后的開心果，絕對不能惹太后不高興。從時間上看，太后對珍妃的喜歡更多的表現在珍妃入宮前期，後期就不行了，已經是敵我關係了。原因很簡單，她不但不把皇后看在眼裡，還不把皇太后看在眼裡。小蹄子如此猖狂，這還了得？

光緒二十一年（一八九五），老太后恢復了瑾、珍姐妹兩個妃的封號。光緒二十四年（一八九八），戊戌變法失敗，光緒被慈禧太后囚禁在瀛台。由於珍妃在變法過程中，熱衷支持光緒；由於珍妃在變法失敗後反對囚禁光緒並且衝撞太后，所以被囚在了北三所。一對恩愛小夫妻，從此再難見面。

光緒二十六年（一九〇〇），八國聯軍攻入北京城，慈禧太后在西逃的前一天，還不忘把珍妃推入井中處死，執行者是二總管崔玉貴。崔玉貴是桂公爺的乾兒子，也就是隆裕皇后的乾兄弟和慈禧太后的乾侄兒，所以在宮裡很紅。因為有桂公爺當靠山，按太監的行話說，叫鑽桂公爺的褲襠。既鑽了桂公爺的褲襠，當然也是太后的貼心人了。不過事後崔玉貴跟人說起這件事，說老太后對他虧心，耍鬼花樣。據崔的版本，當時老太后說要召見珍妃，讓崔玉貴去傳旨，著她在頤和軒候駕。崔有些犯嘀咕，因為召見妃子歷來是兩個人的差事，單獨一個人不能領妃子出宮，所以他叫了頤和軒管事王德環。兩個人領著珍小主到了頤和軒，老太后已經端坐在那裡了，但一個侍女也沒有。珍小主進前叩頭，道吉祥，跪在地下，低頭聽訓。

太后：「洋人要打進城裡來了。外面亂糟糟，誰也保不定怎麼樣，萬一受到了汙辱，那就丟盡了皇家的臉，也對不起列祖列宗，你應當明白。」

珍妃：「我明白，不曾給祖宗丟人。」

太后：「你年輕，容易惹事！我們要避一避，帶你走不方便。」

珍妃：「您可以避一避，可以留皇上坐鎮京師，維持大局。」

太后：「你死在臨頭，還敢胡說！」

珍妃：「我沒有應死的罪！」

太后：「不管你有罪沒罪，都得死！」

珍妃：「我要見皇上一面。皇上沒讓我死！」

太后：「皇上也救不了你。把她扔到井裡面。來人哪！」

於是，崔玉貴和王德環一起連揪帶推，把珍妃推到貞順門內的井裡。珍妃自始至終嚷著要見皇上。最後大聲喊：「皇上，來世再報恩啦！」

按崔玉貴講，他是奉太后之命行事。但是事後，也就是從西安逃跑回來後，老太后無法面對外人，於是把屎盆子扣到了崔頭上，說自己只是一時的氣話，沒想到崔玉貴逞能硬把珍妃推了下去。在中國，做官時間長了，智力就會退化到說假話都說不圓的地步，英明的太后當然也不例外。

按隆裕的版本，珍妃既不是太后下令弄死的，也不是崔玉貴逞能弄死的，而是珍妃自己賭氣自殺的。這智力，嘖嘖，更是沒得說了。敢情在中國，被自殺也是很有傳統的。

西安逃難回來後，太后給珍妃追贈名譽光環：「上年京師之變，倉促之中，珍妃扈從不及，即於宮闈殉難，洵屬節烈可嘉，加恩著追贈貴妃，以示褒恤。」珍妃泉下有知，不知何感？明明被殺的，卻變成自殺；明明受過「歐風西化」的，卻變成節婦烈女！

某種程度上可以這樣說，珍妃的命運有多慘，隆裕皇后在光緒那裡得到的恨就有多深。庚子之亂時，慈禧帶著光緒與隆裕一路狂奔逃到西安，因為地方窄小，光緒和隆裕不得不同住在一間大房子裡，中間用隔扇隔開，兩屋通連。即便是這樣，光緒也無心去看一眼隆裕，無論隆裕在旅途中怎麼照顧光緒，光緒始終不冷不熱，甚至連話都不想說，連頭都不想抬。兩人之間的仇恨永遠維持了下去，直到光緒死前也沒有解開。據說是瑜妃與瑾妃攪和的緣故，有一陣子，慈禧命隆裕也住到了瀛台——光緒所居涵元殿對面的香扆殿。一般的看法是，太后這是命皇后監視皇上的。邏輯不通，太后想監視皇上，派出太監不就行了？事實上，光緒喪失人身自由後，身邊太監全換上太后的親信，他插翅也難逃，翻案更是不可能。所以，太后派隆裕進住瀛台，最大的動機當是乘人之危——珍妃已死，光緒孤苦伶仃，讓隆裕親近他，兩人之間產生一些感情就好了。但是光緒的專一及珍妃的不幸，只會加重光緒對隆裕的怨氣，兩人住到一起，衝突只會激化。據宮女榮兒回憶，一天，皇后覲見完畢，皇帝吩咐她「請跪安吧」，那就是請她退下的意思。光緒連說兩次，也不知是真的沒聽見還是裝作沒聽見，反正皇后沒退。於是光緒暴怒，奮起身來，用手狠抻皇后的髮髻，把一隻玉簪子都抻在地下了……

強扭的瓜不甜，誠哉斯言，不管您是皇太后還是皇后，不管您是金瓜還是銀瓜！

「廣東小人」康有為

從某些方面來講，大清國得感謝小日本。沒有小日本的刺激，大清國睡得更沉。只不過，動機與結果，從來不是一碼事。

經受了中日戰爭的刺激，光緒強國富民的願望更加迫切。就跟久病亂投醫似的，他把希望的目光投向了康有為。

康有為（一八五八—一九二七），又名祖詒，字廣廈，號長素，廣東南海人。祖父做過訓導，乃八品學官，教育局工作的；叔祖父做過廣西巡撫，封疆大吏；父親做過候補知縣，不幸早死。出生於這樣的家庭，康有為從小就受到了嚴格的主旋律教育。不說其他，單說背唐詩，就比同治帝的那位阿魯特皇后強多了，據說五歲就會背百首。七歲的時候就能寫文章了，人稱神童。這個神童動不動聖人長聖人短，並發誓要在三十歲之前讀完所有的聖賢書（也就他家書多，普通百姓家裡一張紙都難得一見，他家則家藏萬卷；叔祖父家更多，家藏兩萬卷），於是被鄉民外號曰「聖人為」。不過，神童科考起步就不順利，考了三次，十六歲才考上一個秀才（監生）。這個秀才似乎還是打了折的，因為有人考證他這個秀才不是考的，而是買的；還有人考證他是個蔭監生，就是說，不是掏錢買的，而是因家庭原因得來的。清制，一是父親官職達到一定級別，可以有一子不經過考試獲得監生資格，叫作恩蔭；二是父親殉了國難，也就是做了現在所謂的烈士，可以有一子不經過考試獲得監生資格，是為難蔭。問題是，康聖人父親的那個知縣僅是候補，殉國難的也僅是他的祖父而非父親，而且祖父殉國難之前，康有為已經獲得監生身分。所以我們還是認定，這監生是康有為憑著自己的本事考上的吧！也不知廣東的考生多，還是其他緣故，反正歷史名人中，康有為三次才弄個秀才，那個洪秀全，考了四次都沒成。洪秀全第三次考試失敗後就得了失心瘋，夢見自己成為上帝的第二個兒子。第四次失敗後，就直接運動了。可見當年廣東「中招」的殘酷性，康有為三考秀才，也算成功起步了。既然當了秀才，下一步就要參加鄉試考舉人了。

有為於十九歲時（一八七六）在廣州第一次參加鄉試，失敗。三年之後（一八七九）再上，又失敗。再過三年（一八八二），可能是不好意思了，有為換個地方，去北京參加順天府鄉試。當時，廣東人鄉試可在兩處參加：一在本籍廣州；成績較優秀的秀才（監生和貢生），則可去北京參加順天府鄉試，所謂「北闈」中的「南皿」。「皿」字是「監」字的縮寫，「南皿」便是來自南方諸省的有資格進「國子監」（國立大學）的監生。問題是易地考試也不行，有為還是名落孫山。

光緒十一年（一八八五），有為同志二十八歲，又老起臉皮走入廣州考場，失敗。這一年，中法戰爭結束。

三年（一八八八）又過去了，有為又在北京南皿試場出現，失敗。也就是這一年，康有為開始了自己科考之外的副業，他給皇帝上書了，提出「變成法」、「通下情」、「慎左右」三點建議。他認為中法之戰後，「國勢日蹙，中國發憤，只有此數年閒暇」，「過此不治，後欲為之，外患欲逼，勢無及矣」，是謂第一次上書。康有為是對的，他知道歷史給大清的機會不多了，得趕緊改革，否則玩完。康有為之所以有改革思想，是由於讀書科考之餘，他走出書屋開始了遊學並接觸了西學。一八七四年，他就接觸了《瀛寰志略》和從日本傳來的《地球圖》諸書；之後他遊歷了廣州、北京與上海，甚至到香港旅遊，既接觸了廣州著名的理學大師與北京的經世官僚，還接觸了「江南製造局譯書所」出版的各種西學書籍。既發現了中國的毛病，還發現西方的月亮就是比中國的圓：「覽西人宮室之瑰麗，道路之整潔，巡捕之嚴密，乃始知西人治國有法度，不得以古舊之夷狄觀之。」總之，西方文明的打擊下，康有為瘋狂地閱讀西方書籍，考求西方文明，遂變成中西合璧的夾心人，按唐德剛先生的說法，成為一個中外兼通的「大字紙簍」。「大字紙簍」給皇帝上書，就是希望中國向西方學習，否則永遠打不過法國。奈何老秀才走得太遠，整個天朝上下，認定了中法戰爭是中國不敗而敗，法國不勝而勝。也就是說，不是咱打不過法國，而是咱不打罷了，還有李鴻章談判時賣國罷了。總之，天朝上下寧願要封建主義的草，不要資本主義的苗；寧願要封建主義的挨打，不要資本主義的打人。所以，康有為的上書遭遇的是譏笑與攻擊：憑你一個布衣酸秀才，還給皇帝上書，你也配嗎？按照清朝體制，專摺奏事是高級官員的特權，地位較低的官員只能呈請大吏、堂官代奏。康有為布衣上書，不在其位謀其政，或曰庶民干政，雖不是犯罪，但風險很大的。為了找門路，他給當時在朝中當權得勢而頗負時譽的三位高官——翁同龢、潘祖蔭、徐桐都投過書。近人梁鼎芬所撰《康有為事實》記載：「康有為赴試京師，因不中舉人，遂夤緣在朝大官，求得富貴。已故工部尚書潘文勤公祖蔭、現任大學士徐公桐、前協辦大學士戶部尚書翁同龢、前禮部尚書許公應騤、已故前出使英國大臣戶部左侍郎曾惠敏公紀澤、禮部右侍郎志公銳、前國子監祭酒盛公昱，皆與康有為素無淵源，乃屢次求見，上書諛頌，諸公以康有為一年少監生，初到京師，遍謁朝貴，實屬躁進無品，皆甚鄙之。潘公送銀八兩，並作函與康云，以後請勿再來，來亦不再送銀。此函人多見之。曾公嘗告人曰：康有為託名西學，希圖利祿，不知西無此學，中國亦無此學也。徐公、志公見其言囂張卑蹈，皆將原書擲還，都下士夫無不鄙笑。」

出於多種原因，梁鼎芬之文難免誇張，但諸多高官大吏不想正眼瞧康有為卻也是實情。幸虧康氏後人捐出康有為的一些遺稿，所以我們可以看到他當年的一些投文，比如致潘祖蔭的函中云：「恭聞明公雄略柱天，真氣驚牖，胸中有縱橫九流之學，眼底有緯畫八表之思，好士若渴，而能容度外之說，誠可謂魁壘耆艾之大臣也……方今國勢日微，民困未起，承唐宋千年之敝法，當歐墨百國之窺逼，公卿與國為體，此真延攬異才、搜求俊義之時，雖九九之術，濫竽之眾，不患有所失，雖吐哺握髮之勤，猶恐不及也。惟公左右接於目者，不知何如人；入於耳者，不知何如論。若使賜階前之地，欲俯聞其說，固所願也。或使備籠之選，欲少采其材，非所及也。惟裁察焉。誠許進之於門下，望賜時日，野人不文，謹獵纓束帶以待，不勝鶴立悚息之至。」看看，康有為從潘祖蔭手裡賺得八兩路費挺不容易的，馬屁拍得老潘都要腫了。

不過也有例外，康有為得了翁的青眼。翁這個時候是當朝宰相，加太子少保銜的協辦大學士，兩入軍機兼總理各國事務衙門大臣，還是同治、光緒兩代帝師。至於家門，更是父子宰相、叔侄狀元，翁氏名門，士林泰斗。翁的青眼，可能影響一部分北京的士大夫。問題是，翁是一個傳統而保守的老官僚、大宰相，再青眼，也就是沒翻白眼而已。看了康的上書，給他打了回票。書沒上成，但對康有為來講，卻是一次成功的行為炒作。先說上書本身，在天朝的歷史上，那是絕無僅有的事。所謂的諸子蜂起，處士橫議，對知識份子來講都是兩千年之前的傳奇了。從明朝開始，皇家就給讀書人定下了規矩，兩耳不聞窗外事，一心唯讀聖賢書。讀書人關心國家大事，給皇帝寫信，那都是干政啊！康有為不怕，就這樣幹上了！至於書的內容，雖然光緒看不到，但是坊間卻流傳出各種手抄本。

翌年（一八八九），可能是光緒大婚的「恩科」吧，有為又在北京考場出現了，還是失敗。

從光緒二年（一八七六）至光緒十五年（一八八九），十幾年的時間，有為六考六敗（幸得心理素質好，否則早像洪秀全那樣，精神分裂運動上啦）。上書遞不到皇帝手裡，雖然名聲有了，但是對康聖人來講都是小菜。失望之餘，他一度萌生去國之志，想赴美洲求學，或往巴西殖民，想來想去，最終還是決定留下來，在這個人鬼世界裡繼續拐騙。不過，他另有想法了。他估量當時的形勢是：「眼中戰國成爭鹿，海內人才孰臥龍？」他認為「以國民之愚，而人才之乏也，非別製造興國之才，不足以救國，乃決歸講學於粵城」。於是，他對外宣布不談政治了，但是實際上，他的工作更踏實了，他要從講學、發現與培養人才、理論與輿論準備等工作做起。

之前，康有為就做過蒙童塾師，也就是幼兒園或者學前班的老師。現在，他想做大學教師了。光緒十六年（一八九〇），康有為舉家遷往廣州，在曾祖父康氏鵬（字雲衢）留下的雲衢書屋開始了講學生涯。當時的廣州，舊學書院有所謂的五大學堂：學海堂、菊坡精舍、粵秀書院、粵華書院、廣雅書院等。這裡需要把書院與學堂的概念釐清一下：書院是舊式學校，學堂是新生事物。甲午之戰後，清朝一些官員反思到了教育制度上，有人提議整頓書院，有人提議改書院為學堂。後來康梁變法時，大力提倡建立新式學堂。洋務大腕、主張「中體西用」的張之洞出面搞折衷：建什麼新式學堂，直接把原先的書院改成學堂不就得了？政府一聽不錯，於是詔令各級書院一律改為學堂。書院原先只學舊學和經學，學堂乃是中西兼學，所以學堂就成為維新產物。康有為維新前在廣州講學，所謂的五大學堂還只能叫書院。而且清代的書院與其他朝代不同，基本上官學化了。這就是清政府的無恥之處了，為了控制人民的思想，不由分說地控制了學校教育，措施有三：一是學院經費來自政府，二是學院山長由督撫學政這類省長和省教育廳廳長聘請，三是書院的學生也由官方選擇錄取和考核。相形之下，康有為的雲衢書屋乃是個體民辦，但卻難得的中西兼學。估計是上書皇帝的原因，學海堂的高才生程千秋慕名拜訪了康有為。當時的學海堂可是不得了，道光五年（一八二五）由著名的漢學家、學者型官員兩廣總督阮元創辦。它與其他書院不同，它不設山長設學長，總共設八位學長共同管理學校，算是真正的教授治校。學制也跟現在的研究生導師制差不多，分詩詞、古文等四五個專科，學生可自選專業和導師，摒棄八股帖括，注重詞章訓詁等漢學功夫。沒想到，學海堂的高才生程千秋一見康有為就喜歡上了，過後對同學梁啟超說，康有為的學說「為吾與子所未夢及，吾與子今得師矣」。在程千秋的介紹下梁啟超登門拜見。是時，康有為是個三十三歲高齡的老秀才，梁啟超是個十八歲的新科舉人（一八八九年中式）。根據梁啟超回憶說，他那時是「少年科第，且於時流所推重之訓詁詞章學，頗有所知，輒沾沾自喜……」沒想到一見老康，「先生用以大海潮音，作獅吼，取其所挾持數百年無用舊學更端駁詰，悉舉而摧陷廓清之」，直駁得新舉人小啟超「冷水澆背，當頭一棒，一旦盡失其故壘，惘惘然不知所從事，且驚且喜，且怨且艾，且疑且懼」，「竟夕不能寐」。一句話，梁啟超暈了，從此就退出了學海堂，且盡棄所學，師從康秀才一切從頭學起了。用他自己的話：「生平知有學自茲始。」可憐的啟超，按他所說，從小到大，暈的不止這麼一次。童年時代，「日治帖括，雖心不慊之，然不知天地間於帖括外更有所謂學也，輒埋頭鑽研」。這是應試教育。少年時代進了學海堂，專學的是訓詁詞章，「至是乃決捨帖括以從事於此，不知天地間於訓詁詞章之外，更有所謂學也」。這是學術教育。現在見了康有為，又「生平知有學自茲始」，迷上了康學，這是近代啟蒙教育。師生兩個就這樣製造了秀才老師和舉人學生的奇蹟。如果說秀才等於現在的中學生，舉人就等於現在的大學生。大學生拜一個小小的中學生為「碩導」，絕對是奇蹟。康有為本來想做大學講師，沒想到一下子就被梁啟超抬舉為「碩導」了。中國傳統，生以師貴，反過來，師以生貴。總之，康有為的名聲馬上就在廣州唱響了，學生紛至沓來。擴招一次又一次，教室裡容不下，遷址一次又一次。在程千秋與梁啟超的幫助下，光緒十七年（一八九一），康有為移居廣興里，正式掛牌創立書院，是謂流傳海內外的「萬木草堂」。當時的中國，開館授徒講學者頗不乏人，但是像康有為這樣連個舉人都沒考上，就要開館授徒者卻是沒有的，所以他的舉動遭到時人的譏笑。不過，做大事的人是不怕譏笑的，之前康有為以布衣身分還敢給皇帝上書，現在以秀才之身分，當然敢開研究生院。

康「碩導」認為，東方文明的正統是儒教；儒教的正統是今文學，而今文學自東漢以後，二千年來都為「偽經」所篡奪。所幸天不亡中國，如今又出了個康聖人來恢復聖教真義，為天地立心，為生民立命，為往聖繼絕學，為萬世開太平。為此他自號「康長素」。「長素」者，「長」於「素王」孔子也。這位老師夠瘋狂吧！自己瘋狂不說，還帶動著學生群瘋。他的五位及門弟子也各有逾越孔門「十哲」的名號：陳子秋號「超回」，超越顏回也；梁啟超號「軼賜」，超趕子貢也；麥孟華號「駕孟」，騎在孟子頭上也；曹泰號「越伋」，超越孔伋（子思）也；韓文舉號「乘參」，把曾參當坐騎也。一窩師生鬧得馬蹄踏踏，世人側目，呼之為「康黨」。

康有為辦學堂，自然要往裡面塞私貨，就是他的變法思想。改良就這樣嫁接到了儒家思想身上。這樣既可以引進西方政治思想與制度，還可以減少引進的壓力與阻力。但是對於儒家思想，歷史上一直有個今古文之爭。說到這個，得從秦始皇談起。秦皇一統江山之後，還要一統思想與文化，是謂一個腦袋，一個主義，一個皇族。具體措施除了焚書坑儒，還有一個「書同文」：盡廢原先各國之「古文」，而以秦人專用的今文（隸書）改寫之，統一之。隸書抄寫出來的儒家經典，就是今文經，它成為秦以後的官方理論；各國古書，包括秦之前的繁體書（大篆和小篆），皆為古文，變成禁書。漢惠帝時期，古書解禁，以古文寫就的經書紛紛出世，比如伏生與孔子家中所藏的壁中書，世上遂有古文經。今古文之爭也就出來了。漢武帝聽董仲舒的，於是今文經依然是官家學術，董仲舒專治《春秋．公羊傳》（春秋經除了公羊，還有穀梁傳），算是今文學家的鼻祖了。之後劉向、劉歆父子從國家圖書館裡整理出了古文經《春秋．左氏傳》，希望把它與《周禮》、《毛詩》、《古文尚書》等古文經頒入太學，成立正式科系，設置專科「博士」，招收「博士弟子」，與今文科系平起平坐。當政的漢哀帝對「春秋三傳」和今古之爭頗有持平之論，但是他扭不過當政的今文派官僚們。這幫子既得利益者堅決反對把古文經列入官學，說古文經尤其是《左傳》，是劉歆偽造的。所以終兩漢之世，官學始終為今文家所把持，古文家只能在民間遊蕩，不得入黨。王莽篡漢之後，一者劉歆是他好友，二者他想改天換地，於是任命劉歆為國師，為古文經平反扶正。問題是，王莽時運太短，劉秀建東漢之後，今文經重新佔領官方陣地。不過中國歷史有趣，今文經成為官家思想，就像一些什麼主義什麼思想似的，註定要衰微，真正的學人不會去研究它。作為非官方學術的古文經卻茁壯成長，成為知識份子心目中的正統，後世的宋學和漢學就是古文經學的延續與發展。康有為上書之前酷好的是《周禮》，尊事的是周公，走的也是古文經的路子。但是上書失敗之後，他返回老家，遇見了一位今文經學家廖平。眾所周知，古文經重考據，有一分證據說一分話，沒有證據不說話，不能做到古為今用。今文經崇《公羊》，尊孔子，講究的是「通經致用」

與「微言大義」，經術可以聯繫現實，胡亂發揮，為現實政治服務。具體來講，廖平的今文經思想，特別是今文經裡的「三統」、「三世」說刺激了康有為的改革靈感，甚至有人認為康有為抄襲了廖平。不管抄襲說是否成立，康有為受廖平影響那是無疑的。「三統」，是說每個朝代都有一個「統」，「統」是受之於天的，舊王朝違背天命，便由另一個王朝承應天命，新王朝有新「統」，需要改正朔，易服色。「統」有三：「黑統」、「白統」和「赤統」，「三統」循環。比如，夏就是「黑統」（也叫「人統」）；商就是「白統」（也叫「地統」）；周就是「赤統」（也叫「天統」）。「三統」是一種簡單的歷史循環論，但是卻給了康有為改革的藉口與支持：看看，三代之「統」都不一樣，因地制宜，因時改革嘛！至於「三世」說，源於今文經派之公羊學。此學認為，孔子筆削《春秋》，把魯國十二世分作三個階段，孔子所見的，稱「所見世」；孔子所聞的，稱「所聞世」；孔子所傳聞的，稱「傳聞世」。孔子根據時代的遠近而異書法，或者「微其辭」，或者「痛其禍」，或者「殺其恩」，是為「春秋筆法」。東漢何休對此加以發揮，以孔子的「傳聞世」為「衰亂」，「所聞世」為「升平」，「所見世」為「太平」。這啟發了康有為的「三世」說：亂世、升平世、太平世。如果把古代稱作亂世，近代稱作升平，現代稱作太平，社會歷史就是向前發展的，而且愈改愈進。相對於「三統」的簡單的歷史循環論，「三世」說就是庸俗的進化論。但這正好給康有為的改革再次提供歷史證據與心理支持：想要太平，就要改革嘛！要改革，就可以修正歷史與經書嘛！至於孔老人家，也是可以歪曲的嘛！什麼考據，什麼訓詁，都可以忽略不計，孟子老人家都說過「大人者言不必信，惟義所在」嘛！為了所謂的正義與政治目標，弄虛作假也是正當的嘛，我們就捲起袖子幹吧！

總之，康有為就是這樣給學生們講課的。講得多了，他就整理出版《長興學記》與《桂學問答》兩本講學記錄。在得意弟子梁啟超等人的幫助下，還刊行了《新學偽經考》和《孔子改制考》。後兩書成為康有為改革的理論武器與實驗炸彈。書一面世，輿論譁然！

《新學偽經考》宣稱，歷代學者們所尊崇的「古文」經典，如《周禮》、《古文尚書》、《左傳》、《毛詩》都是西漢末年劉歆偽造的，其目的是為了幫助王莽篡奪西漢政權，建立國號為「新」的朝代，所以古文經學是新莽一朝之學，只能稱之「新學」。至於後世據古文經發展起來的「漢學」，也屬新學偽經之列，非真正的漢學孔說。還有「宋學」，也難逃此弊。康有為這招叫釜底抽薪，當時中國學術界的主流，以「漢學」與「宋學」為兩大學派。大家崇奉已久的學術主流被他說成是偽經假學，真是嚇死人不償命！

《孔子改制考》認為，孔子以前的歷史，都是孔子瞎編的。儒家的經典，除了劉歆偽經之外，真正的六經也都是偽經。瞎編造偽的目的就是想托古改制救世。至於東周末年諸子百家，也都是如此，為了自己的教義能在社會站穩腳跟，紛紛拿古代不存在的事胡編亂套。所以，中國歷史自秦漢以後才可考信，之前的都是假冒偽劣。所謂的儒家經典，也就一個也不能信。總之，孔子都是為了目的不擇手段的改革派，我們學孔子，也變法改制嘛！

康有為就是這麼鼓搗的，研究歷史就是為了服務現實。他的《新學偽經考》與《孔子改制考》為變法提供了輿論張本，但是沒有領導的批准，他也沒辦法付諸實踐。歷史還在磨蹭中，他的機會還在後頭。

教書和編講義的過程中，康老師也沒忘記他的正舉：科考。皇天不負精神健全者，有為三十六歲時（一八九三）終於「中舉」了。虧得心理素質好，不像范進那樣犯病，也就沒挨老丈人嘴巴子。中舉之後的康有為，仍然恪守他第一次上書後不過問政治的宗旨，繼續在「萬木草堂」向梁啟超等學生講授他的半吊子「西學」，以及修正後的「中學」。

光緒二十年（一八九四），甲午戰爭爆發，中國慘敗。

光緒二十一年三月二十三日（一八九五年四月十七日），中日《馬關條約》簽訂。簽約前兩天，條約的相關消息就由李鴻章電傳到國內了。首先驚動的是帝國的一些政治官員，因為只有他們才能看到帝國的內參。三月二十二日（四月十六日），開始有京官上書，他們不知道李鴻章已經與日本代表議定和約，僅知道一些不確定的條約內容。不過，這些不確定的內容就足以構成他們上書的理由了。三月二十四日（四月十八日），李鴻章離開日本返國，三天後抵達天津，內參漸漸傳開，舉國震動，民族主義情緒大爆發！

不得不承認，長期的愚民政策與閉關鎖國，導致天朝患上了一種人多民傻的頑疾，一時半會治不好的。用馬士的話來講：「它的人民，雖然已經有了一些國家意識，卻仍然是一群原始的庶民，在他們之中個人利益是唯一的原動力，並且以盲目的憤怒來代替愛國主義的發憤圖強。」馬士說的是義和團，但是別忘了，我們還有士大夫——中國的先進代表！

京官就不說了，既有單人上奏，也有聯合上奏。此時的民間士人中的優秀代表，全國各地的舉人們，正在北京會試。其中就有康有為與他的學生梁啟超。參加會試的台灣籍士子一聽家鄉要被日本那個盛產倭人的小島給割走了，抱頭痛哭。康不過問政治的宗旨也不守了，至於他的高徒梁啟超，也希望跟老師連袂齊書，過過上書之癮。師徒兩個都是神童的家底與舉人的文憑，說幹就幹，三月二十八日（四月二十二日），康梁聯繫八十一個廣東舉人上街，向大清當時的信訪辦——督察院遞交了請願書。督察院是清朝的總監察機關，主要官員有都御史、副都御史，下屬官員有給事中和監察御史。給事中監察京內官府，分為各科；監察御史監察地方官府，分為各道。總稱科道。科道們權力不小，主要表現在：無論多大的官，他們都可以彈劾；無論多大的事，他們都可以反對；無論誰的奏摺，他們都可以批評，包括皇帝的諭旨，他們都可以拒駁；無權上奏的小官，他們可以代奏；百姓有冤，他們可以代申。康有為之後，也就是三月二十九日（四月二十三日），京官與在京的士子們掀起了上書熱潮。

康有為一看人氣可用，遂聯繫更多的舉人簽名，最多達到一千多名，大家在督察院門口進行了現場演說。說到痛處，涕淚交流。台灣籍舉人羅秀惠更是捶胸頓足，號啕大哭一整天。康有為決定進一步擴大炒作，他用了一天兩夜的工夫，寫了一萬八千字的請願書，提出「拒和」、「遷都」、「變法」的富國養民之主張，意欲聯合十八省的一千三百名舉人進行大集會。集會地點定為北京宣武門外達智胡同十二號的松筠庵，日期定為四月初七至初九（五月一日至三日）。因為傳說四月十四日（五月八日）是《馬關條約》蓋玉璽的日子，所以預定搶在《馬關條約》用寶前四天，即四月初十（五月四日）去都察院投遞。

四月初七（五月一日），舉人們來得不少，人山人海。康有為發表了演講，聲言不變法國家必亡。他不知道，變法國家也亡。演講完畢後，請大家在請願書上簽名。

四月初八（五月二日），舉人們僅來了十幾個。康有為本來以為，這一天人會更多，他沒想到政府比他更會動作。第一，軍機大臣、兵部尚書孫毓汶連夜派人去給這些考生做工作，要大家小心功名前程。中國的知識份子一聽這層，立刻老實了。考榜馬上就要發了，沒考上也就罷了，萬一考上了，這不是砸了自己的功名前程嗎？第二，在這一天的早上，慈禧太后在孫毓汶和李蓮英的拐騙下，給《馬關條約》蓋上了玉璽。孫毓汶拐騙的是：日本不耐煩了，數日之內必破京師。我們都是上有老下有小，不敢孤注一擲啊！李蓮英拐騙的是，指著地圖告訴太后：台灣不過豆大一點之地，割之無妨。老太后估計不懂比例尺，就把自家的那粒豆子賞給日本人了！士子們一聽皇上和太后都批了，就洩氣了，有些人乾脆把自己的簽名文件要回去。

四月初九（五月三日），康有為也沒來！據說，有人提前告知他考試結果，中了進士，排名第八。當時謠傳說，誰再鬧就取消誰的前程，所以康有為就不來了，不能影響前程嘛！

所以，四月初十（五月四日）的上書根本沒弄成，流產了。如果弄成了，也可叫五四運動了。

這一切，變成歷史上康有為領導的著名的「公車上書」。所謂的公車，乃古代官車，漢代以公家車馬送應舉之人赴京，後以「公車」為入京應試舉人之代稱。所謂的著名，是指歷史評價與社會影響，特別是現在的歷史書，往往對這段歷史濃墨重彩，教學生讀得蕩氣迴腸。至於影響，則是美國駐京公使田貝向康有為索去這份上書，之後不脛而走，刻遍天下，連光緒皇帝都看到了。但僅以當時的活動本身來講，則有些虎頭蛇尾，所謂的一千多人聯合上書之事純屬烏有，聯合簽名還差不多。參加松筠庵集會者雖有一千三百名舉人，最後《公車上書記》附錄的題名錄裡僅存六百零三名。至於聯合上書，僅是八十一名廣東舉人那次而已！

康有為中進士，也透著天朝特色的滑稽！

由於離經叛道的思想及政治變革的拐騙和個性上的張狂，甚至追求功名的四處拜謁，導致康有為在帝國官員心目中，早就是個臭名昭著四處招搖的老騙子，所以這年的主考官、大學士徐桐專門跟副考官們通氣說：批閱廣東試卷時一定要仔細，考得最好的那個，肯定是康有為，一定不能錄取他。徐桐這麼恨康有為，其實是有原因的。徐桐（一八一九－一九〇〇），字豫如，號蔭軒，漢軍正藍旗人，道光進士，先後任翰林院檢討、太常寺卿、都察院左副都御史、內閣學士、禮部右侍郎、禮部尚書、吏部尚書、協辦大學士、體仁閣大學士。老頭兒頑固守舊，嫉惡西學，由於家住在東交民巷，與各國使館相近，就在大門口貼上「望洋興嘆」「與鬼為鄰」的對子，上班更是繞著走，絕不經過外交使館所在地，如果不小心撞見夷人就以扇蔽面。這樣的愛國大佬，當然不會喜歡傾心西學醉心改革的康有為。

結果當然如他所願，廣東考生中寫得最漂亮的試卷被考官們拿下了，但是最後謄錄進士名單時，考官們集體傻了，進士名單裡竟然還有一個康有為！是什麼原因？事情錯就錯在康有為的學生梁啟超身上，學生與老師同場考試，文章寫得比老師漂亮多了，由於是糊名謄錄改卷，所以被棄錄者卻是梁啟超！

梁啟超從此再也不參加科舉，學生的前途就這樣被老師的臭名聲給犧牲了。但僥倖考上的老師並不幸運，在接下的殿試與朝考中，他都落選了，落選的原因很簡單，你能蒙閱卷大臣一次，但是無法再蒙第二次，大家嚴防死守上了。所以康有為最後僅得了一個六品小官：工部主事。這官小得連給皇帝直接上摺的權力都沒有。沒辦法，康有為只好繼續曲線救國，給皇帝上書。光緒二十一年五月十一日（一八九五年五月二十九日），康有為第三次上書。據說，這次上書直接傳到光緒手裡。光緒讀後甚是滿意，要求抄錄三份：一份給最高領導親爸爸看；一份存留在乾清宮；一份存檔在軍機處，發給各省督撫將軍會議。

光緒從此傾心於康有為，但是皇門森嚴，官路漫長，他要見到康有為，或者康有為要見到皇帝，還有很長的路要走。

距離第三次上書一個月之後，光緒二十一年閏五月初八（一八九五年六月三十日），康有為第四次上書，正式提出「設議院以通下情」的主張，結果還是石沉大海，於是他就活動去了。這個時候，天朝的有識之士都活動開了。一者是《馬關條約》的刺激，二者是公車上書的影響，導致官僚改革、士人組社與庶民問政的風尚與傾向。

從官僚方面來講，袁世凱、聶士成、孫家鼐、張謇、張之洞、陳寶箴、翁同龢甚至李鴻章都受了改革思想的感染，他們知道，不改不行了。從太子黨方面來講，張之洞的兒子張權、曾國藩的孫子曾廣鈞、翁同龢的侄孫翁斌孫、陳寶箴的兒子陳三立（陳寅恪之父）、沈葆楨的兒子沈瑜慶、左宗棠的兒子左孝同、湖北巡撫譚繼洵的兒子譚嗣同等高官子弟也都傾心改革，他們也知道，不改不行了。用馬士的話來講，「在世界史上，沒有一個像中國領土這樣廣袤，人口這樣眾多，而又同隸於一個政府之下的國家——沒有一個擁有它的面積和人口十分之一的國家——曾經遭到這樣一連串的侮辱，或是這樣多的受人歧視的證明」。不過馬士認為這一切都是活該，他說：「可是我們更不妨說，沒有一個國家曾經在糾正行政的公認弊端方面，或在組織由具有許多優良品格的堅強民族居住的一個極其富庶的地區上的資源方面，表現過這樣的無能。有一些愛國的中國人，已經感覺到這一點。」

在上列這些高官及高官子弟的推動下，康有為的活動非常順利，因為官場人士與高官子弟為他提供強大的人脈、地脈及錢脈。他組織了北京強學會，光緒親信、翰林院侍讀學士文廷式列名為發起人之一；光緒帝師、軍機大臣兼戶部尚書翁同龢從戶部劃出個小預算，給他固定經費並給他一部印書機；工部尚書孫家鼐為他找房屋作會址，其後又由大學士王文韶、兩江總督劉坤一、湖廣總督張之洞各捐五千兩銀子。淮軍中的聶士成和毅軍中的宋慶等軍界精英，亦各捐數千兩銀子。因為《馬關條約》簽訂聲譽受損而被貶到總理衙門行走的李鴻章也拿出了二千兩銀子，沒想到康聖人缺少統戰意識，認為李鴻章名聲太臭，拒絕了這筆款項和這個老成的政治家。可能是康有為太狂了，可能是帝都太保守了，或是強學會群眾集會的形勢讓人看著太不利於維持穩定，總之四個月之後，北京就待不下去了，大學士徐桐揚言要參劾，李鴻章的兒女親家、御史楊崇伊更是上奏說「私立會黨，將開處士橫議之風」。我們不知道老楊這一紙彈劾是否有親家被拒的感情因素存在，我們只知道老楊作為「紀檢委」的同志很盡職，我們以後還會看見他的身影，老太后發動維新政變也與他的一紙彈劾有關。我們還知道，中國知識份子的黃金時代是春秋戰國時期，既能處士橫議，還能周遊列國沽之哉沽之哉地進行自我買賣，沽的時候甚至能像馮諼那樣與買主要魚要專車的討價還價。問題是，中國知識份子那張嘴與政府大一統之間是一場零和遊戲，不是東風壓倒西風，就是西風壓倒東風。或者說，自始皇始，中國政府永遠壓倒了知識份子群體。這次，老太后小嘴兒一張，強學會就被封閉了，沒有討價還價的餘地。於是，康有為在同志的勸說下，在張之洞的直接支持下，把強學會搬到了上海。上海強學會的宣言雖然由康有為起草，但卻以張之洞的名義發表；章程由張的幕僚梁鼎芬和康有為共同擬定，經費主要由張之洞贊助。章程規定：「入會諸君，原為講求學問。聖門分科，體性所近。今為分別門類，皆以孔子經學為本」，「到局之後，倘別存意見，或誕妄挾私，及逞奇立異，作奸犯科，至招物議，恐與局務有礙，即由提調、董事諸友公議辭退，以免口實，而嚴敗群」。由此可見，張之洞作為一個老成的洋務派大員，對於維新僅是某種程度上的支持，也可以說是某種程度上的控制，免得康有為像脫韁的野驢那般，一路狂奔而去。

至於康有為，強學會既成為他的政治組織基礎，也成為他的輿論宣傳中心。北京強學會期間，他令得意弟子梁啟超主編《中外紀聞》。雖然影響還不夠大，但它是維新派的第一張報紙。上海強學會成立後，他又令梁啟超主辦《強學報》，繼續拐騙變法。他自己寫下《俄彼得變政記》和《日本變政考》等著作，師生齊動筆，鼓吹變法，進一步奠定了康梁日後變法的思想基礎與輿論基礎。但是康有為這個人有個毛病，別人頂多是小人得志便猖狂，他沒得志就猖狂。似乎弄不清自己是老幾，《強學報》竟然不用清朝紀年而改用孔子紀年，按照皇家法律，這是謀逆造反嘛！張之洞大怒，下令停發會費，並禁止報紙發行，於是上海強學會煙消雲散。之後，康有為組織的其他學會再也沒了強學會當初的脈氣！團結盡可能多的朋友，縮小可能存在的敵人，這才是做事的真經，也是統戰的宗旨。可惜康聖人在狂人的路上奔得太猛，還沒走向正軌，他就想玩出軌，張之洞就不跟他玩了！

光緒二十三年（一八九七），因為德國強佔山東膠州灣，其他列強緊隨其後，英國要租威海衛，俄國乾脆派軍艦佔領旅順、大連灣，法國要租廣州灣……由此引發新一輪的民族危機，維新變法的聲浪也隨之高漲，於是康有為重到北京繼續他的活動，主要活動內容是第五次上書，提出上中下三策：上策是「採法俄日以定國是」，中策是「大集群才而謀變政」，下策是「聽任疆臣各自變法」。在這次上書中，他還說出了別人不敢說的話：「恐自爾之後，皇上與諸臣，雖欲苟安旦夕，歌舞湖山而不可得矣，且恐皇上與諸臣，求為長安布衣而不可得矣！」

這次上書依然不易傳到皇帝手裡。康有為五次上書中，最出名的是第二次與第五次。特別是第五次，跟光緒說話還沒個譜，竟敢拿徽欽二主與崇禎皇帝的下場嚇唬皇上。據說，讀到傳抄本的官員「莫不嗟悚」。至於康有為所在單位的最高領導——工部堂官們也被嚇著了，為工部尚書松溎中途按捺住，沒人敢替他上奏。康有為氣餒了，不想幹了。正準備南下回家的當口，有人來找他了，這個人就是當朝帝師、協辦大學士、戶部尚書、軍機大臣兼總理大臣翁同龢。但是翁同龢當時沒有見到康有為，康有為事後去回訪翁同龢。

按前所述，翁同龢早就對康有為青眼相加了，雖然看了他的《新學偽經考》，把它當作一派胡言的「野狐禪」。但是帝國的帝師有自己的其他考慮，小兒沒娘，說來話長，咱簡單說兩點吧：

第一，翁同龢原本是帝國的保守份子，對外國及洋人持敵視態度。同治八年（一八六九），他在日記中罵斌椿：「斌椿者，總理衙門當差者也。前數年嘗乘海船遊歷西洋各國，歸而著書一冊，盛稱彼中繁華奇巧，稱其酋曰君王，稱其官曰某官、某侯、某大臣，蓋甘為鬼奴者耳。」眾所周知，斌椿是大清第一次官派歐洲觀光團的首席代表，同治五年（一八六六）去歐洲十一國觀光，回來寫有《乘槎筆記》，算是帝國官員中難得開眼界的，沒想到翁同龢罵他鬼奴是也。光緒二年（一八七六），翁同龢與郭嵩燾談洋務，郭氏乃當時帝國難得的清醒人之一，援引古書，撰寫《瀛海論》，認為中國早有洋務，現在更需洋務，並建議中國按國際遊戲規則與西方外交，免得因小失大。過後翁同龢在日記裡大罵郭氏「援引古書，伸其妄辯，真是失心狂走矣」。同年春節，翁同龢到總理衙門會見各國使節，在日記中載曰：「余等兩旁坐，終日未交一言，未沾一滴一臠，饑寒交迫，相見時一一通姓名……拱手而已。」一新年大團拜，堂堂的帝國師傅幹什麼去了？明擺著跟外國公使生氣去了，餓著肚子，不吃不喝，裝個樣子，給人拱拱手，牛皮哄哄。光緒十二年（一八八六），還是新年團拜，帝國帝師的彆扭勁兒還沒有扭轉過來，事後記載外國公使不過「一群鵝鴨雜遝而已」。問題是作為光緒帝師，作為帝黨領軍人物，不管是中法戰爭，還是中日戰爭，他都是主戰一方的核心人物。現在，發現帝國既不是法國的對手，更不是小日本的對手，翁同龢逐漸認識到，帝國確實需要變革，不變革不足以救大清！

第二，宮廷政治鬥爭的需要。中法戰爭期間，慈禧太后藉口戰事失利，於光緒十年（一八八四）把恭親王為首的五軍機（其他四軍機是大學士寶鋆、協辦大學士吏部尚書李鴻藻、兵部尚書景廉、工部尚書翁同龢）全部罷免，重組了核心政權：禮親王世鐸主持軍機處。慶郡王奕劻主持總理衙門，並命遇有重大事件，先與醇親王奕譞商辦。醇親王奕譞身為光緒他爹，為了避嫌，照例不能主持朝政，但有「商辦」之名，實際隱操樞府大權。不管誰當權吧，這三個臭皮匠加在一起也抵不過一個恭親王。當然，哄老太后高興則是一個頂仨。恭親王當權時，重用漢族士大夫中的優秀人物；恭親王靠邊站之後，八旗權貴又佔了上風。雖間用漢人，但所用漢人大多是次等人物。世鐸身後的新軍機有張之萬、額勒和布、孫毓汶和許庚身，不管是八旗權貴還是漢族次等，他們除了巴結老佛爺比較稱職以外，軍國大事方面全是守舊庸材。甲午戰爭發生後，老佛爺在帝黨的叫喚下，重新把自己的小叔子恭親王提溜出來，讓他重掌樞機，收拾爛攤子，但已過花甲之年的小叔子在家坐了十年的冷板凳，老且病，曾經的雄心壯志早讓這個寡婦嫂嫂貓戲老鼠般的給戲沒了。而且，沒有他的十年裡，帝國的朝政完全失去了當年的平衡，圍繞在權力中心的，大多是老太后的寵物，他無力待重頭，收拾舊山河。

在這種局面中，作為漢族士大夫一員，翁同龢倍感孤立；作為帝黨之首，面對后黨，他仍然孤立。更要命的是，士大夫中相對清廉有能力者，也有南北清流之爭。北派守舊，強調自我修身；之前的領軍人物是帝師李鴻藻，下有張佩綸與張之洞這兩位哼哈二將；李鴻藻死後，領軍人物換上了頑固守舊的軍機大臣孫毓汶、徐桐和滿族大臣剛毅。南派希望改革，支持洋務運動，之前的領軍人物是沈桂芬和潘祖蔭，這兩個人物死後，作為南清流當時的領軍人物，翁同龢是光棍一個。當然，翁同龢也利用自己的職權拉攏了一些人，比如被后黨統稱為翁門六子的汪鳴鑾、志銳、文廷式、徐致靖、沈鵬、張謇。這些人一色的清議派，一色的好文采，幹實事不行，但製造輿論則行，跟現在的意見領袖相似，對光緒及整個朝政的影響挺大，而且這種影響還不見得是好影響。所以奕訢對此不安，老太后對此不滿，他們經常會找機會壓制翁同龢！所以，倍感孤立的翁同龢找上康有為，也算符合邏輯。不過翁同龢的日記裡卻不是這麼記載的，他說自己並不喜歡康有為，說康有為寫的書是野狐禪，這個人居心叵測，自己都不敢跟他來往。這可能是帝師的真實想法，也可能是帝師後來罷官回家後為自保而修改過的。不管真假，反正帝國沒有好日子是真的，翁同龢找康有為也算病急亂投醫！還有，翁同龢自己也沒有好日子，雖然正得皇帝的寵信，太后那邊他抹得也挺順溜，但是高處不勝寒，基於政治鬥爭的需要，他拉攏康梁，最簡單的動機就是給自己的帝黨陣營補充新鮮血液。只是這血液裡是否有病毒，一時也顧不得考慮罷了。

帝師一出面，康有為與光緒的見面就有了機會。翁授意一個名叫高燮的給事中給皇帝寫摺子，請求皇帝召見康有為這個人才。翁老師在旁表示支持，光緒就通知總理衙門作一下安排，但是為其叔父奕訢所攔，還是那句話：這個人官太小了，皇帝只能召見四品以上的官員！

奕訢當然也不好意思全抹掉侄兒的面子，他給了個變通的辦法：皇上想問康有為什麼話，可令大臣中間傳話。光緒只得同意。

光緒二十四年正月初三（一八九八年一月二十四日），王大臣延康有為於總理衙門，負責傳話的大臣有北洋大臣李鴻章、總理衙門行走翁同龢、兵部尚書榮祿、刑部尚書廖壽恒、戶部左侍郎張蔭桓。

談話的結果並不妙。康有為的朝氣，讓這些暮氣沉沉的官僚感到不舒服（張蔭桓除外，他算不得康黨，但是支持維新）。榮祿說祖宗成法不可變，康有為回答說：連祖宗之地都守不住了，還守什麼成法！廖壽恒問具體怎麼變，康有為回答說：請個洋人，再加上我，從六部動手，先改官制。康有為的表現，不是讓這些大臣喜歡他欣賞他，而是讓他們更加討厭他。榮祿聽得不耐煩，提前退場了。李鴻章給老太后彙報說，康有為不過是一個「書院經生、市井訟師之流」罷了。老太后問：為什麼這個人卻有洋人支持，跟我為難呢？李鴻章回答說：洋人不瞭解他罷了，瞭解之後，唯恐躲之不及！

對康有為持好評的，可能只有帝師翁同龢一人了，他給皇帝彙報，康有為，人才啊！皇帝一聽更高興了，下命令說，自後凡康有為條陳，不得阻擱。康有為一聽很興奮，於光緒二十四年正月初八（一八九八年一月二十九日）第六次上書，籲請皇帝效法明治天皇，大舉維新，開制度局，起用新人，推行西法，廣遣親王大臣遊歷以通外情等。在這次上書中，康有為依然不改他一貫的聖人凶猛，提出「能變則全，不變則亡；全變則強，小變仍亡」，提醒皇上祖宗之地都守不住了，還要守什麼祖宗之法？除此之外，康有為還陸續為皇上進呈了他所編寫的《日本明治變政考》、《俄彼得變政記》和《法國革命記》等書。在這些書裡，康有為明確提出，大清應該以日本為榜樣，以法國為教訓。特別是法國的革命，導致君后同囚，登上了斷頭台；巴黎百姓伏屍百萬，血流成河！光緒不看則已，一看大受觸動，認定康有為正是他要找的人。

這個時候的康有為，正在醞釀更大的炒作。機會終於來了，聽說山東的德國兵闖進了即墨縣的一間孔廟，弄斷了泥像上的一隻胳膊，還把泥像上的兩隻眼睛給戳了。是可忍，孰不可忍，光緒二十四年閏三月初二（一八九八年四月二十二日），康有為領著同志們上街了！不上街的官員們也知道，康有為上街並不是真的心疼那座孔子泥像，他是藉孔子的泥像，表達自己的改革訴求罷了。所以，政府要人還是沒人搭理他。這讓康有為很難過，炒作了一次又一次，就是得不到政府要人的青眼相向。這段期間，他還組織了著名的保國會。雖然名字起得好聽多了，但是勢力大不如前。一是之前參加強學會的洋務官僚均未列名。二是那些在強學會裡活躍過的高官子弟們，一個也沒來參加。三是，康有為的保國會被言官們曲解為「保中國而不保大清」，國家利益至上，王朝利益行二，大清的忠臣孝子們總得避嫌。勢力雖然不大，但是全國各地在康有為的帶動下，早就掀起了一股辦會辦報的熱潮，舉國上下，到處是會，遍地出報。據統計，會有三十多個，報有五十多種。這一切，讓維持穩定的人士很恐慌。又一個御史出現了，他是黃桂鋆，上奏說：「近日人心浮動，民主民權之說日益猖獗。若准各省紛紛立會，恐會匪聞風而起，其患不可勝言。且該舉人等無權無勢，無財無位，赤手空拳，從何保起？抵制外人則不足，盜竊內政則有餘。況即如所說，浙人保浙，滇人保滇，川人保川，推而廣之，天下皆為人所保，天下不從此分裂乎？名則保其桑梓，實則毀其家邦，此風萬不可長。」不得不承認，這個御史的擔心是對的，大清未來的走向，真是這麼一路走下去終至不可收拾的。但是這一切不能怪康有為，萬事有因有果，在封閉的中國歷史輪迴圈裡，清王朝遲早要被劉邦那樣的無賴，或者洪秀全那樣的失心瘋取而代之。面對「歐風西雨」，它整個反應遲鈍，無所措手足，只可惜洋人沒有入主中原的意思，小日本倒是有，但是西方國家又盯著它不讓其隨心。不過中國政府再愚蠢，對於內部的書生干政，它還是具有足夠的警惕與自保本能的。總之，保國會保國口號再亮，政府眼裡也只看到造反的嫌疑。東風吹，戰鼓擂，帝國的政府與臣民，誰信誰呢？保國會幾經御史彈劾，政府雖然沒有切實查究，但是聲勢漸無，終至渙散。康有為不難受行嗎？

正在康有為難受的時候，攔著他與光緒相見的那個人死了。這個人就是光緒的六大爺——恭親王奕訢。康有為「廣東小人」的稱號就是他給的。奕訢長期被嫂子玩弄，漸長暮氣，甲午戰後雖然重新出山，但人也衰了。光緒召見大臣，說起時事來，除了翁同龢應答需改革外，諸大臣默然，奕訢也默然。話說回來，給帝國做大臣，不衰也不行。不衰也要把你玩衰，玩不衰就把你玩死。據說，英國公使威妥瑪在他的日記裡這樣描寫總理衙門議事：「中國雖事權不歸一，然大臣仍不敢各抒己見，每使臣發一議論，則各人以目相視，大臣視親王、新入署之大臣又視舊在署之大臣，若王一發言，則各人轟然回應，亦莫非是言。若親王不言，諸大臣必不敢先言也。一日余至署，諸人相顧無敢先發一語，余不復能耐，乃先發言曰：『今日天氣甚好。』而諸人尚不敢言，唯沈君某者，似覺不可復默，乃首答曰：『今日天氣果好。』於是王大臣莫不曰：『今日天氣果好。』不啻如犬之吠影吠聲云。」堂堂大清的外交部就這個德性，官員們不衰誰衰啊！當然了，恭王雖然也衰，但在看人方面，他還是比光緒有些經驗的。光緒二十四年四月初十（一八九八年五月二十九日），恭親王走向死亡的這一天，光緒來病床前看望自己的叔父，年老的叔父告訴自己的侄兒：「聞廣東舉人康有為等主張變法，請皇上慎思，不可輕信小人也。」

按照馬士對光緒的評價，那是「智力尚未成熟，知識也很淺陋」。所以我們看到的歷史發展，正好是恭親王最不願意看到的：光緒還真就輕信了廣東小人。叔父前腳死，後腳康有為就連續進球了，因為最佳守門員奕訢沒了！

四月十三日（六月一日），光緒接到康有為以山東道監察御史楊深秀名義遞上來的奏摺（康有為官小，無權上摺），請皇上頒布諭旨，明定國是。四月十八日（六月六日），光緒再次接到康有為以楊深秀名義遞上來的奏摺，請皇上告天祖，誓群臣，開始變法。四月二十日（六月八日），光緒帝接到康有為以另一個帝黨骨幹、禮部侍郎、翰林院侍讀學士徐致靖的名義遞上來的奏摺，說外患已深，請皇上立即宣布變法！

四月二十一日（六月九日），光緒藉由向老佛爺請安之際，申明了變法的願望，老佛爺沒有反對。四月二十二日（六月十日），光緒帝師翁同龢起草《明定國事詔》遞給慈禧終審，慈禧批准。四月二十三日（六月十一日），光緒帝發布詔書，宣布變法開始。

可以說，慈禧是支持變法的。變法前，光緒帝情急之下曾對慶親王奕劻發出了如下牢騷：「後若仍不給我事權，我願退讓此位，不甘作亡國之君。」話傳到老太后那邊，她的第一反應是：「他不願坐此位，我早已不願他坐之。」慶王力勸下，老太后有了第二反應，改革乃大勢所趨，迫於情勢也不得不從大局出發認同改革，所以氣頭過後對奕劻說：「由他去辦，俟辦不出模樣再說。」這些話傳到光緒那裡，高興壞了，興沖沖地跑向頤和園面見太后，太后就給他劃了線：「凡所實行之新政，但不違背祖宗大法，無損滿洲權勢，即不阻止。」另據費行簡的《慈禧傳信錄》載，變法之初，慈禧太后即明白無誤地對光緒帝說：「變法乃素志，同治初即納曾國藩議，派子弟出洋留學，造船製械，以圖富強也。若師日人之更衣冠，易正朔，是得罪祖宗，斷不可行」；「苟可致富強者，兒自為之，吾不內制也」；光緒還告太后，光練兵製械，不足以圖強，治國之道，得重根本，並且把馮桂芬的《校邠廬抗議》進呈太后，「後亦稱其剴切，第戒帝毋操之過蹙而已」。也就是說，老太后也希望中國富強，傻瓜才不希望，只要變法不觸及她的利益，不傷害她的感情，她比任何人更樂見其成。大清若能因變法而強盛，作為大清的老大，她何樂而不為呢？當代中國某些主流史學家，喜歡動不動把老太后罵作天生的投降派、反動派。這些人也不想想，隨便哪個地主婆願意外人上她的房頂揭她的磚瓦，跑到她的院裡跟她撒野啊！所以，不管誰做統治者，他也天生就是個抵抗派。為什麼有時候不抵抗？還不是打不過人家強盜，好女不吃眼前虧嗎？再說了，地主婆正抗擊外敵的時候，家裡的長工短工卻乘機造反，想佔她的房，睡她的床，把她踢出局外。她智商再低，也知道與其讓洋主子沾些便宜，也不能讓土奴才鹹魚翻身啊！用專業術語來講，那叫寧給友邦勿給家奴，攘外必先安內！

總之，光緒與太后還是有些共識的，所以變法順利啟動了。只不過，由於身在局中，瞧不見歷史發展的路徑，所以太后對變法的支持是有前提的：

第一，不違背祖宗大法，無損滿洲權勢！

第二，再變法，也不能傷害她的權力。天大地大，老太后的權力最大，這是第一位的。不過這一點老太后不能明說。

第三，再變法，也不能傷害她的感情。天大地大，老太后的心情最大，這也是第一位的。不過這一點也不能明說。

第四，穩健變法，不能操之過急，胖子不是一口吃成的，羅馬不是一天建成的。這個倒是能明說，只不過中國人的特性，喜歡從一個極端走向另一個極端，要嘛死水一盤，要嘛跑步躍進！

其實，老太后也就是一個有些手腕的老地主婆而已。她的手腕僅在於把國事當家事來管，而她，是永遠的管家。世界大勢她不知，民主憲政她不知，變法怎麼變她不知。她也知道中國需要富強，需要崛起，她比任何人更受不得洋人的欺負。康有為的第三次上書她也看了，並且被感動過。問題是大清這艘破船，其歷史的慣性是巨大的，玩不好就沉沒了。後來的改革開放都是摸著石頭過河，何況只能在宮裡與頤和園裡轉圈的一個老地主婆呢？打個簡單的比方，康有為拉著光緒過河，慈禧老太后在遠處觀摩，看這個侄兒兼外甥到底能在河裡摸出個什麼玩意兒。

太后是靜觀其摸！

千不該萬不該，你不該圖謀於我

光緒二十四年四月二十三日（一八九八年六月十一日），變法開始後，光緒皇帝就撒上歡兒了。為了減少保守派的阻力，加快變法的速度，康有為給光緒出的主意是：皇帝宜乾綱獨斷，所有的變法文件就不要透過各衙門討論，咱直接下發，讓他們執行就是了。光緒還真聽了他的，於是百日維新一百零三天中，帝國衙門全都被光緒搞暈了，成百的變革法令像雪片似的飛下，平均一天三個，大家無所適從。更關鍵的是，沒一個衙門具有安全感，因為一夜之間，衙門本身就可能被撤掉，大家都下崗了；一夜之間，科舉也被廢掉，讀書人都不知道該讀什麼了；一夜之間，官民就有了言論自由，官民卻不知道這個嘴該怎麼張……

光緒可能有些發燒，但退居二線後身居頤和園的老佛爺卻很冷靜。變法正式啟動前，具體來講是四月二十日（六月八日），慈禧召見奕劻、榮祿、剛毅三個小人，告知他們，聽說皇上近日任性亂為，要緊處你們可要給我攔著些。三個小人回曰：「皇上天性，無人敢攔。」剛毅更是伏地痛哭，告狀曰：「奴才婉諫，屢遭斥責。」太后又問：「難道他自己一人籌劃，也不商之你等？」榮、剛皆言曰：「一切只有翁同龢能承皇上意旨。」剛毅又哭求太后勸阻，並且重新「訓政」。太后言：「俟到時候，我自有法。」

太后到底有什麼辦法，我們也猜不準，反正老太后心裡永遠裝著根竹竿子。

變法的第三天，四月二十五日（六月十三日）。徐致靖上一個著名的《密保維新人才摺》，向皇帝保薦康有為（工部主事）、張元濟（刑部主事）、黃遵憲（湖南長寶鹽法道兼署湖南按察使）、譚嗣同（湖北巡撫譚繼詢的兒子、江蘇候補知府）、梁啟超（廣東舉人）等人。不過這個摺子還是康有為代擬的。總之，康有為為了大清的變法，不惜自我拍馬屁了。說什麼康有為明瞭歷代因革之得失，懂萬國強弱之本源，當代人才之中，沒一個人能比得過他。皇帝如果把他弄到身邊當顧問，國家的富強就易如反掌了。

光緒皇帝早就想見康有為了，之前不是有恭親王那個六叔攔住了嗎？現在沒人攔了，遂於四月二十六日（六月十四日）下詔說，由於徐致靖的推薦，準備於四月二十八日（六月十六日）召見康、張二人。

光緒那邊諭旨一發，慈禧這邊就知道，康有為一旦蒙皇帝召見，按慣例就會被授予較高的官職。老實說，她對康有為不放心。原因很簡單，康有為的一些上書，維新黨的一些摺子她都看過，作為一個政治老手，她從裡面聞出的不只是狂妄，還有攬權的資訊。於是變法的第五天，四月二十七日（六月十五日），她就給光緒澆了些冷水，發布三個通知：第一，罷免翁同龢官職，打發他回老家；第二，以後凡任命二品以上的官員，必須得到老太后的批准；第三，老太后要到天津進行閱兵；第四，任命榮祿為直隸總督兼北洋大臣。

第一條，罷免翁同龢，切斷康有為的「天線」。老太后以皇帝名義下發的諭旨寫得冠冕堂皇：「協辦大學士翁同龢近來辦事多未允協，以致眾論不服，屢經有人參奏，且每於召對時，諮詢事件任意可否，喜怒見於詞色，漸露攬權狂悖情狀，斷難勝樞機之任。本應察明究辦，予以重懲，姑念其在毓慶宮行走有年，不忍遽加嚴譴，翁同龢著即開缺回籍，以示保全。欽此。」翁同龢時任協辦大學士、軍機大臣、總理大臣、戶部尚書會辦軍務。情感上，翁同龢與光緒情同父子；政治上，是帝黨最大的靠山，老太后來這麼一手，是對翁同龢的殺手，也是對光緒的釜底抽薪。當天正好是帝師的生日，心情燦爛的他挨了這麼當頭一棒，哭得老淚橫流，完了，自己一輩子的心血就此完結。個人完結也就罷了，他的學生呢？帝國呢？帝師的心情無法用言語來描述。

他的學生，光緒皇帝也哭了，而且竟日不食！哭過之後，更加堅定了變法的決心！

第二條，意味著老太后收回了帝國高官的任命權。康有為想一見升天？沒門兒！

第三條，對老太后來講，閱兵就是示威。而且滑稽的是，帝國這種示威根本不是對外（對外人家外人也不在乎，說不定引出笑柄呢），它是對內，明確地向國人宣布：看看政府的軍隊，你們要老實呵；還有，明確地向各級官員宣布：雖然光緒親政了，但是軍權還在老太后手裡，你們要明白！

第四條，老太后本來打算罷免翁同龢之後，由自己的親信榮祿打進軍機處。榮祿拒絕了，說：去一漢員，仍宜補一漢員。他另有其他想法，自求做北洋大臣。於是老太后先給他一個直隸總督。眾所周知，從李鴻章開始當直隸總督時，就養成直隸總督兼北洋大臣的慣例。榮祿當然可以慣下去了。

榮祿（一八三六—一九〇三），字仲華，別號略園，瓜爾佳氏，滿洲正白旗人。既是滿人，還是烈士後代，根正苗紅，善於揣迎。光緒二十年（一八九四），進京祝賀老太后六十歲大壽，開始得到老太后賞識。有人甚至懷疑榮祿與老太后有那麼一腿。不過按照老太后家屬那根正的說法，慈禧與榮祿曾經共用過一個名叫關嬤嬤的奶娘，這就夠親了！何況人家還親上加親——榮祿的老婆是慈禧太后的閨蜜，經常進宮的；榮祿的一個女兒嫁給了慈禧的另一心腹、軍機領班大臣禮親王世鐸之子；榮祿的另一個女兒嫁給了光緒弟弟、醇親王奕譞的另一兒子載灃，這女兒就是後來的末代皇帝溥儀他娘！總之，有沒有那麼一腿，榮祿都是老太后的人。

可以說，光緒與康有為的政治頭腦加在一起，都不如老太后一個老寡婦高明。君臣兩個繼續下自己的棋。沒了奕訢的阻攔，君臣兩個總算可以相會了。四月二十八日（六月十六日），康有為前來覲見皇帝，發生了一個小插曲，在朝房裡，他碰見了因當上直隸總督而前來謝恩的榮祿大人。一個帝黨新寵，一個后黨臂膀，雙方就對上話了：

榮祿很輕慢地問：「以子之槃槃大才，亦將有補救時局之術否？」康有為答：「非變法不可！」榮祿說：「固知法當變也，但一二百年之成法，一旦能遽變乎？」康有為忿忿地回曰：「殺幾個一品大員，法即變矣！」

這就是帝國的讀書人，一個六品小吏，跟堂堂的一品大員、直隸總督對話，就這個水準。秀才遇見將，卻把能來逞。奕訢叫他廣東小人，估計也沒叫錯！

待廣東小人見到皇帝時，滔滔不絕地講了很多。君臣之間用兩個小時進行親切友善的交流，只是皇帝在交流的過程中表現得有所猶豫，他跟康有為說「奈掣肘何」？康有為：一句話，帝國的實權不在我手中，我無法甩開膀子鬧革命。

不知皇帝是在發牢騷，還是在向眼下的這個工部主事討要辦法。反正康有為給他出了主意，說：皇帝既去不掉老臣，不妨提拔新人，破格使用。

康有為所謂的新人，當然首先說的是自己，這方面他從來沒有客氣過！

光緒自然也考慮到了這一層，他對軍機處下達指令，要求他們給康有為安排一個官職，以方便變法。軍機處給皇帝的回覆是：賞六品，著康有為在總理事務衙門章京上行走！

康有為當然失望。皇帝接見前是六品，接見後還是六品？明顯不符合傳統與慣例嘛！老太后掌握的是二品以上的任命權，皇帝難道不能給個三品四品嗎？三品四品不歸你批發嗎？

直到今天，我們也不明白，光緒為什麼沒有給康有為稍高一些的官職。也許，光緒對康有為的看重，更多的是康有為事後的表揚與自我表揚？反正隨著歷史學者的深入研究，康有為喜歡拐騙的特性已逐漸展露在世人面前。一句話，光緒對康有為的賞識是有限的。他也許有自己的想法，比如，借用康的名頭，改自己的革，還有，奪自己的權。

對康有為來講，失望是失望，但是活兒得照幹。

就在光緒召見康有為的同一天，慈禧太后命咸豐帝老臣、刑部尚書崇禮代理步軍統領。一星期之後，太后又授榮祿為文淵閣大學士，以直隸總督兼北洋大臣，節制北洋三軍（董福祥的甘軍、聶士成的武毅軍和袁世凱的新軍）；並命懷塔布管理圓明園官兵，剛毅管理健銳營。這樣一來，京內京外軍事將領全是老太后的親信了。

之後，帝后之間沒有發生什麼衝突。光緒有什麼動作，就先向太后稟告；每有稟白，「太后不語，未嘗假以辭色」，如果聽得事情有些「近西法」，太后也僅是表示：「汝但留祖宗神主不燒，辮髮不剪，我便不管。」老太后平日住頤和園，光緒帝隔一兩天到頤和園向老太后請示。期間光緒所發上諭，慈禧沒有表示過不同意見，有些上諭還是太后親自批示的。

事情在慢慢發生變化，七月十四日（八月三十日），光緒皇帝下了一著猛棋，他一下子裁掉詹事府、通政司、光祿寺、太僕寺、鴻臚寺、大理寺六個衙門，還裁掉了總督與巡撫同在一處的湖北、廣東和雲南三省的巡撫以及東河總督；裁掉了各省沒有運輸業務的糧道和沒有鹽場的鹽道。

這些都是閒職閒部，問題是年輕的皇帝沒有經驗，他不知道在中國，越是閒職閒部越不能輕易開刀的。帝國的讀書人混個官職容易嗎？混個閒職容易嗎？人家都是有身分的！裁掉他們，也得給他們再找個養老的地方。這不人為的製造阻力和緊張氣氛嗎？

就在這個關鍵時刻，發生一個王照事件。王照是禮部的一個六品主事，跟康有為是一夥的。他為了緩和改革的緊張局勢，於七月十六日（九月一日）上了一摺，給太后和皇帝出了一個在現在看來很正常，但在當時看來餿得不能再餿的主意：建議皇帝陪同太后一起到外國遊歷去！

這是個絕妙的建議。問題是，這對中國政府來講，太石破天驚了。中國最高領導人出國遊歷？夷人們來到咱的地盤上都拒絕三跪九叩，咱就是因為這個才拒不跟他們外交的，現在咱跑到他們門口，他們一個個立著跟電線桿似的，既不叩頭，又不迴避，咱不自取其辱嗎？再說了，他們即使三跪九叩，咱領導人也不能親臨夷地。明清時期，中國很多皇帝一輩子不能出京城，出京城也是為了看自己的墳；慈禧這樣的皇太后更是一輩子不能見野男人，見也得掛個簾子或者立個屏風擋著些。總之，王照瘋了，腦門不是被驢踢過，就是被門夾過。按照天朝慣例，王照這樣的低品級官員的奏摺，應該由其本部堂官代奏。問題是，他的最高領導、禮部尚書懷塔布與許應騤等人平日就反感王照那副「新政」的狂熱勁頭，一看他的奏摺內容，更反感了，扣下了他的奏摺。

光緒聽聞，敢扣我奏摺？為了樹立威信，更為了殺雞給猴看，遂於七月十九日（九月四日）下旨：罷免以禮部尚書懷塔布、許應騤為首的六堂官，六品的禮部主事王照越級提拔，著賞給三品頂戴，以四品京堂候補！

七月二十日（九月五日），光緒又踢了一腳：著內閣候補侍讀楊銳、刑部候補主事劉光第、內閣候補中書林旭和江蘇候補知府譚嗣同，均賞加四品卿銜，在軍機章京上行走，參預新政！軍機章京，俗稱小軍機，雖然只是辦理文書的官員，但實權不可小看，所以被人看作是維新四貴。

事實上，光緒最近一連串的過猛動作已經惹得老佛爺上火了。禮部六堂官都是一二品大員，光緒不透過老佛爺就踢掉他們，簡直是太歲頭上動土啊！老佛爺走過了多少大江大河：肅順那八個男人鬥不過她，小叔子奕訢鬥不過她，就是那老實的東太后，也於光緒七年（一八八一）過世了。現在光緒想跟她鬥，羽毛還是差了些。羽毛沒想那麼多，后黨卻想得很多很多。

后黨那邊，由於懷塔布兼管內務府，其妻女經常進宮陪老太后，據說懷塔布老婆還是老太后娘家親戚什麼的。總之，很得老太后歡心。老公下崗，她就給太后哭訴去了，還添了一把柴：光緒帝會把滿人都去掉的。老太后惱羞成怒，立即在頤和園召見那些被踢開的元老舊臣，據說這些大老爺們環跪到老寡婦面前，痛訴光緒的不厚道。老太后聽了，表面上還挺沉得住氣，說：且忍兩天，讓我看看再說。嘴上這麼說，但老太后的威權已受到傷害，她要給皇帝一些顏色看看了。

正好光緒到頤和園向老佛爺請安，便遭受了嚴厲批評：「九列重臣，非有大故，不可棄；今以遠間親、新間舊，循一人而亂家法，祖宗其謂我何？」

光緒哭著回曰：「祖宗而在今日，其法必不若是；兒寧忍壞祖宗之法，不忍棄祖宗之民，失祖宗之地，為天下後世笑也。」

娘倆都不高興。

光緒也知道老太后不高興，其實他與老太后都知道中國當自強，只不過在自強的方法與速度上意見不同罷了。列強環伺，外辱日甚，大清已沒有安全感可言。就是在這種共識下，老太后才支持光緒變法的，但是在變法的過程中，娘倆反而更沒有了安全感。光緒一動作，老太后就減少些安全感，就對光緒施加壓力；光緒一有壓力，自身就減少了安全感，就加快變法的步伐，更沒了章法，於是老太后更沒有安全感。這就是所謂的博弈。雙方走什麼棋子，很大程度上不是自己要走哪一步，而是對方要走哪一步。

七月二十二日（九月七日），慈禧密派自己的兩個親信懷塔布和內務府大臣立山前往天津會見榮祿，商量老太后重新出山「訓政」的事情。事實上，榮祿在被任命為北洋大臣前後，就幾次三番的請慈禧重新垂簾聽政了。據說老太后有些不好意思，說：「非圖安逸，恐又招攬權之譏。」榮祿的回覆是：「攬權者，臣下之謂也，非所諭於太后。明事之人斷無是言，不明事者何足輕重。」

不愧是太后的寵臣，這些話說得老太后很受用，中國官場從來不缺這類馬屁精。

不過，從老太后這邊的動作可以發現，他們是隨時準備兜剿光緒讓他靠邊站的。光緒在一群二百五的拐騙下，加快了靠邊站的步伐，當然他們自己認為是乘勝追擊，康有為與譚嗣同等軍機章京建議光緒帝開懋勤殿，令維新人士入值其中，討論政事，就像當年雍正另設軍機處架空內閣一樣。

缺少經驗的光緒當然任由他們撥拉，他同意開設懋勤殿，並決定於七月二十九日（九月十四日）赴頤和園請示慈禧太后。在此之前，康黨方面就開始了配合動作，覓人繕摺推薦維新黨人入值懋勤殿，怕人寫不好，康有為就代擬。所上的摺子，不外是推薦康有為、康廣仁、梁啟超、黃遵憲、徐致靖、麥孟華、宋伯魯一干人等。跟後來梁啟超罵袁世凱稱帝一樣，所謂的推舉，就是自推自舉。沒有不透風的牆，朝廷高層人士之間很快知道維新黨人另立「中央」的事了。更加詭秘的是，有關天津閱兵之際慈禧太后會對光緒下手的傳言也有了。以致直到如今，還有人懷疑這是后黨給帝黨設的一個圈套，逼他們露出馬腳以藉機下手。我倒覺得，老太后對付光緒，根本用不著設套，因為後者根本不是等量級的對手。但不管是不是圈套，廣東小人還真上當了：老東西妨礙變法，咱得除掉她才行。如果有八千人帶兵圍住頤和園，事情就好辦了。也許，天津兵變的謠言真是康有為編造的，目的就是為自己的兵變製造合法性？

不管是否合法，老東西卻不是那麼容易除掉的。帝國的北洋軍隊掌握在老東西的親信榮祿大人那裡，人家倆一奶同乳。慈禧太后不是吃素的，榮祿更不是吃素的。但是病急亂投醫的廣東小人康有為慌不擇食，選擇了榮祿的下屬、正在天津編練新軍的河南帥哥袁世凱。除此之外，還動員王照前往遊說榮祿另一下屬、北洋三軍之一武毅軍的統帥聶士成，為王照所拒絕。林旭認為袁世凱不可靠，提名榮祿第三個下屬、統領甘軍的董福祥，譚嗣同認為不可。其實拉袁世凱，譚嗣同也認為不可。但是實在沒什麼人可拉了，而且康有為認定袁世凱是可用之人，所以袁世凱就成為改革派最後的救命稻草，這對袁世凱來講不知是幸運還是不幸？康有為在撈這草時，還用了最弱智的方式，派自己的親信弟子、徐致靖的侄子徐仁祿前去小站現場考察。袁世凱這輩子，除了被他大兒子哄過，每天看大兒子專門為他量身定做的一份假《順天時報》；被手下一幫馬屁精哄過，以為全國人民都巴望著他做皇帝外，都是他哄別人啊！他與徐仁祿的談話，那是滴水不露。徐仁祿甚至用小屁孩才用的方式挑撥說：「榮祿謂袁世凱跋扈，不可大用，不知你因何與榮不洽啊？」袁沉穩如水地回答：「啊，是這樣的，原先翁同龢欲增加我兵權，榮祿說漢人不能任握大兵權。」結果徐仁祿回去彙報說此人可用。於是，七月二十六日（九月十一日），皇帝發出召見袁世凱的諭旨！

七月二十九日（九月十四日），袁世凱到達北京。這一天，光緒赴頤和園向太后請安，本欲乘機就有關懋勤殿事宜向慈禧請示，但發現太后神色異常，連一句話都不讓自己說。光緒感覺不妙，懋勤殿一事未敢申說。

七月三十日（九月十五日），感覺不妙的光緒帝召見楊銳，賜一道密詔給維新黨人，全文如下：「近來朕仰窺皇太后聖意，不願將法盡變，並不欲將此輩老謬昏庸之大臣罷黜，而用通達英勇之人令其議政，以為恐失人心。雖經朕屢次降旨整飭，並且隨時有幾諫之事，但聖意堅定，終恐無濟於事。即如十九日之朱諭（指將禮部六堂官革職諭），皇太后已以為過重，故不得不徐圖之，此近來之實在為難之情形也。朕亦豈不知中國積弱不振，至於阽危，皆由此輩所誤；但必欲朕一旦痛切降旨，將舊法盡變，而盡黜此輩昏庸之人，則朕之權力實有未足。果使如此，則朕位且不能保，何況其他？今朕問汝：可有何良策，俾舊法可以全變，將老謬昏庸之大臣盡行罷黜，而登進通達英勇之人，令其議政，使中國轉危為安，化弱為強，而又不致有拂聖意。爾其與林旭、譚嗣同、劉光第及諸同志等妥速籌商，密繕封奏，由軍機大臣代遞，候朕熟思，再行辦理。朕實不勝十分焦急翹盼之至。特諭！」

這就是傳說中的衣帶詔。這個版本是楊銳兒子楊慶昶保存下來的。政變時楊銳遇難，密詔由其子楊慶昶保存，縫在門生黃尚毅衣領中，扶柩回籍。宣統元年（一九〇九），慶昶與黃尚毅繳手詔於都察院，才為世人所知。

但是康有為事變後出示的密詔卻與楊家的版本不一樣，根據《康南海墨蹟》記載，全文如下：「朕惟時局艱難，非變法不能救中國，非去守舊衰謬之大臣，而用通達英勇之士，不能變法，而皇太后不以為然，朕屢次幾諫，太后更怒。今朕位幾不保。汝康有為、楊銳、譚嗣同、林旭、劉光第等可妥速密籌，設法相救。朕十分焦灼，不勝企望之至。」

對比楊氏版本的密詔與康梁版本的密詔，有很大的不同：

賜給楊銳的手詔是令四章京籌商辦法，根本沒提康有為。而且光緒帝的意思是如果改革太快，惹老佛爺不高興，自己皇位可能不保。所以責諸位籌商不拂聖意之良策，「密繕封奏」，「候朕熟思，再行辦理」。

康有為公布的「密詔」中，光緒皇帝既要變法又不想得罪皇太后的猶豫心態被抹掉了，只剩下「今朕位幾不保」，「速密籌設法」的緊急呼救，並在受詔人名單之首突出地加上了「汝康有為」。

這顯然是康有為流亡海外之後，出於政治需要對密詔進行篡改。事實上，政變結束後不久，流亡日本的維新黨人王照就指出，康梁所公布的光緒帝密詔，「非皇上之真密詔，乃康所偽作也」。今天的學界差不多也確認了這一點。但我們難免奇怪，這至關緊要的密詔僅是發給維新新貴、軍機四章京的，連康有為的名字都沒有提到。更奇怪的是，康有為並沒有在第一時間看到這個衣帶詔，等他看到時，已是三天之後了。

八月初一（九月十六日），光緒召見袁世凱。根據袁世凱的《戊戌紀略》（也稱《戊戌日記》）記載：「上垂詢軍事甚詳，均據實對。」之後，皇帝發下諭旨，著除去袁世凱直隸按察使缺，以侍郎候補，專辦練兵事務。這道諭旨不僅使袁世凱升遷，而且使他脫離北洋大臣榮祿的控制，直接向皇帝負責。皇帝這些動作不刺激太后才怪，老太后這邊的人不傻，密切關注著事情的進展。慶親王奕劻、端郡王載漪等所謂的宗室王公幾次到頤和園哭請太后訓政。榮祿更是自袁世凱進京後就製造英俄海參崴開戰、各國兵輪游弋大沽口的謠言，要求速調袁世凱回津佈防。同時，調聶士成軍駐天津、董福祥軍駐長辛店。嗯，現代職場怎麼說來著？防人之心不可無，害人之心也不可以沒有啊！雙方就這樣槓上了。

八月初二（九月十七日），袁世凱謝恩，二次蒙光緒召見。按袁世凱日記，光緒心情很好，笑著對他說：「人人都說你練的兵、辦的學堂甚好，此後可與榮祿各辦各事。」如果說前半截是誇袁世凱，後半截便是明顯的在挑撥袁世凱與其曾經的頂頭上司榮祿的關係：以後你就不歸榮祿管了！袁世凱當然沒什麼可說的，只有磕響頭的份了。

當天，光緒還幹了一件令人費解的事。他發了一明一密兩份諭旨，催促康有為離京赴滬辦報去。我們先看那道明發上諭：「工部主事康有為，前命其督辦官報局，此時聞尚未出京，實堪詫異，朕深念時艱，思得通達時務之人，與商治法。聞康有為素日將求，是以召見一次，令其督辦官報。試以報館為開民智之本，職任不為不重，現籌有的款，著康有為迅速前往上海，毋得遷延觀望。欽此」明諭的同時，光緒帝還命令林旭將一份密諭帶出：「朕今命汝督辦官報，實有不得已之苦衷，非楮墨所能罄也。汝可迅速出外，不可遲延。汝一片衷愛熱腸，朕所深悉。其愛惜身體，善自調攝，將來更效馳驅，共建大業，朕有厚望焉。特諭。」變法正緊張的節骨眼上，光緒讓康有為跑上海考察辦報事宜，是有些怪。因此有人認為，這是光緒在楊銳的建議下，想用促康離京來緩和衝突，作為繼續變法的妥協。也有人認為，光緒迫於慈禧壓力，想以此表白自己與康並沒有更深的聯繫。還有人認為，光緒對康在京過於招惹是非已有不滿，想把他趕走，省得整天聽他聒噪。因為康在變法期間，上了大量奏摺，言辭激烈，斷髮、易服、遷都、改年號等主張都說出來了，這些已經涉嫌大逆不道和十惡不赦了，至於遷都，更是兒戲一般。他要求光緒領著他們幾個維新黨人跑上海，就地組織新政府。雖然近似兒戲，但康有為想挾天子以令諸侯的用心已經昭然若揭。這個狂聖，以為天下皆傻瓜，就他一人有心眼！

當天，康有為沒有見到密詔，只於晚間回家時看到了明諭。一幫子維新人士在宋伯魯家飲酒唱曲，「曲終哀慟，談事變之急，相與憂歎」。唉，文人干政，也就這麼大的本事了！

八月初三（九月十八日）上午，康有為終於看到了光緒皇帝的衣帶詔抄件和皇帝促他離京赴滬的密諭。催促康有為離京的密諭就不說了，反正是昨天才發出的，而且有昨天的明諭通知。關鍵是，光緒的這個衣帶詔，也不知楊銳怎麼搞的，在手裡放了三天之後才拿出來。一干維新人士捧讀之後抱頭痛哭，哭到「不成聲」。他們就是一干半吊子知識份子，沒有實權，更沒有軍權，實在沒有萬全的辦法啊！最後決定，派譚嗣同夜訪袁世凱，勸說袁勤王。雖然康梁事後一直不承認他們有兵變計畫，但兵變計畫確實有，而且也不是看了衣帶詔後的臨時生智，而是之前就已經醞釀，只不過這個時候才定下來而已。按照譚嗣同好友畢永年的《詭謀直紀》，政變前夕他到達北京，康梁等人正在緊張地籌劃政變密謀，並要求素有反清之志、與會黨有聯絡的畢永年參加。先是要他到袁世凱的軍隊中，畢提出自己一個生人去了無法工作；後來又要求畢在袁帶兵包圍頤和園時，帶領壯士進園去捕殺慈禧。雖然畢永年的《詭謀直紀》中有些細節被某些學者考訂出了錯誤，但是康有為要把袁世凱培養成當年廢武則天的羽林軍將領李多祚，把畢永年引作袁世凱的軍變助手則是可以確認的。畢永年的《詭謀直紀》記載，七月二十九日（九月十四日），康有為跟他說了一番話：「汝知今日之危急乎？太后欲於九月天津大閱時弒皇上，將奈之何！吾欲效唐朝張柬之廢武后之舉，然天子手無寸兵，殊難舉事。吾已奏請皇上，召袁世凱入京，欲令其為李多祚也。」

康有為要做歷史上的張柬之，倒是符合他的心性。只是有三點我們還不太清楚。第一點，廢后之事，光緒是否知情。第二，太后天津閱兵廢帝之事是否真實。第三，如果前兩點確立，帝與后之間，誰先想廢誰？變法前夕，光緒與太后一個賭氣說寧肯不坐皇位也不做亡國君，一個說他不想坐我還真不想讓他坐，這只能看作是娘倆個的賭氣話，當不得真。有人認為，變法期間，北京紛傳所謂的天津閱兵乃是太后「兵變」廢帝的預謀，所以康有為才萌生出「武力廢后」念頭。不過也有人認為，所謂的天津兵變乃是康有為故意造的謠，為自己的兵變製造合法性。後一種推測更為合理，還是那個理由：老佛爺想廢帝，在北京就行，根本不用跑到天津，那不等於脫褲子放屁嗎？事實上，後來的政變老佛爺就是在北京完成的，乾淨利索。

相形之下，康有為引袁世凱搞兵變，就比老佛爺差遠了，有些孤注一擲的勁頭。他派出的賭手是譚嗣同。

譚嗣同（一八六五—一八九八），字復生，號壯飛，又號華相眾生、東海褰冥氏、廖天一閣主。漢族，湖南瀏陽人，清末巡撫譚繼洵之子，善文章，好任俠，長於劍術。雖然貴為省長兒子，但打小沒少受後娘的虐待。他是維新派中最激進的了，甚至鄒容、陳天華這樣的革命黨都受了他的影響。如果說康有為最不願意中國走法國的革命之路，譚嗣同卻最欣賞法國大革命中流血之痛快，他說：「誓殺盡天下君主，使流血滿地球，始洩萬民之恨！」

按照梁啟超《戊戌政變記》之〈譚嗣同傳〉，譚嗣同夜訪袁世凱很具有武俠色彩。

「初三日夕，君徑造袁所寓之法華寺直詰袁曰：君謂皇上何如人也？袁曰：曠代之聖主也。君曰：天津閱兵之陰謀，君知之乎？袁曰：然，固有所聞。君乃直出密詔示之曰：今日可以救我聖主者，惟在足下，足下欲救則救之。又以手自撫其頸曰：苟不欲救，請至頤和園首僕而殺僕，可以得富貴也。袁正色厲聲曰：君以袁某為何如人哉？聖主乃吾輩所共事之主，僕與足下同受非常之遇，救護之責，非獨足下，若有所教，僕固願聞也。君曰：榮祿密謀，全在天津閱兵之舉，足下及董、聶三軍，皆受榮所節制，將挾兵力以行大事。雖然董、聶不足道也，天下健者惟有足下。若變起，足下以一軍敵彼二軍，保護聖主，復大權，清君側，肅宮廷，指揮若定，不世之業也。袁曰：若皇上於閱兵時疾馳入僕營，傳號令以誅奸賊，則僕必能從諸君子之後，竭死力以補救。君曰：榮祿遇足下素厚，足下何以待之？袁笑而不言。袁幕府某曰：榮賊並非推心待慰帥者。昔某公欲增慰帥兵，榮曰：漢人未可假大兵權。蓋向來不過籠絡耳……慰帥豈不知之？君乃曰：榮祿固操莽之才，絕世之雄，待之恐不易易。袁怒目視曰：若皇上在僕營，則誅榮祿如殺一狗耳。因相與言救上之條理甚詳。袁曰：今營中槍彈火藥皆在榮賊之手，而營哨各官亦多屬舊人。事急矣！既定策，則僕須急歸營更選將官，而設法備貯彈藥則可也。乃丁寧而去，時八月初三夜漏三下矣。」

當然，按袁世凱的《戊戌紀略》（也稱《戊戌日記》），譚嗣同看起來就不美了，且有些既瘋且病的嫌疑：

初三晨……正在內室秉燭擬疏稿。忽聞外室有人聲，閽人持名片來，稱有譚軍機大人有要公來見，不候傳請，已下車至客堂。

……延入內室，敘寒暄，各伸久仰見晚周旋等語。譚以相法，謂予有大將格局，繼而忽言「公初五請訓耶？」余以現有英船游弋海上，擬具摺明日請訓，即回津。譚云：「外侮不足憂，大可憂者，內患耳。」急詢其故。乃云：「公受此破格特恩，必將有以圖報，上方有大難，非公莫能救。」予聞失色，謂：「予世受國恩，本應力圖報效，況己身又受不次之賞，敢不肝腦塗地，圖報天恩，但不知難在何處？」譚云：「榮某近日獻策，將廢立弒君，公知之否？」予答以在津時常與榮相晤談，察其詞意，頗有忠義，毫無此項意思，必係謠言，斷不足信。譚云：「公磊落人物，不知此人極其狡詐，外面與公甚好，心內甚多猜忌。公辛苦多年，中外欽佩，去年僅升一階，實榮某抑之也。康先生曾先在上前保公，上曰：『聞諸慈聖，榮某常謂公跋扈不可用』等語。此言甚確，知之者亦甚多，我亦在上前迭次力保，均為榮某所格，上常謂袁世凱甚明白，但有人說他不可用耳。此次超升，甚費大力。公如真心救上，我有一策與公商之。」

因出一草稿，如名片式，內開榮某廢立弒君，大逆不道，若不速除，上位不能保，即性命亦不能保。袁世凱初五請訓，請面付朱諭一道，令其帶本部兵赴津，見榮某，出朱諭宣讀，立即正法。即以袁某代為直督，傳諭僚屬，張掛告示，布告榮某大逆罪狀，即封禁電局鐵路，迅速載袁某部兵入京，派一半圍頤和園，一半守宮，人事可定，如不聽臣策，即死在上前各等語。予聞之魂飛天外，因詰以：「圍頤和園欲何為？」譚云：「不除此老朽，國不能保。此事在我，公不必問。」予謂：「皇太后聽政三十餘年，迭平大難，深得人心。我之部下，常以忠義為訓戒，如令以作亂，必不可行。」譚云：「我雇有好漢數十人，並電湖南招集多人，不日可到。去此老朽，在我而已，無須用公。但要公以二事：誅榮某圍頤和園耳。如不許我，即死在公前。公之性命在我手，我之性命，亦在公手，今晚必須定議，我即詣宮請旨辦理。」予謂：「此事關係太重，斷非草率所能定，今晚即殺我，亦絕不能定，且你今夜請旨，上亦未必允准也。」譚云：「我有挾制之法，必不能不准，初五日定有朱諭一道，面交公。」

予見其氣焰凶狠，類似瘋狂，然伊為天子近臣，又未知有何來歷，如明拒變臉，恐激生他變，所損必多，只好設詞推宕。因謂：「天津為各國聚處之地，若忽殺總督，中外官民，必將大訌，國勢即將瓜分。且北洋有宋、董、聶各軍四五萬人，淮練各軍又有七十多營，京內旗兵亦不下數萬，本軍只七千人，出兵至多不過六千，如何能辦此事？恐在外一動兵，而京內必即設防，上已先危。」譚云：「公可給以迅雷不及掩耳，俟動兵時，即分給諸軍朱諭，並照會各國，誰敢亂動？」予又謂：「本軍糧械子彈，均在津營內，存者極少，必須先將糧彈領運足用，方可用兵。」譚云：「可請上先將朱諭交給存收，俟佈置妥當，一面密告我日期，一面動手。」予謂：「我萬不敢惜死，恐或洩露，必將累及皇上，臣子死有餘辜，一經紙筆，便不慎密，切不可先交朱諭。你先回，容我熟思，佈置半月二十日方可覆告你如何辦法。」譚云：「上意甚急，我有朱諭在手，必須即刻定準一個辦法，方可覆命。」及出示朱諭，乃墨筆所書，字甚工，亦彷佛上之口氣，大概謂：「朕銳意變法，諸老臣均不順手，如操之太急，又恐慈聖不悅，飭楊銳、劉光第、林旭、譚嗣同另議良法」等語。

大概語意，一若四人請急變法，上設婉詞以卻之者。予因詰以：「此非朱諭，且無誅榮相圍頤和園之說。」譚云：「朱諭存林旭手，此為楊銳抄給我看的，確有此朱諭，在三日前所發交者。林旭等極可惡，不立即交我，幾誤大事。諭內另議良法者，即有二事在其內。」予更知其挾制捏造，不足與辯，因答以：「青天在上，袁世凱斷不敢辜負天恩，但恐累及皇上，必須妥籌詳商，以期萬全。我無此膽量，絕不敢造次為天下罪人。」譚再三催促，立即決議，以待入奏，幾至聲色俱厲，腰間衣襟高起，似有凶器，予知其必不空回，因告以：「九月即將巡幸天津，待至伊時軍隊咸集，皇上下一寸紙條，誰敢不遵，又何事不成？」

譚云：「等不到九月即將廢弒，勢甚迫急。」予謂：「既有上巡幸之命，必不至遽有意外，必須至下月方可萬全。」譚云：「如九月不出巡幸，將奈之何？」予謂：「現已預備妥當，計費數十萬金，我可請榮相力求慈聖，必將出巡，保可不至中止，此事有我，你可放心。」譚云：「報君恩，救君難，立奇功大業，天下事入公掌握，在於公；如貪圖富貴，告變封侯，害及天子，亦在公；惟公自裁。」予謂：「你以我為何如人？我三世受國恩深重，斷不至喪心病狂，貽誤大局，但能有益於君國，必當死生以之。」

兩個版本的記載，我們信哪個？袁世凱的《戊戌紀略》寫於光緒二十四年八月十四日（一八九八年九月二十九日），距譚嗣同夜訪十一天，距譚嗣同等六君子菜市口就義一天。也可能正是六君子灑血菜市口讓袁世凱產生了動筆的念頭，因為他沒寫過其他日記，只有這個《戊戌紀略》。《戊戌紀略》為當事人親筆所記，屬於第一手資料，袁世凱信誓旦旦地保證過其真實性：「為臣子者，但求心安理得，此外非所計也。自書記後，並交諸子密藏之，以徵事實而質諸詞。」梁啟超的《戊戌政變記》中的相關情節，當據譚嗣同轉述，為梁啟超流亡日本後追記，屬於第二手資料。而且，梁啟超二十年後坦承他的《戊戌政變記》並非「信史」，因為「感情作用所支配，不免將真跡放大也」。有意味的是，後世國人與學者硬是不信這些邪，梁啟超自己都說不真，我們偏要信；袁世凱口口聲聲保證真，我們偏不信。寧信梁啟超的「感情」說，不信袁世凱的「真實」說。個中原因很簡單，袁世凱稱了個帝，就被世人認作大偽。世人的邏輯是，大偽之人必無小誠，所以袁世凱即使說了真話，大家也不認的。經史學界多方求證，現在終於確認：一、袁世凱的《戊戌紀略》主要情節可靠，而梁啟超有意隱瞞；二、袁世凱的《戊戌紀略》大多數的次要情節也可靠，僅在少數問題上有掩飾和美化。

不管信哪個版本，反正歷史沒有信維新派。維新派信了袁世凱，但是袁世凱不信維新派。或者說，袁世凱更不信自己。康有為這樣的書生可以孤注一擲，袁世凱這樣的大員卻必是謀定而後動。

八月初三（九月十八日）的白天，譚嗣同夜訪之前，袁世凱也沒有閒著。他給張之洞發了個電報，大致意思說，後天皇帝接見，他將向皇上推薦張之洞來京主持新政。老謀深算的張之洞立刻回電跟朋友交代，你一定要給我攔住這件事，「我才具不勝，性情不宜，精神不支，萬萬不可！」張之洞不願來北京蹚渾水是一定的，但是他這期間竟然有比維新派還大膽的舉動，他與日本駐上海總領事代理小田切萬壽之助商定了一個合作計畫：由日本方面派參謀給中國訓練軍隊、興辦軍事及民用企業；中國方面向日本派遣留學生等。另據日本那邊的學者研究，庚子年間老張同志竟然也冒出趁亂稱王稱帝的念頭。一句話，讓張老混水摸魚還是可以的，但是讓他站到混水中由人摸他則是不可以的。大家都是高官，不像康有為那麼頭腦簡單。

這一天，袁世凱除了與張之洞拍發電報以外，還接到了榮祿發來的電報，聲稱近來英國船在天津外港大沽口活動頻繁，請袁趕緊回天津佈防云云。這一切，肯定讓袁世凱感覺脊背發涼，兩邊都跟催命鬼似的。

還是八月初三（九月十八日）這一天，老太后也沒閒著。根據時人筆記載，李鴻章親家也是御史楊崇伊試圖以危詞聳太后聽政，具摺後謁慶親王奕劻，祈代奏。一是他不能自行遞摺給太后；二是太后歸政了，頤和園裡根本沒有給她設置奏事處。奕劻不太願意為他代奏，面呈難色，崇伊就訕上了，說：「此摺王爺已見之矣，如日後鬧出大亂子來，王爺不能諉為不知也。」奕劻乃諾之，至頤和園見太后，面奏崇伊有摺言事。太后猶作猶豫之狀曰：「閒著也是閒著，拿過來看看吧！」這一看就壞了。

為什麼呢？

楊崇伊在摺子中，除了辱罵康有為舉辦的大同學會和南北強學會不幹人事之外，還給太后講了兩條最嚇人的：第一，珍妃老師文廷式及康有為等與海外亂黨孫中山都是穿一條褲子的，他們外奉孫文為主，內奉康有為為主。第二，傳說皇上要給東洋故相伊藤博文事權，「伊藤果用，則祖宗所傳之天下，不啻拱手讓人」。

真正讓太后不安的，可能就是這兩條。因為看楊崇伊的摺子前，她就聽說了一個傳聞，說康有為和總理衙門大臣主持外交的張蔭桓已經跟日本人講好了，由巡弋在大沽口外的日本軍艦派兵進京，包圍頤和園，劫持皇太后，送上軍艦。據說，這個計畫需要得到伊藤博文的首肯，而伊藤博文向張蔭桓提出的條件是，中國皇帝在接見他伊藤博文時，必須親口向他提出這個要求。這個傳聞看起來有些邪門，世界上哪有這樣公開搞政變密謀的！但是老太后畢竟是道上混的，明白防人之心不可無，害人之心更不可以沒有。何況甲午戰前朝鮮就發生過類似的事情，袁世凱直接把人家朝鮮攝政王大院君逮到了中國。再說了，老太后好歹也是讀過些歷史的，當年張柬之聯合右羽林大將軍李多祚發動政變，逼武則天退位，迎中宗復位的故事，她也不是不知道。

老太后知道光緒要在八月初五（九月二十日）接見伊藤，那是經過她批准的，對於日本綁架她的傳聞也可以不信。但是凡事就怕聯想。楊崇伊奏摺中的兩條合併到一起，脈絡就有了：孫中山正在日本搞革命，伊藤博文又是從日本來的。康有為若與孫中山穿了一條褲子，伊藤博文就值得懷疑了。

伊藤博文，日本明治維新之父，自光緒十一年（一八八五）起，擔任四任首相。光緒二十四年（一八九八），辭官賦閒的伊藤博文踏上了訪問中國的行程，中經朝鮮，於七月二十九日（九月十四日）到達北京。由於英國傳教士李提摩太向康有為建議，中國宜聘請伊藤做顧問，必要的時候付以事權。所以維新人士提前就造上勢了，由御史李岳瑞等人上書，請求朝廷聘請伊藤博文做客卿云云。按道理來講，即使光緒聘請伊藤了，那也相當於現在的球隊請個外援或者外教，或者乾脆就是模仿戰國養士的傳統罷了。可是頑固派們不這麼想，他們認定李岳瑞是漢奸，伊藤是臥底，所以一干人等密切關注著伊藤的動向！

八月初一（九月十六日），康有為曾經赴日本使館拜會過伊藤。伊藤問，你們折騰這麼長時間了，變法怎麼一直變不動呢？康有為說，老太后掣肘，光緒無權，頑固大臣阻撓，並請伊藤覲見慈禧時給幫忙說合一下，就說光緒皇帝是個好人，我們維新派也都是好人，變了法，才能像日本那樣強大等。伊藤答應了。但是康有為親自拜訪伊藤，應該是他變法期間比較臭的一棋，有失無得。怎麼說呢？他拜訪伊藤，太后不可能不知，這只會更加引起慈禧太后的猜忌。

可惜維新派不明白這一切，他們正在改革的路上末日狂奔。伊藤與李提摩太還商量著向康有為建議組建「中美英日合邦」，康有為一聽就同意了，他可能是把這個合邦當作戰國的合縱連橫了吧！總之，帝國的政局在康有為這馬首的帶動下，確實有些失控的態勢。慈禧雖然不可能詳知康有為葫蘆裡所有的藥丸，但她的猜忌在楊崇伊奏摺的碰撞下陡然發酵，她當即決定由頤和園還宮。

傳統說法，認為慈禧是在八月初六返宮發動政變的。也就是說，是在袁世凱八月初五回天津向榮祿告密，榮祿又於八月初五晚上向太后告密後發生的。除此之外，還有兩種非傳統說法，一種是八月初四早上返宮，一種是八月初四下午返宮。傳統說法基本上被否定了，後兩種非傳統說法，不管是上午還是下午，總歸是楊崇伊的奏摺引起了政變。當然也有人認為袁世凱初三後半夜或者初四就在北京告了密。告密的對象可能是世親王禮鐸或者慶親王奕劻，但因缺少證據而認同者少。

據說，慈禧太后八月初四（九月十九日）回宮的時候，光緒皇帝正準備赴頤和園請安，聞太后已由間道入西直門，乃倉皇而返。太后見面就劈頭蓋臉地罵上了：「我撫養汝二十餘年，乃聽小人之言謀我乎？」上顫慄不發一語，良久囁嚅曰：「我無此意。」太后唾之曰：「癡兒，今日無我，明日安有汝乎？」

從罵的話裡可以發現，太后知道康有為圖謀劫持她的傳聞，只不過尚無證據罷了。罵過之後，太后即宣布訓政，所以八月初四這一天，光緒即喪失了人身自由，只不過待遇還不是很差，其親政大權也被剝奪了差不多。之前的親政雖然需要時時請示，但很多事都是事後彙報。現在一切都變了，太后初五日即「命新章京所簽諸件，自今日悉呈太后覽之」。也就是說，太后回宮的第二天，已經實際性的開始訓政了。

八月初五（九月二十日），光緒在勤政殿接見伊藤博文。陪同接見的有軍機大臣廖壽恒、王文韶、裕祿和總理衙門大臣崇禮、張蔭桓（除了張蔭桓屬帝黨，其餘都是后黨）。當然，慈禧太后坐在屏風後監聽。如此訓政下，光緒與伊藤也只能相互客套了。根據伊藤博文的《謁見清國皇帝陛下始末》記載，雙方對話如下：

伊藤博文：外臣博文，此次來到貴國，原為漫遊。今蒙召見，殊為榮耀。竊以為，大皇帝變革舊法，力圖富強，其於保全亞東之局面，實為至要。博文一待回國，入奏我大皇帝，我大皇帝必自由衷欣悅。博文敬祝大皇帝聖壽萬年。

光緒帝：久聞貴爵高名，今日得見，深感適意。
伊藤博文：今辱召見，龍顏咫尺，在臣亦榮幸之至。
光緒帝：貴國大皇帝御體可好？
伊藤博文：為今日之漫遊，臣曾經參內乞暇，龍體甚是安泰。
光緒帝：貴國維新以來之政治，為各國所稱許。貴爵之功業，萬國亦無不佩服者。
伊藤博文：辱駕過獎，惶恐之至。臣不過仰奉我天皇陛下之聖謨，聊盡臣子之職分而已。
光緒帝與慶親王耳語片刻，說道：貴我兩國，同在一洲，居至親至近之地。今我國正值變法之際，必要處，還欲一聞貴爵之高見。希貴爵深體此意，就變法之順序、方法等事，詳細告知朕之總理衙門之王大臣。
伊藤博文：敬領諭旨。王大臣等若屈尊垂問，以臣所見，苟有利於貴國，必當盡心奉陳。
光緒帝：與貴國同心戮力，永保邦交，是朕所至望。
伊藤博文：我國天皇陛下之聖意實亦如此。臣確信，由此普及兩國之臣民，交誼更易日加親密。
光緒帝：貴爵滞留此地，還有幾日？
伊藤博文：預定滞留闕下兩個星期，尚有七八日。
光緒帝：貴爵以往到過我國何地？
伊藤博文：十四年前曾經來北京一次，此後多次途經南方上海等地。
光緒帝：此次還要遊歷何處？

伊藤博文：預定由煙台去上海，再由上海溯游長江一帶。

光緒帝：朕望貴爵一路平安。

伊藤博文：敬謝大皇帝厚意。

諸大臣之中，唯一懂英語會翻譯的是張蔭桓。這個傢伙光緒十二年至十五年（一八八六—一八八九）出任過駐美公使，聽說出使俄、德、荷、奧四國大臣洪鈞（這個傢伙出任時，隨帶的小妾就是賽金花，賽金花乾脆學會了幾國外語）立志學英語而且有所成時，他也刻苦學習，不但通曉英語，而且給美國政要的英文信也是呱呱叫。他與伊藤互用英語交談，接見前的引導及接見後的告退，都是由他主持的。他不但與之握手，還挽其胳膊，雖然這是西式正常的外交禮節，但在太后眼裡，自然有些狐疑了。跟日本鬼子挽手牽臂，嘀嘀咕咕的，是不是真的有劫持密謀呢？

真的有，但卻不是動用伊藤！還是同一天，按照之前的安排，袁世凱要入宮請訓，請訓之後就可以離京回任了。袁世凱的請訓安排在伊藤之前進行，這是袁世凱第三次蒙光緒皇帝召見。同時，這也是譚嗣同夜訪之後，袁世凱第一次見皇帝。按照袁世凱的《戊戌紀略》，譚嗣同夜訪法華寺時允諾，為了打消袁世凱的懷疑，他保證初五請訓時皇帝必面給袁世凱一道朱諭。

有人記載，光緒這次召見袁世凱時，真的給他「殺榮祿，除舊黨，起兵勤王」的密詔了。這個倒是可以有的，但問題也不少：

第一，這個時候光緒已經在訓政之下，還有給袁世凱密詔的機會嗎？

第二，這個密詔相當隱諱，光點榮祿之名，袁世凱具體怎麼執行呢？

按照台灣學者黃彰健推論，光緒當然不會直接給袁世凱下詔讓他幹掉太后，他既沒那個心，也沒那個膽。但是維新人士會拐著彎讓袁世凱從中體會出這樣的意思。他們是這樣策劃的：由維新人士寫一個奏摺，就說圓明園雖然被燒了，但傳說我高宗乾隆皇上修圓明園之初，嘗於殿座之下存有黃金紋銀各一窖，年久遂不知處。但幸得一些老苑戶指點，如果我們按照他們的指點把地窖藏金挖掘出來，能派上諸多用場。就讓袁世凱派軍隊於初八動手幹這件事吧！皇上最好在初五袁世凱請訓的時候就面諭他。按照維新派的策劃，袁世凱得到皇帝的掘金朱諭，就會意會到這是對他劫持太后的暗示了。至於掘金者，維新派可以透過袁世凱，讓維新派的殺手畢永年帶人混進掘金隊裡。圓明園掘金是假，從圓明園殺向頤和園劫持老太后才是真。這個也可以有，而且根據孔祥吉考證，檔案館裡還真有楊深秀這個摺片，記檔時間是八月初五。但沒有提名讓袁世凱來掘，也沒說動手的時間。這個估計要由其他維新人士來配合了。

變法最關鍵的時候，楊深秀上這個掘金摺，確實好生奇怪。但是根據袁世凱日記，他完全不信皇帝會有那道密詔，全是康梁等人揑造的，但是他忘了，譚嗣同所謂的初五必有面諭，卻不可能是誑他玩的。袁世凱在自己的日記中說：「如任若輩所為，必至釀生大變，危及宗社，惟有在上前稍露詞意，冀可補救。」看意思，他要勸勸皇上，別給他們帶壞了。所以初五日請訓，他的奏對果真是勸說詞：古今各國變法不容易，非有內憂，即有外患，請皇上忍耐待時，步步輕進。新進諸臣，固不乏明達猛勇之士，但閱歷太淺，辦事太急，易生流弊。況且變法尤在得人，必須有真正明達時務、老成持重如張之洞者，贊能慎密，倘有疏誤，累及皇上，關係極重，總求十分留意，天下幸甚。據說上為之動容，但卻沒有什麼答諭。最後，他就請安退下了。

袁世凱的說辭，果真是老成之言。而且，雖然張之洞拒絕了，他還是推薦了張之洞。不過讓人奇怪的是，光緒竟然沒什麼答諭，這一點很反常。光緒是由於已經喪失人身自由，所以不再說什麼了嗎？還是袁世凱出於保護光緒的目的，而隱藏了光緒對他的答諭？

袁世凱退下之後，即赴車站，抵津，日已落，即找榮祿略述內情。還沒說完，榮祿處有了客人，袁世凱只得退回。第二天，兩人再次見面協商。認定「皇上聖孝，實無他意，但有群小結黨煽惑，謀危宗社，罪實在下，必須保全皇上以安天下」。

這就是所謂的袁世凱告密。根據他的記載，他始終不相信皇帝有廢后的心思，全是維新人士搗的鬼。如果說康有為事後死不認帳的第一動機是為了保護光緒，袁世凱何嘗不是如此呢？所以有密詔他也不會記的，乾脆說皇上沒有任何「答諭」。

八月初六（九月二十一日），光緒被引到老太后處，遭遇了如下批評：「汝之變法維新，本予所許，但不料汝昏昧糊塗，膽大妄為，一至於此。汝自五歲入宮，繼立為帝，撫養成人，以至歸政，予何負於汝？而汝無福承受大業，聽人撥弄，如木偶然。朝中親貴重臣，無一愛戴汝者，皆請予訓政，漢大臣中雖一二阿順汝者，予自有法治之。」看批評內容可以證明，榮祿那邊還沒有告密。因為太后只埋怨光緒脫離舊臣盡信小人，這頂多是個維新是否有術、用人是否有度的技術問題，還不是謀廢太后、發動政變的政治問題。也正因為如此，太后在隨後的行動中，僅有以下兩項：

第一，正式宣布重新訓政，光緒皇帝靠邊站。訓政詔書以光緒名義發布，懇求老太后訓政：「恭溯同治年間以來……慈禧太后兩次垂簾聽政，辦理朝政，宏濟時艱，無不盡美盡善。因念社稷為重，再三籲懇慈恩訓政，仰蒙俯如所請，此乃天下臣民之福。由今日始，在便殿辦事。」

第二，下令捉拿康有為、康廣仁兄弟。

既沒有捉拿夜訪袁世凱的譚嗣同，給二康的罪名也僅是「結黨營私、莠言亂政」，進紅丸毒弒皇上云云。待捉了康廣仁，發現康有為已逃之後，通緝令才變成「謀圍頤和園，劫刺皇太后」。至於梁啟超，「與康有為狼狽為奸，命一體嚴拿懲辦」。

滑稽的是，就在當天，另一維新官員宋伯魯還在上書，說李提摩太希望聯合中國、日本、美國和英國為合邦，建議選通達時務、暢曉各國掌故者百人，專理四國兵政稅則及一切外交事宜，請皇上速選地球人都知道的「名震地球之重臣」如大學士李鴻章者，去和李提摩太及伊藤博文磋商。

說真的，維新派還真有些超前意識，這都是二戰後才興起的一體化意識。如果弄成了，什麼歐盟、什麼美洲國家組織、什麼亞太，又算個什麼呢？

正式訓政開始後的當天晚上，楊崇伊到達天津向榮祿出示訓政之詔。一看老太后那邊早動手了，榮祿與袁世凱感覺，想保全皇帝也不行了，而且如果再不揭密譚嗣同之事，自身不保。於是，楊崇伊於八月初七（九月二十二日）搭乘十一時二十分的火車離津回京。本來當天早晨有令停止京津火車，以便捕拿逃逸的康有為，但楊崇伊一介御史，竟然能打破禁令搭乘火車回京，肯定是負有重要使命，那就是受榮祿之託向太后告密。粗略估算，太后應在當晚前後得到密報。據說，當天太后還單獨審問光緒一次，應該是得到密報後，娘倆親自對質上了。

八月初八（九月二十三日）慈禧太后有了大動作：

第一，在勤政殿舉行訓政典禮。所謂的典禮，更像審判庭。慈禧拿出了查抄的各種信件，其中有楊銳、林旭依據皇帝旨意催促康有為離京的信函。太后問是誰的主意，光緒說是楊銳的主意。又問圍園弒母一事，光緒說不知道。太后大怒，囚禁光緒皇帝於瀛台。瀛台，位於北京三海，即北海、中海、南海之一的南海，四面環水，主體建築涵元殿位於瀛台正中心。光緒從此除了早朝被拉去做太后的木偶外，其餘時間均不得自由出入。

第二，密諭捉拿譚嗣同等人，先行革職，交由刑部衙門審訊。但我們現在見到的逮捕令是初九發出的，為什麼遲了一天呢？很簡單，非正常事件，走的是非正常程序，先拿問，後補發諭旨，而且當天並沒有抓到林旭。

八月初十（九月二十五日），榮祿接到即刻來京的聖旨，其直隸總督一職由袁世凱暫行署理。八月十一日（九月二十六日），榮祿離津赴京。根據袁世凱《戊戌日記》，榮祿行前，他與榮祿相約，誓死保皇上。一方面，兩人對光緒還是比較同情的，認為是維新黨人害了皇上；另一方面，如果不保全皇上，康梁亂黨不會罷休，外國人也會乘機干涉。

問題是，榮祿所謂的保全不僅是暫時的，也是有限的。

所謂的暫時表現在，他接到進京聖旨的當天，清廷還發出一道光緒帝求醫的上諭，這預告太后要廢掉光緒帝了。他進京後，光緒只是暫時沒病了，可以隨太后參加一些公務活動。之後，光緒就永遠病了，老太后甚至給他找上了新的接班人端郡王載漪的兒子溥㒞。

所謂的有限表現在，榮祿建議無須審訊就殺掉譚嗣同等人，他的建議被接受了。榮祿怕在審訊中牽涉到光緒帝，但是光緒已經被老太后審得跳到黃河也洗不清了。總之，你知道也好不知道也好，反正有負於我。

八月十三日（九月二十八日），楊深秀、楊銳、林旭、譚嗣同、劉光第及康廣仁同日棄市，是為「戊戌六君子」。

六君子中，楊銳是由湖南巡撫陳寶箴推薦上來的，但他卻是張之洞的門生，事發後張之洞急電盛宣懷，希望轉請軍機大臣王文韶出手營救，卻來不及了。有些人由此認為楊銳死得有些委屈，楊銳相當於甲方派到乙方的臥底，乙方不明就裡也就罷了，甲方卻也稀里糊塗，出手把己方派出的臥底槍斃了。不過嚴格說來，張之洞不算是維新的敵人，他之前一直支持維新，只不過他是穩健派，不是速成派罷了。事後為了避嫌，建議狠狠制裁維新派，也是為了自保，因為很多人懷疑他是康黨，可以理解。事實上，楊銳也跟老師張之洞一樣，雖然支持維新，但與康有為在速度和策略上有不同意見，所以他是百日維新中的制衡人物，一是維新班子中的權力制衡，二是維新運動本身的制衡。比如楊銳嫌其他維新同志太過激進取巧，不好合作，經常因為林旭奏摺激烈而強令他修改，甚至一直想抽身而退，但他是維新四軍機中唯一被皇帝召對的人。只不過，康有為一路狂奔，他制衡不及，最後還是被當作激進的維新康黨給殺害了，這讓張之洞心痛之極。事後恨極了康黨，估計跟此也有關係。

劉光第也是陳寶箴推薦上來的（事後，陳家可是倒了楣）。不愧是陳寅恪他爺爺，推薦的劉光第更是帥呆了：窮家的孩子，讀書的才子，清官的料子，為人的君子。那邊榮祿為保光緒而建議太后不審直接處斬他們，這邊不知情的劉光第則提出強烈抗議：「未訊而誅，何哉？」在去刑場的路上，他歎息說：「吾屬死，正氣盡！」臨刑時，他又一次提出質問：「祖制，雖盜賊，臨刑呼冤，當複訊；吾輩縱不足惜，如國體何？如祖制何？」監斬者無言以對。劊子手強按他跪下，他崛立不從，受刑後，頭被砍了，身軀還「挺立不化」，被人傳為「劉君不死」！

譚嗣同本來能逃走，但是他沒有當一回事，被捕前幾天甚至與大刀王五籌劃營救光緒一事。再說了，他早做好思想準備了，想做中國的公孫杵臼與日本的月照，曾經跟梁啟超交代曰：「不有行者，無以圖將來；不有死者，無以酬聖主（光緒皇帝）。今南海（康有為）之生死未可卜，程嬰、杵臼、月照、西鄉，吾與足下分任之。」杵臼是中國經典故事趙氏孤兒中的男主角之一，月照是日本維新三傑西鄉隆盛的好友，兩個人都是為了大義，主動投死的。譚嗣同，清末四大公子之一就這樣走上了不歸路，他認為，「各國變法，無不從流血而成，今中國未聞有因變法而流血者，此之所以不昌者也；有之，請自嗣同始！」之前說過，他喜歡流血與暴力，這下總算遂願了。在獄中，他寫下這樣一首詩：「望門投止思張儉，忍死須臾待杜根。我自橫刀向天笑，去留肝膽兩崑崙。」臨被殺前，譚嗣同叫監斬官剛毅過來，說：「吾有一言！」剛毅扭過頭，不予理睬。譚嗣同朝著剛毅的背影，大呼：「有心殺賊，無力回天；死得其所，快哉快哉！」

楊深秀是六君子中比較激進的人，常言「得三千桿毛瑟槍圍頤和園有餘也」。有人勸他要韜光養晦，他的回答是：「本朝氣數已經一息奄奄待盡，尚能誅諫官乎？」這一點，他倒是判斷錯了，六君子之中，他是唯一被誅的言官。歷朝執政者一般不敢殺言官的，但老寡婦就敢。這叫小光棍碰上了老寡婦，人還是老的毒。楊深秀這個人敢罵，說：「西后於穆宗則為生母，於皇上則為先帝之遺妾耳，天子無以妾母為母者。」一般人欽佩楊深秀，還有一點，是出於梁啟超所言：「至八月初六日垂簾之偽命既下，黨案已發，京師人人驚悚，志士或捕或匿，奸焰昌披，莫敢攖其鋒。君獨抗疏詰問皇上被廢之故，援助大義，切陳國難，請西后撤簾歸政，遂就縛。」但是據孔祥吉先生查證，檔案裡至今找不到他的這份奏疏，所以我們只好存疑了。不過，有沒有這份奏疏，都不影響我們對他的敬仰。

林旭是六君子中最年輕的，也比較激進，經常因為奏摺的繕寫問題與楊銳吵架。小夥子死時才二十四歲，仰天冷笑中走向死亡。林旭乃福建侯官人，小個子，面貌俊美，少孤貧、好讀書，文章冠鄉里，被同鄉沈葆禎（林則徐女婿，曾經擔任福建船政大臣）之子沈瑜慶發現，並為之傾倒，許以小女，招贅金陵。所以林旭既是林則徐的同姓老鄉，還是林則徐的重外孫女婿，連榮祿都很愛慕他的才華，做福建將軍時曾將其延為幕僚。問題是政府不待見這種優秀臣子，必欲殺之而保全自己的利益與特權。林旭死後，他年輕貌美的嬌妻、林則徐多才而多情的重外孫女兒沈鵲應欲親自上京收屍，被家人攔住。她以仰藥和絕食的方式幾次殉夫不成，終在哀毀中香銷玉殞，時為一九〇〇年四月，距離林旭被誅僅七個月，享年也是二十四歲。

康廣仁臨死前在獄中以頭撞牆，呼天搶地。這個傢伙也是個神童的底子，而且比老兄看得要透。變法期間，他看見老兄寫書章寫得辛苦，嫌他囉唆；見老兄所經營的維新事業遭遇的阻力太大，建議說：「我國改革之期今尚未至。且千年來，行愚民之政，壓抑既久，人才乏絕，今全國之人材，尚不足以任全國之事，改革甚難有效。今科舉既變，學堂既開，阿兄宜歸廣東、上海，卓如（梁啟超字卓如）宜歸湖南，專心教育之事，著書譯書撰報，激勵士民愛國之心，養成多數實用之才，三年之後，然後可大行改革也。」說得真好。問題是他這阿兄是聖人，早養成孔子「知其不可為而為之」、「雖千萬人吾往矣」的氣概。結果，他就成為阿兄事業的第一道犧牲。他不甘心啊，因為他是六君子中唯一沒做官的，也不是維新派的風雲人物。不過在監獄裡還是跟同志慷慨表示：「我等未必死耳，若則中國之強在此矣，死又何傷哉！」問題是死了中國也沒有強，白死了。

八月十四日（九月二十九日），清廷公布康有為、譚嗣同等人的罪狀，由八月初六諭旨中的「結黨營私、誘言亂政」，升級為「糾約亂黨，謀圍頤和園，劫制皇太后」。這應該是袁世凱補告後的結果！至於康梁的腦袋，也在諭旨中明碼標價了：十萬雪花銀。活人獎十萬，死屍也是十萬！這一會兒，康有為剛逃到香港。

雖然事後的康梁死不承認這份升級的罪狀，但歷史是有縫隙的。楊天石先生從日本外務省文件中，發現了譚嗣同好友畢永年流亡日本後的《詭謀直紀》，交代了這個圖謀。而且康有為的準備是，報告光緒時只說執太后而廢之，具體行動中則是執太后而殺之。這叫將在外，君的親爸爸有所不愛！

光緒三十四年（一九〇八），光緒與太后相繼死去，光緒的侄兒溥儀做了皇帝，光緒弟弟、傅儀父親載灃做了攝政王，之後便把袁世凱罷斥了。康有為試圖上書攝政王，把自己當年的密謀稍作透露，畢竟光緒是載灃的同父異母哥哥嘛，但梁啟超堅決反對這種透露。他認為，載灃雖然是光緒親弟弟，但其攝政地位卻是西太后給予的。圍園密謀一透露，你讓人家往哪邊站？往哪邊站都不對嘛，還不如把屎盆子都扣在袁世凱頭上，就說圍園密謀都是他造的謠，目的是為了自保。更重要的是，沒有圍園密謀，戊戌案才能平反，黨禁才有希望開放。為此，他要求老師跟自己統一口徑：「以後發論跟此一線，以免異同。」梁啟超這份統一口徑的信，雖然首尾缺失了，但中間關鍵部分則保留下來，被人收錄到《萬木草堂遺稿外編》，咱們河南帥哥袁世凱才不至於被他們一幫子維新人士繼續一再地冤枉下去。

袁世凱冤枉也就罷了，問題是，光緒當了最後的冤大頭。光緒發出的衣帶詔，僅是讓維新人士想變法良策，結果他們想的良策就是誅太后。誅太后也就罷了，沒誅成，卻給光緒惹來了一身臊，特別是光緒真正的密詔當時沒有公諸於世，世人知道的僅是康有為在海外公布的那道經過他篡改的密詔，這讓光緒在太后面前怎麼也說不清了。康有為這個廣東小人，就這樣把光緒害苦了。光緒苦也就罷了，問題是所有的維新舉措全部被廢止，大清這艘大破船繼續它的舊航道。

老太后葬送了維新，也葬送了歷史給予大清的一次機會。老太后的宗旨是，寧讓我負天下，休讓天下負我！從此恨上了康梁，談維新色變；由於英日方面掩護了康梁的外逃，也就連帶著恨上了這些外國。至於光緒這個負心兒，更是讓慈禧恨得牙癢癢！

那根正說，她老姑奶奶有個大哭仁壽殿的故事。政變後，老太后有次在仁壽殿，當著百官的面就哭了起來，邊哭邊吟：前不見古人，後不見來者，念天地之悠悠，獨愴然而涕下。她說：我沒想到啊，你除了沒吃過我的奶，我對你比親兒子還親，這些大夥都看著。俗話說燕雀反哺，今天我把你這個小雀雛哺大了，可是你反過來要啄我的眼啊！

據說，她哭得驚天動地，在場的人無不動容。我沒有在場，所以我不動容！為了保住你的眼，多少人失去了肝；為了一個老寡婦的眼，帝國沉沒得攔都攔不住。一個人不高興，全大清遭殃！

不管怎麼說吧，老太后認為光緒負心，那就是負心。在中國，倫理都是政治鬥爭的武器之一，也是政治拐騙的幌子之一。母慈子孝什麼的，都是統治者用來教化老百姓的，至於他們自己，根本不在此列。在中國，刑不上大夫，禮也不上大夫的。阮籍大家都知道，當時社會規則是叔嫂不通問，他回家省親卻專門與嫂嫂見面告別，遭到別人譏笑後，他說：「禮豈為我輩設耶？」士大夫如此牛逼，玩的就是個另類心跳；至於皇家，更是不堪了，你見過哪個皇家子弟真正講禮的？講也是政治需要，裝給百姓看的，爹親娘親不如老太后親，其實就自己親。光緒被囚後，口吃的內閣學士聯元在慈禧面前進言「皇帝當保全」，伶牙俐齒的太后當即反駁：「皇帝當保全，予不當保全耶？」可憐的聯元口塞而出。

總之，光緒與老太后之間就是玩命的關係，就看誰能玩過誰了。事實證明，光緒玩不過老佛爺，兩人根本不是一個等級的。用馬士的話來講：「皇上打得雖狠，但是亂打，而西太后打得既狠又準！」打的結果，光緒一方主要人員傷亡如下：光緒本人下崗圈禁，永不敘用；楊深秀、楊銳、林旭、譚嗣同、劉光第及康廣仁被斬，做了君子；翰林院侍讀學者徐致靖永遠監禁；戶部左侍郎張蔭桓、禮部尚書李端棻（梁啟超中舉時，主考官是李端棻，李對梁一見鍾情，把自己的堂妹李蕙仙嫁給了梁）發配新疆，交地方官嚴加管束；湖南巡撫陳寶箴、湖南學政徐仁鑄、庶起士熊希齡、詹事府少詹事王錫蕃、工部員外郎李岳瑞、刑部主事張元濟、已經開缺的戶部尚書翁同龢概行革職永不敘用；吏部主事張三立革職；出使日本大臣黃遵憲除去差使；候補四品京堂王照查抄家產，革職拿問，但是人卻跑了。康梁雖然也跑了，但是政府懸賞十萬雪花銀購其項上人頭！

第四章：小叔子太驕傲

大清傳統，小叔子也玩不過嫂嫂，比如多爾袞就沒有玩過孝莊。江山代有才人出，各領風騷數後宮。前有孝莊，後有慈禧，而且後者比前者玩得漂亮。簡單來講，後者根本不需要施加美人計，就能讓小叔子鞍前馬後地為自己服務！

沒有小叔子奕訢援手，那是斷斷不能成功的

慈禧初做寡婦後，心裡除了悲，還有涼。肅順集團驕橫不說，還把自己當成最大的障礙，丈夫臨死前沒有把自己當作鉤弋夫人處理掉，就算幸運了。鉤弋夫人是漢武帝的寵姬，漢昭帝弗陵的母親。弗陵聰明可愛，漢武帝晚年希望選他為接班人。但弗陵年少，其母卻青春正盛，漢武帝擔心自己死後鉤弋夫人以子專權，讓漢家天下再出一個呂后什麼的，所以狠了心，下詔賜其死了。

咸豐帝雖然知道鉤弋夫人的故事，但是他的擔心與漢武帝有所不同。他既擔心孩子他娘擅政，又擔心肅順集團跋扈，想來想去才想出了一個大清版的三權分立：八大臣贊襄政務，皇后鈕祜祿氏掌「御賞」印章，皇子載淳掌「同道堂」印章。這三權中，慈禧算是掌了兩權：第一，兒子的同道堂由她這個

做娘的代掌，等於是她自己的；第二，鈕祜祿氏雖然貴為皇后，但頭腦簡單，漢字不識幾個，對自己也構不成威脅，她的印是那拉氏的印。問題是，凡事有利必有弊，雖然掌了兩權，但是自己一個小寡婦面對的是八個大男人。妹妹與妹夫醇親王奕譞倒是隨駕在熱河，但是兩個人也沒什麼能量。想來想去，只有小叔子恭親王了。

道光臨死前立老四奕詝做皇帝，只是相中了他的仁孝，至於才華，那還是老六奕訢文武雙全，勇謀兼備。中國傳統，以德治國，所以道光最終沒選老六。但是內心裡覺得老六受了委屈，所以當年秘密立儲時搞的是一紙兩諭：皇四子奕詝立為太子，皇六子奕訢封為親王！

皇四子成功後，給老六親王的封號前加了個「恭」字，意思很明白：老六，雖然你有的是才華，但是在我面前，你得夾著尾巴恭著點兒。

老六不夾尾巴也不行。因為做了皇帝的老四僅讓老六負責一些禮儀性的工作，比如道光治喪委員會委員什麼的。咸豐二年（一八五二），道光全部喪禮辦完，老四就把京城最氹的、原和珅家的府第賜給了奕訢，奕訢就在這豪門大宅裡餵鳥養生，看著金絲籠裡的鳥兒，想著皇兄對自己的餵養，心裡的滋味肯定特豐富。咸豐三年（一八五三），太平天國北伐了，形勢危急，咸豐帝這才想到重用老六，任命他署理領侍衛內大臣，相當於皇帝近衛隊隊長，領導的全是上三旗中的優秀武術青年。稍後，咸豐乾脆破了祖例，命老六在軍機大臣上行走。由於軍機大臣相當於事實上的宰相，所以清制規定，皇子或者親王不得擔任軍機大臣。特例只有兩個，一個是雍正初設軍機處時，讓自己最親愛的十三弟允祥入值軍機；一個是嘉慶因為白蓮教起義，而讓成親王永瑆暫時入值軍機。咸豐這次打破祖制讓老六入軍機，第一是由於國內政局危機，太平天國聲勢日甚一日；第二是左看右看，滿人裡挑不出幾個人才，奕訢算是滿人中的尖子了，再不用，我大清尚有人耶？咸豐五年（一八五五），太平軍北伐失敗，咸豐對有功人員大加封賞，恭親王奕訢當然也不例外。小子又犯了原先的老毛病，動不動像個小保安似的「我驕傲」，趁生母生病期間，逼老四封她為皇太后。奕訢的生母博爾濟吉特氏乃道光靜妃，全稱孝靜皇貴妃，咸豐登上皇位之後，孝靜皇貴妃按慣例升級為孝靜皇貴太妃，奕訢對此很不滿意。咸豐幼時，生母全皇后暴崩，博爾濟吉特氏視其為親生兒子，將他撫養長大。而且根據野史傳說，全皇后暴崩還跟帝位繼承有關。因為平日裡道光有些偏愛老六，一直想讓他做繼承人，老六的娘靜貴妃卻裝，老誇老四仁孝；老四的娘全皇后怕老六奪了自己兒子的位，就弄了毒魚讓皇子們吃，並交代老四千萬別吃，老四轉告其他皇子，大家都沒吃，全皇后卻露餡了，於是被太后勒令自盡。之後老六的娘就接手養了老四，兄弟倆親密無間地長大。所以奕訢認為，老四應該封自己的娘為皇太后才是，但老四認為有違祖制，不同意。第一，雖然老六的娘對自己有撫育之恩，但再怎麼撫育，也不是親娘；第二，清朝祖制，皇帝一生追封及冊封的皇后不能超過三個。道光生前已經先後冊封了孝穆、孝慎、孝全三個皇后，這也是老六的娘孝靜皇貴妃在道光生前未得封皇后的主要原因。這一切，讓這個愛慕虛名而心有所失的女人死不瞑目。據說病重期間，博爾濟吉特氏曾誤把老四當作老六，拉著其手哭訴說：悔不當初跟先皇假客氣，否則這個皇位就是你的了。說完才發現拉的人不對，雙方都尷尬。娘糊塗，老六也糊塗。博爾濟吉特氏臨死前，老四去看望，在門口遇上了老六。問：額娘情況怎麼樣？老六跪下哭訴：如果你不晉封，咱娘死不瞑目啊！老四登基靠的就是儒家那套仁孝之術，表面上說不得狠話，遂嘴裡「唔唔」了兩聲，老六就當作他同意了，跑到軍機處傳達皇帝旨意。禮部遂具奏請尊皇貴太妃為康慈皇太后。咸豐一看，氣壞了，但也沒有法子，遂硬著頭皮批准了。不過事後越想越不順，遂找了諸多藉口減其喪儀，滅其威風。第一，宣布遵從皇太后本人的遺詔，喪儀一律從簡。第二，遵從皇太后本人的遺願，咸豐帝只為皇太后穿孝服二十七天（道光當年堅持給非親娘的太后穿孝服一百天）。第三，皇太后的牌位不供奉於清帝的家廟——太廟。第四，勉從諸大臣等所請，皇帝不親送太后的梓宮靈柩至慕陵。第五，不將太后與道光合葬，而是將慕陵內的妃園寢升格為皇后陵，稱為慕東陵，將太后葬於其中。第六，不加廟諡。皇太后死後的最初諡號，一般應為十二個字。奕訢生母諡為「孝靜康慈弼天撫聖皇后」，不但僅十個字，而且不繫宣宗廟諡（道光帝的廟諡為「宣宗成皇帝」，也就是說，「皇后」前面怎麼也應該給個「成」字）。

所以說，老六逼封成功，僅為生母爭得了名分上有限的榮耀，而自己在政治上卻大大失分。博爾濟吉特氏死後，沒等喪事辦完，咸豐帝就找了個「於一切禮儀，多有疏略之處」的藉口，解除了奕訢的軍機大臣、宗人府宗令、正黃旗滿洲都統等職務，同時警告他「自知敬慎，勿再蹈愆尤」。從此兄弟感情破裂，老六又回家坐冷板凳了。後來，雖然又授予奕訢都統、內大臣等職務，但對奕訢來講，也發揮不了什麼才幹。

慈禧當然知道老六的才氣遠遠高於自己的老公，英法聯軍攻陷天津後，就是她向咸豐帝力薦奕訢出山的，而在咸豐帝逃至避暑山莊後，奕訢更是不負眾望，成功地把北京的爛攤子擺佈得井井有條。最值得稱道的應該是以下兩個：第一，雖然英法聯軍很厚道，跟中國歷史上的夷人有些差別，既沒有追到避暑山莊，也沒有在北京坐下稱孤道寡，但是如果不是老六的周旋，說不定局勢怎麼發展呢？第二，老六本人也很厚道。他明明知道前朝土木堡的故事——明正統十四年（一四四九），蒙古族瓦剌部落首領也先因為大明政府給的貢賞太少帶兵內犯，明英宗北上親征，不幸在土木堡被俘。廷臣為應急，聯合奏請皇太后立英宗弟弟郕王即皇帝位，是為景帝，以第二年為景泰元年，英宗就此成為在異域政治避難的太上皇……老六沒讓歷史重演，取四哥而代之，真的挺厚道的。

現在，肅順集團比老公在世時更排擠北京集團了，老六更委屈了。杏貞深深地明白：凡是敵人反對的，我們就要擁護。凡是敵人擁護的；我們就要反對。她自然會想到老六，更會拉老六合作。

咸豐死後的第三天，杏貞就與肅順集團較量了一番。這一次較量關涉的是對大清版三權分立的解釋與執行。八大臣的解釋是：第一，皇帝的諭旨由王大臣擬訂；第二，皇后只管鈐印，不得改動；第三，臣下的奏摺一律不進呈皇太后閱看。

慈禧太后一看惱了：耶，這不是叫我們做橡皮圖章嗎？雖然有些惱，但慈禧還是從容地道出了自己的意見：第一，皇帝的遺詔是派八大臣「贊襄一切政務」，贊襄就是從旁參贊襄助皇帝處理政務，而不是像順治朝多爾袞攝政一樣，直接代皇帝處理政務。第二，如今皇帝雖然年幼，不能擔當政務，但先帝生前已經做出安排，用「御賞」和「同道堂」二印代皇帝行使權力，並非將皇權全部委託給八大臣。你們八大臣的意見，不僅違反祖制，而且置先帝遺命於不顧，更置他所賜兩宮太后禦印於不顧。如此，你們不是在藐視皇權嗎？肅順等人一聽，傻了，小寡婦說得句句在理啊！他們一傻，小寡婦趁勢提出了自己的修正意見：今後章疏奏摺依舊先行呈覽，諭旨則由贊襄政務的八大臣擬進，經兩宮皇太后和皇帝閱後，加蓋兩印以為憑信。所有一切應用朱筆處，均以此代之。尚書、侍郎、總督、巡撫之任用，先由八大臣提出名單，最後由兩宮太后裁定。其他官員之任用，則由贊襄政務八大臣提出候選人數名，開列他們的履歷、評語等，在皇帝面前抽籤，最後需兩宮太后認可才能正式任命。八個傻男人反駁不力，在第一輪較量中，敗北。

雖然第一輪較量中佔了上風，但慈禧並沒有輕鬆，當務之急，她得與小叔子接上頭。有關接頭，有兩個主要版本。

版本一：慈禧為此搞了一場苦情戲。她授意自己最寵信的太監安德海與慈安最寵信的宮女雙喜發生嚴重爭執，為了表示對慈安太后的敬重，她嚴懲安德海，並命敬事房首領太監將他遣送回京，派在「大掃處」當差。安德海回京以後，先到主管部門內務府報到，可是一開口就要見總管內務府大臣寶鋆。寶鋆也不傻，知道雞毛信來了，第一時間接見。這一見，等於帝后黨特派員與北京集團骨幹份子接上了頭，安德海取出縫在貼身內衣兜裡加蓋著「御賞」和「同道堂」印的慈禧親筆信：「兩宮太后同諭恭親王，著即設法，火速馳來行在（熱河），以備籌諮大事。密之！特諭。」

版本二：兩宮太后透過西太后之妹，把欲速見奕訢的想法告訴了奕譞，奕譞再把這個訊息透過自己的親信傳給軍機大臣文祥，文祥直秉奕訢。

不管哪個版本，反正恭親王這會兒正著急，哥哥死了，自己這個做弟弟的沒有進入贊襄之列不說，連去熱河弔孝的權利都沒有，只給了一個「恭理喪儀大臣」的名分，相當於皇帝治喪委員會裡一委員！他一再請求赴熱河叩謁梓宮（皇帝的棺材），承德那邊卻不吐口，正請求的當口，看到兩位嫂嫂對自己的熱切呼喚，什麼也不說了，他安排一下就化裝成薩滿，急奔熱河而去。

咸豐十一年八月初一（一八六一年九月五日），奕訢千里奔喪到了熱河，八大臣一看人家兄弟都來了，就不好意思再拒絕了。如前所述，奕訢在哥哥的棺材前哭得天花亂墜的。與此同時，慈禧那邊派太監數次傳話，要求單獨召見奕訢「以探問京城被劫後情況」。

按照清制，一般情況下，王公親貴謁見后妃只有三個機會：皇太后生日聖壽節、皇帝生日萬壽節和新春元旦。

按儒家制度，男女授受不親，叔嫂不通問。事實上，贊襄八大臣之一、侍郎杜翰當場也提到了叔嫂避嫌的問題，搞得肅順當場誇他：「真不愧杜文正公之子矣！」所謂的杜文正公，杜翰他爹，正是教咸豐皇帝說假話、哭鼻涕騙來龍椅的那個山東大儒杜受田。現在，他兒子又搞開這套了。由此可以看出，所謂的儒者，不乏掛羊頭賣狗肉、滿嘴禮義道德、滿肚子爭權奪利的角色。

也許是奕訢的哭聲感動了肅順，也許是肅順漢化程度不夠，還殘存有樸素而原始的人性與善良，總之他同意了這齣叔嫂相會。恭親王故意請端華一同覲見，端華拿眼瞧肅順，肅順笑曰：「老六，汝與兩宮叔嫂耳，何必我輩陪哉！」於是，叔嫂就單獨相見了。兩個鐘頭後，奕訢出宮，裝模作樣地與承德集團和諧共處起來。但是恭親王表面上再「恭」，肅順也煩他，幾天之後向兩宮太后請示，這老六該走不該呢？於是兩宮太后乘機再次召見老六，時為八月初六（九月十日），兩下裡商定，第二天奕訢啟程回京。

承德集團還是粗心大意了，叔嫂相會一次也就夠意思了，竟然還讓他們相會兩次。聰明的嫂嫂與聰明的小叔子相會，效率自然非同一般，雙方把政變的必要性、時間、地點、程序、後果及我們的應對等許多重大問題和細節問題進行友善交流與磋商。第二天，奕訢就啟程回京了，胸中橫了一根竹竿子。

八月初八（九月十二日），也就是奕訢啟程上路的第二天，北京幫小角色、御史董元醇的奏摺到達熱河。按照慈禧第一輪較量中確定下來的權利，當然是她先行閱覽了。小寡婦一看就樂了：知我者，小董也。小董到底在奏摺裡說了些什麼？先說「事貴從權，理宜守經」，然後提出三點建議：第一，目前乃多事之秋，皇帝年齡太小，皇太后應該「暫時權理朝政，左右不得干預」。「雖我朝向無太后垂簾之儀，而審時度勢，不得不為此通權達變之舉」。第二，自古以來，帝王莫不以尊賢為急務，現在應該於「親王中簡派一二人，令其同心輔弼一切事物，俾各盡心籌劃，再求皇太后、皇上裁斷施行，親賢並用，既無專擅之患，亦無偏任之嫌」。第三，「於大臣中擇其義理素優者」充任皇帝的師傅。

不用說，前兩點是奏摺的核心，皇太后權理朝政，不外是慈禧權理了；親王輔政，不外是恭老六輔政了。至於第三，乃是個陪襯，忽略不論。

八大臣也不傻，看了奏摺後氣死了，這不明擺著要踢開八大臣、廢棄先帝遺詔嗎？當場就跟太后吵開了，不行，一萬個不行。之後他們動用集體的智慧與力量，假小皇帝之口，擬訂了如下批駁：「我朝聖聖相承，向無皇太后垂簾聽政之禮。朕以沖齡，仰受皇考大行皇帝付託之重，御極之初，何敢更易祖宗舊制。」當然，全說這麼客套他們認為不解氣，所以裡面添了諸多猛語，比如「甚屬非是」、「是誠何心」、「尤不可行」、「毋庸議」！

可是慈禧太后將董元醇的摺子留中不發了，八大臣也就無法明發此諭，於是八大臣去找兩宮太后討要。

八月十一日（九月十五日），兩宮太后抱著小皇帝召見了八大臣，要求將董元醇的奏章交由群臣共商。八個男人與兩個寡婦就吵開了。兩寡婦嘴再快（何況還有一個無嘴的），也吵不過那八個臭男人；八個臭男人還經常諷刺兩個小女人，說急了竟然說她們就是陪皇帝睡的份，看奏章都是多餘，更別說垂簾聽政了。兩個小寡婦氣得哆嗦，小皇帝更是鑽進他娘的懷裡，嚇出一褲腿尿來！不得不承認，承德集團著實有些不像話：先帝叫你們贊襄政務，可是你們贊襄來贊襄去，就是把小皇帝贊襄得哇哇大哭並尿濕褲子。小皇帝資質本來就不高，嚇出毛病來，大清這破船怎麼遠航呢？

八月十二日（九月十六日），八大臣不等宣召，逕自入宮與兩宮太后又吵上了，八個男人似乎吵上癮了。兩個小寡婦氣暈了，好男不跟女鬥，這八個男人怎麼這副德性呢？八大臣才不管什麼德性不德性，他們乾脆以罷工相威脅，揚言一切政事拒不處理，也不移交給太后。慈禧雖然氣得發暈，但是政治智慧還是有的，小叔子遠在北京，自己一個小寡婦鬥不過八個大男人，好女不吃眼前虧，就從了吧！於是她一百八十度大轉變，同意將八大臣擬訂的公開批駁董元醇的諭旨下發，且一字不改。八個傻男人以為小寡婦們終於服勁了，把暫時的勝利當作終局，笑呵呵的又去上班了。他們沒想到，小寡婦已經親手擬定了關於政變的草詔，並且著老七奕譞修改一下。為什麼說是她親擬的呢？理由很簡單——錯別字太多，大清一般官員，還真寫不出這樣的文件：「八月十一日，朕召見載垣等。雖董元醇奏敬陳管見一摺，請皇太后暫時權理朝正（政），數年後朕能親理庶務，在（再）行歸正（政）。又在親王中簡派一二人，令其輔弼。又在大臣中簡派一二人充任師傅之任。以上三端，正合朕議（意）。雖我朝向無太后垂簾之儀，朕受大行皇考大行皇帝託付之重，何敢違祖宗舊制，此所為（謂）是（事）貴從權，面諭載垣等，著照所請傳旨。該王大臣陽奉陰違，自行改寫，敬（竟）敢抵賴，是成（誠）何心！該大臣看朕年幼，皇太后不明國事所至（致）。該王大臣如此膽大！又上年聖駕巡幸熱河之議，據（俱）是載垣、端華、肅順等三人之議。朕仰體聖心左右為難所至（致），在山莊升遐，該大臣訌駕壘壘（累累），抗旨之罪不可近（盡）數。求七兄弟改寫。進成（城）後，在（再）傳恭親王總理贊襄正（政）務，是否求兄弟著議。」

如此看來，字寫得正確與執政能力也沒什麼關係。相反，錯別字越多，本事倒是越大。你倒是一個錯別字都沒有，但你更適合做小學教師不是？小寡婦雖然一堆別字，但是別字背後全是心機與手腕，背地裡就這樣張下了網，表面上卻一直退卻，故八大臣與兩宮太后暫時合作愉快，他們決定，於九月二十三日（十月二十六日），恭奉大行皇帝梓宮回京。

按照慣例，回京的方式應該是這樣的：咸豐帝梓宮起運前，小皇帝作為唯一的孝子跪在靈車旁邊，等候梓宮登上靈車。小皇帝恭送後，再抄小道趕赴當天梓宮停放的地方，恭候靈駕前來，再行奠禮。以後每天皆如此，直到京師。

慈禧以小皇帝年齡太小，經不起如此折騰為藉口，找八大臣商議辦法。八大臣沒有多想，與皇帝治喪委員會的五位王大臣一商議，就對小皇帝行程做出變通：小皇帝在熱河行宮恭送梓宮登上靈車之後，抄小道先行回京，所有梓宮沿途一切事宜，由睿親王仁壽等敬覲辦理，俟靈駕到京之日，皇上在東華門外跪迎。這樣既累不著皇帝龍體，又可告慰大行皇帝在天之靈。

八個傻男人，前面既允許奕訢哭靈會嫂，這會兒又允許兩宮太后與小皇帝先行回京，太厚道了。對他們來講，也太致命了：第一，小皇帝與兩宮太后可以提前幾天到達京師，正好佈置政變；第二，小皇帝、兩宮皇太后與大行梓宮分開走，導致八大臣必須分成兩批回京，載垣、端華護送兩宮太后與小皇帝先行，肅順等人則護送咸豐帝的梓宮墊後。八大臣被分隔，力量當然減少，更重要的是，載垣與端華雖然先期到京，但缺失了他們八人中的靈魂人物肅順，應變能力大大降低！

兩宮太后及小皇帝於九月二十八日（十月三十一日）抵達京郊。慈禧不待進城，即在郊外召見奕訢，共商政變的具體步驟。於是，正戲就開場了。

九月二十九日（十一月一日），兩宮太后的轎子到達北京德勝門。按照籌劃好的算盤，恭親王奕訢帶著一大群王公官員前來迎接，兩宮太后當場向眾人哭訴八大臣無禮非臣、欺負她們孤兒寡母。這是雙簧。北京集團群情激奮，要求太后治他們的罪。西太后故意問：「彼為贊襄王大臣，可逕予治罪乎？」周祖培曰：「皇太后可降旨先令解任，再予拿問。」於是恭王奉上提前派人寫好的治罪詔書，二位太后分別用印，這逮捕令就準備好了。

九月三十日（十一月二日），群臣朝會，恭王宣布拿問載垣、端華、肅順等人的詔書，先期到京的載、端一時反應不過來，傻乎乎地質問：「我輩未入，詔從何來？」沒人回答他們的問題，侍衛一擁而上，把兩人拿下了。那邊，肅順剛到密雲，睿親王仁壽（多爾袞爵位第十代掌門人）、醇郡王奕譞帶了人馬前去捉拿，破門而入，肅順這個時候光剩下罵了。大家從床上把他捉住，發現爺們還摟著二奶。押至宗人府，碰見載垣、端華二人，怒道：「若早從吾言，何至有今日！」二人無可奈何，答曰：「事已至此，復何言！」據說，肅順等人也曾經密謀在返京途中兵變，但由於多種原因，載垣不敢動手，八大臣也就玩完！

十月初六（十一月八日），慈禧對八大臣做出了處分決定：載垣、端華自盡；肅順斬立決；其餘五人革職。可謂是一鍋端掉。受株連的人不多，僅處分了與肅順來往密切的六名官員和五名太監。為了顯示自己的大度，慈禧宣布將肅順等人家中抄得的書信及帳簿全部「公開焚毀，毋庸呈覽」。小寡婦有這樣的氣度著實讓人驚歎！我們常說無肚（演變的過程中，另有「度」或「毒」頂替）不丈夫，慈禧這叫有肚小寡婦！

把八大臣幹掉就幹掉吧，反正是敵人內部衝突，不關屁民的事情。問題是小寡婦的另一手就有些下作了，她把英法聯軍進軍北京、火燒圓明園的屎盆子也順手扣到這倒楣的八大臣身上了，說什麼「上年海疆不靖，京師戒嚴，總由在事之王大臣等籌劃乖方所致。載垣等復不能盡心和議，徒以誘惑英國使臣，以塞己職，以致失信於各國，澱園被擾，我皇考巡幸熱河」。小娘們意思很明白：肅順這皇家參謀一味強硬，載垣又不好好跟人家談，失信於各國，以致園子被燒，她老公不得不去熱河打獵。總之，千錯萬錯都是手下人的錯，她老公什麼事沒有。等她做了老寡婦，慫恿義和團違反國際規則圍攻大使館、見洋人就殺，引得八國聯軍進中國再次火燒圓明園，她還是把屎盆子扣在「在事諸王大臣」身上了。為人君也，金口玉言，事無巨細都由自己拍板；一旦出了問題，事無大小都是執行者的過錯。大清這種制度，天下罕有，光拍板，就是不負責任，怪不得中國一個農夫都做皇帝夢！

扣屎盆子的事情，咱就不說了，只說這次叔嫂聯手，幹得那叫一個漂亮。政變成功後的第九天，也就是十月初九（十一月十一日），小皇帝在太和殿舉行登基大典，年號由「祺祥」改為「同治」，以明年為同治元年。

叔嫂「同治」

所謂的同治，除了兩宮同治、兩宮與兒子同治之外，應該還有個叔嫂同治。可以說，政變一成功，首先是叔嫂坐地分贓。當然了，二十七歲的小寡婦還需要慎重，萬一分贓不均，小叔子心懷不滿怎麼辦？萬一分贓過厚，小叔子心懷二心、權大壓主怎麼辦？這一切都需要掂量。

慈禧剛開始並不小氣，從政變成功後，接連下發了獎賞奕訢的諭旨：

（一）十月初一（十一月三日）連發兩道諭旨：第一道，恭親王奕訢著授為議政王，在軍機處行走。第二道，著恭親王補授宗人府宗令。

議政王這一頭銜，使奕訢明顯地凌駕於其他諸王之上，成為兩宮太后和幼帝之下的第一人。宗令是宗人府最高長官，負責管理皇族內部事務，有權賞罰皇族成員，這就賦予了奕訢名正言順地處分載垣、端華和肅順的權力。

（二）十月初二（十一月四日），連發兩道諭旨：第一道，著奕訢補授總管內務府大臣。第二道，著奕訢管理宗人府銀庫。

總管內務府大臣是管理宮廷事務的最高長官。宗人府銀庫，相當於皇家銀行行長。

（三）十月初八（十一月十日），賞賜奕訢親王爵世襲罔替，奕訢堅辭，據說辭得聲淚俱下的。兩宮太后沒有辦法，只好改賜親王雙俸，為此特頒上諭，加以表彰，並且聲明這是暫時辦法，等皇帝親政後再行辦理，恢復世襲罔替。

關於世襲罔替，截止到奕訢這個時候，大清立國近二百年，僅有九人受此封賞。除了雍正朝怡親王允祥以外，其他八位均是開國元勳，前面說過，他們是順治年間的禮親王代善、鄭親王濟爾哈朗、睿親王多爾袞、豫親王多鐸、肅親王豪格、克勤郡王岳托、莊親王碩塞和順承郡王勒克德渾八王。人稱鐵帽子王！

不過，鐵帽子王也不怎麼保險。此時的奕訢心裡明白，即使受此封賞，也不能永保子孫的安康與榮耀，多爾袞當初是何等地顯赫，死後立即被追奪爵號，一百多年後，也就是乾隆年間才平反復爵；剛死去的肅順、端華是鄭親王濟爾哈朗的七世孫，載垣是怡親王允祥的五世孫，還不一樣被報銷？總之，出於多種考慮，奕訢辭謝了親王世襲罔替，退而求其次，僅接受了親王雙俸。

所謂的雙俸，就是小菜一盤了。前面說過，滿洲親王年俸一萬兩，之後奕訢就可以拿二萬兩了。你要以為大清的高官都是僅靠薪水過日子，你就大錯特錯了，屬於沒見過豬跑的那號人。

（四）十月初十（十一月十二日），兩宮太后懿旨，命大學士會同六部九卿，詳議具奏奕訢生母康慈皇太后應如何議加尊諡。可以說，生母的死後待遇一直是奕訢的一個心病。當初母親在時，為了給老人家爭個太后之位，他與咸豐鬧彆扭；雖勉強封太后，但又被故意減殺喪儀，不上諡號，不升太廟，沒有享受到真正太后的待遇，自己還因此被罷免回家。現在老太后如此慷慨，恢復了奕訢生母的太后待遇升祔太廟；尊謚之間另加「懿昭端惠」，而且還給了個「成」字，這一來尊謚變成十五字，曰：「孝靜康慈懿昭端惠弼天撫聖成皇后」。總算可以告慰母親的在天之靈了，奕訢為此感激涕零，連連磕頭拜謝。

（五）咸豐十一年十二月初九（一八六二年一月十八日），兩宮懿旨「恭親王長女聰慧軼群」，晉封為固倫公主，所有服色體制，均著照固倫公主之例辦理。清制，皇帝的正宮所生嫡女才可封固倫公主，其他妃嬪所生之女只能稱為和碩公主。如果是宗室女兒經由正宮皇后撫養的，在出嫁時也只能享受和碩公主的待遇；親王的女兒則只能封為郡主。奕訢女兒享受固倫公主待遇，這在大清是僅有的一例，太震撼了！

（六）同治元年春節（一八六二年一月三十日），兩宮再下諭旨：恭親王以議政王在軍機處辦理一切政務，勤勞懋著，加恩特許其在紫禁城內坐四人轎，以示優異；並賞其子載澂戴三眼花翎。

可以這樣說，政變成功後的頭兩個月裡，慈禧太后對小叔子的輪番獎賞，能把人砸昏過去。不過慈禧沒有發昏，她心裡有譜。授予恭親王奕訢「議政王」，一個「議」字，離攝政王多爾袞之「攝」字差了老遠。雖然隨後又令奕訢掌管軍機處、總理各國事務衙門、內務府、宗人府等重要部門，然而奕訢權力的行使，必須遵行簾子後面皇太后的允准，加蓋兩宮太后鈐印才能生效。一句話，小叔子就是嫂嫂的助理罷了。

奕訢本來就沒有取而代之的想法，即使有，他在北京留守期間也不敢幹。現在能給兩個嫂嫂做個助理就算不錯了，總比坐哥哥的冷板凳強多了。所以政變初成，雙方對分贓結果還是比較滿意的，你好我好，他也好！

分贓的同時，叔嫂聯手開始了大清史上第一次改革開放——洋務運動！這是叔嫂合作的最大成果。在這次運動中，大清堅持了大清傳統文化的主體性及專制政治的中國特色性，只引進西方的大炮與輪船，不引進西方的普世價值，大清這艘破船，就以楊小凱先生所謂的「後發劣勢」起航了！

「鬼子六」終究還是被嫂子治住了

不過，叔嫂合作的愉快是有前提的，那就是雙方共同敵人的存在。若合作雙方共同的敵人不在了，合作雙方之間很快就會由合作關係昇華為敵人關係的！這是我自己總結的怎麼顛也不破的真理。對於這對叔嫂來講，共同的敵人有兩股：一股來自身邊，那就是八大臣，已玩完了；一股來自身外，那就是太平天國。同治三年（一八六四），太平天國也玩完了。天朝上下，一片歡騰。當然，大家歡騰的程度與境界是不一樣的。這個時候的奕訢青春年少，正處於「我驕傲」的小保安狀態。他沒想到事情正在發生變化，他將成為嫂嫂的下一個敵人。事實上，奕訢也越來越讓嫂嫂不高興了：

第一，太平天國玩完後，奕訢所受的恩遇達到了無以復加的程度，政府因剿滅太平天國論功行賞，奕訢功居首位，賞加三級軍功，加授其長子輔國公載澄貝勒銜（時年七歲）、次子載瀅（四歲）不入八分輔國公、三子載濬輔國公（生僅一個月）。奕訢包括他的家庭都達到了一生中的最高峰。奕訢本人的聲名甚至蓋過了皇嫂與皇侄。大家只知有奕訢，不知有其他。慈禧不能容忍！

第二，恭親王執掌中樞，在滿漢大員的任用方面跟當年的肅順是一個毛病，那就是：重用漢人！封疆大吏盡用漢人，滿人所佔比例日益減少，幾盡沒有。奕訢本人更是與那些被提拔重用的漢族大員打成一片，他們對奕訢感恩戴德，唯奕訢馬首是瞻。這更讓慈禧不能容忍！

從這裡我們可以看出，女人還是頭髮長見識短了，只算計自家和娘家那些利益，不關注整體利益。當年肅順之所以重用漢人，原因就在於他知道滿人不學無術，大多是笨蛋。現在，奕訢重用漢人，才有所謂的同治中興大清崛起。雖然這種中興與崛起有些虛，但是天朝什麼時候能實呢？虛攦兩下就算不錯了。

第三，由於留守北京的機會，使得奕訢成為與鬼子打交道的人。隨著交道的增多，奕訢發現中土大國現在所遭遇的夷人比中國傳統的夷人厚道多了，他們在條約簽訂之後竟然乖乖地撤了，對清政府的土地人口及紫禁城裡的那把龍椅並沒有想法，於是他開始轉用禮與信的招數對付夷人。在他是哄夷人玩，在夷人看來，中國這位親王還比較像個文明人，比他那個酋長哥哥要強多了，於是對他尊信有加。這在太后看來很不爽，雖然她支持洋務運動，但是並不代表她喜歡洋人。英法聯軍進中國，她隨夫倉皇而逃的遭遇她記得，丈夫在避暑山莊吐血而亡她更是記得。

第四，奕訢經常犯少年得志的毛病，一得意就忘形，比如每次入宮議政，太監給太后和皇上獻茶時，慈禧必命也給奕訢獻茶。有一次馬虎，奕訢竟拿起了案上禦茶，雖然馬上想到不對，仍放置原處了，但細節決定成敗啊！再比如，奕訢在與太后議政時，有時佯裝沒有聽到，請太后重述一遍。這不調戲嫂嫂嗎？每與太后有不同意見時，則高聲抗辯。這不是不尊嫂嫂嗎？還有，兩宮太后召見之地任何人不得擅入，無論是誰，不經總管太監傳旨不得進入。奕訢往往不經太監傳旨，就徑直入內。就是民間的小叔子，也不能如此闖寡嫂的房間吧？這一切都讓嫂嫂不高興。當然，主要的原因還是，內憂外患都沒了，奕訢又這麼有本事，他就是最大的內憂了，於是就發生以下的故事。

同治四年三月初四（一八六五年三月三十日），恭親王奕訢照常入值覲見兩宮太后。慈禧拿出一份奏摺嚴肅地對奕訢說：「有人參劾你！」奕訢不但不謝罪，還滿不在乎地問：「誰上的奏摺？」嫂子沒好氣地答：「蔡壽祺！」奕訢脫口而出：「蔡壽祺不是好人！」

蔡壽祺當然不是好人。

壞人蔡壽祺，字梅盦，江西德化人，道光十九年（一八三九）進士，曾經入翰林院當編修。翰林院是大清官方的最高學術機構，翰林官不僅升遷較他官為易，而且待遇優厚。詩人龔自珍就因為「鄉試」成績不好，進不得翰林而一輩子耿耿於懷。但是蔡壽祺不知怎麼搞的，當了多年的編修也未受到皇帝賞識，於是出京投機去了。他先竄到了四川，私刻關防，招募鄉勇，把持公事，過分招搖，引起了新任川督駱秉章的反感，命藩司劉蓉（原湘軍將領）將他趕回了老家江西。之後，他又投靠正在陝西圍剿回民起義的勝保。勝保，滿洲鑲白旗人，是辛酉政變得以成功的武力後盾。政變後一直受慈禧重用，手握重兵。太平天國起義後，慈禧又命他主持山東、安徽間的「剿撚」軍務。但由於居功自傲、貪汙腐敗、軍功不振等原因引發慈禧不滿，又把他調到了陝西督辦軍務，鎮壓回民起義。這下軍務搞得更不像話了，屢戰屢敗。再加上他與奕訢關係過近，於是慈禧太后一怒之下派人把他逮問回京。原本是奕訢審問的，可是慈禧趁奕訢不注意的當口，把勝保處理了：賜令自盡，家產充公。蔡壽祺沒了主子，又回到京城，混入宮中，擔任起居注官（清代以翰林和詹事等日講官兼充起居注官，日講官負責給皇帝講解經史，起居注官負責記錄人君言行動止），遂利用職務方便，與慈禧的心腹太監安德海有了勾結。嫂嫂不喜歡小叔子的資訊，他由安德海處嗅到了。同治四年二月二十四日（一八六五年三月二十一日），他以「請振紀綱以尊朝廷」為名，上摺遍參曾國藩等人揑報湘軍戰功，取巧避罪；指責恭親王重用漢人不當，圖謀使漢人重掌軍權，要求奕訢面壁思過，以服人心。

蔡壽祺的這次參劾絕對是試驗，看看慈禧如何反應。發現慈禧並沒有變臉，於是他放心了，於三月初四（三月三十日）又上奏一篇洋洋灑灑三千言的摺子。這次不再拐彎了，而是直接點名攻擊恭親王，羅織的十大罪名有攬權、納賄、徇私、驕盈等，要求他「歸政朝廷，退居藩邸，請別擇懿親議政」。一句話，把恭親王打回老家。老實說，如果沒有摸準太后的心思，借蔡壽祺十個膽也不敢搞此政治投機。問題是他投對了，慈禧藉機開始老戲重演——她又哭鼻子了！

慈禧避開奕訢執掌的軍機處，單獨召見大學士周祖培、瑞常、吏部尚書朱鳳標、戶部侍郎吳廷棟、刑部侍郎王發桂、內閣學士桑春榮、殷兆鏞等人，哭哭啼啼地對他們說：議政王植黨擅權，漸漸到我不能忍受的地步了，我要重治議政王的罪！諸位大臣看見太后這副模樣，傻了，不知太后玩什麼把戲，無人接話。於是，慈禧鼓勵大家，諸位大臣應當以先帝為念，不要害怕議政王，議政王罪不可逃，應當從速議罪！鼓勵之後，大家還是摸不著頭腦，沒人表態。老謀深算的周祖培回覆曰：「此惟兩宮乾斷，非臣等所敢知。」慈禧著急了，如果什麼都要我們太后說話，那還要你們這幫人幹什麼？等以後皇帝長大成人，你們能逃過處罰嗎？周祖培看不表態也不行，遂用上了緩兵之計，說：「此事需有實據，容臣等退下後詳察」，並請與大學士倭仁合審此案。慈禧准奏。周祖培和倭仁經過一番調查研究，還是因為摸不著慈禧太后葫蘆裡賣什麼藥而上了一個模糊建議：「閱原摺內貪墨、驕盈、攬權、徇私各款，雖不能指出實據，恐未必盡出無因。況貪墨之事本屬曖昧，非外人所能得見。至驕盈、攬權、徇私，必於召對辦事時流露端倪，難逃聖明洞鑑。臣等伏思黜陟大權操之自上，應如何將恭親王裁減事權，以示保全懿親之處。」

慈禧看這些老滑頭不好好替自己辦事，一著急，親自操刀寫上了奏摺，可以這樣說，老太后統治中國半個世界，親手寫定的文件目前發現的不多，除了辛酉政變期間那次，這次應該是第二份了。現在我們學習一下：

諭在廷王大臣等同看，朕奉兩宮皇太后懿旨：本月初五日據蔡壽祺奏，恭親王辦事徇情、貪墨、驕盈、攬權，多招物議，種種情形等弊。嗣（似）此重情，何以能辦公事！查辦雖無實據，是（事）出有因，究屬曖昧知（之）事，難以懸揣。恭親王從議政以來，妄自尊大，諸多狂敖（傲），以（倚）仗爵高權重，目無君上，看（視）朕沖齡，諸多挾致（制），往往諳（暗）始（使）離間，不可細問。每日召見，趾高氣揚，言語之間，許（諸）多取巧，滿口胡談亂道，嗣（似）此情形，以後何以能辦國事？若不即（及）早宣示，朕歸（親）政之時，何以能用人行正（政）？嗣（似）此重大情形，姑免深究，方知朕寬大之恩。恭親王著毋庸在軍機處議政，革去一切差使，不准干預公事，方示朕保全之至意。特諭！

又是一堆別字。丁燕石的《正說慈禧》裡，還附了慈禧這道親筆朱諭的照片，我們可以發現，除了以上別字之外，這道上諭還有兩處別字自行改正了：一處是「用人形政」自己改成「用人行正」；一處是「諂媚之事」改成「曖昧知事」；至於「滿口胡談亂道」一句更是擠著夾到字縫裡的。整個頁面就像一紙小學生作文，塗得亂七八糟。看來，嫂嫂為了煞煞小叔子的威風，都顧不得什麼學識與風度了。當然，她自己內心知道，所以遞給倭仁和周祖培時，要求他們「潤飾」一下。周祖培等人一看，不潤飾不行呀，太丟西太后的人了，必須潤飾後再給「王大臣」們同看。關於潤飾後的版本，我們可以在帝師翁同龢的日記裡看到：

諭內廷王大臣等同看：朕奉兩宮皇太后懿旨：本月初五日據蔡壽祺奏：恭親王辦事徇情貪墨、驕盈攬權，多招物議。似此重情，何以能辦公事。查辦雖無實據，事出有因，究屬曖昧，難以懸揣。恭親王議政之初，尚屬勤慎，迨後妄自尊大，諸多狂傲，倚仗爵高權重，目無君上，視朕沖齡，諸多挾制，往往暗使離間，不可細問。每日召見，趾高氣揚，言語之間，許多取巧妄陳。若不及早宣示，朕親政之時何以用人行政？凡此重大情形，姑免深究，正是朕寬大之恩。恭親王著毋庸在軍機處議政，革去一切差使，不准干預公事，方示朕保全之至意……特諭！

慈禧命令這道諭旨不必經由奕訢掌領的軍機處，而由內閣速行天下，於是可憐的恭親王只剩下光桿皇子的身分了。回想政變剛成功之初，叔嫂兩個和諧共處，分贓均勻。沒想到，一切都是那麼的不可靠，這才幾年，所有恩賞就全都沒了，老六淨身出戶！

不過，人氣他還是有的。一者，老六是個實幹家，整個中樞及政府的平衡需要他；二者，老六也沒什麼嚴重的政治與經濟問題。所以，詔書發布後，不論宗室親貴，還是部院大臣和外省督撫，都對慈禧的做法表示反對。大家眾口一詞，要求恭親王復職。

惇親王奕誴，那個生性低俗的道光第五子、老六的五哥、叫慈禧為四嫂的小叔子最敢於實話實說了，他上書說出了兩點意見：

第一，關於恭親王的事情，實屬曖昧，僅僅以言語和行為上的小過錯，就驟然予以嚴懲，無以昭示天下。

第二，恭親王自做議政王以來，辦理事物，沒有聽說有什麼大的劣跡，惟有皇太后召對時，在言語詞氣之間有些不恭，這也不是臣民所共見共聞的；而所參劾的內容又沒有真憑實據，若一味堅持罷斥奕訢，恐怕傳聞中外，議論紛紛。

吵鬧中，相關調查報告也出來了，蔡壽祺所參之事多屬風聞，倒是他自己的問題浮出水面了。他說總理各國事務衙門的薛煥與陝西巡撫劉蓉均是賄賂奕訢而得任，劉蓉則揭穿蔡壽祺在四川招搖撞騙而慘遭驅逐的事實。調查報告一出，朝野譁然，大清帝國二百多年中，還沒有一個人敢用「莫須有」的罪名參劾一個親王，而這個親王是皇帝的嫡親叔父，是為小皇帝的母親一手完成垂簾聽政事業的功臣，更是軍機處的領班大臣！

慈禧是好女不吃眼前虧的主兒，一看風向不對，趕緊退步。於四月十四日（五月八日）召見了奕訢，恭親王伏地痛哭。可憐的鬼子六，枉自聰明能幹，卻因心機不夠而處處受人委屈：父親在位，自己爭皇位爭不過四哥；四哥在位時，自己大部分時間在家恭著做閒王；叔嫂同治時，嫂嫂玩自己跟貓戲鼠似的！

慈禧以同治帝的名義下達諭旨，說恭親王「伏地痛哭，無以自容」，經批評教育，認罪態度較好，所以著「仍在軍機大臣上行走」，但免去他議政王頭銜，「以示裁抑」。小寡婦這麼一裁，後果很嚴重：

第一，把老六的銳氣裁去不少！老六的特色就是腹有才華氣自高，但四哥與四嫂就是不讓他驕傲，就是讓他恭著。現在，他也明白了，本事再大，功勞再大，領導面前也得裝孫子。所以此後開始注重傳統的禮制，凡事以「禮」和「臣道」為先。同治四年（一八六五）咸豐帝奉安定陵，奕訢襄辦有功，兩宮太后欲嘉獎之，奕訢說什麼也不接受。慈禧將奕訢交宗人府議敘，宗人府給出的政審評語是這樣的：「惟恭親王誼屬宗藩，首參機務，近來事務巨細，愈加寅畏小心，深自斂抑。」之後，老六進一步自斂，面奏兩宮太后，請求收回對其長女固倫公主的成命，兩個寡嫂同意了，改封其長女為榮壽公主。可憐的老六，吃過的東西開始往外吐了。

第二，老六變得謙虛，如果僅是他個人及家庭的事，也就罷了。問題是他這麼一謙虛，直接影響的是國事。他比之前更為瞻前顧後了，大清帝國轟轟烈烈的洋務運動鋒頭漸減。所謂的中興與崛起，就更是水中月和霧中花。

事實上，就在嫂嫂玩弄小叔子的時候，清朝鎮壓太平天國的首功之臣，時任兩江總督的曾國藩與心腹幕僚趙烈文之間卻有一番談話：

曾國藩：「得京中來人所言，云都門氣象甚惡，明火執仗之案時出，而市肆乞丐成群，甚至婦女也裸身無褲，民窮財盡，恐有異變。奈何？」

趙烈文：「天下治安，一統久矣，勢必馴至分剖。然主威素重，風氣未開，若非抽心一爛，則土崩瓦解之局不成。以烈度之，異日之禍，必先根本顛仆，而後方州無主，人自為政，殆不出五十年矣！」

曾國藩皺眉半天後，說：「然則當南遷乎？」

趙烈文：「恐遂陸沉，未必能效晉、宋也。」

從同治六年（一八六七）到宣統三年（一九一一）辛亥革命，果然不出五十年！趙烈文真神人也！還是那句話，大清這種體制，導致真正的人才永遠在民間！奕訢算是愛新覺羅家最有才的，卻被一個有權的嫂嫂玩成這樣，這家的江山不玩完，天理何在？

當然，稟性難改，江山難移，奕訢雖然老實了一些，但畢竟稟性使然，偶爾還是會給嫂嫂使壞的。

之一：同治八年（一八六九），與慈安太后、同治帝合夥把慈禧太后的心腹太監安德海給幹掉了。慈禧很不高興！

之二：同治十二年（一八七三），親政後的同治準備為太后重修圓明園，奕訢開始時支持，最後不支持；表面上支持，實質上不支持。也讓慈禧不高興。

之三：光緒六年（一八八〇），慈禧派太監給自己娘家送東西，因事先敬事房沒有向守門護軍傳旨，太監被護軍阻攔，太監不服，雙方毆打。太后偏聽太監誣陷守門護軍的一面之詞，欲廷仗護軍，置其死。奕訢率領全體樞臣「力爭不奉詔」，說廷仗乃前朝虐政，不可效法。引得太后大不高興，大聲質問：「你事事與我為難，你到底算什麼人？」奕訢毫不示弱，昂然道：「臣是宣宗（道光帝）第六子。」太后說：「我革了你的爵！」奕訢回答：「你能革臣的爵，卻革不了臣的皇子。」奕訢等人的抗辯，終使護軍從輕發落。慈禧太后更不高興了！

慈禧不高興，老六更不高興，只不過後者境界比前者要高許多罷了：

之一：同治五年（一八六六），奕訢上摺請求在專教英、法、俄三國外語的同文館中添設天文算學一館，聘請外籍教師，教授西方自然科學。招生範圍，擬由原來僅限於十四歲以下的八旗子弟，擴大到滿漢舉人及恩、拔、歲、副、優等五貢生，漢文業已通順，年在二十以外者及翰林、進士出身五品以下滿漢京外各官，少年聰慧者。頑固派們聽聞大譁：天底下有這麼侮辱讀書人的嗎？斯文掃地啊！

先說什麼叫正途出身，最簡單的說法，就是科舉出身。具體來講，五貢、舉人、進士、制科在各種入仕途徑中都屬於正途。五貢係府、州、縣由自己的生員（秀才）中選出，赴京師國子監深造的優秀學生，名為貢生。因選送方式不同分五種類別：歲貢、恩貢、拔貢、優貢、副貢，通稱五貢，也就是秀才中的佼佼者。舉人經由鄉試產生，鄉試因為在秋天舉行，所以也叫秋試，每三年一次，凡獲秀才身分的府、州、縣學生員、監生、貢生均可參加。進士經由會試和殿試產生，會試和殿試因為在春天舉行，所以也稱春闈。凡舉人即可會試，會試過關稱貢士，貢士參加由皇帝親自主持的殿試，然後得進士，進士就是科考的最高峰了。一甲進士三鼎甲，也就是狀元、榜眼與探花可以直接進入翰林，其他則需經過朝考、皇帝欽點才能補進翰林，所以翰林乃是中國傳統士人的最高境界。龔自珍就是因為進不得翰林而始終耿耿於懷。至於制科，乃是鄉試、會試之外，皇帝根據特殊需要而特詔舉行的考試，也叫特科，雖然地位最尊，但偶爾舉行，不成慣例。

總之，讓正途出身及最高級文人也去學鳥學，拜鳥師，對頑固派來講，那絕對是一種侮辱。所以噁心老六的「手機簡訊」立即傳得漫天飛舞：詭計本多端，使小朝廷設同文館；軍機無遠略，誘佳弟子拜異類為師。奕訢「鬼子六」的綽號由此而來。老六改革來改革去，把自己改革成傳統士人眼裡的漢奸了，你說老六能高興嗎？大清的主流士人也真是奇怪，一直沒有正常的恥感，外侮越多，他們越驕傲，越堅持中國文化的主體性，在他們的影響下，中國大眾更是不堪。嚴復在《救亡決論》中，對這種症狀概括如下：「……以惡其人，遂以並廢其學，都不問是非利害。此何殊見仇人操刀，遂戒家人勿持寸鐵；見仇人積粟，遂禁子弟不復力田。」魯迅概括得更妙：「因為多年受著侵略，就和這『洋氣為仇』。更進一步，則故意和這『洋氣』反一調：他們活動，我偏靜坐；他們講科學，我偏扶乩；他們穿短衣，我偏著長衫；他們重衛生，我偏吃蒼蠅；他們健康，我偏生病……這才是中國固有的文化，這才是愛國，這才不是奴隸性。」

老六對面站一群什麼樣的人？用梁啟超的話來講，挑戰四萬萬群盲，全國皆我敵！

之二：光緒二年（一八七六），在軍機處當值的資深重臣文祥病故。文祥與寶鋆是奕訢的左膀右臂，所以文祥之死，對奕訢是很大的打擊。文祥既開明，支持洋務運動，同時又有傳統的一面，在維護傳統與推進洋務之間盡量把握平衡。文祥死後，沈桂芬代替了文祥的角色，他以洋務見長著名，積極推行洋務，在軍機處與以傳統「正學」自居的帝師李鴻藻就有了衝突！老六夾在中間，左右不討好。

之三：李鴻藻是帝師，深得兩宮太后的好感，地位甚為顯赫，在他周圍聚集了一批保守的翰林、言官，形成一個有政治傾向的「清議派」（或稱「清流黨」）。沈桂芬感到勢單力薄，於是召王文韶入軍機處作為自己的支柱。光緒六年（一八八〇），沈桂芬死去，王文韶隨後也被李鴻藻排擠出軍機處。老六更加沒勁了。

之四：光緒七年三月初十（一八八一年四月八日），比慈禧小兩歲、身體一向健壯的慈安皇太后猝死，清廷的垂簾聽政由兩宮並列驟然變成慈禧一人獨享。因此，對於東太后的死因朝野上下議論紛紛，人們不自覺地將她的猝死與慈禧聯繫起來。雖然官方資料證明，慈安是正常死亡，可是大清特色下，誰相信官方呢？民間謠言滿天飛，最流行的謠言是慈安吃了慈禧進獻的小餅而暴死。關於慈禧殺慈安的原因，更是五花八門：有人說，是因為咸豐密詔事。慈安拿有咸豐皇帝臨終前給她制裁慈禧的遺詔，上寫：「西宮援母以子貴之義，不得不並尊為太后。然其人絕非可倚信者，即不有事，汝亦當專決。彼果安分無過，當始終曲予恩禮；若其失行彰著，汝可召集廷臣，將朕此旨宣示，立即誅死，以杜後患。」慈安生病時，慈禧盡心服侍，感動得慈安就把這個詔拿出來，給慈禧看後即當面燒掉了。慈禧表面對慈安感泣不已，實際上卻起了殺機，既怨咸豐偏心，又嫉慈安獨得寵信。有人說，是因為東陵致祭事，光緒六年（一八八〇）兩個寡婦到東陵祭奠她們共同的丈夫咸豐，卻因為位置的排列起了爭執。慈安以咸豐在位時慈禧只是妃嬪為由，不讓其與自己並列，並命慈禧退後拜祭，慈禧認為還是並列而排的好，兩人當眾吵了起來。最後慈禧勝利了，但她很不高興，認為慈安是羞辱自己，遂起殺機。有人說，是因為李蓮英事。說慈安乘輦路過某殿，李蓮英與小太監角力中，對慈安的大駕路過視若無睹，慈安大怒，欲杖責之，並到慈禧住處教訓慈禧一通，慈禧不服，心生殺機。有人說，慈禧有不成體統之事。慈安去看慈禧，發現一個姓金的京劇演員躺在慈禧床上，這讓老實本分、言語木訥的慈安氣憤不已，痛數責之。慈禧認了錯，賜死了金姓伶人，但卻對慈安動了殺機。

真正的謠言，難免弱智的一面，也就是說，沒有宮廷生活常識的人，造出來的謠破綻百出。問題是，再有破綻，也有很多人相信，很簡單，這些人也沒有見過豬跑，缺乏宮廷生活常識。現代專家根據翁同龢日記，得出慈安死於腦出血的結論，應該是正解。

不管怎麼死的，反正慈安之死對政局還是有影響的。有慈安在，一方面，可以對慈禧構成一定的制約，慈安畢竟是正宮皇后，在那個時代還是挺管用的；另一方面，對奕訢是一種支持！奕訢與慈禧有了衝突，常以「嫡庶之分」為由，透過支持慈安壓制慈禧，慈安也多倚重和信任奕訢，無形之中，奕訢和慈安形成一種聯合力量，以共同對付慈禧。慈安一死，奕訢就少了一個強有力的真正的「后」援團，在慈禧面前更加縮手縮腳，抖擻不起精神了。當然，慈安之死還讓十歲的小皇帝載湉傷感不已，慈安太后可能是後宮中唯一能給他母性之愛的人，所以小皇帝每天都要到東太后的靈棺前痛哭不已。根據帝師翁同龢日記記載，慈安死後一月有餘，小皇帝讀書還靜不下心，三月之餘，一提東太后，還泣然流涕。可憐的孩子——不該死的人死了，該死的人卻一直活著！

之五：由於李鴻藻「清議派」的勢力與壓力，導致奕訢的被動。奕訢更大的精力，是在主張改革的「洋務派」和主張保持傳統的「清議派」之間尋求平衡。尋來求去，改革的步伐就成為毫米推進，奕訢再也不能像原先那樣大刀闊斧，許多近代化的設想也因礙於守舊輿論而被擱置或者廢棄。但是列強環伺，外辱日盛，奕訢還得硬著頭皮招架！

之六：光緒十年（一八八四），法國侵略越南。奕訢及其主持下的軍機處不想輕易開啟戰端，因為他們更知道政府的老底。但是清流派不這麼看，由於受到慈禧太后的信任，更由於認為光靠搖唇鼓舌就可以打仗，所以他們交章彈劾奕訢等人。正好清軍在前線潰敗，慈禧太后與醇親王奕譞合作，以「委靡因循」之名，將以奕訢為首的五軍機大臣全部罷黜，停奕訢親王雙俸，命他「家居養疾」。又命禮親王世鐸主持軍機處，慶郡王奕劻主持總理衙門，並命遇有重大事件，先與醇親王奕譞商辦。慈禧太后這次改組軍機處，因為發生在甲申年，史稱「甲申易樞」。這下可好了，本來大清這個破車是靠奕訢這匹駿馬來拉的，現在換上了三頭蠢驢，大清只好朝著死亡之路狂奔而去，攔都攔不住！奕訢徹底灰心，以養病為名躲到北京西山的戒台寺，隱居起來了。

之七：光緒十七年（一八九一），恭親王的老部下，與他一同遭貶回家的軍機大臣寶鋆死，奉詔入祀京師賢良祠。奕訢在儀式舉行前先往閱視祭器、祭品，想起兩人共事時的諧趣，黯然神傷：

某日軍機處將散值，寶鋆先往如廁，許久才返。奕訢嘲笑他：「往何處撇寶去？」「撇寶」是當時市井諧語，與「如廁」同義。但「撇寶」的「寶」與寶鋆的「寶」同音，奕訢此話就是調戲寶大人。寶鋆隨口答稱：「哪裡，是出恭。」這「出恭」的「恭」與「恭親王」的「恭」同音，兩人鬥個平手。

又一日，恭親王自太廟出，指著廟碑下面的贔（贔屭，古代一種神獸，龍生九子其中之一，形似大海龜，常見於馱碑）對寶鋆說：「你看這個寶貝。」以「寶貝」暗指寶鋆，奕訢當然意在其龜形。可寶鋆回曰：「啊，這也是龍生九子之一嘛！」恭親王兄弟一共九個，寶鋆這麼回，巧妙極了。所以兩個人又是平手。

兩個人之間的這些諧趣，既反映了雙方的機智與親密，更反映了恭王的寬厚與隨和。現在，親密戰友一個一個地走了，國事一天不如一天，作為宗室親王，老六如何不悲傷呢？

之八：光緒二十年（一八九四），中日甲午戰爭爆發，一敗再敗的局勢下，奕訢被重新起用。九月初七（十月五日），太后單獨召見恭親王奕訢，而且一天內連召四次。說明老太后還是挺英明的，深刻明白沒事的時候用庸臣，有事的時候用能臣。不過，此時的能臣、她那曾經年輕氣盛的小叔子已經變成年過花甲的老叔子，暮氣沉沉。或許是因為身老體衰的緣故，或許是因為十年冷板凳的緣故，但更多的是體制的弊病與人事的難為，總之他出山也不行。他把希望放在了和談上，甚至希望給英國二千萬兩銀子，以期中英結盟，英國當然不傻，給我二千萬，我就給你當馬仔，拉破船，天底下哪有這麼便宜的買賣啊！奕訢的希望落空，只好眼睜睜看著戰爭失敗，眼睜睜看著《馬關條約》簽訂。親王知道，自己在世的時日不多了，而且大清這艘破船將駛向何方，他這個局中人可能看不清楚，但是他能感覺到，朝政明顯失衡了——當權的滿洲人全是平庸之輩：

軍機領班禮親王世鐸，除了拍馬屁還是拍馬屁，他最大的政績就是在中日甲午戰爭的高潮階段，把馬屁也拍到高潮，前方打得多熱，他在後方給老太后辦六十歲的生日大典就有多熱。當然，這個人還有個特點就是沒有脾氣，跟誰都沒有黑過臉、說過重話，所以宮內左右都說他是好人。這好人每日入值最遲，散值最早，遇事則模稜兩可，毫無措置。

總理衙門領班是慶親王奕劻，十年前奕訢被罷免後，奕劻擔上了總理衙門大臣之職，封慶郡王。海軍衙門建立後，又會同醇親王奕譞幫辦海軍事務。由於給老太后辦六十歲生日大典有功，晉封慶親王，也成為世襲罔替的鐵帽子王。他所謂的有功，就是會同奕譞挪用海軍衙門的經費給老太后修頤和園。

甲午戰爭後期，這些滿洲庸臣都站在老太后一邊，由原先的不反對主戰轉向了主和；至於漢族大員，除了李鴻章，其他人大多站在光緒帝及其帝師翁同龢一邊，做了鐵桿主戰派。奕訢為此憂心，他認為翁同龢勢力過大，對光緒的影響過甚，慈禧太后對此也很不滿意，於是他與太后合謀，弄個有能力的滿人入值軍機，對翁同龢進行牽制，最後他們相中了兩個人：剛毅與榮祿。剛毅作為一位滿洲大員，在漢族士大夫眼中是一個笑話，說話的時候滿口跑江湖，跟個黑社會似的，卻老想掉書袋，一掉一堆錯別字，引得大家笑也不是，不笑也不是。比如「追奔逐北」，他給人改成「追奔逐比」，認為敵人逃跑的時候，不可能只往北跑，為什麼就不能往東西南三個方向跑呢？於是，奕訢與老佛爺選中了榮祿，榮祿是滿洲官員中最聰慧的一位了，但他的聰慧卻更多的表現在明哲保身方面。他不想蹚軍機處那渾水，更不想捲進南北清流之爭和滿漢之爭中去，超然局外的李鴻章就是他的榜樣，所以他自己要求做直隸總督。奕訢與太后滿足了榮祿的願望，只好派剛毅入值軍機了。光緒二十四年（一八九八），親王病歿，臨終前，憂心忡忡地要求親臨省視的載湉侄兒遠離廣東小人，同時大罵甲午戰爭中力主開戰的帝師翁同龢：「聚九州之鐵不能鑄此錯者。」說明，老六還是比較清醒的。

之九：家事也一場糊塗！

奕訢死後，又光榮了一番。一方面，謚號曰「忠」，配享太廟，入祀賢良祠；另一方面，賞親王世襲罔替。這回他再恭，也無法拒絕了！而清宗室中，能謚個「忠」字的，也就另一個著名的小叔子多爾衮了。但這一切又能產生什麼作用呢？死前的奕訢，內心淒涼，國事一塌糊塗，家事也沒好到哪裡去，兒女們是他心中永遠的痛：兒女多早殤，僥倖活下來的卻又不爭氣！

他有四個兒子，長子載澂、次子載瀅、三子載濬、四子載潢，其中三、四兩子俱幼殤，長子載澂襲貝勒，自小天資聰穎，擅長詩文，稍大後卻胡作非為，甚至領著同治逛窯子，兄弟兩個竟成性病病友了。光緒十一年（一八八五）載澄病死。載澄發病期間，奕訢甚至不願進屋看他一眼。下人用父子情面哀求，奕訢進了屋，可是一看快要斃氣的兒子依然一身外出尋歡的黑衣，黑衣上繡著成群的蜘蛛，頓時火起，對著兒子大罵：就這個樣子，還是死了的好！乃父如此一罵，載澄立刻蹬腿而死，享年二十八歲。可憐的孩子，做高官兒子也是「杯具」！另一個兒子載瀅，過繼給奕訢的弟弟——老八鐘郡王奕詥，襲貝勒爵位。他還有四個女兒，其中二女幼年早喪，大女兒被封固倫公主，後辭去「固倫」名號，改封榮壽公主，長在宮中伺候老佛爺，人稱大公主。

據說，奕訢生前曾經多次發過「我大清宗社乃亡於方家園」之歎。據說，方家園原來是欽差大臣都統勝保宅院，籍沒後，賜予承恩公桂祥的，所以奕訢所謂的方家園，乃慈禧娘家代稱，暗指慈禧。

奕訢發出這種感歎也是正常的，他是愛新覺羅家最優秀的男性代表了，鬥了一輩子，也沒鬥過方家園的這位小女人，大清氣數盡了！他自己死得也不是時候，如果多活兩年：第一，對於廣東小人康有為的一路狂奔能有所遏制；第二，對於義和團亂中華、八國聯軍進中國也能有所防備。當然，個人之長難補組織與技術之短，天朝命數已盡，老六的一生只不過說明，天朝運作的機理就是劣幣驅逐良幣罷了！

一中篇一

老佛爺的主張

第一章：堅持「大清特色」的「改革開放」

歷史也不是沒有給大清機會，至少改革就折騰了三次。第一次，洋務運動；第二次，戊戌變法；第三次，晚清憲政。問題是，哪一次都沒有折騰好，不像日本，一次明治維新就翻轉了以後的歷史，與國際接上了軌，走上了資本主義的道路，混到了帝國主義的強國陣營！

辦洋務不容易

自同治三年（一八六四）太平天國失敗，至光緒二十年（一八九四）中日甲午戰爭發生之前，對清政府來講，是最穩定的三十年。這三十年，也是大清學習西方和改革開放的三十年，史稱洋務運動。

這三十年，也是老佛爺威權逐漸鞏固的三十年。同治四年（一八六五），慈禧太后把恭親王的議政王頭銜剝掉了，只賞給他一個軍機大臣上行走；同治十三年（一八七四），親政不久的同治死了，老佛爺換上一個不懂事的光緒娃娃做皇帝；光緒七年（一八八一），對老佛爺稍微有所制衡的東太后死了，老佛爺成為大清第一女光棍，威權繼續上升。如果把大清比作愛新覺羅家的公司，老太后就是永遠的董事長，奕訢頂多算是被聘的總經理。所以大清搞洋務，總指導非老佛爺莫屬。不過也有些高抬老佛爺了，因為大清的洋務用現在的話來講，是摸著石頭過河。

有人給設計過，但他們非我族類，直到現在還被咱們的某些學者定性為「別有用心」。這裡我說的是擔任中國總稅務司的赫德和署理英國駐華公使威妥瑪。這兩個傢伙，一個寫了《局外旁觀論》，一個寫了《新議略論》，系統地提出改革中國內政和外交的建議。但是當兩份上書於同治五年（一八六六）提交總理衙門，派發各地督撫讀閱時，惹出來的卻是「非我族類，其心必異」的警惕性：湖廣總督官文斥之為「包藏禍心」；江西巡撫劉坤一認為「斷不可從其所請」；兩廣總督瑞麟和廣東巡撫蔣益澧認為自強之道，不待外求，「勿庸變其法」；閩浙總督左宗棠認為只學西方的造船技術即可，洋槍還不如廣東的抬槍好，至於電報什麼的奇技淫巧，美觀而不實用。

兩個洋鬼子都提出哪些不安好心的建議呢？

第一，官場的腐敗、軍隊的懶怠、教育制度的所學非所用，導致中國很危險，再不改革，將來中華之天下是否還能統一自主就值得懷疑了。第二，中國外交交易處理不當。視人為夷，待之如狗，智淺而欲輕人，力弱而欲伏人。不能與外人平等相處，導致外交失和。第三，中國必須改革，西方說事都講進化，五百年前當然比一千年前強多了，現在當然又比五百年前強多了，獨有你們中國，跟四季輪迴似的，興衰罔替，皆同一律，更有甚者，倒著來，認為堯舜時代最好，那可能嗎？還是趕緊向西方學習，改革內政和外交吧！

估計就是怕中國官僚罵自己不安好心，所以兩個洋鬼子的改革建議，溫和得不能再溫和了。比如，只建議舉辦專門的學館，卻不敢觸及科舉制，不敢提倡西式教育制度；只揭露官場腐敗，卻不敢像容閎向太平天國那樣提議建立現代國家機關！總之，兩個洋鬼子小心再小心，還是落個黃鼠狼給雞拜年的嫌疑！

威妥瑪咱就不說了，真正的洋鬼子。咱這裡只說赫德，因為赫德頂多算半個洋鬼子，他是大清帝國的終身雇員。同治十一年（一八七二），赫德正式擔任中國海關總稅務司，一任就是四十五年。中國通商口岸由他接手時的十三個，擴展到他離任時的四十三個；手下雇員由原先的數百人，發展到後來的數千人；中國海關收入由原先的幾百萬兩，提升到最後的三千萬兩，京師同文館的經費、洋務派創辦軍工廠的投資、官派赴美留學生和駐外使館的費用，大多來自赫德管理的海關稅收。西方有人如此評價赫德：「中國政府制度中充滿了腐敗、欺瞞和敲詐，但令人又驚又喜的是，竟然與之並存的還有一套最佳的行政服務的機制，它就是赫德爵士領導下的帝國海關。」赫德掌握著帝國年收入的三分之一，卻能在貪汙成風的大清、在貪汙起來最方便的海關建立起清廉奇蹟，這是西風的威力，還是西人的素質使然？

除此之外，赫德還有一大亮點，他給海關員工的指南是：稅務司公署是一個中國的機構，我們每個成員在某種意義上已經成為中國同胞，因而已經接受某些義務和責任！赫德是這樣要求員工的，更是這樣要求他自己。他工作的成績有目共睹，以至於清政府漫長的半個世紀內，竟然找不出一個可以替代赫德的中國人。總理衙門大臣奕訢和文祥甚至討論說：中國官員沒一個是可信的，幸虧海關雇員之中有誠實的外國人！他們把赫德稱為「我們的赫德」，並且經常說：「如果我們有一百個赫德，事情就好辦了。」

不得不承認，清政府有了誠實可靠的赫德和他的現代海關制度，某種程度上就有了支撐下去的經濟基礎。赫德任海關總稅務司的將近半個世紀的生涯中，清政府也以中國方式表示了對他的喜愛與肯定，先是授予赫德按察使銜（三品）、布政使銜（二品）；後是授予赫德頭品頂戴、太子少保；宣統三年（一九一一）赫德病故後，清政府追封其為太子太保！

看意思，大清真把赫德當作自己的忠臣了。雖然如此，剛做了海關總稅務司的赫德卻沒有自作多情的嫌疑，他所上的改革建議書起名叫《局外旁觀論》。不管局內局外，中方如何回覆他？

總理衙門大臣也是恭親王的親密戰友文祥給赫德的回覆是：給我們一點面子！同治六年（一八六七），文祥再次對赫德說：要對中國有耐心，給我們些時間！文祥雖然沒說「摸著石頭過河」云云，但是他表態說：五十年之後，你們這些外國人說不定急於阻止我們學習西方，就像現在你們要催我們學習西方一樣！

五十年，漫長的半個世紀，赫德有此耐心，某種程度上也表示了理解，畢竟他也有些中國化了。問題是歷史老人沒有此等耐心，歷史週期率對此也不表示理解，這句話落地四十五年之後，清政府就玩完了。

當然，大清最高領導沒有長著後眼，他們沒有想到，摸著摸著就摸空了。

大清洋務運動可以從兩個層面來說。中央層面，是老太后透過奕訢來領導，奕訢身邊有桂良、文祥、寶鋆、沈桂芬等人當助手；地方層面，是奕訢透過地方督撫大員來實施，主要人手有曾國藩（漢，湘軍領導人）、崇厚（滿）、左宗棠（漢，曾國藩同僚）、沈葆楨（漢，曾國藩屬下）、李鴻章（漢，曾國藩門生）、張之洞（漢，號稱「香帥」）、劉坤一（漢）、唐廷樞（漢）。

看得出，地方洋務大員之中大多是漢人，而且有將近一半人物屬於曾氏勢力，曾氏死得早，李鴻章遂成為洋務運動的領軍人物。所以，曾、李乃清政府的兩大洋務幹將。

第一幹將曾國藩（一八一一—一八七二），初名子城，字伯涵，號滌生，謚文正，漢族，湖南人，靠編練湘軍鎮壓太平天國起家。你別說，這湖南文人在練軍打仗方面還真有一手，至少毛澤東與蔣介石這一對冤家對頭同時喜歡曾氏。蔣多次告誡他的子弟僚屬，應多看曾文正、胡林翼等書籍與家書，認為這些書乃任何政治家所必讀；審訂《曾胡治兵語錄注釋》時，他認定曾氏已足為吾人之師資矣；在黃埔軍校，他以曾國藩的《愛民歌》訓導學生，認為曾、左能打敗洪、楊是因為他們的道德學問、精神與信心勝過敵人。相形之下，作為湖南同鄉，毛澤東對曾氏評價更高，他在民國六年（一九一七）致他的友人兼老師「邵西先生閣下」（邵西即黎錦熙）的信中說：「吾於近人，獨服曾文止。」豈止是服，某些方面，毛澤東完全在模仿他的老鄉，比如曾氏的「呆兵」與「活兵」之說，可能給了毛澤東游擊戰的靈感，而曾氏活學活用儒家思想為湘軍編制的《愛民歌》，更是毛澤東《三大紀律八項注意》的範本。不信我們看看曾氏的《愛民歌》：

三軍個個仔細聽，行軍先要愛百姓；賊匪害了百姓們，全靠官兵來救人；百姓被賊吃了苦，全靠官兵來作主。

第一紮營不要懶，莫走人家取門板；莫拆民房搬磚石，莫踹禾苗壞田產；莫打民間鴨和雞，莫借民間鍋和碗；莫派民夫來挖壕，莫到民家去打館。築牆莫攔街前路，砍柴莫砍墳上樹；挑水莫挑有魚塘，凡事都要讓一步。

第二行路要端詳，夜夜總要支帳房；莫進城市佔鋪店，莫向鄉間借村莊；人有小事莫喧譁，人不躲路莫擠他；無錢莫扯道邊菜，無錢莫吃便宜茶；更有一句緊要書，切莫擄人當長夫；一人被擄挑擔去，一家號哭不安居；娘哭子來眼也腫，妻哭夫來淚也枯；從中地保又訛錢，分派各團並各部；有夫派夫無派錢，牽了騾馬又牽豬；雞飛狗走都嚇倒，塘裡嚇死幾條魚。

第三號令要嚴明，兵勇不許亂出營；走出營來就學壞，總是百姓來受害；或走大家訛錢文，或走小家調婦人；邀些地痞作夥計，買些燒酒同喝醉；逢著百姓就要打，遇著店家就發氣；可憐百姓打出血，吃了大虧不敢說；生怕老將不自在，還要出錢去賠罪；要得百姓稍安靜，先要兵勇聽號令；陸軍不許亂出營，水軍不許岸上行。

在家皆是做良民，出來當兵也是人；官兵賊匪本不同，官兵是人賊是禽；官兵不搶賊匪搶，官兵不淫賊匪淫；若是官兵也淫搶，便同賊匪一條心；官兵與賊不分明，到處傳出醜名聲；百姓聽得就心酸，上司聽得皺眉尖；上司不肯發糧餉，百姓不肯賣米鹽；愛民之軍處處喜，擾民之軍處處嫌。

我的軍士跟我早，多年在外名聲好；如今百姓更窮困，願我軍士聽教訓；軍士與民如一家，切記不可欺負他；日日熟唱愛民歌，天和地和又人和。

曾氏就是這麼厲害，更厲害的是他的理學修養與禪定功夫。犁雖無主，吾心有主；門上無鎖，吾心有鎖。太平天國失敗後，他的湘派人物坐擁東南半壁江山，手下有人甚至他的弟弟也想起了趙匡胤陳橋兵變而黃袍加身的故事，他硬是給攔住了。他解散湘軍，動員家眷回家立業，自己也想捲舖蓋回家，但是朝廷不許。後由兩江總督改任直隸總督，運氣不好，任上發生天津教案。同治九年（一八七〇），天津市民中流行教堂給教民發迷魂藥誘騙中國兒童，取腦挖心以配藥，並且已有人發現成筐的兒童眼珠等謠言。謠言一傳，神州感染，群情激憤，火燒法國的望海樓教堂、仁慈堂、法國領事館及英美教堂十座，破壞和掠走財物一批，二十四名外國人被打死，其中包括法國駐津領事豐大業和十名修女，至於中國教徒死傷，我們不在乎，史料上只說了個死傷「數十人」。

教案發生時，曾氏由於肝病日重，右目完全失明，正在家休病假。清廷諭旨曾氏前往處理，處理結果是：中國斬首十六人，判刑二十九人，賠償損失四十九萬兩，派崇厚到法國道歉，天津知府、知縣革職流放。當時，洋人要求殺天津道員、知府、知縣為法領事抵命，並以戰爭相威脅，曾國藩嚴詞拒絕，但曾國藩知道，此案主要責任在自家一方。他上奏說：「挖眼剖心，全無實據；津民生憤，事出有因。」按大清律，一命抵一命，所以曾氏這樣的處理結果，在弱國無外交的情況下，也可交差了，但是愛國的士大夫們不認可。中國歷史上，什麼都缺，就是不缺愛國賊，他們的愛國與外人無關——他們既沒有那個本事，也沒有那個膽氣。他們所有的本事與膽氣，就是罵自家同胞漢奸、賣國、反動，如果可能，再踏上一萬隻腳，否則顯示不出他們的愛國情操。

邏輯與事理是這樣，可是愛國賊們哪裡有邏輯與事理呢？他們只有狗掀簾子——嘴上的勁兒。他們哄傳曾氏是漢奸，清議就跟泰山壓頂似的，弄得曾氏招架不住。曾氏一輩子愛惜清名，是大清一品大員中操守、持家、能力等各方面無出其右的人物，最後因為這個破事，栽了。他表示：「辦理過柔，以致謗議叢積，神明內疚」，但「果能遏兵，即招謗也聽之耳」！總之，為了保護這來之不易的和平局面，為了給大清的改革維持穩定，一世清名全沒了他也認了。可惜好人不長命，同治十一年（一八七二），曾國藩死了。死得有些早，因為洋務剛開頭！

第二洋務幹將李鴻章（一八二三—一九〇一），本名章桐，字漸甫（一字子黻），號少荃（泉），晚年自號儀叟，別號省心，謚文忠，漢族，安徽合肥人，因行二，故民間又稱「李二先生」（在中國排老二很不妙，比如孔子）。同治九年（一八七〇），李氏代替曾氏做了直隸總督，這一做就是二十五年，直到光緒二十一年（一八九五）因簽訂《馬關條約》受到清議派的攻擊而靠邊站。李鴻章做直隸總督之後不久，由於機構重組，政府又給他一個出力不討好的兼差：北洋通商大臣。北洋通商大臣乃總理衙門下設機構，總理衙門起初設立的是三口通商大臣及南洋通商大臣，三口通商大臣駐天津，管理牛莊、天津、登州三口通商事務。同治九年（一八七〇），清政府裁撤三口通商大臣一缺，直隸（今河北）、山東、奉天（今遼寧）三省通商、洋務、海防均轉歸直隸總督經管，頒發欽差大臣關防，稱「北洋通商大臣」或「北洋大臣」。李鴻章做直隸總督三個月後，就接手了北洋大臣事宜。沒想到，有關政府外交、海防、關稅及官辦軍事工業等事宜，一股腦的也轉到他這裡了，致使北洋大臣地位不斷提高，職權不斷擴大，勢力超過本來地位與之對等的南洋大臣，就是總理衙門，也因為大部分的外交任務都轉移到李鴻章一個人身上而勢力減弱。不過李鴻章勢力雖大，也僅是老太后手下的一枚棋子，而且在強大的清議面前，這棋子還一輩子委屈。李鴻章雖然辦著洋務，但是他內心裡明白，大清就是個紙糊的房子，而自己頂多算個裱糊匠，辦了一輩子的外交，逐漸也明白，內治不修，國家實無外交可言。正因為太明白了，所以他的外交政策就是永遠的主和，但是輿論上他敵不過清議派。清議派，就是站一邊指點江山卻不做事的那些文人，他們大多主戰，拍著胸脯嗷嗷叫，聲言大清可以說不，大清不高興云云，清政府把這幫人的叫喚稱作「公論」。一個做事的李合肥，肯定抵不過一幫賣嘴的憤青，於是李鴻章就成了一個可憐的角色：主戰派拐騙著打打打，結果清政府屢戰屢敗，打敗之後需要收拾爛攤子和擦屁股，又非李鴻章莫屬；待李鴻章簽訂了條約，國家暫時安全了，那幫主戰的清議派就又都拍著胸脯罵上了。李鴻章裡外不是人！

簡介完兩大幹將之後，我們來看看洋務運動的主要內容。

外交方面，設總理衙門，下設北洋通商大臣和南洋通商大臣。前者由直隸總督兼任，駐守天津；後者由兩江總督兼任，駐守上海。

軍事方面，設安慶軍械所、天津機器製造局、江南製造總局、金陵機器製造局、福州船政局、西安機器局等。

海軍方面，前往英、法、德、美等國採購軍事裝備，成立了四支近代海軍：北洋水師、南洋水師、廣東水師與福建水師。其中北洋水師最強，其「定遠」、「鎮遠」鐵甲艦號稱「遠東巨艦」，是當時遠東噸位最大、火力最強的艦隻。

民用工業，建有開平煤礦、湖北織布局、漢陽鐵廠、蘭州製造局（亦稱甘肅製造局）、蘭州機器織呢局（亦稱甘肅織呢總局）等。

文化教育方面，在全國修建了三十餘所近代新式學校；建立京師同文館，培養翻譯人才和自然科學人才，翻譯及出版大量西書；向美國派遣公費赴美留學幼童。

交通通信方面，開設電報總局，鋪設電報線路，修建鐵路等。

從以上內容我們就可以看出洋務運動的局限性，那就是：只有器物改革，沒有制度改革，這就註定了大清的洋務運動只能是楊小凱先生所謂的「後發劣勢」，用具體的語言來概括，就是一條腿走路，一隻翅膀起飛，遲早要跌跟頭，狗啃泥。中日甲午戰爭中方戰敗，北洋海軍全軍覆滅是為明證，象徵大清洋務運動全面破產。

伴隨著洋務運動內容的有限，乃是洋務思想的有限。大清的洋務思想有兩大理論支柱，一是「師夷長技以制夷」，二是「中學為體，西學為用」，簡稱「中體西用」。

第一大理論支柱發端於魏源，刺激不外是第一次鴉片戰爭的失敗。魏源在《海國圖志》的序文中解釋了自己的動機：「為以夷攻夷而作；為師夷之長技以制夷而作。」站在現代化的語境下，魏源這個思想的局限性是很明顯的，著眼點僅是一個「技」。什麼技呢？魏源說：夷之長技三，一戰船，二火器，三養兵練兵之法。

第二大理論支柱發端於馮桂芬，終結於張之洞。

魏源只重「長技」不重文物制度的思想，首先為馮桂芬所繼承發揚。馮桂芬（一八〇九—一八七四），又名儀鳳，字林一，號景亭，江蘇吳縣人，道光年間進士，林則徐的得意門生，做過李鴻章幕僚，深得李鴻章器重。咸豐十一年（一八六一），成書《校邠廬抗議》，提出「以中國之倫常名教為原本，輔以諸國富強之術」的主張，被人奉作「中體西用」之先聲。馮桂芬認為，清國之所以不如西方各國，主要原因如下：「人無棄材不如夷，地無遺利不如夷，君民不隔不如夷，名實必符不如夷……至於軍旅之事，船堅炮利不如夷，有進無退不如夷。」既然有這種差距，要怎麼辦呢？馮桂芬站在儒家正統的價值觀上，認為中國的倫常名教是本原，對於西方文明，我們不妨加以利用：「然則有待於夷者，獨船堅炮利一事耳！」李鴻章當然深受馮桂芬影響，這在李鴻章致曾國藩的書信裡也可以看到。同治二年（一八六三），李氏致曾氏的一封信中說：「西洋炸炮，重者數萬數千斤，輕者數百數十斤，戰守攻具，天下無敵……中國若於此加意，百年之後，長可自立。」另一封信中，他說：「洋務最難措手，終無辦法；惟望速平賊氛，請求洋器。中國但有開花大炮、輪船兩樣，西人即可斂手。」

從信裡我們可以看出，兩員幹將所謂的洋務就是「大炮、輪船」！李鴻章也一直強調中國的文物制度比上西方制度，那不是一般的好，而是好五倍！

馮桂芬之後，天朝諸多人士附議他的理論。郭嵩燾說：「西洋之入中國，誠為中國一大變，其氣機甚遠，得其道而順用之，亦足為中國之利。」薛福成說：「今誠取西人氣數之學，以衛吾堯、舜、禹、湯、文、武、周公之道。」王韜說：「器則取諸西國，道則備自當躬」，又說：「形而上者中國也，以道勝；形而下者西人也，以器勝，如徒頌西人，而貶己所守，未窺為治之本原者也。」鄭觀應說：「中學其體也，西學其末也；主以中學，輔以西學。」邵作舟說：「以中國之道，用泰西之器，臣知綱紀法度之美，為泰西所懷畏而師資者必中國也。」沈壽康說：「中西學問本自互有得失，為華人計，宜以中學為體，西學為用。」孫家鼐說：「今中國創立京師大學堂，自應以中學為主，西學為輔；中學為體，西學為用，中學有未備者，以西學補之，中學有失傳者，以西學還之；以中學包羅西學，不能以西學凌駕中學。」

就連光緒二十四年（一八九八），光緒「詔定國是」，宣布維新啟動的上諭也執行了這一改革精神：「中外大小臣工，自王公至於士庶，各宜發憤為雄，以聖賢之學植其根本，兼博采西學之切時務者，實力講求，以成通達濟變之才。」與此同時，似乎是怕維新超出底線似的，張之洞推出了他的《勸學篇》，對知識份子提出了五知：知恥——恥不如日本；知懼——懼印度和朝鮮等國的覆轍；知變——如果不改變習俗，就不能變法；知要——要知道西方各國為政之道；知本——不要因為多知而忘記聖賢，一切文章的價值必須以孔夫子的標準來測定。為此，他主張：「新舊兼學，四書五經、中國史事、政書、地、圖為舊學；西政、西藝、西史為新學，舊學為體，新學為用，不使偏廢。」其背後的成見是：中國不宜於成為一個共和國——自由太可怕，若在中國實行，則「士願坐食，農願蠲租，商願專利，工願高價，無業貧民願奪劫，子不從夫，弟不尊師，婦不從夫，賤不服貴，弱肉強食，不盡滅人類不止」。總之，在中國實行集權是有必要的，資產階級自由化是要不得的。他這麼一畫框框，算是對洋務思想做出總結，發行百萬多冊，普遍為人所閱讀，洋務領袖們在實踐上基本不敢超出它的。

當然，天朝也不是沒有清醒人士，只不過需要時間罷了，比如前面所述王韜與鄭觀應。隨著洋務的展開，他們逐漸發現，不只西方的「器」，就是西方的「道」，比如君主立憲，中國也應該學學，於是羞答答地提出了「設議院，開國會」的要求。鄭觀應在他的《盛世危言》中說：「欲行公法，莫要於張國勢；欲張國勢，莫要於得民心；欲得民心，莫要於通下情；欲通下情，莫要於設議院。中華而自安卑弱，不欲富國強兵，為天下之望國也，則亦已耳；苟欲安內攘外，君國子民持公法以永保升平之局，其必自設立議院始矣。」

就連淮軍大將官至兩廣總督的張樹聲，都在一八八四年的遺摺中聲明：「中國遺其體而求其用，無論竭蹶步趨常不相及，就令鐵艦成行，鐵路四達，果足恃哉！」

問題是，沒有人聽這些人的，即使聽見了，誰見過中國的政治高層自削權力的？我們只見過鞏固權力的，從秦始皇一直鞏固到明清，一代更比一代強。清醒人士之中，還有一個郭嵩燾。事實上，十九世紀六〇年代初期，除了赫德與威妥瑪，國內人士提出切實可行之改革方案的，只有馮桂芬與郭嵩燾兩人。馮桂芬的《校邠廬抗議》至少在當時還傳播了，郭嵩燾的建議乾脆被總理衙門堆到檔案堆裡再也沒人關注了。郭嵩燾發現西洋立國也有本有末——其本在朝廷政教，其末在商賈、製船、製器，還發現小日本的洋務範圍比中國的洋務範圍大多了——日本學西方，不僅僅是在學習船炮！他認為，兵端乃是西法末技，其他創制才是立國之本。他寫信給李鴻章，要求李鴻章慎重考慮，可是李鴻章回信說，自己職在主兵，不得不考求兵法，兵乃立國之端要，欲捨此而求大者遠者，不是他所能幹的，自己只是盡己所能罷了。

李鴻章所言也是對的，因為就是這樣的器物改革，都遭遇了頑固派的猛烈抨擊，洋務派每走一步，都倍嘗艱辛。試以京師同文館添設天文算學館為例。

京師同文館建於同治元年（一八六二），目的也很簡單，四年前簽訂的中英《天津條約》明文規定：「嗣後英國文書俱用英字書寫，暫時仍然以漢文配送，俟中國選派學生學習英文、英語熟習，即不用配送漢文。自今以後，遇有文詞辯論之處，總以英文作正義。」如此情形下，天朝再不派人學鳥語，怎麼跟鬼子周旋呢？初建之時，設英文、俄文、法文三班，也就是說，誰打咱，咱可能跟誰簽條約，就學誰的語言。典型的中國式實用主義思維，招收學生僅限於十四歲以下的八旗子弟，剛開張時僅招了十個學生。

隨著洋務運動的發展，洋務大吏們發現，同文館的學生光學鳥語是不行的，還得學西方的天文算學、火器輪船製造之術。在他們的推動下，奕訢出面了。同治五年十一月初五（一八六六年十二月十一日），奕訢奏請由年齡二十歲以上的滿漢舉人、五貢生中，選出優秀聰穎者入館學習外國語言及天文、算學、造船、製器諸法。奕訢兩個意思，第一，在同文館裡增設天文算學館；第二，同文館的學生要擴招優秀生源。

同治五年十二月二十三日（一八六七年一月二十八日），奕訢再次上書，進一步向最高當局論證添設天文算學館的必要性和可能性。奕訢知道，洋務運動的每個舉措都會遭遇頑固派的反對，所以他煞費苦心地預設了可能出現的三種反對意見，然後自己再一一辯駁。第一，或許有人認為「臣等此舉為不急之務」。奕訢指出，中國要大國「撅」起，至今已是十分緊迫的事了，緩不得了。第二，肯定有人「以捨中法而從西人為非」。奕訢認為西學原本是源於東學，如今添設天文算學館，正是欲使中學重新發揚廣大而已。第三，更有甚者，會有人認為「以中國之人師法西人為恥」。奕訢認為「夫天下之恥，莫恥於不若人」，況且添設天文算學館之目的，在於使儒者明製器之理，並非從事低賤技藝之活。眾所周知，由於孔子認為事農是小人之活，孟子認為工商是賤人之活，中國的工農商，可以合稱為「小賤人」。所以，西方科技淫巧——賤工，中國儒者不為也。針對這點，奕訢苦口婆心地解釋，製器不低賤，儒者可為也。除此之外，奕訢還建議將招考範圍進一步擴大到翰林院編修、檢討、庶起士及進士出身之五品以下京外各官等。

同治六年正月二十一日（一八六七年二月二十五日），奕訢又奏請以「老成持重，品學兼優，足為士林矜式」的徐繼佘為總管同文館事務大臣，以安慰報考者「專以洋人為師」的文化恥感。

奕訢的三個奏摺都獲得嫂嫂的批准，並且開始啟動了。但是，愛國賊們要上場了。

御史張盛藻首先跳出來反對，還好，他不反對天文算學館的開設，只反對生源的科甲正途化。他就一個意思，讓科甲正途人員學習鬼子的奇技淫巧，丟人！慈禧太后一句話就把他反駁下去了：「朝廷設立同文館，取用正途學習，原以天文算學為儒者所當知，不得目為機巧。」

士林表率也是大學士倭仁跳出來反對。倭仁（一八〇四—一八七一），字艮峰，烏齊格里氏，蒙古正紅旗人，道光進士，同治帝之師。清末理學領袖，同治年間頑固派首領，歷任副都統、工部尚書、文淵閣大學士。他上摺說：「立國之道，尚禮義不尚權謀；根本之圖，在人心不在技藝。今求之一藝之末，而又奉夷人為師，無論夷人譎詐未必傳其精巧，即使教者誠教，學者誠學，所成就者不過術數之士，古今未聞有恃術數而能起衰振弱者也。天下之大，不患無才。如以天文、算學必須講習，博采旁求，必有精其術者，何必夷人？何必師事夷人？」還說，如果讓中國的聰明俊秀人士都去學夷術了，後果會很嚴重：「正氣為之不伸，邪氣因而彌熾；數年以後，不盡驅中國之眾咸歸於夷不止。」

老頑固的奏摺，身段一亮，幾多士大夫轟然叫好！對於這個德高望重的頑固老頭，慈禧自然不能像對待張盛藻那樣一批了事，所以她專門召見了兩大老頑固：倭仁與徐桐，與他們面對面商榷。但是倭老頭不服氣，否則他就不叫頑固派首領了。他再次上書，說辦天文算學館乃是「上虧國體，下失人心」，依然堅持自己的高見。慈禧把倭仁的奏摺交給奕訢，讓他想想應對辦法。鬼子六寫了幾個摺子，一個摺子中說，既然倭仁攔著不讓我們幹，他自己「必別有良圖，如果實有妙策制外國而不為外國所制，臣等自當追隨該大學士之後」。一句話，倭仁老先生，我們跟著你幹，行嗎？但這些都沒構成有效的殺傷力。

直到某一天，鬼子六靈光一閃，抓住了老頑固奏摺裡的一個漏洞，在另一個摺中說：「查倭仁原奏內稱『天下之大不患無才。如以天文、算學必須講習，博采旁求，必有精其術者，何必夷人？』據此是內外臣工先後二十餘年所求而弗獲者，倭仁耳目中竟有其人，不勝欣幸！相應請旨飭下倭仁，酌保數員，各即將擇地另設一館，由倭仁督飭，以觀厥成。」

奕訢換了戰術，這是調戲老頭！沒想到慈禧也順竿子上了，跟在小叔子後面下發了一個諭旨：「倭仁原奏內稱：『天下之大不患無才，如以天文算學必須講習，博采旁求，必有精其術者。』該大學士自必確有所知，著即保數員，另擇地設館，由倭仁督飭講求，與同文館各員互相砥礪，共收實效。」又命大學士倭仁在總理各國事務衙門行走。

老頭被叔嫂如此聯手調戲，羞憤啊！倭老頭雖然不像另一個頑固派徐桐那樣見了洋人生理上起噁心，需要以扇蔽面，但是你讓他弄個天文算學館，甚至讓他到總理衙門上班每天與鬼打交道，咗，太噁心了。所以老頭馬上表示投降：奴才意中無精於天文算學之人，奴才也做不了總理衙門大臣。慈禧裝模作樣地批曰：現在沒有，那就隨時留意吧，有了趕緊保舉上來。還有，總理衙門大臣這個職務你不能辭，還得幹。

可憐的倭仁心情鬱悶，心神恍惚，朝散上馬回家時忽然暈過去——這可能是人類史上最早的假摔了！老頭騎不得馬了，借別人的轎子回了家。一回家就病了。他以此為由再次請求辭職，慈禧仍不准。只給他一個月的病假，不管裝病真病，反正總有病好的一天，你別急，我們等你，總理衙門也等你！

以現在的語境看，倭仁活該被玩。問題是，當時的世道人心正好在倭仁那邊。老頭兒身為帝師兼士林泰斗，不是做會試正考官，就是做殿試讀卷官或者朝考閱卷大臣，多少狀元、進士、翰林都是從他手下走過的啊！老頭兒越慘，士林越是不服，繼續有人上場向洋務派挑戰。候選直隸知州楊廷熙就是典型代表，上了一個又臭又長的摺子。這個傢伙真能扯，竟然認為設立同文館其事、其理、其言、其心有十不可解：

「中國之可羞可恥者，未有大於西洋之流毒、西人之倡亂矣……乃今日不恥「不共戴天之仇，而羞不知星宿之士，何望大恥而務於小恥也！此臣之不解者一也。」

「夫以中國之大，養士之久，豈無一二知文明數學之士足以駕西人而上者哉……而必自卑尊人，捨中國而師夷狄？此臣之不解者二也。」

「今不思破之之方，禦之之術，竊恐中國將來之輪船機器較彼尤精，而用之不得其法，不得其人，未必不徒費錢糧，徒勞人力也。此臣之不解者三也。」

「善政未修於上，實學未講於下，而尤令捨人事以習天文數學，此臣之不解者四也。」

「有自強之心，無自強之政，而徒震驚於外洋機器、輪船不可製，此臣之不解者五也。」

「夫洋人之於中國，敵國也，世仇也……聖賢之大道不修，士林之氣概不講，無一非西學階之歷也。此臣之不解者六也。」

「茲不操出奇之勝算，而為依樣之葫蘆，此臣之不解者七也。」

「此事疆臣行之則可，皇上行之則不可……是西教本不行於中國，而總理衙門請皇上導之使行也，此臣之不解者八也。」

「茲惟於同文館厚廩餼、廣升途，何明於此而暗於彼，略其大而舉其細也！此臣之不解者九也。」

「是其設立同文館之初，未嘗不明知此事之不當於天理，不洽於人心，不合於眾論，而必欲潰夷夏之防，為亂階之倡，此臣之不解者十也。」

說了這麼一大堆，他的要求就是：請太后收回成命，撤銷同文館，否則天下大亂！

可以說，奕訢在對付頑固派的挑戰時挺累的，苦口婆心不知說了多少廢話。如果最高領導慈禧太后不支持，他肯定要敗下陣來。幸運的是，這個時候的嫂嫂還是挺開明和勇敢的，對這個又臭又長的摺子批駁如下：

其一，呶呶數千言，甚屬荒謬！

其二，這個摺子是不是倭仁授意的？如果是，殊失大臣之體，其心固不可問！

其三，即使不是倭仁授意，那也不好，黨援門戶之風，從此而開，於世道人心大有干係。

這些頑固派固然不是好東西，但是慈禧批摺時用的手腕卻也不能恭維。摺子寫得長，就叫荒謬；摺子是倭仁授意下寫的，就動機不良；摺子不是倭仁授意寫的，就是你們黨派之間自覺性的呼應，影響世道人心！反正怎麼都不對。

不管怎麼說，這次洋務派贏得了勝利。勝利的原因，並不是奕訢等人的辯才好和勢力強，洋務甚得世道人心，而是老太后堅定地站在他們一邊。

老太后為什麼站在奕訢那邊呢？一句話，這些洋務內容沒有觸及老太后的底線。老太后的底線是什麼呢？我們可以從語錄裡尋找到她的改革主張。

根據德齡公主回憶錄《紫禁城的黃昏》記載，光緒二十九年（一九〇三）的某一天，因為俄國公使夫人勃蘭康夫人要來訪，老佛爺心有所觸，對西方文明發出了諸多評價，以下是太后語錄選：

之一：西方禮服也算好看，只是我到底還是不喜歡那個長尾巴，後面拖著這麼長的尾巴，拖著這個東西實在沒有什麼道理！

之二：她們以為咱們中國人什麼都不懂，小瞧咱們。我看吶，她們是自以為文明、懂禮、有教養。其實，我們這些她們所認為的野蠻人，反倒比她們要文明有禮得多。

之三：我知道他們肯定忘不了光緒二十六年的拳民之亂，不過我也不在乎，我還是願意遵循我們祖上最好的規矩，我看不出有什麼理由要去採用外國人的方式。

之四：我覺著，每樣東西在中國都有，不過是生活方式不同罷了。跳舞是怎麼回事？我聽人說，就是兩個人手拉著手滿屋子蹦跳，要真是這樣的話，我看一點也不好玩。要是男人和女人這樣一起跳，總歸是不太好。我不贊同男人的手圍著女孩的腰，那太難看了，我喜歡看女孩子和女孩子一起跳。在中國，女孩子是不准和男人接近的，我知道外國人好像不太講究這個，這就見得外國人比我們更開放。

之五：聽說外國人都不尊敬父母，可以隨便打他們，還可以趕他們出去，這是真的嗎？

之六：我這樣說，好像顯得自己很保守，我尊崇祖上的規矩，在我活著的時候不想改變它。

之七：老實說，我很喜歡內田夫人（日本公使夫人）。她總是那麼溫雅，從不問那些愚蠢的問題。到底還是日本人和我們相像，從不冒失。

之八：去年，你們那時還沒進宮，康格夫人（美國駐中國公使夫人）帶著一個女傳教士來，建議我在宮中設立一所女子學堂。我不想讓她們不快，就說我會慎重考慮她們的建議。現在你們想想，宮裡弄出一所學校來，可不是笑話嗎？就算辦成了，叫我到哪裡去找這許多女學生來讀書呢？現在這樣已經夠好了，我不想把那些個皇親國戚的子弟弄到我的宮裡來讀什麼書。

從老佛爺的這些經典語錄裡，我們可以看到她的主張，那就是：雖然大清不得不改革開放了，但是改革與開放都是有限度的，絕對不照搬西方，絕不走西方的邪路，堅持中國文化的主體性，防止西方和平演變，把大清特色的封建專制制度堅持到底！

當然，什麼是中國文化的主體性，什麼是大清特色，都是有彈性的、模糊的。還不如這樣說，以老太后是否能容忍為度。

事例一：同治十一年（一八七二），由於洋務派一再的奏請，政府終於同意派遣官派留學生到國外，一派就是三十名。可是到了光緒七年（一八八一），政府又突然召回所有的留學生，也不管他們學業是否完成。事實上，一百二十名留美學童中，真正完成大學學業的只有兩人。太后如此不計後果地半途而廢，原因很簡單，聽說這些孩子都被西化了：說洋人的語言，穿洋人的服裝，學洋人溜冰、打球、帶撲騰（游泳）；更有甚者，還把辮子剪了，見了中國官員與孔子牌位都不行叩頭之禮了，長此以往，這還了得？這不和平演變嗎？於是一紙令下，所有的留學生全部撤回。他們之中的著名代表是中國第一位鐵路工程師詹天佑，他除了學業有成，棒球與游泳也都呱呱叫，你能說西化後的他比不出國留學、未西化的中國傳統士人更不愛國嗎？問題是真正的愛國者在中國沒有好果子吃，按照西方學者的說法，這幫留美學生回國後，「受到一批盛怒的官僚們極其侮辱的對待，並且被分派到最低級的事務工作上」。他們落魄待遇的改善，竟然是日本人成全的。也就是說，中日甲午戰爭後，政府才開始重用他們。

事例二：光緒二年（一八七六），英國人建造一條從上海到吳淞的客運鐵路，引起眾議紛紛，有些中國官員甚至揚言前往臥軌，以阻擋火車通行。不能容忍火車本身也就罷了，就是火車轟隆開過的聲音，也讓愛國賊們不堪忍受：影響風水也就罷了，這不影響地下的祖先們安歇嗎？正好出了車禍，火車軋死一個中國人，這下可有理由了，於是清政府以二百八十五萬兩白銀贖回淞滬鐵路，拆毀並擲入大海。

事例三：光緒四年（一八七八），在李鴻章操作下，開平礦務局正式開辦，其治下的開平煤礦出煤極旺。問題是運輸不便。該礦「總辦」唐廷樞給他的上司李鴻章算帳如下：開平挖出的煤，每噸成本二兩七錢；如果用牲車從礦區把煤運到北塘河岸邊的蘆台，每噸運費合二兩二錢；由蘆台用船運到天津，再搬到岸上，每噸約需一兩；加上稅金，一噸煤到天津市場上，一分錢不賺，已經六兩四錢了，比從日本進口的每噸六兩的煤還要貴出四錢。但如果從唐山修一條鐵路到蘆台，煤炭從這裡下船走水路運到天津或上海，每噸成本僅四兩……為此，李鴻章稟請政府准許礦務局修築唐山到北塘口的運煤鐵路。由於恭親王等人的支持，慈禧太后很快就批准了，李鴻章隨即聘請開平礦務局工程師、英國人金達負責督修。誰知正在籌辦之時，政府突然又不幹了。原因很簡單，很多官員反對修鐵路，紛紛上章彈奏。按英國人肯德在他的《中國鐵路發展史》中所說：「凡是人的才智所能設想出來的種種可笑的理由，都在清政府的權貴的看法下產生了。」

總之，中國官員的才智都表現在保守落後愚昧方面了，他們意見之中最不能忽視的一個是影響東陵地氣。東陵大家都知道，是大清王朝在關內的皇陵，它遠在唐山以北遵化縣長城腳下的馬蘭峪，離所謂的唐胥鐵路近百公里。問題是，對皇家來講，再遠也不能忽視。因為影響百姓廬墓也就罷了，反正你家出不了皇帝，但是影響皇家風水則是萬萬不可的，大清江山需要人家子孫一棒一棒的往下傳。鐵路不讓修築，開平礦務局只好開掘運河運煤。可是運河只能挖到胥各莊，因為胥各莊到礦區那段路地勢高陡，河水上不去。礦務局再次請修鐵路，這次奏明只修胥各莊到唐山之間的一小段。老太后特批，這條鐵路可以建，但有一個條件，鐵路修成後不能用轟隆作響的機車做牽引，那用什麼牽引呢？牲口！於是，計畫中四十五公里的鐵路被縮水成十公里。光緒七年（一八八一）建成後製造了如此奇蹟：一群騾馬拉著機車，在鐵軌上緩慢爬行！唉，在大清國做牲口都丟人。當然了，這裡邏輯有些不對，牲口不是人，怎麼能叫丟人呢？

事例四：光緒二十四年（一八九八），袁世凱為慈禧太后賀壽進貢一輛賓士牌轎車。不料，老佛爺僅試坐一下便將其「打入冷宮」棄置不用了。原來，汽車解決不了「尊卑」問題，司機不但坐在老佛爺的前面，而且還和她「平起平坐」，有傷「體制」和老佛爺尊嚴，最終被閒置起來。無獨有偶，乾隆五十八年（一七九三），英國馬戛爾尼使華，送給中國皇帝兩輛當時英國市面上最精美的馬車，心底下還竊思，中國馬車笨重沒有彈簧，自己的禮物肯定能得到中國皇帝歡心。他沒想到，乾隆大帝連試坐都沒有，還是那個問題，有傷中國皇帝尊嚴：這輛馬車共備四座，兩座在前為御者之座，略高；兩座在後為乘者之位，略低。車夫座位高於皇帝座位也就罷了，車夫坐在皇帝前面，給皇帝一個背，成何體統？

總之，中國的事情不是那麼好解釋的。郭嵩燾當時就發現了，他寫給李鴻章的信，譯成現代的語言即：

中國之人心有萬不可解者，西洋為害之烈，莫甚於鴉片煙，英國士紳都因為這個自恥，都想辦法幫我們禁絕。問題是，中國的士大夫甘心做煙鬼用洋貨，可是聽聞建電報修鐵路就群起阻難，甚至有見洋人機器而起公憤者。曾紀澤領著家眷搭乘南京小輪船至長沙，士紳起而大譁，數年未息，也不知這些人怎麼想的。辦理洋務三十年，疆吏們什麼也不懂，而以挾持朝廷曰公論，朝廷也獎勵曰公論。宋明之亡，都是亡於呱呱叫之徒，俺是楚人，生長於野蠻之鄉，又不是與洋人接近的商人，只不過讀書觀理，列舉古今事變而已，就得個「舉世非笑」的下場，為求保國制邦之經，我什麼也不顧了，只管實話實說，卻始終得不到他們的諒解。竄身異域做駐外公使，不到兩個月就得到了諸多參劾。我都後悔了，原先說過的言論都不敢再說了。

在這裡，我們需要對郭嵩燾重墨描述。郭嵩燾（一八一八—一八九一），字伯琛，號筠仙，晚號玉池老人，湖南湘陰人，道光朝進士，曾經隨曾國藩組建湘勇，後任南書房行走、署理廣東巡撫、福建按察使。光緒元年（一八七五），雲南中緬邊境突然發生馬嘉理案，英國教士馬嘉理在與當地居民衝突中被殺。隨後的談判中，清政府很不情願地答應了英國的種種要求，其中一條是派欽差大臣到英國「道歉」，並任駐英公使。給夷人道歉本身就是丟面子的事了，再去夷國做欽差，那就更丟面子了。這麼丟面子的事情，天朝官員沒人幹，也幹不了。沒有辦法，政府最後瞄上了以洋務著稱的郭氏，郭氏拒絕不得，硬著頭皮答應了。這一答應，國內就大譁了，大家普遍認為出洋即是「事鬼」，與漢奸一般。有人編出一副對聯罵道：「出乎其類，拔乎其萃，不容於堯舜之世；未能事人，焉能事鬼，何必去父母之邦。」郭嵩燾的親朋好友也認為此行凶多吉少，為他出洋「有辱名節」深感惋惜，這麼好的一個人，就這樣一失足成了千人恨。守舊氛圍極濃的湖南士紳更是群情激憤，認為此行大丟湖南人的臉面，要開除郭的省籍，甚至揚言要砸郭家的宅，挖郭家的墳。郭氏沒有辦法，幾次以告病推脫，但政府好不容易逮住這個不要臉的人，哪裡捨得放啊，於是他終於在光緒二年（一八七六）從上海搭船赴英了。行前，朝廷接受總理衙門之奏請，命郭嵩燾將沿途所記日記等諮送總署。到達倫敦後，他立即將幾十天極為詳細的日記題名為《使西紀程》寄回。從途經十數國的風土民情和宗教信仰，到土耳其開始設立議會和制定憲法，到蘇伊士運河巨大的挖河機器，以及「重商」對西方富強的作用，進行力所能及的介紹。但總理衙門將此書刊行後，引來頑固守舊者的口誅筆伐，痛斥他「極意誇飾……凡有血氣，無不切齒」；「中洋毒，有二心於英國」；「伊為此書，不知是何肺肝？而為之刻者，又是何心哉？」總之，眾議哄哄之下，大家都認定這個姓郭的要臣事英王了，特大漢奸哉。但由於一時間找不到合適人選，清廷沒有將他召回，僅下令將此書毀版。

早慧者醒，早醒者哀，誠哉斯言。可以說，剛到英國的郭嵩燾還在自己的日記中寫道：「此間富強之盛，與其政教精實嚴密，斐然可觀，而文章禮樂，不逮中華遠甚。」也就是說，他承認英國的富強與政教，但還是認為中國的文章禮樂要高人一等。但是在英國待了一年之後，他在日記中又寫下了這樣的話：「自西洋通商三十餘年，乃似以其有道攻中國之無道，故可危矣」；「三代之前，獨中國有教化耳，故有要服、荒服之名，一皆遠之於中國而名曰夷狄。自漢以來，中國教化日益微滅，而政教風俗，歐洲各國乃擅其勝，其視中國，亦猶三代盛時之夷狄也。中國士大夫知其義者尚無其人，傷哉！」也就是說，經過一年的近距離觀察，郭嵩燾已然發現，中國什麼都不如人，已經成為無道之國和西方人眼中的野蠻國度，就像我們當年視周邊的夷狄一樣。只可惜，正如他日記中所言，中國的士大夫無人能達到這個高度，誰達到誰就是漢奸，讓他如何不傷感？

與此同時，郭嵩燾的副手劉錫鴻也不斷向清政府打「小報告」，列出郭嵩燾的「罪狀」十數條：如有次參觀炮台中天氣驟變，陪同的一英國人將自己的大衣披在郭身上。劉錫鴻認為「即令凍死，亦不當披」。這叫凍死不披夷人衣。如巴西國王訪英，郭嵩燾應邀參加巴西使館舉行的茶會，當巴西國王入場時，郭嵩燾隨大家一同起立。這原本是最起碼的禮節禮貌，但劉錫鴻卻將其說成是大失國體之舉，因為「堂堂天朝，何至為小國國主致敬」！按照劉副使的意思，外國人站外國人的，我們中國大使就應該坐在原地不動才對，這叫泰山頂上一棵蔥，任爾周圍全是松！

清政府沒有辦法，終於在光緒四年（一八七八）下令將二人同時撤回，代替郭嵩燾的是曾國藩長子曾紀澤，擔任駐法兼駐英公使，清政府這樣做，既省人又省經費。曾紀澤就不怕落個漢奸名聲？非也，只不過他跟他老爹學的，為了朝廷不惜清名罷了。這裡有他出使前給法國使館派出的隨同翻譯法蘭亭的一封信，我們看看堂堂的天朝公使是如何的可憐：

現有極要一事，須與台端一商者：貴國為秉禮之邦，泰西各處禮儀，大半依據貴國所行以為榜樣。中國遵至聖孔子之教，亦以禮儀為重，然道途太遠，風俗亦異；是以彼此儀節，迥然不同。一切細故末節，盡於通融辦理；惟宴會一端，尚須斟酌。泰西之例，男女同席宴會；凡貴重女賓，坐近主人；貴重男賓，坐近主婦……中國婦女若與男賓同宴，將終身以為大恥……鄙人此次偕妻子同行，擬請足下將鄙人之意，婉達於貴官議禮大員之前。中國公使眷屬，只可間與西國女賓往來，不必與男賓同拜，尤不肯與男賓同宴。即偶然有公使至好朋友，可使妻女出見者，亦不過遙立一揖，不肯行握手之禮。中西和好雖殷，吾輩交情雖篤，然此一端，卻係中國名教攸關。不必捨中華之禮，從泰西之禮也。若蒙足下從中委曲商酌，立有一定規矩，則將來中國公使挈眷出洋者，不至視為畏途，實與彼此通好長久之局更有裨益。

看了曾兄這封長長的信，替他頭疼：男女授受不親！你說人家出使在外為國盡忠吧，竟然還得倒貼妻妾，一不小心就可能被老外握了紅酥小手、貼了粉嫩小臉。自己做了漢奸不說，頭上還得頂塊西瓜皮，賣國又賣人，做這樣的外交官，多屈辱啊！最後，曾紀澤也是被氣死的，光緒十六年（一八九〇）卒。

曾紀澤就不說了，繼續說郭嵩燾。郭嵩燾回國後，被罵得狗血噴頭，心力交瘁，遂請假歸鄉。回到長沙後，等待他的是全城的揭帖與哄罵。光緒十七年（一八九一），「洋務先知」郭嵩燾頂著「名教罪人」的帽子，在孤寂中病逝。他之所以寫這些信給李鴻章，乃是由於天朝大吏中只有李鴻章能理解他了。

李鴻章回信說了很多，在這裡挑一些精華吧：

> 西洋政教規模，弟雖未至其地，留心諮訪考究幾二十年，亦略聞其詳。自同治十三年海防議起，鴻章即歷陳煤鐵礦需開挖，電線、鐵路必應仿設，各海口必應添洋學、格致書館，以造就人才。其時文相目笑存之，廷臣會議皆不置可否，王孝鳳、於蓮舫獨痛詆之。曾記是年冬底赴京叩謁梓宮，謁晤恭邸，極陳鐵路利益，請先試造清江至京，以便南北轉輸。邸意亦以為然，謂無人敢主持。復請其乘間為兩宮言之，渠謂兩宮亦不能定此大計，從此遂絕口不談矣……內地若果議及，必至群起相攻……官紳禁用洋法機器，終不得放手為之。凡此皆鄙人一手提倡，其功效茫如捕風，而文人學士動以崇尚異端、光怪陸離見責，中國人心真有萬不可解者矣。

一句話，洋務不容易呀！

事實上，在整個洋務運動中，洋務領袖就跟風箱裡的老鼠似的，左右不討好。頑固派認為，洋務派走得太遠了，崇洋媚外，有辱祖宗與人倫天理；更清醒的士人認為，洋務運動僅模仿西法的表皮與末技，沒有學習人家的實質，停留在唬人的檔次。按照《萬國公報》所載西方觀察家評論，那是驢披上獅子的服裝，終會為群獸看破而喪其身！只不過中國傳統，寧左勿右，越頑固，越像個愛國者。李鴻章這樣不頑固的，就只能是漢奸和賣國賊，於是中國這頭驢只好繼續披著獅皮拐騙了。

瘋狂的改革

之前已經提及，等到光緒二十四年（一八九八）光緒與康有為變法的時候，老太后的底線依然是中體西用，以及自己的脾氣和自家的利益，康有為要把大清引向何方呢？

政治方面，康有為希望變君主專制為君主立憲，訂憲法，開國會，尊孔聖為國教，立教部、教會；希望刪改各衙門，裁汰冗官；希望軍民合治，滿漢平等；希望政府收支公開透明；希望改年號、易服斷髮、遷都上海。

經濟方面，康有為希望以工商立國，富國養民。具體建議有：設立鐵路礦務總局、農工商總局，並在各省設分局；開農會，辦農報，發展農業；開放八旗經商的禁令，命其學習士農工商自謀生計；鼓勵民辦企業，倡實業，促生產。

文化教育方面，康有為希望「開民智」、「興學校」、「廢八股」。具體設想是舉辦京師大學堂；所有傳統書院、寺廟、義學、社學全部就地改為中西兼學的學堂；各省會設高等學堂、郡城設中等學堂、州縣設小學堂，鼓勵私人民辦學堂；設立農、商、藝、醫等方面的速成學堂；派皇族宗親出國考察遊歷，挑選學生上日本遊學；廢八股科舉，改考歷史、政治、時務及四書五經，另設經濟特科；設譯書局，設章程以獎勵各種發明與著作，保護人才；准許地方官及士民上書言事，新聞自由；改上海《時務報》為官報，設京師報館。

軍事方面，希望整頓軍隊，裁汰老兵與弱兵，削減軍費開支，改用西洋訓練方法，籌設武備大學堂，武舉停考弓箭，改試槍炮。

不得不承認，康有為低估了大清這艘破船走向沉淪的歷史慣性和中國文化的執拗性，以及老太后背後那幫既得利益集團的井底之蛙性。總之，他想下一盤很大很大的棋，但每個棋子都深感不便，不願意被挪，不想與他配合。

雖然光緒沒有全部聽康有為的，但有些條款聽聽就挺嚇人。老太后還一個人說了算，光緒都沒權，康就想限制君權；大清全靠愚民支撐自己的統治，康還想開民智。民智一開，老百姓都要求民主平等，豈不反了天了？還有些條款，執行起來很致命：全國讀書人全靠科舉討飯碗，雖然羊腸小徑上擠著許多像蒲松齡那樣一輩子都考不上一個破秀才的知識份子，但有一個科舉終歸還有一線希望，八股一廢，全國讀書人絕望，天下豈不亂套？事實上，康有為的改革計畫就沒怎麼施行，單單他那種一夜之間就想大換班的瘋狂改革節奏，就引起了老佛爺的深度不安。康有為跟光緒保證曰：「以皇上之聖武行之，中國之強，可計日而待也。」「以皇上之聖，圖自強，在一反掌間耳。」試問老謀深算而頗有治國經驗的老佛爺，會相信或是容忍康有為這種二百五精神嗎？

根據有心人統計，百日維新期間發出的有關改革之「上諭」達一百一十多件，各級官員根本來不及執行，甚至不知道如何執行，而且許多官員自身都難保了。時人描述：「戊戌變政，首在裁官，京師閒散衙門被裁者，不下十餘處，連帶關係，因之失職失業者將及萬人，朝野震駭，頗有民不聊生之戚。」

赫德在自己的私人信件中說：「皇帝的方向是正確的，但是他的顧問康有為和其他人都缺乏工作經驗，他們簡直是以好心扼殺了『進步』——他們把足夠九年吃的東西，不顧它的胃量和消化能力，在三個月之內都填塞給它吃了。」可以說，大家都在驚慌失措而消化不良的當口，康有為還在連續放驚天大炮，什麼「皇上先斷髮易服，詔天下，同時斷髮，與民更始，令百官易服而朝」；什麼「大集群臣誓於天壇太廟，上告天祖，下告臣民……即以今年改元為維新元年」。他也不想想，在中國，服式、髮式、紀元，首先是政治問題。改這些，不是造反嗎？特別是那根豬尾巴，在清朝統治者眼裡，那是萬萬要堅持的，丟了腦袋都不能丟它的。建國之初，滿人對漢人就是「留髮不留頭」的嘛！現在你讓光緒剪辮子，結果只是惹得老佛爺動怒，維新人士死的死，跑的跑。至於維新成果，也全讓老佛爺給廢了：

命京內詹事府等閒人衙門照常設立，不得裁併；復設湖北、廣東、雲南三省巡撫，並河道總督各缺；停止各省書院改設學校之舉，科舉照常進行；停經濟特科；廢農工商局、官報局等；禁止士民上書言事，禁止結會，禁止報館。當然，也有留下的，就留下一個京師大學堂！

總之，大清的第二次改革，就這樣玩完了。山還是那座山，河還是那條河，大清還是大清。問題是歷史老人不忍心，又給它一次嚴重刺激，讓它啟動了亡命前的最後一次改革——憲政。

啟動大清第三次改革的刺激點是八國聯軍進中國，刺激它深化改革的是日俄戰爭。

八國聯軍進中國，直接導致了太后西巡。西巡路上，平日裡養尊處優的老太后可是遭罪了。一遭罪，人就容易清醒，所以西巡路上，老太后發了罪己詔。當然，這道詔是以光緒那個傀儡皇帝的名義發的。所謂的罪己，更多的卻是罪人與表功：第一，說自己以身殉國的心思都準備好了，奈何王公大臣把自己強拉到了西巡的路上！看來，做領導不容易，想自殺都沒門，都是王公大臣的錯！第二，義和團興起，全是地方官平日主持民教糾紛不公所致。嗯，都是地方官的錯。第三，義和團焚堂毀路，全怨軍事將領鎮壓不力。嘿，都是武官們的錯。第四，義和團膽敢紅巾露刃，充斥都城，焚掠教堂，圍攻使館，漸成尾大不掉之勢，全是王公大臣唆使的。嗯，王公大臣又錯一次。第五，「天下斷無殺人放火之義民，國家豈有倚匪敗盟之政體？」使館還是被我們保全下來了嘛，如果我們真的要毀滅使館，完全可以火攻水灌嘛！明明手下留了諸多情，比如放炮的時候，我們專門有一陣子就是朝使館後面的空地放的嘛！還有，我們不是命人送去了西瓜水果嗎？當然，還可以有更多的方式慰問，不過在那樣的局勢下沒再去，也是完全可以諒解的嘛，理解萬歲。敢情義和團久攻不下，就不知道最大的二毛子漢奸就是太后本人！

罪人與表功之後，開始反思：「近二十年來，每起一次釁端，必申一番告誡。臥薪嘗膽，徒說空言，理財自強，幾成習套。事過之後，循情面如故，用私人如故，敷衍公事如故，欺飾超台如故。大小臣工，清夜自思，即無拳匪之變，我中國能自強耶？夫無事且難支持，今又釀此奇變，益貧益弱，不待智者而知。爾諸臣受國厚恩，當於屯險之中，竭其忠貞之力。綜核財賦，固宜亟償洋款，仍當深恤民難。保薦人才，不當專取才華，而當內觀心術。其大要無過去私心，破積習兩言。大臣不存私心，則用人必公；破除積習，則辦事著實。惟公與實，乃理財治兵之根本，亦即天心國脈之轉機。」

看老太后的意思，最應該反思的是大小臣工，受國厚恩，卻不好好地給國家幹活，你們好意思嗎？怎麼幹才叫好好的呢？一語而蔽之：鬥私批習保紅。鬥私就是狠鬥私字一閃念，做到真正的大公無私，胸中全裝著大清，就是沒有你本人。批習，就是改掉原先的老習慣，說真話，辦實事，凡事怕就怕認真兩字，我們的大清官員應該最講認真。保紅就是不要白專，要紅心，又紅又專才是人才！

反思之後，要求臣工上書直言。這當口，大小臣工誰還敢張嘴啊！前車之鑑都在那裡放著——老佛爺宣戰之後，凡是反對圍攻使館的官員，大多被當作漢奸或滿奸給「法辦」了。著名的滿奸有：第一，內閣學士聯元。他竟然敢說，使館萬不可攻！萬國公法規定，凡使臣性命不保，他日城破，雞犬不留。第二，戶部尚書立山。他認為靠義和團的巫術根本不是洋人的對手，所以反對開戰。著名的漢奸有：第一，兵部尚書徐用儀。他認為中國的軍力太弱，根本不是洋人對手。第二，吏部侍郎許景澄。他當過駐法、德、義等國公使，知道國際遊戲規則，知道向十一個國家同時宣戰的後果，所以拉著光緒的衣袖與皇上淚眼相望，惹怒了老太后。第三，太常寺卿袁昶。力言拳匪不可恃，外釁必不可開，殺使臣，悖公法，聲振殿瓦。氣得太后直拿眼瞪他。德國公使克林德被殺後，端郡王懸其屍於東安門，卻被袁昶強行劫走，說自己認識克林德，不忍其暴屍於外。

總之，帝國僅有的幾個清醒的、試圖按照國際遊戲規則出牌的大員，都被格殺勿論了，剩下的官員喘氣都憋著，哪個還敢直言？沒辦法，老太后只好自言自語了，逃到西安後，她下詔進行變法。當然，由於反思來反思去，就反思出那麼一個「鬥私批習保紅」的滑稽結論來，導致其變法仍是有限的，或者說，不足以讓大清走出困境。雖然如此，變法總算重新開始了，還是老太后主動推行的，內容大致如下：

廢除舊政方面，裁汰各衙門胥吏差役；停止捐納實官（僅能買賣名譽官銜）；併詹事府於翰林院，裁撤河東河道總督缺；裁撤雲南和湖北兩省巡撫缺；裁撤廣東巡撫缺。

新設機關方面，設立督辦政務處；改總理衙門為外務部；設立商部並將路礦總局裁併；設立練兵部、巡警部、學部。

軍事方面，裁汰各省綠營防勇，並精選若干營，分為常備巡警等軍；命各省籌設武備學堂；設立練兵處，命奕劻等人管理；命鐵良會同袁世凱辦理京旗練兵事宜；在河間舉行秋操，命袁世凱和鐵良為閱兵大臣。

文化教育方面，復開經濟特科；整頓翰林院，要求編檢以上官員開學政治學；命各省選派學生出國留學，並講求專門學業；命出使大臣訪察留學生，回國效命；廢除科舉，命各省書院於省城改設大學堂，各府州改設中學堂，各縣改設小學堂，由學堂畢業考試合格者，給予貢生舉人進士等文憑；翰林院部分官員進京師大學堂進行專門培訓等。

最後一項，社會生活方面，准滿漢通婚。

看這些內容，分明沒有超過康有為的變法範圍嘛，所以諸多學者認定西太后就是康有為的政治繼承人。她跟康有為太不同了，太后在上諭中稱：「康逆之講新法，乃亂法也，非變法也」，一下子就把康有為與自己劃清了界線。除此之外，督辦政務處的《開辦條規》規定，變法大綱一為規劃好的舊章，二為參用西法，並進一步解釋，極右思潮導致康梁變法——「維新之極而有康逆之亂」，極左思潮導致庚子之亂——「守舊之極而有拳匪之亂」，所以我們目前的任務，既要防左，還要防右，也就是不左不右——中體西用。一句話，老太后恢復的是洋務運動，改革的還是器物，而不是制度。而且，相對於康有為那種跑步式的改革，太后這叫穩健的、大清特色的改革。

說實話，這種改革讓人失望。特別是維新派，認為不設議院，不立憲，則變不如不變。在他們的鼓動下，光緒二十九年（一九〇三），立憲輿論漸成氣候，維新派一詞也被立憲派所取代。國人中首倡「君主立憲」者為鄭觀應，而大力宣傳這一思想的，乃梁啟超。梁指出，世界上現存君主專制、君主立憲和民主立憲三種政體，君主立憲最為優越，且是世界歷史發展的潮流，中國也應該立憲。但是現在還不能馬上實行，條件不具備。他認為中國官員與日本官員不一樣，中國官員不只昧於世界大勢、缺少政治常識，道德上也令人絕望：「趨利則相軋，過患則相陷」，「上則如社鼠城狐，要結權貴；下則如饑鷹餓虎，殘噬同類」。對於百姓，他更是失望，他認為，今日中國第一要務是提高「民德、民智、民力」，製造所謂的「新民」。可以說，近代中國啟蒙史上，真正的啟蒙家除了嚴復，就是梁啟超。嚴復晚年悲觀了，梁啟超倒是始終充滿激情，愈啟愈勇，但是啟來啟去，發現百姓們不是啟而不發，就是發到了革命的邪路上。以致梁啟超寫出了《舉國皆我敵》的詩篇，詩中云：「眇軀獨立世界上，挑戰四萬萬群盲！」總之，官員德智不行，人民德智力不行，這樣的情況下搞立憲，怎麼能搞好呢？正如一位頑固派、福建道監察御史趙炳麟所言，立憲這個玩意兒「非特我朝三百年所未有，亦自周、秦以來三千年所未有」。正因為如此，梁啟超才提倡「開明專制」，並希望清政府預備立憲，次第實施，他列出的時間表是十至十五年。

雖然如此，他的挑戰還是很有效的。日俄戰爭前，立憲已經成為一種社會思潮，在國內、海外留學生以及華僑中流行起來。

正當立憲暗潮湧動的時候，第二個刺激點出現了，這就是日俄戰爭（一九〇四—一九〇五）。日俄戰爭的原因也跟中國有關——中日甲午戰爭後，中日簽訂《馬關條約》，中國將遼東半島割與日本，李鴻章聯繫俄國協同德法對日本施壓，使得日本把到口的這塊肥肉又吐了出來，日本當然不願意了。庚子拳亂時，俄國乘機出兵佔領中國的東三省，俄國傳統，佔了就不退了。除此之外，它還想以東三省為跳板，圖謀朝鮮。這樣一來，日本更不願意了：爾中國不爭氣，導致俄國都成為俺的威脅！事實上，日本的民族主義者一直認為，清國之憂即日本之憂也。日本的間諜荒尾精就一直宣傳支那和日本是唇齒相依和輔車相保的關係，為了實現黃種人的崛起，為了抵抗白種人的侵凌，必須改造中國，扶植中國的革命運動，防止沙俄的東侵云云。總之，因為東北，日俄雙方談判上了，談判不成，就打上了，這一打就是一年多。

日俄戰爭是在中國的國土上點燃的。戰爭一爆發，可憐的中國政府趕緊宣布中立，當然它也只能中立了（表面上中立，實際上支持日本，民間特別是留日學生更是支持日本，甚至組織敢死隊直接為日本效力，中國人沉浸在中日同文同種的美夢中，到一九一九年巴黎和會時期才清醒過來）。雖然它的中立在某些西方觀察家看來，乃是一種弱智狀態：「從中國在這次日俄戰爭中的行動來看，它似乎對於幾乎為近代中立國家所必須履行的那些義務，連一種初步的概念都沒有。」但是中國政府再弱智，也能看到結果啊！結果很令中國意外，小日本竟然打敗了俄國熊！用馬士的話來講，庚子之亂頂多讓中國的知識階層震驚，但日俄戰爭卻讓中國舉國震驚！

從人種上講，日本人在白種人面前為黃種人爭了一口氣；從東西方關係上講，可用馬士的話概括：「日本已經翻轉了久經承認為東西方間當然存在著的那種關係」；從傳統觀念來講，日本一個蕞爾島國，人少資源少，在大清眼裡不如中國的一個行省，竟然把一個龐大的、中國人眼裡的西方強國給打得服軟了。「每一個中國人，甚至於不識字的農民都不禁發問，日本究竟靠什麼方法做到這樣的結果？」一句話，面對小日本的勝利，中國人民震驚了。震驚之餘，他們摸出了一塊大石頭：日本立憲了！一個小小可憐，立憲沒幾年，先是打敗了龐大的封建中國，後則打敗了更龐大的專制俄國。看來，立憲就是好，就是好來就是好！

可以說，從日俄戰爭開始之際，立憲派就乘機大做文章。他們認為，日俄戰爭對中國來講，實為一大喜事。因為，日本一旦戰勝俄國，就可以向清政府及守舊派們證明：「國家強弱之分，不在於種而在於制」，中國必須進行制度改革了。除了輿論宣傳，他們還大走上層路線，江蘇名士也是國內立憲派骨幹人物張謇寫信給袁世凱，斷言「日俄之勝負，立憲專制之勝負也」，並誇袁世凱之才不在日本的伊藤板垣等諸人之下。袁世凱聽了，心裡癢癢的，遂與兩江總督周馥、湖廣總督張之洞等封疆大吏你唱我和，集體拉起了立憲的二胡，拉得如泣如訴，王公大臣們當然要受感染。國內立憲派另一名士湯壽潛寫信給軍機大臣兼外務部尚書瞿鴻禨，聲言如果他站出來首倡立憲，「豈非中國一偉人乎？成則人人將範以銅像，不成則奉身而退，此心可訊三光（范仲淹被貶三次，當時的輿論稱之為三光）。」這句話說得瞿鴻禨怦然心動，也轉向立憲了。與此同時，中國的一些駐外使節，以駐法公使孫寶琦、駐日公使楊樞為代表，也紛紛上奏立憲，於是全國上下，一片立憲的呼聲！老太后在後宮也看到了他們的立憲小冊子《日本憲法義解》，發表讀後感曰：日本有憲法，於國家甚好。大勢所趨，人心所向之下，太后也就表態了：你們都說立憲好，咱就派幾個代表往立憲各國考察考察吧！

光緒三十一年（一九〇五）的夏天，清政府發出派載澤、戴鴻慈、徐世昌、端方、紹英五大臣出洋考察政治的諭旨。晚清的憲政就這樣拉開了序幕。問題是革命黨等不及了，革命黨不喜歡改良，不喜歡政府這種毫米推進的逗你玩式的蝸牛式改革。更關鍵的是，改來改去上面還坐個皇帝，而且是滿洲人的皇帝，所以政府真改革他們更不樂意，他們不怕滿洲變商紂，就怕滿洲出堯舜，他們搞的是革命，要的是共和，翻天覆地慨而慷！於是，出洋考察憲政的五大臣在北京正陽門車站遭遇了革命黨的炸彈。

革命黨，顧名思義，要命的黨。革命之父是孫中山（一八六六—一九二五），後來的國民政府稱他為國父，國民黨稱他為永遠的總理，中共稱他為革命先行者。孫中山，廣東省香山縣（今中山市）人，原名孫文，字德明，號逸仙，流亡日本時曾經化名中山樵，故有人稱其為「中山先生」，之後此稱謂便逐漸演化為孫中山。由於得到在外經商置業的哥哥孫眉的接濟與幫助，光緒五年（一八七九），少年孫中山赴夏威夷接受西式教育。後來由於過分西化，想加入基督教，於光緒九年（一八八三）被哥哥遣送回老家，受到了父親的責罵。父親拖他到北帝廟下跪認錯，傾心基督教的他當然不跪，結果又遭到父親一頓痛扁，沒辦法只好跪下認錯了。事後偷偷到北帝廟拿石塊擲神像洩憤，洩憤得過分了，把神像的手給洩斷了。鄉親們偵知是這小洋鬼子幹的，敲鑼打鼓到孫家問罪。孫父開溜，讓孫母出面，出花銀十兩作賠，這件事才算了斷。孫中山覺得家裡無法混，便離開了家鄉，經過一番輾轉，光緒十一年（一八八五）正式成為基督徒，光緒十三年（一八八七）進入香港西醫書院（成立時為五年制專科學校，後併入香港大學），光緒十八年（一八九二）以首屆畢業生第一名的成績畢業（當年，畢業生三十餘人，只有兩人及格畢業，一是孫中山，一是江英華。從開辦到停辦，一共招收一百二十八個學生，畢業的僅五十一人）。畢業後先在澳門行醫，很快就成了神醫，遭遇葡萄牙醫生的嫉妒與葡萄牙當局的打壓，憤而奔赴廣州行醫，兼開藥房。據說，行醫收入也不菲，一年能收入萬元，但由於把藥房的帳全託付給了夥計，所以行醫的收入全讓藥房給挪用了，有時候連開銷的錢都沒有。

看來，孫中山的心思不在賺錢上，而在政治上。光緒二十年（一八九四），他上書李鴻章，提出許多改革要求，可是李鴻章大人沒有回覆，傷了小夥子自尊，從此告別改良，走向了革命道路，要求武裝推翻清王朝。為此，他在檀香山組建了興中會，宗旨是「驅除韃虜，恢復中華，創立合眾政府」。光緒三十一年（一九〇五），興中會與黃興的華興會及其他革命黨合併，組成了同盟會，宗旨是「驅除韃虜，恢復中華，創立民國，平均地權」。可以說，從興中會開始，孫中山就開始了武裝起義，屢敗屢起，屢起屢敗。單從革命黨這方面來講，有兩個問題比較頭疼。第一個問題是經費問題，孫中山長年在海外華僑堆裡募捐，每次都吹一定成功，可是有時候還沒吹完，起義就宣告流產了，所以得個「孫大炮」的外號，募幾個錢挺不容易的。宣統元年（一九〇九），有些同志比如章太炎與陶成章，竟然說孫中山「藉革命以騙財」，氣得孫中山寫信給身在倫敦的吳稚暉訴苦，說自己革命十年了，募來募去，就募了四五萬元，其他都是自己與哥哥倒貼，而且如果自己不革命，只行醫就能致富，怎麼一年不賺它個萬兒八千的？問題是，現在已經成為職業革命家，沒時間自己賺錢了，所以革命經費就成了問題。第二個問題是犧牲問題，可以參見電影《十月圍城》。革命黨人懷揣正義，自己不怕犧牲，更不怕犧牲別人，可是犧牲來犧牲去，總是不成功，就沒有耐心了，於是有些人喜歡上了暗殺活動，汪精衛就是其中的典型代表。他們認為，暗殺幾個頑固派、當權派、皇族派，事情就好辦了，由於炸彈有時候都是自己製造的「三無產品」，所以被唐德剛先生稱作「咸鴨蛋」革命。

五大臣就是在這樣的氛圍中遇上「鹹鴨蛋」的。「蛋手」是革命黨人吳樾，雖然不是組織讓他幹的，但是那時的革命黨認為暗殺也是革命之一種，且流行無政府主義，不跟組織彙報，自己不吭聲地就私自幹去了。吳樾有一篇《暗殺時代》的文章，說：「夫排滿之道有二，一曰暗殺，一曰革命。暗殺為因，革命為果。暗殺雖個人而可為，革命非群力而不效。今日之時代，非革命之時代，實暗殺之時代也。」我們現在的一些史者，對於這種暗殺挺支持的，他們的立論在於，晚清政府的立憲是騙局，偽立憲，所以需要革命黨人拿炸彈轟醒國人，免得被騙。問題是，老太后啟動的晚清憲政固然不夠徹底，但是要把它說成是騙局，也太情緒化與簡單化了。對於革命黨來講，也不是沒有私心，比如汪精衛，早就散布一種擔心：如果立憲取得成功，革命黨奪取權力的希望就要落空，所以一定要想盡辦法破壞立憲。一句話，革命黨更怕政府真立憲。真立憲，能拐騙大幫士民不說，革命的神聖性、必要性、合法性就更不好扯了。

挨上「蛋」的是徐世昌與紹英。太后聽聞之下，「慨然於辦事之難，淒然淚下」。立憲派本來同情革命黨，這下也罵上了，出洋考察，事關中國前途，「凡稍具愛國心者宜如何鄭重其事而祝其行」，「然此等暴徒喪心病狂一至於此，其罪真不容誅哉」！不過徐世昌與紹英沒死，最終死的卻是吳樾本人，他懷揣炸彈冒充皂隸混上了五大臣專用列車，可是機車與車廂掛鉤時的震動，竟把他的炸彈給引爆了，自己先當了烈士。對大清來講，炸傷幾個大臣也得繼續憲政啊，於是改派尚其亨和李盛鐸替補，並下令設立考察政治館專理出洋考察事宜，以示重視。光緒三十一年（一九〇五）的年底，五大臣分兩批出發了。記取上次教訓，一是分兩起出發，二是不坐專車、屬員人等一律免送！光緒三十二年（一九〇六）的夏天，歷時半年周遊十四個國家的五大臣考察歸來，彙報說外國的月亮確實圓。別說英、法、美、德等大國了，就是比利時、荷蘭、日本等小不點國家，也比咱圓啊！端方總結說：外國沒咱地多，沒咱人多，但是比咱富強得多，什麼原因呢？「非論者之言所能盡也」。但是，根據我們「悉心觀察」，國之富強，不在外交水準，而在內政，而內政水準，不必問他，「但問其政體之為何而可以判之矣」。一句話，制度決定一切。

五大臣的結論很好，但是國內還有大量的愛國賊啊！他們說，「立憲利漢不利滿」，「有百害而無一利」，若果真實行了，「行將不利君，不利國，不利官，而民氣日囂」。一句話，立憲只利人民，而利人民的事情，咱是不能幹的，咱們都是官嘛！你別說，這些言論一出，還真能影響官心，都是既得利益者嘛，於是原先一些贊同立憲的官員也改變了風向，又不贊成了。出國前就「極願歸國有所建白」的五大臣之一載澤一看風向變了，憤怒，遂單獨上了一個密摺。別小看載澤，他是光緒皇帝的姐夫、太后的大侄女婿，方家園桂爺家的大妞嫁的就是他。他在密摺中說，立憲「利於國，利於民，而最不利於官」，具體說來，至少三大利：「一曰皇位永固，二曰外患漸輕，三曰內亂可弭。」當然了，雖然有利，也不能立得那麼快，要慢些來，穩定第一嘛！他給太后出的主意是：「今日宣布立憲，不過明示宗旨為立憲預備，至於實行之期，原本可以寬立年限。日本於明治十四年宣布憲政，二十二年始開國會，已然之效，可仿而行也。」太后對立憲並無成見，她的基本原則原本是：「一曰君權不可侵損，二曰服制不可更改，三曰辮髮不可剃，四曰典禮不可廢。」現在又聽說立憲還可以預備，挺好的，遂於光緒三十二年七月十三日（一九〇六年九月一日）頒發《宣示預備立憲諭》，表示政府預備立憲了，但「目前規制未備，民智未開，若操切從事，徒飾空文」，因此「先將官制分別議定，次第更張，並將各項法律，詳慎釐定，而又廣興教育，清理財政，整頓武備，普設巡警，使紳民明悉國政，以預備立憲基礎」，「俟數年後規模粗具，查看情形，參用各國成法，妥議立憲實行期限，再行宣布天下」。

有關立憲，清政府內定了四大方針：一是十年或者十年之後才行立憲；二是立憲大體要效法日本；三是廢現制之督撫，這些督撫權太大了，還都被漢人掌了去，讓新設督撫的許可權相當於日本的府縣知事，其財政、軍事權悉收歸中央。四是中央政府組織，略與現在的日本相當。

現在我們看看，四大方針指導下，清政府是如何「粗具」立憲規模的：

之一：改之前的督辦政務處為會議政務處，改之前的考察政治館為憲政編查館，憲政編查館併入會議政務處，會議政務處再併入內閣，作為預備立憲的辦事機構。

之二：派載澤等編纂官制，命端方派員來京參議，派奕劻、瞿鴻禨等總司核定。

之三：派達壽使日、汪大燮使英、于式枚使德，再次考察立憲事宜。

之四：命溥倫、孫家鼐為資政院總裁，預備設立資政院事；命各省籌備設立諮議局，並預備設立各府縣議事會；命各省設調查局，各部院設統計處。

之五：頒行各省諮議局章程及議員選舉章程。

之六：奕劻等奏呈憲法大綱及議院法選舉法大綱、議院未開前逐年應行籌備事宜。

「粗具」的過程中，牽涉到諸多利益與許可權之爭。中央體制改革方面，一個釐定官制問題，就讓政府高層們鬥得夠嗆！

清政府宣示「仿行憲政」的次日，即發布改革官制的上諭，著派載澤、世續、那桐、榮慶、鐵良、戴鴻慈及袁世凱共同擬制釐定中央官制的方案。袁世凱不傻，釐定的過程中就發現，那幫皇族既排漢還想取消督撫原先的軍政大權。於是大家就鬥上了，除了滿漢之爭、中央與地方權利之爭以外，還有部門之爭、個人之爭。

有些部門和特權似乎是不准許動甚至不准許議的，釐定官制過程中有五大禁區：軍機處不議，內務府不議，八旗不議，翰林院不議，太監不議。軍機處與翰林院不說，單說內務府、八旗與太監，前兩項全是皇家宗室，後一項全是皇家秘書，他們成群的跑到太后前面哭訴，折騰得太后吃不好睡不好，甚至想到了自殺，說：「我如此為難，真不如跳湖而死。」所以我們一定要體諒領導的難處，因為於國於民有利了，於領導家眷、子女、秘書就不利了。讓領導大義滅親，怎麼可能呢？結果就是諸多部門不動：內閣、軍機處、外務部、吏部、學部均仍舊。其他部門也不過是擺設、裁併加改名罷了：巡警部改民政部；戶部改度支部，將財政處、稅務處併入；太常寺、光祿寺、鴻臚寺併入禮部；兵部改陸軍部，練兵處、太僕寺併入；刑部改法部；大理寺改大理院；工部併入商部改為農工商部；理藩院改理藩部；增設郵傳部。除了外務部設總理大臣一員，會辦大臣二員（其一兼尚書）以外，各部均設尚書一員，副都御史二員，六科給事中改為給事中。最後，主要權力部門軍機處與各部大員名單公布如下：

軍機處：奕劻、世續、瞿鴻禨。

各部：外務部，大臣奕劻，尚書瞿鴻禨；度支部尚書溥頲；吏部尚書鹿傳霖；禮部尚書溥良；陸軍部尚書鐵良；郵傳部尚書張百熙；理藩部尚書壽耆；民政部尚書徐世昌；學部尚書榮慶；工商部尚書載振；法部尚書戴鴻慈。

上列一處十一部，總共出現大員十三人，滿七人，漢四人，蒙古一人，漢軍旗一人。原先每部六堂官滿漢平列，滿三漢三（舊例尚書二員，滿漢各一，侍郎四員，滿漢各二）。現在打破滿漢界線了，說是擇賢而立，賢的結果，漢人反而佔下風了。

梁啟超認為，漢人政治能力優於滿人，如果真搞政治上的自由競爭，漢滿競爭誰優誰劣，不問自明。問題是，人家就這麼無恥，人無恥則無敵，你能怎麼樣？滿洲皇族甚至把排漢當作了首要目標，剛毅竟然造出「漢人強，滿洲亡；漢人疲，滿洲肥」的簡訊四處散發，滿漢之間的爭鬥愈演愈烈。

榮慶鬥張百熙，把他鬥走，自己做了學部尚書，相當於現在的教育部長。估計他知道，百年之計，在於愚民，所以抓住了教育權。

奕劻鬥瞿鴻禨，本來瞿快把奕劻鬥敗了，太后說要把奕劻趕出軍機處。可能是太得意了，瞿一回家就把這個消息告訴了夫人，夫人告訴了汪康年的夫人，汪康年的夫人再告其老公，她老公再往外傳，終於傳到了《泰晤士報》駐北平記者莫里遜那裡，於是《泰晤士報》就把它當消息發了。汪康年乃瞿的門生，而且是個維新黨，在北京辦《京報》，經常在報上諷刺奕劻與他的兒子載振。因為載振喜歡上一個小戲子楊翠喜，段芝貴為了當黑龍江將軍，就把楊姑娘買了過來，當作糖衣肉彈送給了載振，事發，輿論大譁，太后更是當面罵奕劻：「如是欺蔽朝廷，不如用麻索縊死我母子為佳！」嚇得慶王剩下叩頭的份了，等抬起頭，發現兩宮早已退入寢殿了。於是，載振趕緊問計於袁世凱，最後不但把那個肉彈退了回去，還自請除去農工商部尚書及一切差使。奕劻懷疑這一切都是瞿搞的鬼，你拿生活作風、貪汙受賄治我，我就拿政治問題回報你，我告你暗通報館——當然是《京報》，而且還是維新黨人的報紙，裡通外國——外國記者莫里遜與外國報紙《泰晤士報》。這兩點正好戳住了老佛爺的心病，她現在就恨維新黨和洋人，於是瞿鴻禨就被趕回家了。

鐵良鬥袁世凱。袁世凱擔任直隸總督兼北洋大臣，搞得天津很模範，小站練的兵也很神。政府讓袁世凱訓練一些旗兵，袁世凱還奏請讓滿洲親貴鐵良擔任京旗練兵冀長，可是在北京設立練兵處後，袁世凱發現鐵良已經在排擠他。彰德秋操，算是大清軍事西化後的第一次軍事閱兵，鐵、袁雖然同為閱兵大臣，但袁的權與能遭到了滿洲親貴的一致敵視。袁世凱感覺不妙，奏請開缺了自己的一些兼職，同時奏請把北洋六鎮中的四鎮劃歸鐵良統帥，自己只留兩鎮。當然鎮裡的骨幹將領還都是北洋系的，不過從表面上看，袁已沒有那麼威風了。滿人奪了袁的軍權，再奪袁的政權。光緒三十三年（一九〇七），袁世凱被調入了軍機處，離開了直隸，相當於老虎離了山。除此之外，鐵良還想弄個滿洲的貴冑學校，專門培養高級軍事將領。他認為，漢人再多，無非是當兵的多，捱不住高級軍官都是我們滿洲的。主意不錯，但實踐上不行。因為滿洲子弟的才華都集中到逗鳥抽大煙、遛狗捧戲子等方面，這個偏好放在和平時期尚可，革命時期則不行，因為外面都是要命的主，所以鐵良進一步的排漢計畫遭遇失敗。

至於地方上的體制改革，政府做得還算不錯，試行地方自治。諭令由東三省首先實行，直隸、江蘇擇地試辦，俟有成效，限十五年內全國推廣。

雖然預備立憲的誠意不夠，但真能做下來也算不錯。而且，自從清政府宣布預備立憲之後，流亡海外的康梁黨人就高興了。康有為在戊戌變法失敗後，於光緒二十五年（一八九九）在加拿大創設保皇會，又名中國維新會。《會例》提出「專以救皇上，以變法救中國、救黃種為主」。義和團運動發生，八國聯軍侵入後，保皇會認為這是反擊后黨、扶救皇上的大好時機，遂組織自力軍起事，更有其他戰略計畫，但由於力量不夠、經費不足、領導素質等問題失敗。雖然他們自己也搞武裝鬥爭，但是認為自己是在救主，與革命黨是有根本區別的。他們反對革命，認為革命「有流血之慘」，會「引起分裂」云云。為了回應政府的預備立憲之諭，光緒三十二年（一九〇六），康有為以保皇會總頭領名義，在紐約出版的《中國維新報》上發表文章，除了一貫吹噓自己首倡變法，全力保皇的奇功異勳以外，還主觀臆斷地指出，清政府主張立憲，說明光緒皇帝與慈禧太后的怨恨已經釋然，故今後無須再行保皇，而應該轉向推動立憲，並異想天開地準備回國與清政府合作，因此他通知保皇會全體會員，光緒三十三年（一九〇七）元旦舉行慶典，祝賀保皇會大功告成。康有為傻高興的同時，梁啟超提醒他，國內也有立憲派，而且聲望很高，比如由鄭孝胥擔任會長，江浙紳商中頗有聲望的張謇、湯壽潛擔任副會長的預備立憲公會，在國內可是響噹噹的，我們應該把保皇會改為帝國立憲會，在政治上拉攏國內立憲派並與其合流，在內地多設分會，多辦報紙，逐漸擴大自身影響力，康有為同意了。

與此同時，梁啟超在日本組織了一個政聞社，發表一篇宣言，列出政聞社的四大綱：第一，實行國會制度，建設責任政府；第二，釐定法律，鞏固司法權之獨立；第三，確立地方自治，正中央和地方之許可權；第四，慎重外交，保持對等權利。

雖然康梁也開倡立憲，但是一者由於西太后對康梁的仇視；二者由於袁世凱、張之洞等大員對康梁不斷攻擊他們耿耿於懷；三者由於康梁曾經的「保皇帝不保太后，保中國不保大清」的主張；四者由於太后改革也得我來改，爾們算什麼東西的脾性。總之，從西太后到漢族大員再到滿洲親貴，都拿康梁當最大的敵人。典型的狗咬呂洞賓不識好人心，不知道若按了康梁的路走，這大清還能維持下去。更滑稽的是，革命黨也拿康梁當敵人。

光緒三十三年六月初八（一九〇七年七月十七日），政聞社在東京神田錦輝館召開成立大會，革命黨黨員張繼、金剛、陶成章等人竟然帶著四百個打手前去打架，害得梁啟超跳樓逃跑，甚至有革命黨人拿草鞋擲到了梁啟超臉頰上。革命黨人的意思是，中國應該速行革命，還立什麼狗屁憲。革命黨人的意思也許是對的，但是再對，也不能用武鬥的方式強迫其他黨派認同，何況你的意思根本不對呢？立憲黨認為：「革命之舉，必假借於暴民亂人之力。天下豈有與暴人亂民共事，而能完成者乎？終亦必亡，不過舉身家國而同斃耳。」

梁啟超挨了革命黨的鞋子卻不氣餒。不管如何，他要繼續工作，派社員回國活動，聯絡國內立憲派，組織演說與請願，起勁地拐騙立憲。

革命黨直接認為清政府的立憲根本就是愚民，心中自有自己的計畫。光緒三十二年（一九〇六），孫中山、黃興、章太炎共同擬制了指導各地舉行反清起義的文件《革命方略》，明確提出了武裝鬥爭的思路，那就是組織國民軍，推翻清王朝，建立軍政府。至於建國程序，分三個時期：第一期為軍法之治；第二期為約法之治；第三期為憲法之治。一句話，逐步從軍政過渡到憲政。

從光緒三十二年（一九〇六）到光緒三十四年（一九〇八），革命黨起事如下，可謂是屢仆屢起：萍瀏之役、潮州黃崗之役、惠州之役、安慶之役、欽廉防城之役、鎮南關之役及申河口之役，總計七次。

一邊是立憲派的起鬨，一邊是革命黨的炮轟，清政府招架不住了，終於在光緒三十四年（一九〇八）頒布了《欽定憲法大綱》。可是看了大綱內容與立憲日程表，有些人表示失望。

一者，立憲預備期太長。九年，黃花菜都涼了。革命黨叫喚要速速革命，你改個革卻要九年的啟動期（其實革命黨的《建國方略》裡也規定了從軍政到憲政的過渡，一步走向共和是不可能的。孫中山後來做總統，要的是總統制，待老袁接了任，卻逼人家內閣制）。九年當然是老太后的意思，而且這九年還是大家逼出來的，否則她想拖得更長。老太后搞改革，本身就是被逼的嘛，既然是被逼的，改起革來便能拖就拖，能裝就裝。老太后不傻，小學數學學得不賴，算計過了，她現在已經七十四歲了，九年之後就八十三歲了。民間俗語說，七十三八十四，閻王不叫自己去。到那時，自己一蹬玉腿上天了，你們隨便折騰吧！不過老佛爺算得再妙，也沒有算出兩個月後她就要蹬腿了，時間是光緒三十四年十月二十二日（一九〇八年十一月十五日）。

二者，立憲內容不夠過癮。關於君權，有這麼一大堆：大清皇帝統治大清帝國，萬世一系，永永尊敬；君上神聖尊嚴不可侵犯；凡法律雖經議院議決而未經君上詔令批准者不能施行；君上有召集開閉停展及解散議院之權；君上有高官制祿及黜陟百司之權，議院不得干預；君上有統帥海陸軍、調遣常備軍、制定常備兵額及一切軍事權，議院不得干預；君上有宣戰、講和、訂立條約、派遣使臣、認受使臣等所有外事之權，議院不得干預；君上有宣布戒嚴之權；君上有賞爵及恩赦之權；君上總攬司法權，委任審判衙門，以欽定法律行之，不以詔令隨時更改之；君上有命令權，唯已定之法律，不得以命令更改或廢止；議院閉會時，遇緊急事得以詔令代行之，至次年會期再交國會妥議；皇室經費，由君上制定常額，由國庫提支，議會不得置議；皇室大典，由君上督率皇族大臣與特派大臣議定，議院不得干預。看看這些內容，哪裡是立憲限制君權，根本是立憲鞏固君權了。當然，君權也不是完全沒有限制，至少君上金口玉言、出口成法的無限制的絕對專制受到了一定的控制，但是若與日、英比較起來，那就差得老鼻子了。日本的天皇，僅是名義上的神聖；英國的國王，僅是精神上的尊嚴。關於民權，也有一堆：臣民中有合於法律命令所定資格者，得為文武官吏及議員；臣民於法律範圍內，所有言論、著作、出版及集會、結社等事均准自由；臣民非按法律所定，不加以逮捕監禁處罰；臣民可以請法官審判其呈訴之案件；臣民應專受法律所定審判衙門之審判；臣民之財產及居住，無故不加侵害；臣民按照法律規定，有納稅當兵之義務；臣民規定之賦稅，非經新定法律更改，悉仍照舊輸納；臣民皆有遵守國家法律之義務。

仔細考量這些內容，要是能真正實現也算不錯。問題是老佛爺活到頭了。歷史給了她諸多機會，她卻不給大清任何機會。她死的當口，把光緒也給拉走了，具體來講，是在死前把光緒打發上路了，時間是光緒三十四年十月二十一（一九〇八年十一月十四日）。直到今天，光緒的死依然有不些不明不白，有人說他是自然死亡，就他那病秧子，再加上終身受老佛爺虐待，能活多長呢？有人說他是被袁世凱害死的；有人說他是李蓮英害死的；當然，更多的人相信，他是被老佛爺害死的。根據起居注官惲毓鼎《崇陵傳信錄》記載：皇帝體氣健實，並沒什麼病。有小人跟老佛爺彙報說，皇上聽說太后數天拉肚子不停，「有喜色」，於是太后怒曰：「我不能先爾死。」於是皇帝就死了。第二天，太后才心滿意足地死去。

太后臨死前，又把爪子伸到了自己妹妹家。上次要的光緒是妹妹的兒子，這回要的是妹妹的孫子——光緒之弟載灃的兒子溥儀，年號宣統。溥儀做皇帝，他爹做監國攝政。立憲派聞而竊喜，載灃肯定會繼承哥哥的遺志，把改革深入下去；還會為哥哥報仇，弄死袁世凱。結果，載灃沒有弄死袁世凱，以足疾為由讓他開缺回籍了。有人說是心太軟，有人說是沒有那個膽。心太軟是可能的，沒有那個膽也是可能的，因為北洋六鎮的骨幹全是袁世凱的北洋系，他們要是也起事，就不好收攤了，於是袁世凱好好地回家了。袁世凱一回家，立憲派就伸著脖子掂著腳跟，巴望著載灃在立憲路上步伐再大一點，速度再快一點，比如為戊戌變法平反，補恤維新烈士，重新起用維新黨人什麼的。康有為上書攝政王，在神童弟子梁啟超的教唆下，不惜繼續說假話（光緒死前，康有為不承認圍園密謀還可以解釋為保全皇上，如今皇上和太后都死了，就沒有否認的必要了，但是梁啟超認為假話還得說下去，康聽了徒弟的），解釋前怨，瞻望未來。問題是，攝政王雖然是光緒的親弟弟，但更是老佛爺的政治接班人，血緣親情與倫理政治，他都無法觸動，所以他不搭理立憲派。更要命的是，他所謂的立憲，比老佛爺還騙人。立憲派像多情女人對攝政王張望的當口，革命黨繼續起事，從宣統繼位到武昌起義前，又革命幾次：熊成基安慶發難，廣州新軍叛亂，汪精衛謀刺載灃，黃花崗七十二烈士之役。

一邊是致命的多情，一邊是致命的奪情，兩邊夾攻之下，載灃的立憲動作啟動了：

之一：下旨，諭旨由軍機大臣署名，仿照立憲國總理負責制。

之二：下旨，宣示決行立憲，成立資政院，並各省成立諮議局，各省城及通商口岸成立審判廳。

之三：開缺一個奏阻憲政的陝甘總督升允，和一個玩誤憲政籌備的甘肅布政使毛慶蕃。

之四：由自家人總攬所有軍權：編禁衛軍，由攝政王載灃親統，由載灃七弟載濤等人專司訓練大臣；派肅親王善耆、振國公載澤、自己的六弟載洵等人籌備海軍，載洵做海軍大臣；設立軍諮府（相當於日本的參謀部），以載濤為軍諮大臣（相當於參謀總長）。一家三兄弟，一個攝政王兼攝大元帥親統禁衛軍，一個海軍總長，一個參謀總長。別怪他們，這應該是正常而明智的選擇：一則，這是德國那邊教的，軍權要握在自己手中；二則，中國的歷史證明，槍桿子裡面出政權；三則，袁世凱之後中國出現軍閥混戰的局面，就是軍權不專的後果！

與此同時，梁啟超揮動自己的筆桿子，為政府立憲出謀劃策。同時，立憲黨人的線下活動一浪高過一浪，組織了一次又一次全國請願，請政府早開國會，早立責任政府，從速立憲。請願的結果，政府下詔縮短了立憲籌備期，準備於宣統五年（一九一三）召開國會，國會召開前，先釐定官制，設立內閣。宣統三年（一九一一），政府頒布新內閣官制，名單如下：

內閣總理大臣奕劻，內閣協理大臣那桐、徐世昌，外務大臣梁敦彥，民政大臣肅親王善耆，度支大臣鎮國公載澤，學部大臣唐景崇，陸軍大臣蔭昌，海軍大臣載洵，法部大臣紹昌，農工商大臣溥倫，郵傳大臣盛宣懷，理藩大臣壽耆。

立憲黨人一看名單，傻眼，皇家明擺著是逗你玩嘛，十三位國務大臣，漢四滿八蒙一。滿八中，皇族又佔了五個，這分明是皇族內閣嘛，於是立憲黨人又開始鼓噪了：皇族內閣不符君主立憲國公例，要另組內閣云云。可惜歷史老人的耐心已經到了盡頭，武昌起義要爆發了，愛新覺羅家就要謝幕了……老太后泉下有知，不知如何評論她們家的這三次改革？

改來改去，改沒了。原因何在哉？

改革誠意不夠？是的。清政府何時有過誠意？

改革內容有限？是的。用楊小凱先生的術語概括：後發劣勢。放著現成的經驗你不學，放著現成的陽光大道你不走，非要大清特色，非要下河摸石頭，不摸空才怪！

改革時機有誤？是的。常言說：不見棺材不落淚，可晚清的統治者見了棺材還不掉淚，因為他們的智商決定了他們不知道棺材是什麼樣子，棺材來了也看不到！

人多民傻？是的。既缺少理性精神，還缺少妥協意識（西方哲人言，妥協是政治的靈魂），不管是物質上，還是精神上，都跟餓死鬼轉世似的，具有強烈的饑餓後遺症，妄想一口吃成個大胖子，一步登天。否則梁啟超也用不著「全國皆我敵」，「挑戰四萬萬群盲」。更要命的是，挑戰的結果，不是精英文化對大眾文化的導向，不是精英文化在人民中的普及與提高，而是大眾文化對精英文化的導向，人民對精英人物的糟蹋。

第二章：大清也可以說不

不聽話，廢了你

歷史有時候很有意味！

光緒二十四年八月初六（一八九八年九月二十一日），慈禧太后發動政變囚禁光緒的同時，發出了捉拿康有為、康廣仁的諭旨。但是，康有為卻「靈」鳥先飛了！

前面說過，八月初二（九月十七日）光緒發出一明一密兩份諭旨，雖然文字不一樣，但內容相同，都是催促康有為速速離京的。八月初三（九月十八日），康有為等人見到了楊銳所帶出的衣帶詔抄件。在康有為的建議下，譚嗣同夜訪袁世凱，引袁兵變，袁答應得模稜兩可。八月初四（九月十九日），康有為拜訪伊藤博文，懇求他在慈禧太后面前幫光緒和維新黨多多美言。這個傢伙，以為太后與伊藤是好朋友，也不想想太后哪裡會見一個東洋男人！八月初五（九月二十日）凌晨，同志們還在睡覺的當口，康有為帶著僕人李唐離開了南海會館，也算奉旨出逃吧！他登上了北京至天津的火車，晚上到達塘沽，他原本準備搭乘輪船招商局的船南下，可是到達塘沽才發現，船要到第二天下午才起錨，在塘沽滯留這麼長時間，危險，於是他改乘英國客輪「重慶」號。所以八月初六（九月二十一日），慈禧太后發布捉拿康有為諭旨的時候，「重慶」號恰好揚帆南下。康有為的溜之乎讓慈禧太后暴怒，給相關地方發出了緊急通知：康有為企圖進毒丸謀害皇帝，事敗南逃，務必捉拿康有為，就地正法。

天津的榮祿奉命搜捕，得知康有為乘「重慶」號離津之後，立即派出「飛鷹」號快艇出海追趕，快追上的時候，管帶劉冠雄稱「燃料不足」返回。也不知劉冠雄真的沒帶足燃料，還是他同情康有為，抑或畏懼與英國輪船的交涉。總之，他這麼一燃料不足，就讓康有為躲過了一劫，但他本人則倒楣了，被榮祿當作康黨嫌疑犯給監禁起來。此公以後做過民國海軍總長，即使不是康黨，同情康黨則是可能的，故意放走康的可能性很大。「重慶」號到達煙台時，慈禧太后的懿旨已提前到達，但是煙台的最高官員登萊青道（登州萊州青島）李希傑帶著譯電密碼到青島與德國人談判青島劃界及開設海關等事宜了，其他官員只知道電報十萬火急，卻因譯不出來而無法執行。

於是，康有為在煙台停留期間，不但逛了近處風光，在海邊撿了貝殼，還買了六簍煙台蘋果準備路上吃。「重慶」號繼續開往上海。上海道蔡鈞布下了天羅地網，就等著康有為了。蔡鈞聽說康有為乘坐的是英國船，特地照會英國駐上海領事白利南，要求英方准許中方搜查從天津開來的所有英輪，白利南拒絕了。拒絕得對，他這拒絕是按照中英條約精神及領事裁判權原則執行的：中國罪犯跑到英國船上，應該由中方通知英方，英方負責搜捕，再轉交中方。白利南同意負責搜捕，但是他並不想搜捕之後交給中方。白利南可不管這麼多，反正他一開始就打定了救援康有為的主意，更何況，李提摩太也發來了電報，要求他保護康有為。於是，他派出一個精通中國話的英國人濮蘭德前去吳淞口外攔截「重慶」號，把康有為轉移到了另一艘英國船「皮瑞里」號上，「皮瑞里」號隨後開往香港。康有為終於安全了，從此開始了他所謂流亡保皇的歲月！

康有為跑了，八月初六（九月二十一日），他的得意弟子梁啟超與譚嗣同商量之後，決定向日本公使求援，希望他發電報給上海的日本領事，由日本出面保護康有為。梁啟超到達日本使館後，發現街上已經亂套，政府已經開始行動，於是他當天留宿日本使館。八月初七（九月二十二日），譚嗣同來使館看他，希望他出逃日本。至於譚嗣同，已經決心一死，還是那句話，他要做中國的公孫杵臼與日本的月照，並拜託梁啟超做中國的程嬰和日本的西鄉隆盛。與譚嗣同告別後，日本正在北京的駐天津領事陪同剪了辮子改著和服的梁啟超混出北京（日本方面的意思是，無論誰死，梁啟超都不能死，認為梁是中國的靈魂，救他是日本人的義務），奔赴天津，在天津搭乘直達日本橫濱的輪船，順利脫險。他的老師康有為也從香港拐向了日本。由於中國政府的抗議，日本政府不好意思，給了康有為一筆盤纏，讓他再換個地方，康有為遂遠赴加拿大……從此日本、加拿大、美國、歐洲，都成為他們的「反華」根據地。這一來可是惹惱了慈禧太后：外國人等，掩護我犯人，干涉我內政，太可惡了！

一個老寡婦的仇恨不可小覷。

根據德齡的《紫禁城的黃昏》記載，她每天為太后翻譯各種關於戰事的報導和電稿。一天早晨，看到一則消息，大意是康有為從巴達維亞抵達新加坡。她想太后沒准對這個感興趣，便和其他消息一同譯了出來。太后聽了突然情緒激昂，把德齡嚇了一大跳。太后告訴德齡：這個人給中國惹了各種各樣的麻煩。在見康有為之前，皇上一直是中國傳統的熱心追隨者，但自從那次召見之後，便明顯地表現得熱衷於維新，甚至宣揚基督教。他竟然慫恿皇上下詔，要兵圍頤和園，把太后關起來，直至新政施行。事發後，太后立即下令抓捕康有為及其同黨，但他卻設法跑掉了。

德齡說，自從康有為跑掉後，太后再也沒有聽到有關他的消息。聽了德齡的翻譯，太后知道了康有為現在何處，似乎稍稍放了心。「但她很想知道他正在幹些什麼。她忽然又一次大發脾氣，問我外國政府為什麼要給中國的政治煽動者和罪犯提供保護？他們為什麼不肯讓中國處理自己的臣民，為什麼不可以稍稍多花些精力管好他們自己的事呢？」

看來，外國人絕對不是現在才吃飽了撐著。證據是，他們不但給康黨等政治犯提供各種保護，還阻攔太后對光緒皇帝的處理。

可憐的皇帝，八月初六（九月二十一日）就在便殿跪著，在諸位王大臣面前，接受了太后的一場審判。

太后曰：「天下者，祖宗之天下也，汝何敢任意妄為！諸臣者，皆我多年歷選，留以輔汝，汝何敢任意不用！乃竟敢聽信叛逆蠱惑，變亂典刑。何物康有為，能勝於我選用之人？康有為之法，能勝於祖宗所立之法？汝何昏憒，不肖乃爾！」

光緒沒什麼可說的，只有渾身哆嗦的份。

皇帝不吭聲，太后接著把怒氣發洩到跪著的那些王公大臣身上：「皇帝無知，汝等何不力諫！以我真不管，聽他亡國敗家乎？我早已知他不足以承大業，不過時事多艱，不易輕舉妄動，只得留心稽查管束；我雖人在頤和園，而心時時在朝中也。我唯恐有奸人蠱惑，所以常囑汝等不可因他不肖，便不肯盡心國事；現幸我還康健，必不負汝等也。今春奕劻再四說，皇上既肯勵精圖治，謂我亦可省心，我因想外臣不知其詳，並有不學無術之人，反以為我把持，不許他放手辦事，今日可知其不行矣。他是我擁立者，他若亡國，其罪在我，我能不問乎？汝等不力諍，是汝等罪也。」

光緒就這樣被太后一票否決了，理由還挺正當，不賢不孝，還打了諸王大臣一鞭子——你們背後不是說我專權，看看，我一放手就出了這等岔子，豈不是爾等輔臣的罪過？更關鍵的是，國家若亡，都是我這個擁立者的罪過，廢掉他更是正當了。

群臣搗蒜般叩頭，連稱有罪。軍機大臣剛毅上前奏道：「屢次苦諫，每加譴斥，其餘眾臣，也有言諫過者，亦有不語者。」

於是，太后重新罵上了光緒：「變亂祖法，臣下犯者：汝知何罪？試問汝祖宗重，康有為重？背祖宗而行康法，何昏憒至此？」

光緒似乎這時才緩過氣來，開始解釋了，他說：「是固自己糊塗，洋人逼迫太急，欲保存國脈，通融試用西法，並不敢聽信康有為之法也。」光緒開口，更加惹怒了太后，厲聲怒喝：「難道祖宗不如西法，鬼子反重於祖宗乎？康有為叛逆，圖謀於我，汝不知乎？尚敢回護也！」光緒發抖更甚了。太后接著追問：「汝知之乎，抑同謀乎？」光緒胡亂答曰：「知道。」太后：「既知道還不正法，反要放走？」光緒答曰：「拿殺。」

於是，太后下發兩道諭旨。第一道，捉拿康有為、康廣仁。第二道，宣布八月初八太后訓政。

八月初七（九月二十二日），太后單獨審問光緒一次。這一次審問，估計太后已經得知了圍園詳情。也就是說，楊崇伊從天津趕回，帶來了袁世凱的補告內容。

八月初八（九月二十三日），光緒帝率領百官在勤政殿恭賀老太后第三次垂簾聽政。說是恭賀太后，實際上是對光緒的又一次公審。太后將所抄皇上書房中及康有為寓中奏章說帖等件，逐條審訊，以諸臣質之。內有楊銳、林旭述上意催康迅速出京之函，太后大怒，問皇上，光緒不敢認，推楊銳之意，時太后已接北洋袁世凱出首密告圍園弒母之事，遂追問皇上何意。光緒結結巴巴地說不清楚，推到了康、譚等人身上。於是太后宣布捉拿譚嗣同等維新黨人，並且將光緒帝囚禁在了西苑的瀛台。

瀛台始建於明代，稱南台。清順治年間修葺擴建後，改名為瀛台。它位於西苑的南海裡（今中南海內），四面環水，實為一小島，北部有一木橋與陸地相連，中心建築為涵元殿，並有許多亭台樓閣和奇石古木。風景倒是不錯，問題是境由心生，光緒在這裡被軟禁，當然無心欣賞風景。套用現在最流行的網路語言：哥看的不是風景，是寂寞。一者是行動不自由，每天被拉著去早朝；二是自己的親近太監全被處理，太后另派了二十餘名心腹太監前來監視；三是，最心愛的妃子珍妃也被太后打入冷宮。

光緒二十四年八月初十（一八九八年九月二十五日），戊戌政變後的第五天，慈禧以光緒的名義發布了一道「命各省保薦名醫」的諭旨。全文如下：「朕躬自四月以來，屢有不適，調治日久，尚無大效。京外如有精通醫理之人，即著內外臣工，切實保薦候旨。其現在外省者，即日馳送來京，勿稍延緩。」根據文件所載，諭旨發出不久，便有各地名醫應徵入都，政府更是把每天為光緒看病後開的藥方予以公布。用腳後跟想想都知道，這道諭旨毛病大了。諭中說四月份光緒身體就開始不好了，可是天下臣民都知道，那時候光緒剛好啟動維新，年輕的皇帝意氣風發，精神抖擻，改著改著就病成這樣了，明顯把臣民們當弱智嘛！於是謠言紛起，都認為皇帝命將不保矣。謠言傳得英法駐華公使都坐不住了，他們發出警告：「假如光緒帝在這政局變化之際死去，將在西洋各國之間產生非常不利於中國的後果。」外國在華報紙更是聳人聽聞的發表議論說：外國公使是被遣到中國皇帝的宮廷中充當代表的，而不是被派遣到一個竊居中國宮廷的僭篡攝政那裡的！一看外國輿論都不承認太后統治的合法性，並且露出了武力干涉的意圖，太后害怕了，派慶親王奕劻正式向英國公使竇納樂表示，光緒帝還活著，沒死。竇納樂乘機表示，我們不信，如果希望我們信，貴國政府最好由駐華公使們推出的西醫代表，用當今西醫領域最新的成果給中國皇帝看病，才能盡釋群疑。太后當然不願意讓自己的病人面對外國醫生。德齡說，她為太后翻譯新聞時，太后尤為感興趣的，是關於歐洲皇室首腦的活動，或者諸如此類。當太后瞭解到歐洲皇室的所有活動都會成為眾所周知的新聞時，大為驚訝，她說：「不管怎樣，在我們這裡，這些都是機密。不要說宮外邊的人對裡面發生的事毫不知情，就連我們自己人，也不是很清楚。不過話說回來，假如他們知道得多一點，興許是件好事。那樣，所有關於宮裡的謠言，說不定就會不攻自破。」

看樣子，太后也不算太糊塗。但是大清的傳統，寧擇謠言也不能透明的，因為宮裡面醜聞太多，無法透明。但是這次不行了，「境外反華勢力」太強橫。於是，太后退步了。光緒二十四年九月初四（一八九八年十月十八日），法國駐京使署醫官多德福蒙詔赴瀛台，為光緒帝進行西醫診治。光緒從小在慈禧的淫威下，衣食不周，營養不良，現在又被慈禧弄得靠邊站了，沒病才怪，可以說心病和身病，什麼病都有，但是再有病，也礙不著做皇帝。最後，總理衙門給外交使團彙報的結果是「雖然沒有立刻的危險，但皇帝是染了微恙」。民間更是傳說，人家老外的診治結果是「血脈皆治，無病也」。

其實，讓醫生找些病，總能找到的，何況光緒每天那麼個生存情況，沒有病才怪。問題是，西醫再插足，也頂多診治一下中國皇帝的病，他診治不了中國的病。老太后說光緒有病，光緒就要有病，而且病得不輕。老太后有自己的明確目標：第一，給自己的重新訓政製造理由；第二，給自己廢掉光緒製造理由。

中國百姓無所謂，有病或沒病都是愛新覺羅家的事情，與己無關。可是外國人就不樂意了，認為一切都與他們有關。具體來講，他們強烈懷疑光緒不是有病，而是有隱情。

確實有隱情，老太后早想另立革命接班人了。慈禧將光緒帝幽禁在瀛台後，似乎還不足以洩憤，為了徹底將光緒帝與外界隔絕，在政變後的幾天裡，又陸續把過去侍奉光緒帝的太監全部發落，或處死，或從軍，無一人倖免。更對珍妃痛下狠手，施以杖責之後囚禁於冷宮。如此這般，太后依然不放心：

第一，擔心光緒東山再起。雖然自己大權在握，畢竟年齡不饒人。自己一旦完蛋了，光緒就重新出山了，他要反攻就算了，重新評價怎麼辦？

第二，自己現在的垂簾，合法性不夠。雖然前面垂簾的合法性也不夠，但畢竟孩子們都小，還說得過去。現在光緒老大不小，自己還一直垂簾，挺不好意思的。

第三，在光緒皇帝即位時，兩宮太后曾經有一個說法，等將來光緒帝載湉有了兒子，再過繼給同治帝載淳為嗣。但光緒無子，同治大統由誰來繼承？廢帝以後，光緒又怎麼處置？

馬屁大臣們當然知道太后在打小算盤，同治帝的老丈人、太后的親家承恩公崇綺在家坐冷板凳時間長了，逮著機會就想蠢蠢欲動，拉大學士徐桐、尚書啟秀密寫一個奏摺，想邀廢黜光緒之首功，還拉太后的親信、榮祿大人一同簽署。榮祿自然不像他們那麼愚蠢，他曾在太后的授意下電詢兩江總督劉坤一，問他有何高見，劉坤一回電說：「君臣之分已定，中外之口宜防。扶危定傾，責在公等。」榮祿還問過因為《馬關條約》而坐了冷板凳的李鴻章，對方回覆說：「此何等事，詎可行之今日！試問君有幾許頭顱，敢於嘗試其事！若果舉行，危險萬狀。各國駐京使臣，首先抗議。各省疆臣，更有仗義聲討者。無端動天下之兵，為害曷可勝言！東朝聖明，更事最久，母子天倫豈無轉圜之望。是在君造膝之機，委屈密陳成敗利鈍。」李鴻章之所以把話說得這麼衝，是他知道外國人抱持什麼態度。英國方面向他透露過，只承認光緒，其他概不承認，中國政府若玩什麼把戲，後果自負！

兩位大吏都這麼敲打榮祿，榮祿當然不敢怠慢了，要求與太后獨對。根據《崇陵傳信錄》記載，光緒二十五年十一月二十八日（一八九九年十二月三十日），兩人聊上了：

榮相：「傳聞將有廢立事，信乎？」

太后：「無有也。事果可行乎？」

榮相：「太后行之，誰敢謂其不可者。顧上罪不明，外國公使將起而干涉。此事不可不慎也。」

太后：「事且露，奈何？」

榮相：「無妨也。上春秋已盛，無皇子，不如擇宗室近支子，建為大阿哥，為上嗣，兼祧穆宗，育之宮中，徐篡大統，則此舉為有名矣。」

太后沉吟久之，曰：「汝言是也。」

從榮祿的話裡我們可以發現，他接受了劉坤一與李鴻章的建議，光緒還是要保的。也就是說，不能直接廢掉光緒，而是先給光緒立個接班人。廢帝就這樣變成了立儲。

慈禧說辦就辦，兩個要求：第一，在近支宗室中選擇皇嗣；第二，將皇嗣育之宮中以待承統。不管是給光緒立嗣，還是兼祧同治，反正同治和光緒兄弟兩個都是「載」字輩，「載」字輩之下是「溥」字輩。慈禧環顧近支宗室子弟，有資格的有幾個，比如溥偉、溥倫。溥倫之前說過了，同治死後曾經有望繼位，現在仍然有望，小夥子三十一歲，正是有為之年紀。但上回被老佛爺一票否決，這次更沒戲了。溥偉，恭親王奕訢之孫，他是恭親王次子載瀅的兒子，過繼給了恭親王長子載澄。小夥子時年二十歲，精明強幹，風度翩翩，不但承襲了乃祖的恭親王爵位，還承襲了乃祖之風。但越是這樣越沒戲，最終慈禧選中了端郡王載漪的兒子溥儁。為什麼挑上這個孩子呢？

第一，愛屋及烏。這個孩子的父親載漪目前很受慈禧喜歡。載漪是道光帝第五子惇王奕誴的第二子（第一子載濂，第三子載瀾，三子剛開始均封輔國公），與老四咸豐的兒子載淳（同治）和老七奕譞的兒子載湉（光緒）皆為堂兄弟，光緒二十年（一八九四），晉封端郡王。他自幼好武，曾經統領由八旗子弟組成的清代禁軍之一神機營，在統軍中顯示了自己的才幹，因此引起了慈禧的關注。中日甲午戰爭時期，政府另外組建一支禁軍，仍然由八旗子弟組成，但卻配置上洋槍洋炮等新式武器，名為武勝新隊（五年後，也就是義和團戰爭時期，改名為虎神營，據說虎吃羊，鬼怕神，禁軍改這個名字，算是意淫戰術吧，希望靠名字消滅洋鬼子）。在戊戌變法期間，載漪堅決站在慈禧那邊，幾次給慈禧太后打小報告，愈加成為慈禧的親信骨幹。還有一個就是夫人外交問題。有歷史記載，載漪的福晉是慈禧弟弟桂祥的女兒，錯矣，桂祥家的三個丫頭之前講過了，全部名花有主。大妞嫁的載澤，二妞嫁的光緒，三妞嫁的載澍。所以，載漪的福晉不是太后的侄女，何況太后她弟弟與弟媳也生不出載漪福晉那樣的閨女來。

據說，載漪福晉聰明伶俐，能說會道，八面玲瓏，讓人處處滿意。她常進宮伺候慈禧，很是得寵，夫以妻貴，所以載漪沾了她不少光。

第二，溥儁的年齡符合慈禧的心願。溥儁時年十五歲，雖然按照傳統也是親政的年紀。但是太后得考慮自己的年齡了，奔七十歲的人啦。人生七十古來稀，溥儁過來當皇帝，太后還是要扶上馬送一程吧，所以垂簾聽政還能維持下去。至於這個孩子是否適合做皇帝，太后就顧不得考慮了。大清國傳統，說你能做皇帝，你就能做；說你不能做，你就不能做。不過這個孩子長得不錯，看著靈眉俊目的。根據《宮女談往錄》裡慈禧貼身宮女榮兒的回憶：「大阿哥溥儁，提起他來，咳，真無法說他，說他傻吧，不，他絕頂聰明，學譚鑫培、汪大頭，一張口，學誰像誰，打武場面，腕子一甩，把單皮打得又爆又脆。對精巧的玩具，能拆、能卸、能裝，手藝十分精巧。說他機靈吧，不，人情上的事他一點兒不通。在宮裡，一不如意，就會對著天長嚎，誰哄也不聽。」以現在的眼光看，孩子還挺可愛的，至少還保持了童趣。問題是大清皇帝不是人幹的。也怪了，明明不是人幹的，孩子他爹還那麼使勁地往上湊。說白了，當時的帝國體制下，哪個階層都活得不像人。混得階層高些，可能離人稍近些？或者說，正是由於活得不像人，大家才要拚命地往上擠，因為叢林生活，強者勝嘛！

不管怎麼說，又一個犧牲誕生了。

光緒二十五年十二月二十四日（一九〇〇年一月二十四日），慈禧太后召見了皇親貴族和軍機大臣，內容是：立儲和廢帝。

她說：「今上之立，國人頗有責言。謂不合於繼嗣之正。況我立之為帝，自幼撫養，以至於今，不知感恩，反對我種種不孝，甚至與南方奸人，同謀陷我。故我起意廢之，選立新帝。此事於明年正月元旦舉行，汝等今日可議皇帝廢後，應加以何等封號？明朝景泰帝當其兄復位之後，降封為王，此事可以為例。」

太后所謂的景泰帝，就是明代宗朱祁鈺——明宣宗朱瞻基次子，明英宗朱祁鎮之弟，當時英宗即位後，封其為郕王。明正統十四年（一四四九），蒙古族瓦剌部落首領也先因為大明政府給的貢賞太少帶兵內犯，明英宗北上親征，不幸在土木堡被俘。廷臣為應急，聯合奏請皇太后立英宗弟弟郕王即皇帝位，是為景帝，遙尊英宗為太上皇，以第二年為景泰元年。蒙古人本來就是把英宗當人質訛錢的，眼見著英宗不是皇帝了，一分不值，就放他回來了。景泰帝表面上裝孝悌，心裡巴不得蒙古人撕了票，人家硬要送回，不接不行。接回來後，雖然表面上仍然尊其為太上皇，實質卻囚其於宮中。八年（一四五七）之後，景泰帝病了，正考慮立自己兒子為接班人的時候，英宗在一些人的擁護下復辟了。這一復辟，景泰帝只得靠邊站，重新做自己的郕王了。

太后能想到景泰帝的例子，歷史知識也挺豐富的。只不過她說完後，諸人相顧無言。良久，大學士徐桐，這個「存天理沒人欲」的大理學家建議說：「可封為昏德公。昔金封宋帝，曾用此號。」看來，徐桐不愧為大學士，歷史知識比太后還要豐富。太后僅想到了景泰帝，他則一下子想到了宋徽宗和宋欽宗那一對活寶：北宋末年，金國軍隊把宋徽宗和宋欽宗一對父子逮到北方大漠，戲封他們為「昏德公」和「重昏侯」。徐桐大學士能想起這麼缺德的封號，不愧是帝國最高級知識份子。這個時候，軍機大臣孫家鼐說話了，請太后勿行廢立之事，言若行此事，恐南方有變，選擇新帝之意，常在太后心中，當俟諸萬歲後方可舉行。太后聞之，甚為不樂，謂孫曰：「這是我們一家人會議，兼召漢大臣，不過是為體面。此事我已告知皇帝，帝亦無主言。」太后這句話可謂千古名言：此乃我們家事，與爾等漢官何干？但是憑心而論，這句話也不是太后的獨創，在中國是有傳統的。比如明朝的大忠臣方孝孺反對朱棣取建文而代之，朱棣就說過：「此朕之家事爾，先生毋過勞苦。」話很酸，襯得大臣們很自作多情。岳飛遭趙構猜忌，也跟這種自作多情有關，身為武人，卻有意無意地犯皇家大忌，看趙構挺親近自己，一高興就弄不清自己是老幾，問人家接班人的事，惹得趙構老大不高興。不只岳飛，大宋名人裡還可以再挑兩個：一個是包拯，一個是韓琦。包拯勸仁宗早立太子，仁宗就反問：「卿想要立誰？」一句話就把老包嚇壞了，趕忙表白：「臣無才而備位，所以請求早建太子，是為宗廟萬世計謀而已。陛下問想要立誰，這是懷疑臣下。臣年已七十，並且無子，並非為後輩求福之人。」韓琦也曾經勸仁宗早立太子，仁宗回說：「朕久已有意於此，誰人可為太子？」韓琦也嚇得不輕，說：「這不是臣輩可以議論的事，應當出自聖上的裁定！」這方面做有得比較好的，比如唐玄宗想廢太子瑛，召見宰相李林甫欲探其意，李宰相的回答是：「此陛下家事，臣不合參知。」唐玄宗一聽，對對對，俺的家事，無須徵求別人意見，所以老小子馬上廢太子瑛為庶人，不久又賜其死。總之，接班人雖然事關全國臣民幸福，但卻輪不上全國臣民發言的。太后歷史知識豐富，當然知道這些典故，所以她對孫家鼐說的那句話很重，別說漢人，就是滿人也無人敢置喙了。太后給大家體面，大家不能順著竿子就往上爬，那太不要臉了。

大家都啞了，太后命諸大臣皆至勤政殿恭候宣諭，儀式則定於新年春節（時稱元旦）舉行，於是眾大臣皆遵旨至勤政殿。數分鐘後，太后乘轎而至，諸人跪接，有太監數人隨駕，太后命在外邊等候，使李蓮英往請皇帝。帝亦乘轎，至外門下轎，向太后拜叩。太后坐殿內寶座之上，召皇帝入殿，帝復跪下。諸王公大臣仍跪於外，太后曰：「進來，不用跪下。」令皇帝坐，又召諸王公大臣皆入，共約三十人。太后重述前意，皇帝曰：「太后所說極是，我意亦同此。」時軍機大臣榮祿以所擬諭旨呈太后閱看，太后看過即發下，亦未與皇帝一言，但商議選擇嗣子事。根據親歷者記載：「觀皇帝神情，如在夢中。」

可憐的光緒，稀里糊塗中就被廣東小人與大姨媽害慘了。

以下我們看看光緒簽發的立嗣詔書：

朕沖齡入承大統，仰承皇太后垂簾聽政，殷勤教誨，巨細無遺。迨親政後，正際時艱，亟思振奮圖強，敬報慈恩，即以仰副穆宗毅皇帝付託之重。乃自上年以來，氣體違和，庶政殷繁，時虞叢脞。惟念宗社至重，前已籲懇皇太后訓政。一年有餘，朕躬總未康復，郊壇宗廟諸大祀，不克親行。值茲時事艱難，仰見深宮宵旰憂勞，不遑暇逸，撫躬循省，寢食難安。敬溯祖宗締造之艱難，深恐勿克負荷。且入繼之初，曾奉皇太后懿旨，俟朕生有皇子，即承繼穆宗毅皇帝為嗣。統系所關，至為重大，憂思及此，無地自容，諸病何能望愈。因再叩懇聖慈，就近於宗室中慎簡賢良，為穆宗毅皇帝立嗣，以為將來大統之畀。再四懇求，始蒙俯允，以端郡王載漪之子溥儁繼承穆宗毅皇帝為子。欽承懿旨，欣幸莫名，謹敬仰遵慈訓，封載漪之子為皇子。將此通諭知之。

除此之外，太后還發布詔書，任命崇綺與徐桐做大阿哥的師傅，這兩個老廢物終於如願了。他們如願了，帝國離滅亡也就不遠了！

光緒二十五年（一八九九）為農曆己亥年，所以太后演的這一齣被稱作「己亥建儲」。

如果說光緒患病的消息首先引起外國人不安，給光緒立大阿哥的消息則終於讓中國臣民不安了。慈禧「立端親王載漪之子溥儁為大阿哥」的諭旨頒發以後，上海於次日下午獲悉。第三天，詔諭見於報刊，於是上海人情鼎沸，志士雲集。上海電報總辦經元善聯合上海紳商市民一千二百餘人，電奏諫阻：「聖上力疾臨御，勿存退位之思。上以慰太后之憂勤，下以弭中外之反側，宗社幸甚，天下幸甚。」

經元善，浙江上虞人，生於道光二十年（一八四〇），後隨父至滬，學習經商理財。光緒四年（一八七八），盛宣懷在滬創辦電報局，經元善招股三十萬兩，被委為會辦，不久升為總辦，管理電報局。經元善主張學習西方，發展工商實業和女學。變法期間，他積極支持光緒。認為變法為今日急務，故應仿效西法，他相信光緒帝是中國未來發展的希望。所以，當慈禧立嗣以廢黜光緒帝的諭旨頒發以後，經元善拍案而起，由此得罪了慈禧，遭到通緝，家產被抄，本人乘英輪南逃澳門，但卻在全國引起了極大迴響。電奏發出後，全國各地響應，通電、布告，反對為光緒立儲。與此同時，康有為在加拿大成立的「保皇會」，以「救我變法愛民之聖主」為名，組織迅速擴大到五大洲近二百埠，他們的抗議電報更是如雪片般飛來，要求慈禧「速行歸政」，並「決意起兵勤王」。無疑，這一切給慈禧巨大壓力。

立儲詔書下發後，端郡王在家裡大擺宴席迎候各位賀客，但是端郡王最希望看到的賀客——外國駐京公使們沒來一個。端王的心情，張學良的老丈人可能理解。于鳳至小姐與張學良訂婚的時候，于鳳至的老爸也是在家準備了豐盛的飯菜迎接女婿登門，奈何飯菜熱了涼，涼了熱，就是不見女婿來，最後來的只是巨額彩禮。眾所周知，張學良起初對這門婚事是不同意的，只是挺不過老子（張作霖就看上了于家的丫頭）才勉強應下，所以訂婚那天故意不到，想用彩禮把于家那沒見過世面的丫頭嚇暈。驕傲的于鳳至傷了自尊，送給張學良一封信，不但字寫得漂亮，內容更漂亮，大致意思是說：彩禮請你拿走，本姑娘高攀不起，婚事就拉倒吧！張學良竟然由此而對于鳳至刮目相看，婚後對老婆的敬意估計有一半是出自於此。雖說端郡王在愛新覺羅家以智商低下而聞名，比張學良的媳婦、老丈人等差遠了，但這並不意味著他沒有自尊：自己的兒子被立了儲，自己也使人諷令外國公使入賀了，外國公使按慣例也應該前來的，他全家總動員，在家裡大擺宴席，大賞各路來客，可是公使們竟然不給面子，端王又不能像於小姐那樣，以傲慢對付傲慢，真是氣死了。洋人們絕沒有想到，對於大清家事的不支持，竟然成就了大清家裡的首號反帝愛國英雄——「自是載漪之痛恨外人也，幾於不共戴天之勢」。太后也是如此。做寡婦四十年了，誰敢對她說半個不字呢？老實說，國內的反對她不在乎，她隨便一個懿旨，全部擺平，但是外國人的眼色不看則是不行的。太后本來預定庚子年正月初一，也就是中國的元旦（一九〇〇年一月三十一日）讓光緒皇帝行讓位禮，讓溥响登基，改元「保慶」的。但是外國公使集體晾她的菜，再加上慶親王奕劻與榮祿也以此諫止，搞得太后也不敢立行廢立了，只在這一天派溥响代光緒帝行禮，將其接入宮中，做了大阿哥。這一切，都讓太后耿耿於懷！

就在耿耿於懷中，中國大地上出現了另一股力量，這股力量讓太后與端王瞧上了——現成的炮灰，我們正好可以藉以打鬼嘛！

一個傳教士引發的血案

這股力量誕生於直魯大地，名為義和團。魯西南以曹州府為中心的大刀會、直魯邊界以趙三多為首的梅花拳，和魯西北以朱紅燈、心誠和尚為代表的神拳構成其重要組成部分，其本質與中國民間流行的各種會匪並無區別。只不過，這時的他們專以洋人，尤其是以傳教士為對象，因為民眾對洋人存有多年的積憤。還是那句話，對中國百姓來講，政府即使被外國打趴下了，改朝換代了，也不關他們的事，但是生活倫理關他們的事，正如顧炎武所說：「天下興亡，匹夫有責。」他所謂的「天下」既不是一個朝代，也不是一個國家，而是中國傳統文化。傳統文化中與底層百姓密切相關的，就是生活倫理與社會秩序。基督教的東傳，既與中國舊有的生活倫理衝突，還打破了現實的社會秩序。中國百姓不管是理智上，還是情感上，皆不能接受，具體表現為民教衝突愈演愈烈。這裡所謂的民，乃是恪守中國傳統文化倫理綱常的中國之民；所謂的教，乃是傳教士及他們庇護下的信仰基督教的中國教民。雙方的衝突由來久矣！

第一次鴉片戰爭之後，如果說中英《南京條約》僅是打開了中國的大門，而忽略了宗教揳入之正當性，後面的中美《望廈條約》和中法《黃埔條約》，就把這個小漏洞給補上了。美國在一八四四年的中美《望廈條約》中要求，傳教士可在五個開放的通商口傳教，可以建立教堂。法國在中法《黃埔條約》裡進一步要求：法國人可在五口建立教堂，倘有中國人將其禮拜堂等觸犯毀壞，「地方官照例嚴拘重懲」！

這三個條約被西方傳教士看作對華傳教事業中劃時代的新象徵。有人宣稱：「上帝與這般人民打交道，路總算打開了，他把他們帶入審判，要向他們顯出憐憫。」但是法國方面認為，僅准許西方人在五口傳教、建教堂是遠遠不夠的，因為中國自雍正皇帝起，就把天主教打作邪教，不准他的子民信仰。於是，他們透過當時的兩廣總督耆英向道光皇帝申請中國內部弛禁天主教。道光批准了。法國再進一步，要求歸還雍正年間被查抄封閉的天主堂舊址，道光也批准了，但是他的諭旨明確規定，雖然天主教不再是邪教，中國人可以信仰，但是西方傳教士只能在五口傳教，不得進入內地。

雖然如此，西方教會還是很激動，紛紛派員來華，雲集香港，討論進軍中國及劃分傳教區域等問題。更要命的是，第一，歸還舊址引起了諸多風波。因為牽涉時間的變遷、主人的變換、房屋的修補及百姓的拆遷。比如北京東、西、北三處教堂的歸還。政府無能，在這方面當然偏袒洋人，導致百姓感覺吃虧受冤，敢怒不敢言，心裡憋了一肚子火。當然了，傳教士也憋火，法國傳教士的墳地正福寺被周邊中國居民毀得一塌糊塗，遂要求中國政府捆綁幾位居民前往正福寺「叩首領罰」。中國老百姓給中國官員下跪，他們不認為是侮辱，因為跪慣了，讓他們給洋鬼子的墳下跪，天哪，那不是太侮辱大清國子民了嗎？大清國子民雖然在自己政府底下混得人不人鬼不鬼的，但是他們更沒把洋人當人看，一直認為洋人雞狗不如，所以雙方自然種下仇恨的種子。第二，西方傳教士很富有犧牲精神，雖然明文規定不得進入內地，但他們紛紛潛入中國內地，導致中國政府防不勝防。按照領事裁判權，抓起來也得好好地歸還對方。如若對方不是好好的，比如法國傳教士馬賴私自進入廣西西林傳教，被我們這邊的知縣審問後殺掉，導致法國、英國手拉手，發動了第二次鴉片戰爭。

第二次鴉片戰爭，中國依然失敗了，相繼簽訂《天津條約》和《北京條約》，外國的傳教自由進一步開放，在領事與中國地方官給予驗照的前提下，外國傳教士可進入中國內地自由傳教。

一八五八年中俄《天津條約》規定：「天主教原為行善，嗣後中國於安分傳教之人，當一體矜恤保護，不可欺侮凌虐，亦不可於安分之人禁其傳習。若俄國人有由通商處所進內地傳教者，領事官與內地沿邊地方官按照定額，查驗執照，果係良民，即行畫押放行。」中美《天津條約》規定：「耶穌基督聖教，又名天主教，原為勸人行善，凡欲人施諸己者亦如是施於人。嗣後所有安分傳教習教之人，當一體矜恤保護，不可欺侮凌虐。凡有遵照教規安分傳習者，他人毋得騷擾。」中英《天津條約》規定：「耶穌聖教暨天主教原係為善之道，待人如己。自後凡有傳播習學者，一體保護，其安分無過，中國官毫不得刻待禁阻。」中法《天津條約》規定：「天主教原以勸人行善為本，凡奉教之人，皆全獲保佑身家，其會同禮拜誦經等事概聽其便，凡按第八款備有蓋印執照安然入內地傳教之人，地方官務必厚待保護。凡中國人願信崇天主教而循規蹈矩者，毫無查禁，皆免懲治。向來所有或寫、或刻奉禁天主教各明文，無論何處，概行寬免。」

一八六〇年，中法《北京條約》裡更是被法國方面有意加上了「任法國傳教士在各省租買田地，建造自便」的字樣。一八九五年，中法之間進一步明確了傳教士置產辦法，中國百姓願意賣地給教堂，貴政府也不要管了：「賣業者毋庸先報明地方官請示准辦。」除此之外，傳教士出於職業的本能，還向中國傳統倫理文化發起了挑戰，不讓教民搞偶像崇拜、祭祖拜廟等。同治元年（一八六二），政府在外國壓力下，頒布聖旨，規定「凡基督教徒均可免除迎神賽會等費」。這一來更壞了，迎神賽會求雨拜佛的費用，歷來是中國百姓均攤的，有些人入了洋教，就豁免了這一切，其他百姓豈能容忍？總之，從一八四四年到一九一一年的六十年間，共發生教案一千六百三十九起之多，引起了諸多中外交涉，搞得中國政府焦頭爛額，以致負責總理衙門事務的恭親王奕訢向外國人發牢騷：如果能把你們的鴉片與傳教士請出中國，事情就好辦了。問題是，鴉片乃中國人感情偏好下的自我選擇，宗教乃西方傳教士職業精神下的強力滲透，前者，中國政府禁不得，後者，中國政府拒不得。

教案到底是如何發生的呢？我們先講講，什麼樣的中國人才入教吧！中國人當時入教者，大致可分作四種類型：第一類，真正的信教者。第二類，吃教者。就是太窮，信了教，可以得幾吊錢的救濟、吃幾個饃饃、租些便宜的地，並且免費看病之類。第三類是混教者。中國傳統眼光裡的二流子和敗家子之類，本來就是遊手好閒和不務正業之徒，信教之後，有了精神支持與物質靠山，從此可以耀武揚威，魚肉鄉里。第四類，投教者。就是臨時投機，遇上了官司和利益糾紛或者個人糾葛，臨時入教，抱上教士這條粗腿，方便投機。

第一類和第二類尚好，第三類和第四類就壞了，它會導致諸多民教衝突。反過來講，即使沒有第三類和第四類的入教者，仍然會有民教衝突，只不過在數量與程度上會有些區別，因為導致民教衝突的因素太多了。

第一，利益之爭。比如舊教址的歸還、廟產及個人私產的捐獻、教會地產的買賣與租借等，都牽涉到利益的分配。

第二，公平之爭。傳教士來到中國，發現中國的官員等級制度很好，所以他們很快中國化了。

一八九五年，總理衙門接受他們的要求，把傳教士也分成若干等級，以方便與中國官員平起平坐地打交道。具體來講，總主教或主教與督、撫平級；攝位司鐸、大司鐸與司、道平級；司鐸與府廳州縣平級。西方人眼中的中國司法制度比叢林法則還要野蠻，所以傳教士一直認定他們的「教民應當享受比其他非教民同胞更高一等的司法」。在傳教士的支持下，中國人「一為教民，遂若為非中國之民」。以致一位御史替非教民抱不平說：「教民亦民也，乃與平民爭訟，到堂，平民長跪，教民則不跪；居鄉，平民有差徭，教民則無差徭；平民有厘稅、雜派、酬神、演劇等費，教民則一概全無。烏得不平！」中國人也很奇怪，他們給當官的下跪可以，可是別人不給當官的下跪，那就不可以了，乃一種政治上的「不患寡只患不均」的平等意識！我一直在想，中國人很講實用的，入教又不難，可以說上帝是敞開懷抱的。人不分男女老幼，地不分南北東西，哪怕你不是人，它都會熱烈擁抱你的。為什麼就不入教呢？不入教也行，為什麼不爭個也不跪的待遇呢？中國人兩千年來沒有爭得做人的待遇，若有一個同胞爭得像個人樣了，其他人首先想到的是把他拉下來，而不是「見賢思齊」！

第三，文化之爭。基督教反對偶像崇拜，反對祭祀祖先，對於君君臣臣父父子子那一套三綱五常都不遵守，鄉民們當然看不慣，認為教民「無父無君」。更關鍵的是，中國民間社會結構是宗法制度，民間社會組織是鄉紳治理。中國的鄉紳熟讀儒家經典，信守儒家規範，出則為官，入則為紳，子弟讀書為士，在民間的威望很高，很多社會糾紛、人事衝突，甚至一些官司都是他們打理的，至於鄉村廟會、祭祀、紅白喜事等更是由他們操持。一句話，他們是社會公共事業的權威。現在來了洋鬼子，出了教民，鄉紳的權威一再遭受抵制與衝撞，當然嚥不下這口氣。反洋教思想，應該就是由他們導引的。中國一般鄉民，大字都不認識三個的。諸位看晚清電視劇，城門貼了什麼公告，都是由書生給圍觀者念下來的。所以，諸多反洋教揭帖應該出自士紳之手。正因為文化在他們之手，文化是他們的身家飯碗，所以其對洋教文化的敵視也最嚴重。面對異質文化的浸淫，除了少數有良知的理性清醒者，一般的文化階層，表現出的都是本能的敵意。甚至可以這樣說，受傳統文化教育愈深，敵意愈嚴重。

第四，文化之爭的背後，還有一個文化的隔膜。中國人瞧不懂西方的宗教精神，但是為其添油加醋則很老練，於是教會的諸多行為在中國人眼裡就妖魔化了：比如「從其教者，與神父雞姦」，「每七日一禮拜……事畢，互相姦淫以盡歡」，「父死子可娶母，子死父可娶媳，亦可娶己女為婦」；比如「割女子子宮，小兒腎子，術取小兒腦髓心肝等」；比如「童子割腎，婦女切乳，剜眼取胎，嬰孩同煮」；比如「教民新接媳婦，須先送至經堂，與主教同歇三夜」，「哄入伊教，吃了迷藥，與伊同睡，採陰補陽」。這其中最厲害的是，配以中國人的眼珠，可以在一百斤鉛中煎出八斤白銀，說洋鬼子的眼睛不管用，就中國人的眼睛管用，所以云云。王明倫：《反洋教揭帖文選》，在自己的《論照相之類》中說，他小時候聽一位念佛的老太太說，洋鬼子挖了中國人的心肝，熬成油，點了燈，向地下各處照去，人心總是貪財的，所以照著寶貝的地方，火芯兒就彎曲下去了。於是，洋人就發財了，洋人為什麼那麼有錢呢？就是這樣搞來的。看來，中國人的眼睛與心肝都與眾不同，不但眼睛財迷，心肝都財迷。

在這種氛圍中，各地教案層出不窮。外國傳教士干預教案的審判，免不了偏袒教徒，而教徒有時候案前案後免不了仗洋人的勢力欺侮非教民。當然，非教民也難免找教民出氣。因為教民在地廣人多的中國，就像汪洋大海裡的幾滴水珠，一不小心就被人間蒸發了。根據周錫瑞《義和團運動的起源》記載，義和團興起時，山東天主教徒有四七二二一人（傳教士八十五人），新教徒有一四七七六人（傳教士一百八十人），而清末的山東人口，有人統計一八九八年的數字是三千七百七十八萬九千人。這樣計算一下，山東的民教比例大約是六〇〇：一。所以，非教民逮個機會欺負一下教民，也不是很難的事。總之，多種因素導致民教之間的仇視一日更甚一日。一些地方官動不動因為教案而倒楣，一遇教案，要嘛偏袒教民一方，要嘛拖延不決，心裡自然也恨洋教，領事裁判權及與中國官員平級的制度下，外國教士竟然跟外交官似的，也具有了類似外交豁免權的特權，教民跟在其後耀武揚威。原先吧，不管什麼民，只要是大清子民，在官老爺面前都要把頭磕得砰砰響，老爺讓他們抬頭，他們絕不敢低頭；老爺叫他們低頭，他們絕不敢抬頭。現在可好，他們不但不下跪了，有些人還咆哮公堂，直接跟官老爺論理論法。官爺的威風何在？所以面對洋教，不只是民怨沸騰，連官怨都沸騰。所以地方官背地裡暗暗支持村民與洋教鬥，也不算稀罕。這樣一來，傳教士對地方官也不滿意，常向總理衙門告狀，搞得總理衙門招架不住，遂於光緒二十二年（一八九六）頒發了一個《地方官接待教士事宜》，把傳教士的中國式品秩用條文固定下來，確認他們遇有教案，可轉請公使或者領事，與總理衙門或地方官交涉辦理，也可直接與地方官商辦，傳教士的特權更加合法化與明確化了……

縱觀整個中國教案史，我們就會發現，義和團運動就是個特大教案。按美國學者柯文的說法，在二十世紀前半期的西方，「人們普遍認為義和團是黃禍的化身」。

關於所謂的「黃禍」。既有歷史的記憶——比如西元四世紀匈奴人血洗羅馬城和西元十三世紀蒙古人橫掃歐洲的故事。還有文化及種族心理上的恐慌——他們說：

「從來沒有一個外族人能夠深入瞭解黃種人的思維方式。他們思維的起點與終點都與我們不同，是一個和我們相反或顛倒的過程，我們無法追蹤和理解……對於所有的東方人來說，沒有一個民族像中國人那樣跟我們的差異那麼大。沒有一種記憶、風俗、傳統、理念、詞根或是任何一種象徵，能夠把我們的過去和他們的過去聯繫起來。這就像在盎格魯-撒克遜人與中國人之間，沒有任何同情、關切、同感和互動可言……

「他們巨大的數量和相似性令人震驚，任何一個單獨的個體與他的三萬萬同胞的相像是讓人感到可怕的。在這個巨大的帝國的任何一個地方，每個人都發現他們擁有相同不變的生埋和心理模式——相同的黃色皮膚、堅毅的性格和刺耳、機械的語言；相同的住房、墳墓和服裝；相同的偏見、迷信和風俗；相同的自私的守舊性和對於過去、古老事物的盲目崇拜。這種單調乏味、前後一致和人物、事件都不斷重複的生活，令人討厭，幾乎使人感到怨恨。在他們佔據的土地上，從西伯利亞到交趾支那，無論在哪裡，他們都留著卑賤的辮子，穿著毫無感覺的棉鞋；無論在哪裡，這末等的人種都已墮落到骯髒、混亂之中。他們頹廢、沒落、麻木不仁，甚至對財富的喪失也無動於衷；他們自負、自私、頹喪、懦弱和迷信，沒有想像力、感情、騎士精神或幽默感；他們不會熱心於任何戰鬥，包括那些能改善生活條件的戰鬥，甚至對於誰將統治他們，或是誰將篡奪取君權也漠不關心。」

除此之外，黃禍論的出籠還跟甲午海戰有關。甲午海戰中，中國一調動軍隊，西方媒體就想當然地描述「中國軍隊人數如同蝗蟲般多」。甚至有美國報紙計算說：即使日本人每天殺掉一千名中國人，要殺光中國人也要一千五百年之久。與此同時，日本方面自稱中華神州，與中國同文同種，並且宣揚興亞主義，把滿清中國當作商紂，把自己想像成周武王，自認是西方文明的使者、千百萬沉睡的中國人的喚醒者、解放朝鮮人民的救星，希望戰勝中國後改造中國，讓日本的尚武精神與中國的崇文傳統相結合，在中國本土打造一支一百二十萬的軍隊和百艘以上的艦隊，「則東洋文明必將發揚於宇內，宣示亞洲雄風於四海」。與此同時，西方媒體更是把日本視作東方的美國佬，甚至東方的普魯士。若中國在日本的改造下崛起了，這世界上還有白種人的戲嗎？

在這種背景之下，德國皇帝威廉二世於中日甲午之戰後正式提出了「黃禍」論，並命宮廷畫家為此作畫。畫名就叫「黃禍」，畫中七位天使，據說分別代表德、英、法、義、奧、俄、美等西方國家，祂們拿著長矛與盾牌站在一處懸崖上，頭頂是一個大十字架的背景，大天使蜜雪兒站在崖邊，面對大家宣布：「歐洲國家聯合起來！保衛你們的信仰與你們的家園！」在懸崖深澗，隱約的山河城郭的那邊，半空中懸著一團奇形怪狀的烏雲，烏雲中心閃現著一團火焰，火焰中是佛陀（代表日本）的坐像，騎在一條中國式的惡龍（代表中國）身上。該畫製版印刷後，威廉二世分送給他的親友大臣和歐洲其他主要國家的統治者們。我們本來還可以認定，德皇的「黃禍」論是虛幻的，一切都是對中國人的醜化與妖魔化。但是義和團非得證明德皇是對的，中國人真的是黃禍。更要命的是，畫中的七個天使恰好是八國聯軍進軍中國的七國，沒包括進去的是八國中的第八國，即亞洲的日本。在西方人眼裡，日本也在黃禍之列。只不過，古老的中國以其廣闊的國土、龐大的人口基數、拒不接受西方文明的執拗，構成其主背景罷了！

以下我們看看，這股黃禍是如何從山東噴起的。前面說過，山東義和團有三個重要組成部分。

第一部分，直魯邊界的梅花拳，起於魯西冠縣梨園屯拆廟建堂事件。早在咸豐年間，該村士紳曾經公眾捐款購買義學坡地，在義學後面建有玉皇廟，佔地三十八畝；咸豐末年毀於兵禍，紳民無力興建；同治八年（一八六九），村中民教都要求公分義學公產，包括田地與宅地。全村近三百戶，加入天主教者二十多戶，村民分得三十多畝坡地，教民分得三畝宅地。教民分到宅地後即轉讓給法國傳教士梁宗明，村民不依，雙方多次打官司並引起衝突。

同治十二年（一八七三），梁宗明在宅地上拆廟建立教堂，引起村民公憤。官司打到知縣那裡，知縣以同治八年所立地畝分單為依據，判決梁宗明勝訴。

光緒十三年（一八八七），梁宗明欲重建教堂房屋，教民王三歪等試圖擴充地基，再次引起村民公憤，將教堂拆掉重新建廟。雙方又打起了官司，經過許多波折，縣令對村民一方的領頭人王世昌等六人革除功名並施以監禁。經十八村紳佬出面調停，雙方協定：教民王三歪等情願將教堂所佔廟基歸於該村為廟；村民等情願另購地基為王三歪等新建教堂。這就是所謂的梨園屯第一次教案。

光緒十五年（一八八九），新任教士欲摧毀當地人民對玉皇廟的偶像崇拜，重提同治年間的判決，希望在玉皇廟的地基上建立教堂，並且咬定教民已經把該地基讓與教堂、光緒十三年（一八八七）的調解教堂並不知情、教民無權代替教堂簽訂協定，所以不予承認。

與此同時，村民們也心懷不滿，他們把王世昌等六人稱作「六大冤」。村中俠義人士閻書勤等十八人聯銜舉事，號稱「十八魁」，擬訴諸武力拆毀教堂，怕自身勢力不夠，他們引進了外援——直隸威縣的梅花拳。

光緒十七年（一八九一），各地教案掀起了高潮，清政府一方面著令各省彈壓，一方面下發嚴禁焚毀教堂、保護教民的上諭。法國方面抓住這個機會，透過總理衙門為山東地方官施壓。光緒十八年（一八九二），當地知府下令，將玉皇廟判給教民，改建天主教堂，並令冠縣縣令個人掏腰包給村民，讓他們另覓新地，重建新廟。

事情發展到這個地步，跟利益無關，跟信仰沾些邊，但更多的是義氣之爭。當地村民本來就沒有資金重建玉皇廟，早就拆分到個人了。現在，玉皇廟地基歸了教民，地方官自己拿錢給村民另行建廟，也算兩全其美了。但是村民不服。洋鬼子在中國百姓眼裡不是好人，就是教民，在深受中國傳統民間信仰影響的村民眼裡，也是無父無君、禽獸不如的東西。官府偏袒他們，村民當然不服。不服的結果，就是與教民毆鬥。雙方都有人受傷。事後，村民再次請來外援——臨清的道士魏合意和沙柳寨的梅花拳，擺出了武力護廟的態勢。教民乾脆報告官府，梅花拳有謀叛嫌疑。

山東巡撫親自過問，處理結果是：地方官拿獲魏合意，拆毀玉皇廟交還教士。曉諭地方士紳，申明利害，勸令村民組織解散。

光緒二十三年（一八九七），教民在玉皇廟舊址建立天主教堂時，「十八魁」領導的梅花拳及村民百姓五百餘人到現場阻止，教民只得停工。之後，梅花拳聚眾千人，與教堂數百人武裝械鬥，打死教民五人，重傷數人。官府前來鎮壓，「十八魁」率眾對抗，後撤到直隸威縣。

光緒二十四年（一八九八），「十八魁」與威縣趙三多的梅花拳拳民聯合舉事。由於梅花拳其他領導不願意本拳派摻乎叛亂活動，趙三多只好改名義和拳，他們針對山東、直隸的教會及教民，四處攻擊，名聲大噪。最意味深長的是，雖然政府一再鎮壓他們，他們打的旗號卻是「扶清滅洋」。一句話，他們只反對洋人，不反對自己的政府。

其實，「扶清滅洋」這個口號不是山東義和團原產，而是從外面引進來的。具體來講，是從四川大足教案那裡學來的。大足教案鬧過三次，第一次發生在光緒十二年六月十九（一八八六年七月二十日），四川大足縣龍水鎮一年一度的廟會，四鄉百姓前往參加。但他們更好奇的是龍水鎮新建的教堂，前往圍觀的時候與教民發生口角，口角的結果，教民新建教堂被夷為平地。此後不久，龍水鎮周邊的其他教堂與醫院也相繼被百姓搗毀，教民房屋也受到襲擊。事後，政府通緝主犯並賠償教民一萬五千兩銀子。教民重新建堂，可是到光緒十三年（一八八七）的下一年廟會，新教堂再次被村民搗毀。政府再次賠款，並通緝主犯。這就是第一次大足教案。

光緒十四年（一八八八），龍水鎮教會第三次建堂，光緒十六年（一八九〇）建成。一年一度的廟會又要到了，教會請官府出兵把守教堂。結果民教還是起了衝突，教堂第三次被毀。清政府把蔣贊臣當作打教的主凶，派兵前往捉拿。蔣逃往表兄余棟臣家中。每次打教，余棟臣與其兄弟余翠坪都是積極參加者。表弟投奔他後，他激於義憤，開始拉攏人馬，歃血訂盟，組織煤窯與紙廠工人，攻入了水龍鎮，殺教民十二人，打毀教民房屋二百餘間，沒收教民財產，並且強迫教民退教。周邊群眾聽聞之下，也開始紛紛打教。清政府派兵鎮壓，余翠坪犧牲，余棟臣逃匿，是謂第二次大足教案。

光緒二十一年（一八九五），大足縣令調任他方，余棟臣回家，娶妻置產，不再和教堂鬥爭。但是教士與教民對之不安，對清政府施壓，促使地方官於光緒二十四年（一八九八）逮捕了余棟臣。蔣贊臣率人劫獄，成功，余棟臣勢成騎虎，不得不再次舉事。他們首先沒收了教民與教堂的糧食，在起義檄文中則別開生面地提出：但誅洋人，非叛國家。當然了，如果官兵剿滅他們，他們則反過來要把官兵當敵人看——「並非我朝臣子」。至於起義軍的小旗上，更是寫有「順清滅洋」的口號。現在無由評斷余棟臣提出此口號是什麼心機，但是起義中間他與蔣贊臣曾經有接受政府招安的想法，只是在其他領導人的反對下才打消了這個念頭。但是余棟臣的「順清滅洋」卻影響深遠。第一，這個口號透過會黨傳到了北方，讓山東的義和團也稀里糊塗地打起了「扶清滅洋」的小旗；第二，這小旗讓清政府一些本來就同情義和團的地方官也稀里糊塗起來，對於義和團弄不清是剿還是撫，搖擺不定中讓其勢力坐大，並直接影響了北京最高層的政治決策！

事實上，李秉衡、張汝梅、毓賢、袁世凱等幾任山東巡撫都對義和團持同情態度。

李秉衡說：「民教之所以積不相能者，則以平日教民欺壓平民，教士袒護教民，積怨太深，遂致一發而不可制……凡遇民教控案到官，教士必為間說，甚已多方恫嚇。地方官恐以開釁取戾，每多遷就了結，曲直未能胥得其平，平民飲恨吞聲，教民愈志得意滿。久之，民氣遏抑太甚，積不能忍，以為官府不足恃，惟私鬥尚可洩其憤……是愚民敢於為亂，不啻教民有以驅之也。」

張汝梅說：教民「一經入教，遂以教士為護符，凌轢鄉黨，欺侮平民，睚眥之仇輒尋報復。往往造言傾陷，或謂某人譭謗洋教，或指某人係大刀會匪，教士不察虛實，遂欲怵以兵威。不知教士之勢愈張，則平民之憤愈甚」。

毓賢說：「竊思東省民教不和，實由近來教堂收納教民，不分良莠。奸民溷入教內，即倚教堂為護符，魚肉良懦，凌轢鄉鄰……又往往造言傾陷，或謂某人將糾眾滋擾教堂，或謂某人即是大刀會匪。教士不察虛實，遂開單迫令地方官指拿……百姓遂多不服。」

袁世凱說：「東省民教積不相能，推究本源，實由地方州縣各官平時為傳教洋人挾制，不能按照約章，持平辦案，遇有交涉案件，但憑教民一訴，或教士一言，即簽派傳人，縱役勒索。到案後又不分曲直，往往抑制良民，希圖易結，而教民轉得藉官吏之勢力，肆其欺凌，良民上訴，亦難伸理。積怨成仇，有由然也。」

只不過，同情是一回事，執行政府政策又是一回事，而政府政策又在外國的壓力與慈禧太后的情緒之間來回搖擺。無邊的謠言與現實的不平，加劇了山東百姓憤怒的情緒。就在直魯邊界的梅花拳因為梨園屯教案而舉事的同時，魯西南又出了大刀會。

大刀會，山東義和團的第二組成部分，起於魯西南，又名金鐘罩、鐵布衫、無影鞭。從這些名字就可以看出，義和團這個支流搞的是刀槍不入，要做到刀槍不入，需要經過念咒與吞符等許多儀式。

大刀會最早起於山東曹州府。曹州府位於山東省西南部，下接江蘇省的徐州府，是個出響馬的地方，民風剽悍。《水滸傳》裡的「梁山泊」在曹州境內；唐朝末年「黃巢殺人八百萬」是從曹州開始的；繼洪、楊而起的捻軍也起於這一帶，以致周錫瑞先生不無黑色幽默地說：「長期以來，這個地區的人們已經學會與盜匪共同生活。」所以民間有些玩大刀片的，也不算稀罕，其動機也不過是保衛身家。按周錫瑞先生考證，大刀會的領導階層應該是小地主。雖然大刀會成員多有佃戶與貧民，但是小地主掌控他們，則是基本可以確認的，其主要首領劉士端及其門徒曹得禮、彭桂林，都是擁有五十至二百畝土地的地主。雖然大刀會的排刀排槍在地方官眼裡不外是邪教，但是由於盜匪橫行，地方政府難免借用他們作為剿匪的工具，只不過由於洋教傳入，大刀會逐漸改與洋教為敵。具體原因有兩個，一個是：大刀會的一個敵人，名叫岳二米子，帶領三千多個沒吃沒喝的人搶富戶的東西，挨了大刀會的打，就入了天主教；另一個是：天主教徒對大刀會的刀槍不入表示懷疑，指為妄誕，這讓大刀會很氣憤。所以雙方漸起摩擦。光緒二十二年（一八九六）初，雙方因為口角之爭差點械鬥起來。教民認為大丟面子，大刀會因為地方官重申政府邪教禁令而大為惱火。幾個月之後，終於爆發曹州教案、徐州教案。具體經過是這樣的：徐州龐姓家族與劉氏家族因爭奪無主地而爆發衝突。鑑於劉氏家族已經奉教，龐氏家族的領頭人物龐士傑便入了大刀會，並且跑到曹州找劉士端借兵。劉士端不但給了他兵，還給了他將，把自己的弟子彭桂林派過來。龐士傑有了兵有了將，就從徐州開始一直打到曹州，除了打教之外，還把不信教的富戶也打劫了。結果，彭桂林被徐州地方逮捕，龐士傑雖然跑了，但是山東地方官卻誘捕了劉士端與曹得禮，將其斬首。徐州那邊更是逮捕了龐士傑的哥哥。龐家一看不妙，馬上準備入教，一下子把十八個村莊四千多口子的名單提交給了當地的法國天主教神父。神父出面保護，徐州地方官明面上雖然不敢赦免龐士傑之罪，但卻告訴對方，隱藏一段時間，官府自然會說抓捕不到，避過風頭，就可以回家住了。對於這種掩護，當地的傳教士很得意，認為中國百姓遇上官司，都要拿錢打點，唯有他們，「伸張正義而不索取任何東西」。當然，他們只有一個條件：請加入我們天主教！

徐州安靜了，魯西南的大刀會更安靜。但這是暫時的，離它們不遠的地方有了動靜。光緒二十三年（一八九七），爆發巨野教案。德國兩個傳教士，在山東陽穀一帶傳教的能方濟和在山東曹州一帶傳教的韓理，前去巨野磨盤張家莊教堂參加薛田資神父的天主教例會，晚上睡覺時被二三十個手持刀、紅纓槍的人殺死。誰幹的？說法很多，有人說是巨野大刀會首領曹言學組織幹的，有人說是一個名叫劉德潤的盜匪幹的，不管是誰幹的，反正中國人幹的。於是，德國有了很好的藉口，除了金錢賠償、地方官免職之外，還額外要求強租膠州灣。在德國的影響下，其他帝國主義國家緊跟其後，也跟中國政府訛詐上了，掀起了強佔租借地和劃分勢力範圍的狂潮，大清王朝的危機進一步加深。

如果說以趙三多為領導的直魯邊境的梅花拳是以真功夫為主，魯西南以曹州為中心的大刀會則是以刀槍不入為主。但是，這兩支再厲害，也比不過魯西北以朱紅燈、誠心和尚為代表的神拳。之所以稱神拳，估計是太神了，主要法術是降神附體。它是義和團起源的第三個組成部分。

站在經濟的角度，周錫瑞說神拳是大刀會的窮親戚。因為神拳會員們太窮了。這跟整個魯西北的經濟形勢有關，如果說黃河是魯西北災難的第一根源，第二根源就是旱災了。除了這兩種天災之外，魯西北人民還要面臨巨大的人禍。從山東的德州到高唐、茌平、東阿，是官方御道，自古以來就是兵家南來北往的通道。官兵如篦匪如梳，百姓住在這樣的地方，不管是戰亂還是和平時期，都得不著什麼好。所以，貧窮是魯西北的首要特徵。在傳教士的筆下，魯西農民的日子是這樣的：

魯西一帶的農戶，大多居住在陽光不足、潮濕狹隘的茅草屋裡，窗戶很少，屋內的裝飾非常簡單。更為貧窮者，一間茅屋則具多種用途。爐、灶、鍋、碗全擠在茅屋一隅，煮飯時黑煙濛濛，恰如濃霧瀰漫，甚至人的面孔也難以辨別……其食物也非常簡單，每年只有極少機會吃肉，以粗茶淡飯為主。只有新麥打下之後，才吃幾頓麵條和菜蔬……城裡平常使用的油、鹽、醬、醋等調味品，在鄉間視為貴重品。若吃香油時，則用小棍穿過制錢孔從罐中取油，滴到菜裡調味。平常飯時，水裡煮些大蒜、辣椒、大蔥，就是一頓。除了喜慶喪葬或新年以外，很少見到葷腥，老人也不例外。

正如周錫瑞所說，這還是正常年景裡的魯西人民之生活，而對於多災多難的魯西北人民來講，就連這種日子都難得了，逃荒要飯應該是魯西北人民的家常便飯了。物質的貧困，必然伴隨著精神上的貧困。所以魯西北的義和團乾脆連香都不燒，直接叩頭、念咒，神靈就附體了。而且神靈來源豐富，全部來自於中國的戲曲小說，具體來講就是來自於《三國演義》、《西遊記》和《封神榜》，人鬼蛇神全出動。和平時期，降神附體主要為治病；戰亂時期，降神附體就專為避刀避槍甚至避炮了。神拳門檻很低，人人能降神附體，不像洪秀全，就他和幾個弟兄可以玩這個，所以這是義和團始終沒有統一領導核心的致命根源，僅有地方領導與派別領導。魯西北的神拳領袖，乃是現身於茌平的朱紅燈與心誠和尚。神拳會員的年齡，差不多都是沒有頭腦只有情緒的青少年。

光緒二十五年（一八九九），魯西北的神拳越來越活躍。平原縣的民教衝突中，民的一方請來了茌平縣的朱紅燈，勢力大漲。平原縣令蔣楷為之憂心忡忡，但是他得不到巡撫毓賢對之鎮壓的明確指令，就在他發現不鎮壓不行的時候，他也發現鎮壓不下去了。朱紅燈身著紅袍、頭戴紅帽、高舉紅旗，出現在他面前。雖然紅旗上明明寫著「天下義和拳興清滅洋」的標語，但是並不意味著義和拳要興清朝的命官，所以蔣楷騎上馬跑了，邀請巡撫派兵前來。結果，義和拳與政府官兵在森羅殿一地發生大決戰。決戰結果，朱紅燈本人逃跑，其他拳民看見刀槍不入並不靈驗也悄悄的都散了。只有義和拳改稱的義和團名聲留了下來，以後各地拳民就有了義和團這個新的統一稱號！

至於朱紅燈本人，之後聯繫心誠和尚與於清水重新開始打教，但由於分贓不均，他們自己內部先打上了。打的結果，團員們把三個首領全抓住扭送到官府，官府把他們押到省城濟南全殺了。魯西北的神拳運動暫時進入低迷狀態，就等著北京向他們招手啦。

魯西北的打教運動，首先讓北京招回了毓賢。當然是在外國壓力下招回的。因為他們認為，魯西北拳匪的囂張，是與這位山東巡撫的懦弱密切相關的。但是回到北京的毓賢，在面對仇外王公載漪等人時，不僅為拳民的忠誠與正義作辯護，還吹噓義和團的神功。我們無從得知這位前山東巡撫是出於什麼理由作出了這種選擇，因為他的後任巡撫袁世凱就不相信義和團會有什麼法術。總之，毓賢北京之行煽動起仇外王公們對於義和團的希望與支持。這一切，導致太后對於義和團運動的剿撫兩猶豫。太后的猶豫、仇外王公的支持與袁世凱的鐵腕鎮壓政策，讓山東的義和團逐漸轉移到了直隸境內。

光緒二十六年四月（一九〇〇年五月），義和團進入涿州，並且由此開始了更極端的行為——攻打涿州和北京之間鐵路沿線的車站、橋樑及電報設施，在鐵路沿線工作的法國與比利時的工程師也受到了攻擊甚至殺害，這讓外國人深受刺激。當然，對於義和團來講，他們攻擊鐵路線火車站及電報設施的行為，除了籠統的反洋之外，還本能地是在為清朝官軍可能前來鎮壓製造障礙。事實上，聶士成就被政府派去鎮壓義和團兼護衛鐵路了，雙方結結實實地交鋒過幾次。與此同時，太后派軍機大臣兼順天府尹趙舒翹、都察院左副都御史何乃瑩前往涿州考察義和團。力主支持義和團殺滅洋人的剛毅惟恐趙舒翹的彙報結果不利於義和團，也緊隨其後趕往涿州。其實趙舒翹經考察已明顯看出義和團所謂「神功」全是假的，但剛毅卻力言神功「可恃」。

趙是老官僚了，江湖上混得久，當然知道剛毅的意思，更知道剛毅背後站著一個載漪，載漪背後站著一個慈禧。於是，表示剛毅所言並非無見，便先回京報告，留剛毅在涿州與義和團商議合作之事，而剛毅與義和團商議的合作，就是放他們進北京由著性子撒歡去。趙當然知道此事非同小可，不敢完全謊報，面對太后時，含糊其辭彙報一番，但在剛毅等人的影響下，慈禧認為趙的覆命之意是義和團神功「可恃」，最終下決心招撫義和團與洋人對抗。此次覆命對慈禧的決策有重大影響，據吳永的《庚子西狩叢談》，義和團運動失敗後，慈禧曾對人說道：

這都是剛毅、趙舒翹誤國，實在死有餘辜。當時拳匪初起，議論紛紜，我為是主張不定，特派他們兩人前往涿州去看驗。後來回京覆命，我問他：「義和團是否可靠？」他只裝出拳匪樣子，道是兩眼如何直視的，面目如何發赤的，手足如何撫弄的。叨叨絮絮，說了一大篇。我道：「這都不相干，我但問你這些拳民據你看來，究竟可靠不可靠？」彼等還是照前式樣，重述一遍，到底沒有一個正經主意回覆。你想他們兩人，都是國家倚傍的大臣，辦事如此糊塗，餘外的王公大臣們，又都是一起敦迫著我要與洋人拼命的，教我一個人，如何拿得定主意呢？

慈禧這番說辭雖然有自我解脫的嫌疑，但是我們不得不承認，一個深居後宮的老太太，被載漪這樣的宗室大臣欺騙也不是不可能。事實上，老太太最後還真的被載漪欺騙了。剛毅及載漪等人的慫恿與支持，讓義和團蜂湧進了京津二城。他們無視國際遊戲規則的亂砍濫殺行為，以及清政府在保護外人性命及使館安全方面的無能，導致西方列強不得不親自出兵進行自我保護。五月初四（五月三十一日），經總理衙門同意，西方充實了三百多士兵做使館衛隊。之後，更在沿海集結二十多艘戰艦。五月十四日

（六月十日），在英國公使的緊急求援下，英國海軍上將西摩爾率領兩千名聯軍士兵從天津出發，前往北京保衛使館。他們未曾想到，他們根本走不到北京。就在同一天，太后命載漪管理總理衙門，啟秀等為總理衙門大臣。第二天，日本使館書記杉山彬為董福祥部所殺。據說載漪撫摸著董的背部，伸出大拇指讚曰：「汝真好漢，各大帥能盡如爾膽量，洋人不足平矣！」搞得這個曾經的驢販子、回民起義的招安者大喜。

與此同時，在載漪等人的慫恿與支持下，大量的義和團湧進了北京。五月十九日（六月十五日），北京的義和團就開始圍攻外國使館了。對於太后來講，她既對義和團抱持猶豫態度，更對聯軍北上北京的動機抱持猜忌態度，這讓她左右為難不好決斷。從五月二十日（六月十六日）到五月二十三日（六月十九日），太后連續召開四次御前會議，討論對外的和戰問題，兩派進行了激烈辯論，主和的有許景澄、袁昶、徐用儀，主戰的有載漪、剛毅、徐桐。

有關四次御前會議的詳情，我們以惲毓鼎的版本為準，觀摩一下。

第一次御前會議：五月二十日（六月十六日），儀鸞殿東室。由於人太多，室內跪滿了，後來者就跪於檻外。光緒嚴厲批評在事諸臣不能彈壓亂民。翰林院侍讀學士劉永亨由後排膝行而前，奏曰：可讓董福祥領兵驅逐拳匪。他還沒說完，端王載漪就伸大指厲聲喝道：好，此即失人心第一法，嚇得劉永亨不敢再說下去了。

此時，跪在殿外的總理衙門大臣袁昶抗聲曰：臣袁昶有奏。上諭之入。袁說：義和團只不過是亂民，萬不可恃，就今有邪術，自古及今，斷無仗此成事者。太后反駁說：「法術不足恃，豈人心也不足恃乎？今日中國積弱已極，所仗者人心耳，若並人心而失之，何以立國？」又曰：今京城擾亂，洋人有調兵之說，將何以處之？爾等有何見識？各據所見，從速奏來！大家胡亂說了一通，或言宜剿，或言宜撫，或言宜速止洋兵，或言宜調兵保護。於是，一面派侍郎那桐、許景澄出京勸阻洋兵，一面派人安撫亂民，設法解散，會稀里糊塗地就散了。有幾個官員看見太后偏袒拳匪，所以待會散後留了下來，希望再跟太后進言幾句。先是大理寺少卿張亨嘉倡言殺幾個拳匪頭頭，大事即定；後是翰林院侍讀學士朱祖謀問太后信亂民敵西洋，可恃者何人？太后曰：我恃董福祥。朱祖謀率然對曰：董福祥第一不可恃！太后大怒色變，厲聲曰：「你是哪個單位的？叫什麼名字？」朱祖謀對曰：臣為翰林院侍讀學士朱祖謀！太后怒曰：你說董福祥不足恃，你給我保個人來！朱祖謀倉促不能對（惲毓鼎在旁邊高喊山東巡撫袁世凱可用，曾廣漢說兩江總督劉坤一也可用；榮祿說劉離得太遠，袁世凱將往調矣）……朱祖謀退出的時候，太后「猶怒目送之」。

按太后的意思，政府跟著義和團一樣亂砍濫殺，支持他們圍攻使館，那才叫順應人心。其實所謂的順應人心，不如理解為順應太后的心。義和團也算乖，在他們眼裡，光緒都是二毛子，該殺；啟蒙大師嚴復，也是二毛子，該殺；就連康有為，他們也叫喚上了，要求洋人把康有為引渡回來，好讓他們一刀幹掉。可以說，自從戊戌政變以來，太后第一次感覺到爽的味道，義和團真是太后的體己啊，自覺地為上層統治者當政治鬥爭的工具。事後，又被政府定性「實為肇禍之由」，「非痛加剷除不可」。在中國歷史上，人民群眾的這種自覺性與犧牲性既不是開始，更不是結束！

第二次御前會議，五月二十一日（六月十七日），還是儀鸞殿。光緒首先質問總理衙門大臣徐用儀。徐用儀聲音小，大家也聽不見他說什麼，只聽見光緒厲聲拍案曰：「汝如此搪塞，便可了事也？」老太后卻突然宣諭說：「頃得洋人照會四條：一、指明一地令中國皇帝居住；二、代收各省錢糧；三、代掌天下兵權……」

老太后沒念第四條，她不好意思，第四條是：勒令皇太后歸政（除此之外，據說洋人還索要大沽炮台）。其實這所謂的最後通牒乃是載漪命人偽造的，目的當然是在老太后的屁股上踹一腳，讓她跟外國宣戰。老太后老糊塗了，起碼的國際遊戲規則常識也缺失了，也不想想這最後通牒是從何處來的，它根本沒有經過中外任何外交人員之手。按照榮祿的說法，它是一個名叫羅嘉傑的江蘇糧道派兒子半夜三更送到自己手裡的。榮祿繞屋行，徬徨終夜，今天早上才送給太后的。按照羅嘉傑的說法，他是透過關係弄到手的。什麼關係？當然是載漪的關係啦。總之，老太后就這樣稀里糊塗地淪為了載漪的工具。

其實，也用不著念第四條，因為前三條就夠讓大臣們震撼的，所以太后念完照會上的三條內容後，大聲說：「今日釁開自彼，國亡在目前，若竟拱手讓之，我死無面目見列聖。等亡也，一戰而亡，不猶愈乎？」群臣咸叩頭曰：臣等願效死力。有些人乾脆哭上了。載漪一幫復乘機主戰，語調高昂，刺激得太后也有了巾幗氣度，復高聲曰：「今日之事，諸大臣均聞之矣，我為江山社稷，不得已而宣戰，顧事未可知，有如戰之後，江山社稷仍不保，諸公今日皆在此，當知我苦心，勿歸咎予一人，謂皇太后送祖宗三百年天下。」

面對老寡婦的愛國豪情，底下一干漢子都被震撼了，雖然主和派中的清醒者也感覺到這個照會有些「荒誕不經，荒唐無據」，但是會議風向已經徹底轉向主戰了，大家叩頭如儀，高呼「臣等同心報國」，「玉音一則曰諸大臣，再則曰諸公，群臣咸震動」。感覺這個場景好像進了傳銷會場似的，再說那個照會分明是要大清亡祖亡國的呀，誰敢擔待啊！慈禧乃命令兵部尚書徐用儀、戶部尚書立山、大學士聯元到東交民巷向各國使館宣諭，問洋人是不是要開戰，如要開戰可即下旗歸國。立山以自己不在總理各國事務衙門請辭。光緒說：「去歲各國使臣瞻仰頤和園，非汝為之接待乎？今日事亟，乃畏難乎？」慈禧說得更狠：「汝敢往，固當往；不敢往，亦當往。」於是，徐用儀、立山、聯元三大臣先行退出。其他大臣隨後退出，大家聚一起問總理衙門的人，那個洋鬼子照會從哪來的？總理衙門的人都說不知道啊！

同一天，清廷收到了兩江總督劉坤一與湖廣總督張之洞等人發來的電報，建議清廷立即剿滅義和團，亂民不但不可保國，外兵深入，大局潰爛，到時候後悔都來不及。有了這些封疆大吏的電報，主和派重抖精神，依然上摺堅持主和。

第三次御前會議，五月二十二日（六月十八日），還是籌議和戰，少頃即退。

第四次御前會議，五月二十三日（六月十九日），還是儀鸞殿。聯軍索要大沽炮台的消息已經得到證實。太后令總理衙門大臣兼工部左侍郎許景澄前往使館給外國人送去照會，限二十四小時內離開北京，由政府派兵護送到天津。光緒皇帝聽聞後嚇壞了，顧不得帝王尊嚴了，立即下座拉上了許景澄的手，說：「再妥商量。」太后斥曰：「皇帝放手，毋誤事。」侍郎聯元奏曰：「法蘭西為傳教國，釁也啟自法。若戰，只能仇法，斷無結怨十一國之理，果若是，國危矣。」聯元奏對這些的時候，「言且泣，額如汗珠」。但太后已經一意主戰，置之不理，僅令載漪等加意保衛宮牆而已。

若按李希聖的版本，四次御前會議與前述細節上稍有出入，但大致不差。只不過還有幾個亮點，這裡需要補充一下。

第一，吏部侍郎許景澄說：「中國與外洋交數十年矣，民教相仇之事，無歲無之，不過賠償而止。惟攻殺使臣，中外皆無成案，今交民巷使館，拳匪日窺視之，幾於朝不謀夕，儻不測，不知宗社生靈，置之何地？」太常寺卿袁昶說：「釁不可開，縱容亂民，禍至不可收拾，他日內訌外患，相隨而至，國何以堪？」光緒皇帝說：「人心何足恃，只益亂耳。今人喜言兵，然自朝鮮之役，創巨痛深，效也可睹矣。況諸國之強，十倍於日本，合而謀我，何以禦之？」「亂民皆烏合，能以血肉相搏也？且人心徒空言耳，奈何以民命為兒戲？」

第二，載漪、剛毅說：「義民可恃，其術甚神，可以報仇雪恥。」載濂說：「時不可失，敢阻撓者請斬之。」

第三，太后的紅人立山向太后表示：「拳民誰無他，然其術多不效。」載漪變色曰：「用其心耳，何論術乎！立山敢廷爭，是且與夷通，試遣山退夷兵，夷必聽。」立山回說，首言戰者載漪者，漪當行，臣不習夷情，且非其職。太后遂陰陽怪氣地說：那個德國的亨利親王來遊，你不是負責供給嗎？亨利很喜歡你，你應該去耶。立山不知怎麼回的當口，載漪就又罵上漢奸了。

第四，載漪請攻使館，太后許之，聯元頓首亟言曰：「不可，倘使臣不保，洋兵他日入城，雞犬皆盡矣！」載瀾曰：「聯元貳於夷，殺聯元，夷兵自通。」太后大怒，立召左右欲斬之，被載勳救而止之。

第五，協辦大學士王文韶說：「中國自甲午以後，財絀兵單，眾寡強弱之勢，既已不侔，一旦開釁，何以善其後，太后三思。」太后大怒而起，以手擊案罵之曰：爾說的那些屁話（太后沒說屁字，但我理解她的心情，就幫她加上了），我早都聽夠了，還用你來說？你能前去阻止夷兵入城乎？否則我先斬了你！王老頭畢竟是漢人，再也不敢說話了。

第六，別人不敢說話了，光緒皇上拉著許景澄的手哭了：「朕一人死不足惜，如天下生靈何？」

惲毓鼎和李希聖的版本合到一起看，我們就可以得出一個清晰的印象，大清王朝也不是沒有有見識的大臣，大清那個懦弱的皇上也不是不愛民，但是正氣抵不過邪氣，因為邪的這邊披著愛國與民族大義的戰袍。天朝最大的悲劇倒不是正氣戰勝不了邪氣，而是邪的那邊，明明是道德與智商雙重缺位，人家卻能無往而不勝——載漪人品不行，智商更不行，據說其請攻使館的餿主意，來自一個名叫曾廉的候補知府和一個名叫王龍文的翰林院編修，是為獻三策：「攻東交民巷，盡殺使臣，上策也；廢舊約，令夷人就我範圍，中策也；若始戰終和……則下策也。」

四次御前會議的結果，太后雖然對外暫緩宣戰，但是對內卻下詔表揚義和團為義民，撥給內帑銀十萬兩。

決定宣戰的第二天，五月二十四日（六月二十日）一大早，西太后撇開光緒，在儀鸞殿召開樞臣會議。在這次會議上，榮祿做出最後的努力，含淚跪奏曰：「中國與各國開戰，非出我啟釁，乃各國自取。但圍攻使館之事，絕不可行。若如端王等所主張，則宗廟社稷，實為危險。且即殺死使臣數人，亦不足以顯揚國威，徒費氣力，毫無益處。」太后曰：「你若執定這個意見，最好是勸洋人趕快出京，免至圍攻，我不能再壓制義和團了。你要是除了這句話之外，再沒有別的好主意，可即退出，不必在此多話。」

最親信的榮祿都讓太后煩了，其他大臣也沒什麼可說的，太后說主戰，那就主戰吧！稍事休息後，大家都到了勤政殿，光緒也被召來，慈禧向王公大臣六部九卿作出總結性發言，大致意思是：洋人欺我太甚，我不能再為容忍；本來我一直壓制義和團，不想開釁，怎知洋人竟迫我歸政，這是中國內政，洋人怎可干預？天津法國領事索我大沽炮台，無禮至極；公使照會我歸政，凌辱我主權，太不像話；朝廷平日以懷柔遠人為宗旨，不跟他們一般見識，他們還真以為我們懦弱了？今天我們也應該讓他們醒醒了！全國若能上下合心，一致對外，何難制勝夷人？我都覺得咸豐十年太便宜英法聯軍了，讓他們走得太容易了，彼時若有一得力之軍，覺得叫他們有來無回。那個，現在我們報復他們的時候到了！

太后發言後，又問皇帝是什麼意思。皇帝來的時候就面色灰白，顫慄不已，這個時候更是沉默良久後才開口，請太后聽榮祿之言，勿攻使館，護送各公使平安至天津，又說值此大事，不敢決斷，仍然請太后作主。趙舒翹奏請明發上諭，將內地洋人滅除盡淨，以免其為外國間諜洩露國內之事。太后命軍機斟酌此議奏聞。趙退出後，立山、許景澄、袁昶以次進諫，謂以一國與世界各國宣戰，必不免予敗績，恐釀瓜分之禍，且內亂必乘機發生，極為危險。袁昶並言臣在總理衙門當差二年，見外國人皆和平講禮，不信有請太后歸政之照會。據臣愚見，各使必不致干涉我國內政。端王聞之人怒，斥袁為漢奸，問太后：「肯聽此漢奸之言嗎？」太后責端王言語暴躁，命袁退出。自此無人敢進一言者。

雖然《景善日記》在學界公認有偽造之嫌，但那僅是程序上的問題，以實質問題來講，日記內容倒是真實可信的，所以我取用他的一些場景描述。根據《景善日記》，無人敢進言後又發生一件事，那就是德國公使克林德一直想跟中國方面的人見面，商談一下中方的最後通牒事宜，即使館人員從北京撤往天津，技術與時間上怎麼做到呢？但中國方面，既進不了使館（義和團圍著打，誰去誰是漢奸），又不敢讓他們出來，說不安全，有什麼事寫信吧！但克林德為了德國人的榮譽，一個人雄赳赳氣昂昂地就出來了，想去總理衙門找中國方面談判，但在路上就被神機營的人給斃了。慶王一聽嚇壞了，端王一聽樂壞了。等到彙報給太后時，太后急招榮祿。與此同時，董福祥的甘軍（武衛後軍）已經開始圍攻使館了。

哎，世界戰爭史的奇蹟就這樣誕生了。宣戰詔書還沒發，軍民已提前打人家使館去了。

五月二十五日（六月二十一日），老太后的宣戰詔書頒示天下：

我朝二百數十年，深仁厚澤，凡遠人來中國者，列祖列宗罔不待以懷柔。迨道光、咸豐年間，俯准彼等互市，並乞在我國傳教；朝廷以其勸人為善，勉允所請，初亦就我範圍，遵我約束。詎三十年來，恃我國仁厚，一意拊循，彼乃益肆梟張，欺凌我國家，侵佔我土地，蹂躪我人民，勒索我財物。朝廷稍加遷就，彼等負其凶橫，日甚一日，無所不至。小則欺壓平民，大則侮慢神聖。我國赤子，仇怨鬱結，人人欲得而甘心。此義勇焚毀教堂、屠殺教民所由來也。朝廷仍不肯開釁，如前保護者，恐傷吾人民耳。故一再降旨申禁，保衛使館，加恤教民。故前日有「拳民、教民皆吾赤子」之諭，原為民教，解釋夙嫌。朝廷柔服遠人，至矣盡矣！然彼等不知感激，反肆要脅。昨日公然有杜士蘭照會，令我退出大沽口炮台，歸彼看管，否則以力襲取。危詞恫嚇，意在肆其猖獗，震動畿輔。平日交鄰之道，我未嘗失禮於彼，彼自稱教化之國，乃無禮橫行，專肆兵堅器利，自取決裂如此乎。

朕臨御將三十年，待百姓如子孫，百姓亦戴朕如天帝。況慈聖中興宇宙，恩德所被，浹髓淪肌，祖宗憑依，神祇感格。人人忠憤，曠代所無。朕今涕泣以告先廟，慷慨以誓師徒，與其苟且圖存，貽羞萬古，孰若大張韃伐，一決雌雄。連日召見大小臣工，詢謀僉同。近畿及山東等省，義兵同日不期而集者，不下數十萬人。下至五尺童子，亦能執干戈以衛社稷。彼仗詐謀，我恃天理；彼憑悍力，我恃人心。無論我國忠信甲冑，禮義干櫓，人人敢死，即土地廣有二十餘省，人民多至四百餘兆，何難翦彼凶焰，張我國威。其有同仇敵愾，陷陣衝鋒，抑或尚義捐貲，助益餉項，朝廷不惜破格懋賞，獎勵忠勳。苟其自外生成，臨陣退縮，甘心從逆，竟作漢奸，朕即刻嚴誅，絕無寬貸。爾普天臣庶，其各懷忠義之心，共洩神人之憤，朕實有厚望焉！

這個詔書是由軍機章京連文沖寫的，使用的是離騷體，文采很好，姿態很騷。不過仔細看看這詔書，就會發現諸多奇怪：第一，詔書中根本沒提所謂的照會四條。敢情老太后也知道它來路不正，無法提及？第二，老太后氣勢洶洶地向人宣戰，卻沒提人家國名，只說了幾個「彼等」！彼等都有誰呢？老太后不知道，看到詔書的大臣也不知道，駐紮奉天（瀋陽）的盛京將軍增祺甚至一臉憨厚地向朝廷請示說：「此次中外開釁，究係何國失和？傳聞未得其詳。應懇明示，以便相機應敵。」也就是說，盛京將軍不知該把槍口朝向哪個國家。這裡我們可以幫太后與她的守疆大吏們統計出兩組數字，一組是進中國的八國：英國、法國、俄國、日本、美國、德國、義大利、奧匈帝國。一組是事後與中國簽訂《辛丑合約》的十一國：除了第一組中的八國，另加西班牙、荷蘭和比利時。老太后有能耐，她把所有外國合到一起，一鍋燉了，凡是洋人，全部是她的敵人。

此外，老太后還有一大能耐，在詔書裡看不到，只能在實際行動裡看到，那就是：老太后這道宣戰詔書，沒有透過自己的駐外公使送到任何一個國家，她就是自己玩的。眾所周知，按照當時的國際法，宣戰是當事國必須履行的義務之一，也是戰爭的法律程序之一。而且，宣戰要有幾項基本內容：宣戰原因，宣戰對象，什麼時候開始與宣戰對象進入戰爭狀態。問題是，我們的最高領導根本不管這一套，她這道宣戰詔書頂多是宣給國內臣民看的，相當於內部動員令：政府實在忍受不了，臣民們給我衝啊！有賞啊！

老太后為什麼拿義和團玩洋人呢？很簡單，她想給洋人一點顏色看看。為什麼想給外國人點顏色看看，也很簡單，外國人一直給她顏色看了。就算沒有所謂的勒令老太后歸政，對康梁的庇護及「己亥建儲」的抵制，就讓中國的這個第一寡婦受夠了。往大裡說，是干涉我大清內政；往小裡說，是干涉我老寡婦家事！是可忍，孰不可忍！

不可忍的情況下，先把徐用儀、聯元、立山、許景澄、袁昶等五個最懂國際遊戲規則、最愛大清江山的主和派當漢奸殺了，史稱「庚子被禍五大臣」。這哪裡是給洋人顏色看啊，分明是給自己顏色看。當然，最倒楣的是大清子民，誰都給我們顏色看！

第三章：好女不吃眼前虧

西行漫記

太后被人當槍使了。用惲毓鼎的話來講，庚子事件是端王主之，太后聽之，而端王和太后的打算可能是這樣的：「當宣戰之日，固逆計異時之必歸於和，使館朝夷，皇位夕易矣。大事既成，盲風怪雨不轉瞬而月星明概，雖割地以贖前愆，亦所不恤，無如一勝之不可幸邀也，天也。」用我們的白話，就是老太后與端王明明知道戰也必歸和，但是寧願一戰，換了皇帝，大不了割地賠款，咱家一千多萬平方公里的土地，割個一兩塊，也不值什麼。沒想到手氣不好，割地賠款了，卻沒乘亂換了皇帝，淨賠了呵！

西方也不傻，知道老太后在胡折騰。當時的《字林西報》社論曰：「中國與各大強國同時在作戰，它是由西太后和她的奸黨的選擇而作戰的。他們萬分愚蠢，妄自尊大，自以為他們能夠安全地抗拒列強……不管發生任何事件，這批奸黨若不自動離去，就必須被逐出北京城。希望有可能把光緒皇帝尋出來，把他重新置於皇位之上。現時必須對中國人明白指出，挑起目前戰爭的是西太后，我們不是對中國作戰，而是對那個篡奪政權的北京政府作戰。」美國學者馬士評價曰：「地獄裡有怒鬼，但是比不上一位婦人受著藐視的時候怒氣之盛」，這位婦人「公然挑釁，破壞了國際公法的每一個原則」。

老太后破壞國際公法的直接後果，就是八國聯軍進中國。

光緒二十六年七月十八日（一九〇〇年八月十二日），八國聯軍已經越過了通州向北京進發。此時，董福祥率領他的武衛後軍圍攻使館已經一月有餘，竟沒有攻下來。同時，太后獲知自己最依仗的主戰派大臣，原山東巡撫、現巡閱長江水師大臣，從江蘇帶兵北上勤王的李秉衡在楊村戰敗，至通州吞金自殺，哭了，對王公大臣們說：「余母子無類矣，寧不能相救耶？！」王公大臣們大眼瞪小眼：你說怎麼辦？太后欲派遣王文韶、趙舒翹至使館乞和，王說我年紀太大了，趙說我資望淺，不如文韶，再說我口才也不好，到那裡也不會跟人家洋人講故事什麼的，把人講動。榮祿說，不如寫封信去吧，遂遣總理章京舒文持書前往跟洋人約時相見。不料到了時間，大臣沒一個敢去的，舒文前往探視，差點被圍攻使館的董福祥當漢奸殺掉。

七月二十日（八月十四日），太后依仗的另一個主戰派大臣董福祥兵敗退出北京。就在這一天，慈禧召見大學士、六部、九卿，已無一人應召，太后對載瀾說：「事至此，惟有走耳，若能為衛乎？」載瀾回曰：「臣無兵，不能任此。」太后六促軍機大臣入，問計。莫敢對。載漪說，咱舉白旗吧！榮祿說，還是給使館寫信，求和吧！太后曰：快些呵，我母子性命全在此了。

七月二十一日（八月十五日）早晨，太后四點醒來，聽得外面全是貓叫，然後是李蓮英驚慌失措地走進來報告鬼子打進城來了。說，德國鬼子進了朝陽門，日本鬼子進了東直門，俄國鬼子進了永定門，把天壇都圍上了，全都衝著紫禁城開槍，槍子一溜一溜地在半天空飛，並說消息是瀾公爺報來的，請太后避一避，免得驚了聖駕。老太后這才明白，所謂貓叫乃是子彈在空中呼嘯的聲音。聽了彙報後，她不停地在寢宮裡來回轉。

正要準備傳早膳，突然有流彈落在房上，嚇得老佛爺飯也顧不得吃了，傳諭皇后、小主、慈寧宮的太妃們、在宮裡住的格格們以及大阿哥趕緊換好行裝，準備出走。老太后由李蓮英梳了普通漢婦的頭，換上了半新不舊的深藍色夏布的褂子和洗得有些褪色的淺藍的褲子。皇帝乾脆穿得像個做買賣跑外的小夥計。慈禧乘載瀾的車子，光緒乘英年的車子，侍從的王公大臣主要有載漪、奕劻、善耆、載勳、載瀾、載澤、溥倫、剛毅、趙舒翹、英年等。

慈禧逃跑前一天，還不忘幹一件缺德事，就是把光緒所寵愛的珍妃推下井中。現在，其他宮女太監也有不用人推，就有自己跳水死的，裹了細軟自己逃跑的人也不少。

逃至昌平，光裕駝行孝敬駝轎三乘。離京城三日了，吃沒得吃，喝沒得喝，睡沒得睡。根據隨侍的宮女榮兒回憶說：

> 人千算萬算也有算計不到的地方。老太后這次出走，什麼都不帶，只隨身帶了些散碎銀子，以為沿途一定會有賣東西的。有錢能買鬼推磨，這種想法到現在完全落空了。由海澱奔溫泉，由溫泉北上到居庸關的古道，原來是南來北往的要道，做買賣的、開客棧的，尤其是驛站，都應該有人支應，可現在跑得一乾二淨。那些敗卒殘兵，有什麼搶什麼，一幫一幫的戴紅頭巾的義和拳也是有什麼拿什麼。殷實一點的人家都躲起來了，剩下不藏不躲的人也就窮得只剩一條命了，目前的光景是有勢力沒處用，有銀子沒處花，一兩銀子也換不出一口吃的來。

專制政府下的社會，就是這副德行：統治穩定時，一切森嚴，大家都裝模作樣；統治不穩時，一切亂套，大家都成無政府主義者，但吃虧更多的總是百姓。馬士說：「中國曾經破壞了國際法並蔑視全世界，西方各國在對待破壞法律者方面也未承認自己國家的法律。」確實如此。八國聯軍佔領北京後，特許軍隊公開搶劫三天。事實上，不只是三天，也不只是搶劫，八國聯軍初進北京，所有能洩憤的事件都幹了：屠殺、焚燒、強姦、破壞。只不過後來慢慢平靜下來了，佔領北京一年之久，實行分區管制。老百姓也不算太傻，知道給誰做順民也是順民，所以各國既定分界，凡在界內之鋪戶住民，不拘貧富，各於門前插白布旗一面。居住某國地界，旗上即用洋文書寫「大某國順民」，也有用漢文寫「不曉語言，平心恭敬」貼於門前者，還有按某國旗號樣式，仿做小旗，插於門前者。總之，老主子一跑，百姓趕緊擁抱新主子。

以下我們還是說老主子吧！一行人在路上，能喝涼水啃玉米棒就不錯了。更讓他們不堪忍受的是蚊子、蒼蠅、癩蛤蟆、廁所裡的蛆。在此之前，他們哪裡見識過這種玩意兒啊！八月初三（八月二十七日），太后逃到了山西境內，在山西巡撫毓賢的地盤，終於過上了一段好日子。問題是山西還不安全，特別是毓賢在山西成為義和團的顧問和後台，殺的無辜洋人最多（傳教士總計被殺二百五十三人，僅僅山西一省就一百五十餘人），八國聯軍恨他恨得牙癢癢，難保不會打過來。於是再跑，九月初四（九月二十六日）又折騰到了西安境內，住進了陝西撫署。這下安全了，該擺的儀仗也都擺出來了，老太后這隻落魄的老雞又抖擻成鳳凰的樣子了！

慈禧到西安後不是這裡疼就是那裡癢，夜夜失眠。是啊，換誰也睡不著啊，北京那邊的爛攤子就不說了，洋人要是懲辦罪魁禍首，第一個就是太后啊！相形之下，光緒倒是無官一身輕，不但身體好，心情也好，偶爾還和太監嘻笑一陣，當然，大發脾氣的時光還是有的。最倒楣的應該是大阿哥溥响。在那個渾蛋老爹的影響下，他也是個小渾蛋，被立為大阿哥後，居在宮中，竟然凌辱光緒，有一次指著光緒大罵二毛子，光緒訓斥他，他竟然以拳回擊。光緒報告太后，太后震怒，命太監鞭撻溥响二十鞭。溥响被責後，他父親大為憤恨，幾天後喝得酩酊大醉，約了莊親王載勳和載濂等兄弟帶領義和團六十餘人，鼓噪衝入大內，搜拿教士，嚷著要見光緒皇帝，並罵光緒二毛子。這時慈禧正在用茶膳，聽到他們吵鬧，出面大罵：「廢皇上一事，非爾等所得干預，予自有權衡；大阿哥之名號，本不難撤，將伊逐出宮外，真如反掌之易。」《清代野史》所載《景善日記》與此版翻譯有所不同，感覺《義和團》版本於此處翻譯精當，故擇優採用。

老寡婦倒不是愛護光緒，只是從這件事裡嗅到了不祥的氣息，載漪還沒當太上皇就這麼囂張，這要當上了，比光緒他爹要不好控制多了。溥响也沒有光緒好拿捏，自己想廢光緒這個負心的，沒想到新立的更負心。氣極之餘，太后命榮祿把隨同入宮的義和團為首頭目二十餘人立時處決。現在，八國聯軍進中國，住進了皇宮不說，還在紫禁城裡閱兵，自己跑得比兔子還快，老妖什麼時候受過這等凡人的罪，跌過這麼大的跤，受過這樣的辱啊，一腔怒氣又拐到溥响頭上了，導致這位養尊處優的公子常被鞭撻，明眼人一看就知道，這個孩子怕是做不成皇帝了！

豈止是溥响做不成皇帝，太后是否能做成太后，大清國是否能做成大清國，還都是問題！

老李的最後一次「賣國」

老太后也不傻，好婦不吃眼前虧，又是謝罪，又是道歉的。把義和團要殺的「一龍二虎三百羊」中的二虎——慶親王奕劻和兩廣總督李鴻章提溜出來，讓他們做議和大臣，劉坤一、張之洞會同辦理。

法國出面代表十一國提出六條意見：一、懲處各國公使指定的罪犯；二、禁止軍火進口中國；三、賠款；四、建立永久性的使館衛隊；五、拆毀大沽炮台；六、允許各國在大沽至北京一線駐兵。

幾天後，慶親王奕劻與李鴻章聯合照會各國，提出了五條議和綱領：一、承認圍攻使館違反國際公法，保證今後不再出現類似事件；二、願意協商賠款問題；三、同意修改有關條約，側重中外商務；四、收回被佔衙署，與各國分別締約；五、先行停戰。李鴻章甚至提出一對一地談判，以期各個擊破。

中方提出議和大綱後，聯軍最高統帥瓦德西趕到了北京，對李鴻章提出的議和大綱，他的態度是「不給予任何的理睬」。

首要問題是慈禧的問題。李鴻章在上海時，湖廣總督張之洞發來一份替政府開脫責任以保全太后的電報，要求李鴻章簽名。李鴻章一看無名火起，回拍給張之洞一份豪電，對老太后大加責備：「此次誤聽人言，致拳匪猖獗，責有攸歸，此固中外所共知者。」雖然如此，李鴻章也知道內外有別，對外當然不會說老太后半個不字了。還是在上海，當荷蘭公使向他透露，各國公使擬讓慈禧歸政光緒，李鴻章當即表示反對，說：「太后訓政兩朝，削平大難，臣民愛戴，此次拳匪發難，只恐禍起腋肘，不得已徐圖挽救，各督撫皆奉有密旨。」

一句話，大清離不開李鴻章這個老頭，也離不開老太后這個老寡婦。而且持這種意見的不只是李鴻章，還有一個老中國通，他就是「我們的赫德」。赫德認為，在瓜分、改朝換代或修補滿洲人的統治這三種行動方針之間要有所選擇。他首先反對瓜分，當然他認為世界總歸要面臨一個黃禍的問題，要解決黃禍，辦法只有瓜分。瓜分不容易，就快速推廣基督教，但是快速推廣基督教，他認為也不容易。至於改朝換代，赫德認為：「建立一個新朝代卻沒有一個全中國願意接受的有名望的人。這個計畫會把中國投入多年的無政府狀態中，況且由外國列強一致同意所設立起來的朝代，以後將永遠帶有軟弱和恥辱的標記。」赫德贊成「修補滿洲人的統治」，他說，把「現存的朝代當作一個開著的商店或公司接受下來，簡而言之，就是盡量利用它」。因為「它的命令通行於全中國，承認它會是所有列強都默許的最容易的解決辦法，支持它比起任何其他的行動來都會更迅速、更有效地恢復普遍的平靜」。

赫德的意見，當然有無可懷疑的權威性，列強還是比較信從的。但是德國方面窩了一肚子火，戰爭罪犯裡，他們首先想到的就是慈禧太后。李鴻章也不傻，特別提出「懿親不加重刑」。聯軍提出先議和再停火，李鴻章提出先停火後議和。聯軍開出一長串名單要求殺、關、流放和沒收財產。李鴻章認為應該嚴格區分，盡量按照太后懿旨加以保護。談不攏，聯軍遂繼續西進，進犯清西陵和東陵，直逼張家口。聯軍司令瓦德西甚至說，如果中國再不提出令各國滿意的決定，聯軍就要進攻陝西，去捉拿真正的禍首！言外之意，他們要捉拿老太后了。事實上，同情光緒帝的外國友人並不少，他們紛紛提出以光緒代太后。太后這邊，也讓榮祿給李鴻章示意——只要保住太后什麼都可以商量！李鴻章便積極地賄賂俄國出面斡旋，英首相索爾茲伯里也對德國方面打招呼說：「絕對不否認，如果把皇太后牽入這件事情以內，人們將冒著廢棄中國整個國家組織的危險，這也是對於歐洲不利的。」

李鴻章一看有機可乘，馬上給慈禧去電：太后，您丟車保帥，把載漪那一夥人拋出去吧！此外，各國公使還提出，只有中國的皇帝和太后回到北京後才可以開始談判。但是太后與她老公當年一個德行，談判不成，我不回去；談判成了，我還要看形勢才回去！

眼看著談判又僵了，李鴻章只好再次生病了。對於七十八歲的老頭來講，生病太容易了，何況本身就有病，馬關談判時的那顆子彈如今還在眼睛下面的肌肉裡殘留著。李鴻章生病後，俄國那邊又幫上了忙，忙著接收管理中國東北。其他鬼子一看，壞菜，再這樣拖下去，俄國熊又要近水樓台先得月了。於是不再堅持懲辦禍首與兩宮回鑾了，向清政府提交了議和大綱十二條：

一、中國派親王專使就克林德被殺一事前往德國謝罪，並在遇害之處樹立銘志的牌坊。

二、嚴懲禍首，殺害凌辱外國人的城鎮停止科考五年。

三、中國必須用優榮之典就日本書記官被害一事向日本政府謝罪。

四、中國必須在各國人民墳墓遭到褻瀆之處建立墓碑。

五、軍火及製造軍火的器材不准運入中國。

六、公平補償外國人身價財產損失。

七、各國駐兵護衛使館並劃定使館區。

八、削平大沽炮台。

九、京師至海邊由各國留兵駐守。

十、永遠禁止軍民等加入仇視外國的團體。

十一、修改通商行船各條約。

十二、改革總理衙門和各國公使覲見禮節。

西安那邊一看大綱，老天爺，這也太狠了吧！南邊的張之洞更是不能接受，建議政府遷都，遷到他湖北的荊州。也不知他怎麼想的，想學曹操，挾太后以令諸侯？李鴻章這邊，病得越來越嚴重，各國公使來看，有些公使還比較客氣，淨說吉利話。英法公使因為在大綱中讓步較多，話說得就狠，說這個大綱夠客氣了，再不簽，戰爭立刻爆發，希望李鴻章不要做第二個葉名琛云云。他們走後，李鴻章趴在床上放聲大哭。太后看著大綱裡懲辦戰犯的名單中沒有自己的芳名，一絲竊喜湧上心頭——這個大綱還是可以接受的嘛！於是，雙方於光緒二十六年十一月二十五日（一九〇一年一月十五日）簽字，隨後針對具體內容展開了談判。李鴻章感覺到自己即將油盡燈枯，希望有生之年盡快幫政府了結這件事：一是想加快談判，二是希望各國早日撤軍。但各國表態說，必須親眼看到禍首被懲辦，必須把賠款的數額定下來，否則絕不撤兵。

光緒二十六年十二月二十六日（一九〇一年二月十五日），清廷頒布上諭，雖然是以光緒皇帝的名義發出的，但我們看到的分明是老太后的媚態：「本年夏間，拳匪構亂，開釁友邦。朕奉慈駕西巡，京師雲擾。迭命慶親王奕劻、大學士李鴻章，作為全權大臣，便宜行事，與各國使臣止兵議款。昨據奕劻等電呈各國和議十二條大綱，業已照允。仍電飭該全權大臣將詳細節目悉心酌核，量中華之物力，結與國之歡心。既有悔禍之機，宜頒自責之詔……今茲議約，不侵我主權，不割我土地。念友邦之見諒，疾愚暴之無知，事後追思，慚憤交集。」

確實有些羞慚！

一個中國老寡婦，向十一國列強宣戰，這在整個世界史上是沒有先例的。老太后可以申請金氏紀錄啦！更讓人羞慚的是我們的戰績。

之一：有關洋教方面。根據《中國教案史》的不完全統計資料，共有兩百五十三名外國人（天主教主教五人、教士四十八人、修女九人、修士三人、新教傳教士一百八十八人）和三萬五千多名中國教徒（天主教近三萬人，新教五千人）被殺，教堂約四分之三被毀。這是大毛子（外國人）與二毛子（中國教徒）。至於三毛子（會說個洋文、拿過鉛筆、用過洋貨、與外國人打過交道的，甚至什麼都沒有，看你不順眼），更是無從計算，據說光北京一地就有十數萬人被殺。一句話，義和團殺洋人，殺來殺去，殺的都是本土人！

之二：有關使館方面。義和團與清軍圍攻會館兩個多月，據馬士的《中華帝國對外關係史》，外國作戰人員四百五十人，志願隊人員七十五人，最後死七十六人，傷一百七十九人；非作戰人員，除了六名嬰兒因為困苦而死之外，其他基本沒有什麼傷亡！只不過解圍之後，又死了一些人。主要是外國人矯情，被圍期間身心受到了傷害。除此之外，義和團還搞了一些精神戰法（紅衛兵後來也用過），比如把東交民巷改為「切洋雞鳴街」，把御河橋改為「斷洋橋」。至於「洪鈞老祖下凡」、「十萬天兵天將」、「呼風喚雨」、「點指發炮」之類的神功大法，更是火星人都知道了，否則洪鈞老祖與天兵天將也不會親自下凡助戰！

之三：有關八國聯軍先遣隊——西摩爾遠征軍。光緒二十六年五月十四日（一九〇〇年六月十日）從天津出發，到五月三十日（六月二十六日）重回天津，根據廖一中等人的《義和團運動史》，西摩爾海軍上將帶領的遠征軍共計兩千三百人，在與義和團及清軍的戰鬥中，死六十二人，傷兩百二十八人，這就算重大傷亡了。

之四：有關外交使節方面。清政府宣戰前一天，德國公使克林德親往總理衙門質詢限外交使節二十四小時出京的照會，並希望告訴中方，違反國際法和侵犯使節的後果，但是走在半路上，就被中方的神機營章京恩海開槍幹掉了。恩海據此要求政府提升他的軍職，按照西方人記載，這個傢伙在事後的審判中說：「我從上級得到命令，把每個到大街上的洋人都殺死。」而在此之前，日本使館的書記官杉山彬被董福祥的甘軍殺掉！

之五：八國聯軍方面。根據廖一中的《義和團運動史》，光緒二十六年七月初十（一九〇〇年八月四日）出兵兩萬人，其中日兵八千人，俄軍四千八百人，英軍（主要是印度僱傭兵，其次是中國僱傭兵）三千人，美軍兩千一百人，法軍（主要是越南兵）八百人，德軍兩百人，奧軍五十八人，義軍五十三人。中國京津方面的部隊約十萬人。七月二十一日（八月十五日），太后西逃的那一天，北京淪陷。雙方傷亡不說了，只說日本作戰非常勇敢，受到了列國一致誇讚。當然，還有一支也受到了稱讚，那就是八國聯軍中的中國僱傭軍團。如果說英國在鴉片戰爭時期還是僱傭中國人在戰爭中做苦力，光緒二十四年（一八九八）他們升級了，英國從山東威海衛僱傭了一支三百人的中國軍隊，號稱中國軍團，當地人稱之為「華勇營」（參加八國聯軍時，編號為「英軍第一軍團」，四百人，最高擴展到一千三百多人）。在中譯的西方著作中，偶爾會看到有關他們的片言隻語，但是隨著威海檔案局的努力以及與英方的接洽，有關他們的詳細資訊逐漸浮出水面。最引人注目的是中國軍團的英籍指揮官巴恩斯的評價：「事件雖小，意義重大。中國軍團表現出了與其指揮官堅定站在一起，即使是與自己的人民對抗也不猶豫的作風」；「中國軍團在戰鬥中毫不遜色地承擔了自己的責任」；「他們守紀律，聽從指揮，勇敢，吃苦耐勞，射擊水準很高，吃飯不挑食物，只要數量充足就行」。相形之下，我們的張鳴教授評得最有意思，他說：「從這支軍隊留下來的老照片來看，這些來自山東各地的小夥子們，雖然頭上裹著頭巾顯得有點怪異，但軍容嚴整，渾身上下透著精神，甚至可以說是有點趾高氣揚。」王樹增的評價則很直白：「這些形象與今天能夠看見的大清帝國的正規軍官兵的照片相比，同樣的青年漢子已經是全無了拖遝萎靡之相，竟然顯出了百年前中國人難得的英俊與威猛。」相關照片可在鄧向陽主編的《米字旗下的威海衛》中看到，有中國軍團警衛人員照，有中國軍團樂隊照，甚至還有中國軍團翻譯照，以及中國軍團在英籍軍官指導下練習使用馬克沁重機槍照。總之，山東小夥們著實帥呆了。

不管怎麼說，我的意見是對的，我歷來堅持——張鳴教也持相同的觀點，所謂的八國聯軍進中國，數字有誤。應該改成「九國聯軍進中國，其中一國是中國」。先遣隊裡，德軍兩百人，奧軍五十八人，義軍五十三人，我們中國就四百人，比人家德、奧、義三國還要多出百把人來！進攻北京的八國聯軍中的英軍才三千人，我們四百人所佔比例高達十三％。

閒話少說，言歸正傳，我們再看看老太后的戰績：

光緒二十七年正月初三（一九〇一年二月二十一日），清政府接到了列強要求處死的十二人名單，即：端郡王載漪、輔國公載瀾、莊親王載勳、都察院左都御史英年、刑部尚書趙舒翹、山西巡撫毓賢、禮部尚書啟秀、刑部左侍郎徐承煜、大學士徐桐、協辦大學士吏部尚書剛毅、四川總督李秉衡、甘肅提督董福祥。

其中有三個已死的：剛毅在西安就憂病而死了；李秉衡叫喚著要勤王，後來發現連自己都勤不了，自殺了；徐桐一聽說洋人進京就慌了，在兒子徐承煜的教導下上吊了。其他九個活的，發送如下：載漪、載瀾定以斬監候罪名，卻以懿親的緣故加恩發往新疆，永遠監禁；載勳著自盡；啟秀著自盡；毓賢本來已經在發配的路上，走到甘肅，又得旨即行正法，脖子挨了兩刀；啟秀和徐承煜沒來得及逃走，做了日本的俘虜，後由日本送給刑部正法；董福祥乃回部將領，恐怕激起回民叛亂，不敢處以死罪，最後革職禁錮在家了事。死得最不容易的是趙舒翹，被定斬監候，後被賜令自盡，由陝西巡撫岑春蓂監視。趙舒翹身體太健康了，吞金後一直死不了，岑春蓂再讓他服用鴉片煙，仍不死，只好再進砒霜，但半夜還沒斷氣，岑春蓂等不上了，用厚紙蘸上熱酒，蔽住其七竅，蔽了五次，終於助其上了路。

之後，清廷又收到列強要求嚴懲的地方官員名單，這份名單更龐大。政府經過調查確認，先後兩次發布上諭，又懲辦了九十六名官員：四人死刑，十一人判死刑減為永遠流放，十三人終身流放，四人監禁終身，兩人長期監禁，五十八人永不敘用，兩人譴責，兩人追奪官職。

這些人被懲處的同時，是「被禍五大臣」的開復平反。有意思的是，給五大臣平反的要求，首先表現在《辛丑合約》裡。太后早就在「量中華之物力，結與國之歡心」了，給幾個官員平個反，當然不是問題。問題是，原先是當漢奸懲辦的，現在讓政府怎麼說呢？最後詔書是這麼說的：「內閣奉上諭：

本年五月間，拳匪倡亂，勢日鴟張，朝廷以剿撫兩難，迭次召見王公，以期折衷一是，乃兵部尚書徐用儀、戶部尚書立山、吏部左侍郎許景澄、內閣學士聯元、太常寺卿袁昶，經朕一再垂詢，詞意均涉兩可，而首禍諸臣遂乘機誣陷，交章參劾，以致身罹重辟。惟念徐用儀等宣力有年，平日辦理洋務事件亦能和衷，尚著勞勩，應即加恩。徐用儀、立山、徐景澄、聯元、袁昶均著開復原官。該部知道，欽此。」

看來，不管是主戰，還是主和，實質下場都是一樣的。一句話，太后的纖纖玉手就這樣被左右兩派的鮮血染紅了！聯軍長出一口氣，接下來，該談錢了。

俄國率先提出要求賠償白銀一．三億兩，德國提出四億馬克，法國要求七千多萬兩。他們均要求賠款以現金的方式一次付清。英、美、日等國的考慮則是，羊毛固然出在羊身上，但是一次把羊拔死也不是一個理智與科學的態度，特別是英國，要聽中國通、中國大會計赫德的意見，那就是：中國究竟能夠償付多少？

赫德心裡清楚，給政府提供了備忘錄：「中國沒有準備金，所以不能支付現金」；「因此，所需要的款額必須取自人民的積蓄或政府當前的歲入」；「沒有統計數字顯示人民的財富，但是即使承認有可能從他們手中找到所需要的款項，並一次償清全部賠款，但企圖收集這筆款項卻將擾亂各省，而且以失敗告終」；「從戶部現存檔案編制的最近收支報告書看來，歲入共約八千八百萬兩，而支出據說需要一億零一百萬兩。歲入的四分之一以上用於支付現有借款的利息，至於虧空或所需用與收入之間的差額，仍然是欠債，因為沒有資金償付它」。為此他認為：「最合適的償付方法」是「各國政府同意接受中國政府保證在若干年內每年分期攤付」。

李鴻章徹底累倒了，再也爬不起來了，錢的問題，讓手下人去談吧！其實也不是談，就是等人家聯軍吵出一個數字，我們這邊等著認可而已。最後數額出來了，四・五億兩，分三十九年還清，年息四厘。眾所周知，四・五億兩是聯軍故意搞出的數字，意在侮辱中國百姓，人均一兩，活者有份。馬士說：「帝國受到的恥辱為以往各次戰事後所未有，因為它不但喪失了威望，而且也壞了名譽；朝廷受到了流亡和自覺無能的懲罰；行政方面，包括在北京的有罪的滿人和在南方的比較有遠見的漢人，現在不得不進行一次外交戰，其結果是使國家受到了更深的侮辱。」他還說：「中國的滿洲統治者們或許已經汲取了一些教訓，也許他們僅只想要別人相信他們已經汲取到教訓。但是，毫無疑問，他們太健忘了，並且想像別人也都同樣健忘。」

唉，還真是那麼回事！

光緒二十七年七月二十五日（一九〇一年九月七日），李鴻章與慶親王奕劻在《辛丑合約》上簽字畫押。回來後，李鴻章再次吐血。他給朝廷上了一個《和議會同畫押摺》，說：「臣等伏查近數十年內每有一次構釁，必多一次吃虧……今和議已成，大局少定，仍希朝廷堅持定見，外修和好，內圖富強，或可漸有轉機，譬諸多病之人，善自醫調猶恐或傷元氣，若再好勇鬥狠，必有性命之憂也。」人之將死，其言也善，老頭明擺著是說給太后聽的：您老人家以後可不能這麼玩老寡婦脾氣了，您不知道咱玩不過人家十一國好漢嗎？

條約簽了，各國陸續撤兵了，唯有俄國，拒不撤兵，希望把佔領中國東北的既成事實合法化。甚至幾次三番跑到李鴻章的病床上進行恐嚇與訛詐，李鴻章實在頂不住，死了。時間是光緒二十七年九月二十七日（一九〇一年十一月七日）。

老佛爺有話說

該死的都死了，不該死的也死了。接下來，該老佛爺班師回朝了。雖說八國聯軍已經撤出北京，但慈禧太后仍舊心有餘悸，不敢立刻返回，後在臣工的強烈要求下，才決定還都。出發前還命令各省先把回京的路修好，不只是修路，沿路還要修人，我說的是各地方官。太后三千人馬過來，相當於三千隻野獸出籠，糟蹋啊！

光緒二十七年十月二十日（一九〇一年十一月三十日），太后從西安啟程了。十一月二十八日（一九〇二年一月七日），太后抵達北京車站。美國駐華公使康格記述：「當西太后乘輿經過使館人員站立的陽台時，她在轎中欠起身來，以非常和藹的態度向他們回禮。」十二月十九日（一月二十八日）接見各國使節，「召見從頭到尾是在格外多禮、格外莊嚴和給予外國代表以前所未有的更大敬意的情形下進行的；這件事之所以特別值得注意，是因為這是西太后第一次在召見中公開露面」，而不是在紗幕後面。十二月二十三日（二月一日），又接見使節夫人。她對那些經受過圍困之苦的夫人們「表示出極大的同情」，「一邊和她們說話，一邊流淚」。看來，太后挨了這麼一次，「量中華之物力，結與國之歡心」不僅僅是經濟上的，還有精神上的。至少，她對洋人的態度發生了巨大變化。

根據德齡回憶，一天，太后曾經問她，洋人是否向她問起過一九〇〇年拳亂的事。德齡告訴太后，拳亂那會兒自己正在巴黎，所以對這件事不是很清楚，自然也就說不出什麼，並且向太后保證，自己從未與洋人說過這件事，於是太后跟她談上了：

我最不願提起那次事件，也不喜歡外國人向我們的人打聽這方面的問題。你知道，我常常認為自己是有史以來最聰明的女人，誰也不能和我比。雖然我曾聽說過許多關於維多利亞女王的事，也讀過她的一些傳記——當然是中譯本，但我還是認為，她一生所經歷的大事和趣事，還不到我的一半。我的一生尚未完結，沒人知道未來會發生什麼。或許總有那麼一天，我要用一些非同尋常的事，或是做一些和我過去所作所為完全相反的事，教洋人大吃一驚。

英國是世界上的強國，但這不是維多利亞女王一個人統治所造就成的。她有國會裡的才俊之士一直在做她的後盾，他們討論所有的事情，直到得出最好的結果，她只要在文件上簽個名就行，國家大事也用不著她說什麼話。再回過頭看看我，我有四萬萬的人民，所有的事都要靠我一個人判斷，雖然我也有軍機大臣可以商量，但他們只關心開缺候補，逢到重大的事情，還是要由我親自決定。皇上他知道什麼？我一直都很成功，但我做夢也沒有想到庚子拳亂會給中國造成這樣嚴重的後果。這是我一生中唯一的過失。我本來可以及時頒布詔令，阻止拳匪的妖言惑眾，但是端王、瀾公二人信誓旦旦地跟我說，這些拳民是上天派來的，能使中國擺脫一切我們所痛恨的洋人。當然，他們指的主要是傳教士，你也知道我有多恨這些傳教士，我一直是個多麼虔誠的佛教徒，所以我尋思自己先不忙開口，等等看會發生些什麼。我的確也感覺到了，他們太過火了。有一天，端王帶著拳民頭領到頤和園，把所有太監召集到大殿的院子裡，逐一檢查每個太監，看看他們的頭上是不是有一個十字。那個頭領說：「這些十字平常人看不到，但我能憑著他頭上有沒有十字來判定他是不是基督徒。」然後端王又到我的宮裡來，說那個拳民頭領正在宮門口，他已查出了兩個太監是基督徒，問我如何處置。我當即大怒，告訴他：沒有我的許可，他無權把任何拳民帶到宮裡來。然而他卻說，這個頭領法力無邊，能殺盡洋人，刀槍不入，所有天神都保護他。端王告訴我，這些都是他親眼所見。

曾經有一個拳民用火槍向另一個射擊，子彈打中了，但那人卻毫髮無損。端王建議我把這兩個被認為是基督徒的太監交給拳民頭領去處理，我只好答應他。後來我聽說這兩個太監就在附近的村子裡被他們殺了。第二天，端王、瀾公又領著這個拳民頭領到宮裡來，叫所有的太監都焚香祭拜，以此證明他們不信基督教。這之後，端王又建議，最好讓拳民頭領每天來宮裡教太監們各種法術，整個北京城差不多都在學拳民的法術。第三天，太監們都換上了拳民的裝束，使我大吃一驚，他們穿著紅馬甲、紅頭巾、黃褲子。我看見我所有的僕從們都脫下了朝服，換上這身滑稽的裝束，心裡很是難過。瀾公還送了我一套拳民的衣服。那會兒榮祿是軍機大臣，正在生病，請了一個月假。每天我都要派一個太監去看他，這一天太監回來稟報，榮祿的病已經完全好了，明天就要進宮，而當時他還有十五天的假。我不免有些困惑，他為什麼要放棄這麼多天沒休完的假？雖說如此，我還是很想見到他，因為我急著要和他商量拳民的事。榮祿來了，當聽說了宮裡發生的這些事，神色凝重。他說這些拳民都是不中用的，只不過是些革命黨和煽動者，他們鼓動老百姓幫著他們去殺洋人，他很擔心這會給朝廷招來禍患。我對他說，他的話或許是對的，問他應該怎麼辦？榮祿說他這就去找端王。然而第二天端王對我說，他昨天因為拳民的事跟榮祿吵了一架，他說現在全北京都成為義和團，如果我們要驅散他們，他們就會殺盡北京人，連宮中也不能免，他們已定好日子殺盡外國的代表。那個董福祥，是個保守的將領，已和一個拳民商量好，答應領著他的騎兵去幫拳民攻打外國使館。我聽了這句話大驚，預感到要壞事了，於是立刻差人去叫榮祿來，又留住端王。榮祿來了，看上去很是著急，我告訴他拳民正要去攻打外國使館，他聽了更憂慮，建議我立刻下諭，就說拳民是一個地下幫會，叫百姓不可信他們說的話，並飭令九門提督，立即驅散京內拳匪。端王聞此大怒，正告榮祿，說此諭一下，拳民必殺進宮來，無人能免。聽端王這麼一說，我心想不如把所有的事全都交由他去處理。

端王離宮後，榮祿就說端王喪心病狂，必將闖下大禍。又說端王此去必定幫助拳民攻打使館。這些拳民都是烏合之眾，又沒讀過書，以為世界上的洋人只有在中國的這麼幾個，殺了他們，便算斬草除根了，卻不知道外國是如何強大，中國的洋人被殺了，數以千計的外國人就會來為他們死去的同胞報仇。榮祿信誓旦旦地告訴我，一個洋兵可以毫不費力地殺死一百個拳民。他請求我諭令聶將軍率部保護外國使館（聶將軍後被拳民所殺）。我自然立即發布了詔令，同時又叫人馬上去找端王和瀾公，告訴他們事態嚴重，不可冒失，最好依榮祿的計畫行事。然而事態已經一發而不可收，而且只有榮祿一人反對拳民，奈何寡不敵眾，無力回天。一天端王和瀾公來了，叫我頒布詔諭，令義和團先殺了使館裡所有的洋人，再殺盡剩下的洋人。我非常生氣，拒絕下詔。我們商議了好半天，端王說事不宜遲，義和團已經做好了攻打使館的準備，明天就要動手。我大怒，叫幾個太監把他趕了出去。他臨走時對我說：「如果太后拒絕下詔，不管你願不願意，我終究是要替你去做的。」他果然這樣做了。以後發生的事你也知道，他瞞著我發布了詔令，害死多少性命。後來，他見計畫不能實行，又聽說洋人已兵臨城下，不免驚慌失措起來，迫使我們不得不離開京城。

太后說完這些，不覺哭了起來。德齡趕緊安慰。太后接著說：

你不必為我過去經歷的這些磨難感到難過，但應該為我的聲名就這樣給毀了而感到傷心。這是我整個一生當中唯一的一次失誤，由於一時的軟弱，終成大錯。從前我就好比是一塊無瑕的白玉，我為國家所做的一切，人人都欽佩讚賞，但自從拳亂之後，白璧其汙，終生莫濯。我也時時為此懊悔不已，想我平日也是個極有主見的人，這回卻聽信了那該死的端王，這一切全是由他而起。

在中國當領導，最大的好處就是，不出問題自己全負責，一出問題，就要手下全負責！還什麼無瑕白玉，帝國的體制下，擁有權力的人能乾淨起來嗎？有乾淨的嗎？甚至可以這樣說，人有多大權，也就有多大膽！

第四章：我奢侈我快樂

民間有言：沒吃過豬肉，還沒見過豬跑嗎？慘的是，中國許多人既沒吃過豬肉，也沒見過豬跑。

有一則笑話，一對中國農民夫婦在被窩裡暢談理想。婦說：我想當皇后，每天早上一睜眼就可以叫丫環——大姐，給我拿塊柿餅吃！夫說：我想當皇帝，每天早上一睜眼就能喝上一碗熱騰騰的豆汁。沒想到話音剛落，就被婦一腳踢下了床：死鬼，美得你不輕，那我不得每天大早上就爬起來給你磨豆汁嗎？

這對夫婦之所以鬧出這等笑話，就是因為從沒見過豬跑。所以我這個農家窮孩子長大、從沒見過大世面的人來描寫老太后的奢侈，心裡還真有些發怵。好幾年前我倒是去故宮裡瀏覽過一回，走馬觀「豬圈」，觀傻了，東西南北都分不清，現在參考相關資料搞些白描，不知能否傳達出太后的威風與排場？

懷舊儲秀宮

儲秀宮是太后剛入宮時的住處，也是她生子的地方，所以太后很懷念它。光緒十年（一八八四），五十歲生日時，太后從長春宮移到儲秀宮，一連又住了十年。儲秀宮庭院可以分為兩個部分，南邊是體和殿，後邊是儲秀宮。慈禧住在儲秀宮，吃在體和殿。

儲秀宮是五間的結構，三明兩暗。三個明間是老太后燕居的地方。正中間的一間，設有正坐，是為了接受朝拜用的。西一間跟臥室連接，等於是臥室的外間，經常放些臥室用的零碎物。東一間喝茶、吸煙、用早點、談話，接見皇帝和皇后、妃子等。三個明間以外，還有兩個暗間。最東頭的一間，是東暗間，也叫靜室，是老太后禮佛、想事情的地方。盡西頭的一間，是她的臥室兼化粧室。

根據《宮女談往錄》中的榮兒說：「不管是誰，只要一邁進儲秀宮，下頦必須立刻變圓了。上至皇上、主子、小主，下至太監、宮女，不論是誰，拉著臉，皺著眉，進儲秀宮是不行的；心裡憋著個疙瘩，硬充笑臉，一種皮笑肉不笑的樣子，那更不行。必須是心裡美滋滋的，想笑又不好意思笑，嘴抿著，可又笑在臉上，喜氣洋洋，行動脆快，又有分寸……」看來，這地方確實不是人待的地方，做奴才能做到這個份上，肯定是特殊材料製成的！

老太后早點在儲秀宮用，中午晚上兩正餐多在體和殿。體和殿也是五間的結構，和儲秀宮門當戶對。不過它中間一間是穿堂門，留作朝見的人和伺候的人往來出入；東兩間連在一起，有兩個桌子擺在中間，這是老太后傳膳的地方。如果遇到節日，穿堂門一間也擺桌子，叫供膳。供膳的氣派可就大了，分天、地、人三才來供奉。天一桌，在盡東頭的一間；地一桌，在穿堂門內；人一桌，就是老太后自己，在東屋第二間。經常老太后吃飯是在東二間裡，飯後在西二間休息。

老太后睡覺

老太后睡覺，外面太監如何值夜就不說了，單說儲秀宮內，通常是五個人上崗。宮門口兩個人，夏天在竹簾子外面，冬天在棉簾子裡面。按榮兒的說法，她們是老太后的看門狗。只要寢宮的門一掩，不管職位多麼高的太監，不經過老太后的許可，任何人不得擅自闖宮。更衣室門口外面一個人，她負責寢宮裡明三間的一切，主要還是仔細注意老太后臥室裡的聲音動靜，給臥室裡侍寢的當副手。靜室門口外一個人，她負責靜室和南面一排窗子。臥室裡一個人，侍寢。最後這個最厲害，軍機處的頭兒、太監的總管都要讓她三分，因為她是太后最跟前的人。

當然，侍寢的也最辛苦，她沒氈墊子，老太后屋裡不許放，她只能靠著西牆，坐在地上，離老太后床二尺遠近，面對著臥室門，用耳朵聽著老太后睡覺安穩嗎？睡得香甜嗎？出氣安穩嗎？夜裡口燥嗎？起幾次夜？喝幾次水？翻幾次身？夜裡醒幾次？咳嗽嗎？早晨幾點睡醒？都要一一記在心裡，以備第二天向上級領導彙報，一是宮中要記錄，二是御醫要據此斟酌藥方。

太后身邊的人，都是經過層層選拔的，業務不熟練、政治不可靠者概莫能進，而且還要分等進用。能邁進儲秀宮門檻裡的是上等，工作是早晨收拾屋子、擦磚地；能夠貼身給老太后敬煙、敬茶，侍候老太后吃點心的是上上等；能夠在上房值夜的要經過組織專門的考察是特等；白天能夠給老太后更衣、伺候老太后大小溲，晚上能為老太后洗腳、洗澡、擦身，夜裡能侍寢的，是特特等。

叫起

清代早朝，宮廷專用詞稱「叫起」，內容是皇帝或垂簾聽政的皇太后召見軍機大臣、王公、滿漢大學士或六部堂官以及封疆大吏，經常是在早晨七點至八點以後，大約一個時辰（兩個小時）左右。

寅時（三點至五點），屋裡侍寢的宮女侍候老太后起床，打開遮燈的紗布罩，燈一亮，外面的人馬上進入一級備戰狀態。搭熱水的搭熱水，燒茶的燒茶。侍寢的宮女趴在地上喊「老祖宗吉祥」時，外面的人等於接了信號，知道老太后坐起來了，開始下地，宮門口值夜的才敢放人進去，值夜的宮女連同當天當值的宮女整整齊齊地面向寢室下跪請安，然後該幹什麼就幹什麼去。等太后寢宮的門簾挑起半個簾子時，就暗示寢室裡可以進人了。先進去的侍女是司衾的，給太后疊被，跟著用銀盆端好一盆熱水，老太后用熱手巾將手包起來，在熱水盆裡浸泡相當長的時間，要換兩三盆水，把手背和手指的關節都泡隨和了，然後才洗臉，都完畢了，坐在梳粧檯前，由侍寢的輕輕攏攏兩鬢，敷上點粉，兩頰和手心抹點胭脂，然後才傳劉太監梳頭。

劉太監進屋後磕頭，然後開始梳頭。梳頭的過程中，他總要給太后講些自己編造的龍鳳呈祥、風調雨順的故事，而且還要強調這都是老太后的盛德感化的。

瞎話的當口，張福老太監用捧盒把一碗冰糖銀耳送到儲秀宮門外，交給當差的宮女。老太后面前擺一個矮茶几，用銀勺舀著銀耳喝。這時，司帳司衾的兩個宮女整理好床上的一切，退出寢宮，只有伺候梳頭的宮女捧著梳頭匣子在旁邊侍立。外面更衣間裡管服飾的宮女已經準備好服裝鞋襪。梳頭完畢以後，老太后重新描眉毛抿刷鬢角，敷粉擦紅。當老太后前前後後左左右右地照鏡子時，侍寢的總要左誇右讚，把老寡婦誇成十八歲的鮮花。老太后就這樣越活越年輕，越活越精神。待老太后走出來，侍寢的宮女把寢室的窗簾一打，在廊子外面等候的、眼睛早就緊盯著窗簾的李蓮英、崔玉貴、張福，像得到一聲號令一樣，一起跪在台階上，給太后請安。

再後是榮兒本人侍候太后吸煙。這既是個技術活，還是個政治活，更是個要命的活，不能有半點差錯。

兩管煙之後，老張太監的奶茶就獻上來了，茶裡配有人奶或牛奶。與此同時，壽膳房要敬早膳，有各種粥，各種茶湯。用大提盒蓋好，外罩黃雲龍套，俗稱包袱。李蓮英守在寢宮門口裡，崔玉貴站在寢宮門口外，張福站在老太后桌旁。崔玉貴先接過太監的包袱，傳遞給李蓮英，再由張福解開包袱，由李蓮英捧到太后面前。宮裡規矩，不當太后的面食盒是絕對不許打開的。太后坐在明間山炕上，前面擺有炕桌，炕桌上的食盒裡有二十幾樣早點。

吃過早點，漱完口，喝半杯茶，吸一管煙，然後宮女們把太后請到更衣室。太后換上鳳履，戴上鳳冠，兩旁綴上珍珠串的絡子，戴上應時當令的宮花，披上彩鳳的鳳帔。這時轎子已抬到儲秀宮門口，榮兒把上朝專用的水煙袋交給李蓮英捧著。太后上轎，左邊是宮廷總管太監李蓮英，右邊是內廷回事太監崔玉貴；一個手捧水煙袋，一個手捧綠頭簽（即叫起的名單）膳牌，緊扶著轎桿，後隨著一群護衛，前呼後擁地上朝去了。也許上乾清宮（輕易不上乾清宮，除非召見封疆勳吏），多半上養心殿。是謂叫起。

上官房

叫起回來後，太后先到更衣間換衣裳，主要是頭上的首飾太重，需要輕裝。餑餑房敬獻一次點心，都是新做出來的，大體是滿漢餑餑之類。榮兒說，太后福大、量大、造化大，正常的三餐和三加餐共六遍，都是吃得痛快淋漓，隨後喝上碗茶，吸兩管煙。一會兒，就該傳「官房」了。

整個宮裡沒廁所，把炭灰積存起來，解大溲用便盆盛炭灰，完了用灰蓋好；解小溲用便盆，傾倒在恭桶裡。每天由小太監刷洗乾淨。

老太后一說「傳官房」，就是要便盆，太后要方便。

太后用的手紙是宮女加工好的。細軟的白綿紙分開裁好，再輕輕地噴上一點水，噴得比霧還細。把紙噴得發潮發蔫以後，用銅熨斗輕輕地走兩遍，隨後再裁成長條，墊上濕布，用熱熨斗在紙上再走一遍。這樣加工的便紙又柔軟、又乾淨、又有稜角，疊好備用。

榮兒說，老太后用的官房是件國寶，可以拿到萬國展覽會上展覽。說得也是，八國聯軍要是搶到手，說不定當啤酒桶用。小日本當年在我們安陽，奔的是後母戊鼎，可是當地百姓給他們一個尿桶，他們就滿意地撤了，可見中國傳統文化豐富的好處。老太后的官房是檀香木刻的，外邊刻著一條大壁虎，四隻爪子抓著地，此乃官房底座的四條腿；身上有隱隱的鱗，肚子鼓鼓地憋足了氣，活像一個扁平的大葫蘆，此乃官房的肚子；尾巴緊緊地捲起來，尾梢折回來和尾柄相交形成一個八字形，此乃官房的後把手。壁虎頭翹起來，向後微仰，緊貼在官房肚子上，下頷稍稍凸出，手的虎口恰好可以托住，此乃官方的前把手。壁虎頭往後扭著，兩眼向上注視著騎在背上的人，嘴略略地張開一條縫，縫內恰好可以銜著手紙；兩隻眼睛鑲著紅紅的不知叫什麼的寶石，閃亮閃亮的。整個官房比瓷盆略高一些，可以騎在上面。官房的口是略張的橢圓形，有蓋，蓋的正中臥著一條蝎虎，作為提手。

大壁虎的肚裡，是香木的細末，乾燥而蓬鬆，便物下墜後，立即滾入香木末裡，被香木末包起來，既看不見髒東西，更不會有什麼惡氣味。

老太后口諭一傳，相關宮女馬上出動，一個去傳專門伺候官房的太監。這個太監自從太后「叫起」回來，就隨時在那裡恭候著。他把用黃雲龍套包著的官房恭恭敬敬地頂在頭上，送到寢宮門外，請跪安，然後把黃雲龍套打開，把官房請出來，由宮女捧進更衣室。第二個宮女去取油布，把地面鋪起來，把便紙放在壁虎的嘴上……一切完畢，官房由宮女捧出寢宮，在寢宮門外垂手躬身恭候的太監雙手接過，再用黃雲龍套裝好，頭頂回去，清除髒物，重新擦抹乾淨，再填充香木末備用。當然，太后方便有時候不定點，所以在寢宮的廊下僻角處，備有輕便的瓷盒，以備臨時或晚間用。

看榮兒的描述，我只有一個疑問，太后如何擦屁股？她親自擦還是宮女擦？

這個榮兒宮女，關鍵地方不交代，氣煞人也。

看摺

榮兒認為，老太后不是在享福，簡直是在受罪。她說，老太后名義上是當了皇太后，實際上是寡婦，吃的是山珍海味，穿的是綾羅綢緞，可是孤孤單單的，守在身邊的是一群不懂事的丫頭，伺候自己的是一幫又奸又滑的太監。那些六根不全的太監，吃飽了飯沒事幹，整天在憋壞主意，揣摸上頭的心理，拍你，捧你，最後的結果，誰也不是真心，大的撈大油水，小的撈小油水。太后明明知道是這樣，可是又非用他們不可。上上下下，整天像唱戲一樣，演了今天演明天，媽媽和兒子沒有真心話，婆婆和媳婦沒有真心話，實際上一個親人也沒有。最苦的是一肚子話，到死也不能吐出來，人和人說話像戲台上背誦編好的台詞一樣，絲毫不能走樣，所以太后在宮裡能夠消磨時間的正經事，就是看奏摺。

榮兒畢竟只是個宮女，只能描述現象，不能解剖原因。宮裡確實是個戲台，大家確實是在演戲。但是，是誰導演了這一切？老太后既是大導演，還是大主角。既導別人說瞎話，自己還一溜瞎話，怪誰呢？

太后看摺，雖然不像秦始皇那樣，夜深了，窗戶的燈還亮著，太監們的眼睛濕潤了云云，但是我們至少可以明白，太后干政，那是寡婦的寂寞導致的。用現在的流行語，姐看的不是摺，是寂寞。中國的這種非人體制，應該是諸多儒家士人集體腦殘的結晶吧？

太后看奏摺沒有固定的時間，通常都是在皇上、皇后、貴妃們請安以後。眼看著老太后左手往後一背，穿著蓮花底的鞋一搖一擺地走進靜室，掌事的宮女趕緊把「叫起」帶回來的奏摺黃匣子捧進靜室，出來時用眼一掃，所有的宮女就都退避出去了。據說，老太后此時最愛發脾氣，也許心裡本來不痛快，也許奏摺裡的事不順心，保不定誰就成了她的出氣筒。李蓮英和崔玉貴低眉順眼地在寢宮門裡一邊一個站著，隨時聽候召喚。掌事的宮女躲在更衣間裡隔著玻璃向外望著，整個寢宮裡只有榮兒這個敬煙的和一個敬茶的緊貼在靜室的門口外站著，像釘在地上一樣，一動也不敢動。太后把摺子翻來覆去地看，用拇指的指甲在摺子上重重地畫道道，有些畫豎槓子，有些畫叉叉，有些打勾勾，反正軍機處的章京們都能看明白。看著太后把幾個奏摺一合起來，崔玉貴就踮著腳尖進去，聽候太后吩咐，將奏摺交到軍機處。軍機處再根據太后的指甲印子指揮全國的軍政大局。

用膳

老太后用膳經常在體和殿東兩間內，外間由南向北擺兩個圓桌，中間有一個膳桌，老太后坐東向西，往來上菜的人，走體和殿的南門，上菜的人和他們揭銀碗蓋子的動作都能清楚地看到。另有四個體面的太監，垂手站在老太后的身旁或身後，還有一個老太監侍立一旁，專給老太后布菜。菜擺齊了時，侍膳的老太監喊一聲「膳齊」，請老太后入座。老太后用眼看哪一個菜，侍膳的老太監就把這個菜往老太后身邊挪，用羹匙幫老太后舀進布碟裡。如果老太后嘗了以後，說一句「這個菜還不錯」，就再用匙舀一次，跟著侍膳的老太監就把這個菜往下撤，不能再舀第三匙。假如要舀第三匙，站在旁邊的四個太監中為首的那個就要發話了，喊一聲「撤」，這個菜就十天半個月不露面了。這四個身旁侍立的老太監是執行家法的，他們這樣做不是為了太后的營養均衡。雖然帝國明面上是以德治國，但那是掛出來的羊頭，底下的狗肉卻是以賊治國。也就是說，臣民都是賊，身邊人更是賊，所以主子絕對不能在他們面前透露自己的喜怒哀樂，就是對飯菜的偏愛也不能讓他們發現，免得他們乘機投毒什麼的。

這裡需要說明的是，除了咸豐十年（一八六〇）跟著老公北巡木蘭和光緒二十六年（一九〇〇）攜著光緒西巡西安等非正常時期之外，其他時候，不論何時何地，老太后正膳，一百二十多樣菜那是少不了的。

榮兒說大年初一的晚膳，才是天字第一號的筵席。要同時擺三桌同樣的菜。天一桌擺在最東頭，地一桌擺在盡西頭，人一桌擺在中間由老太后獨佔，表示老太后是除了天地之外唯一獨尊的人物。贊禮的太監喊一聲「傳膳」，外面四個老太監，穿著公服，戴著頂戴，按著品級，魚貫而入，進宮門請跪安，四角站好。這四個老太監不是普通的太監，都是在先朝有功的。平常不當差，全供養起來。其中，有伺候過道光皇帝的書童；有在咸豐死的時候，當屍體模特兒替咸豐撐壽衣的。宮裡管這四個太監叫四金剛，伺候過先朝皇帝的人這當口過來伺候老太后，表示一派正統相承。李蓮英貼宮門口站，指揮人往三個桌子獻菜。宮門口外上菜的太監，按照品級排列好，不算李蓮英，由宮門口外的門檻算起，到壽膳房的門檻止，不多不少整整五百個。都穿一律嶄新的寧綢袍，粉白底的靴子，新剃的頭。院子裡燈光通明，五百太監面前每隔五步一盞燈籠，直通到壽膳房。這叫四金剛五百羅漢伺候西天太后老佛爺歡宴瑤池！

司禮的太監喊一聲「膳齊」，請老太后入座，老太后由裡屋出來，皇帝、皇后在後面陪侍著。太后在膳桌前坐下，四個老太監向老太后垂手請安，同時門外五百太監齊聲高呼：「老佛爺萬壽無疆！」外面萬字頭的鞭炮，開始燃放起來。整個進膳期間鞭炮不許停歇，除此之外，還有幾個年輕的經過訓練的太臨拿著特製的鞭子，在地上抽出各種不同的音響，給老太后助陣驅邪。

怪不得電視劇《康熙王朝》的主題歌名叫《向天再借五百年》，其中有一句歌詞是「我真的還想再活五百年」，確實唱出了所有帝王之家的心聲！

老太后的襪子

老太后穿的襪子，原料是純白軟綢。綢子是沒有伸縮性的，所以做起來必須合腳，最困難的是當時的襪子在腳前腳後有兩道合縫，前邊的縫像脊樑一樣，正在腳背上，線必須縫得直。襪線縫好後，再讓能工巧匠沿著前後合縫繡上花，掩蓋住合縫造成的缺陷，這樣一來，每雙襪子花費的工就很大。老太后的襪子不管多麼精緻，也只穿一次，絕不再穿第二次。算起來，每天至少要換一雙新的。就算繡工是非常熟練的能手，也要七八天才能繡成一雙，算來一年要用三千個工供老太后穿襪子，加上採買、原料、工匠的膳宿生活，僅僅穿襪子一項，老太后一年就需要一萬多兩銀子。

這裡我又有疑問了，老太后穿過的襪子怎麼辦？賣廢品，還是賞給臣民或者存入國庫？老太后的襪子要是賞給臣民，臣民們會不會捧在手心，每天幸福地嗅嗅，就是捨不得穿？總之，這一切都讓人生出無限的遐想！

老太后洗腳

當差的御醫平時每天要給太后敬獻一副保平安的藥方，俗稱「平安帖子」，除此之外，最主要的一項業務是為老太后斟酌洗腳的藥物。

洗腳水是極講究的。屬三伏了，天氣很熱，又潮濕，用杭菊煮沸後晾溫了洗，可以讓老太后清眩明目，全身涼爽，兩腋生風；屬三九了，天氣極冷，用木瓜湯洗，活血暖膝，四肢溫和，全身柔暖和春。當然，根據四時的變化、天氣的陰晴、老太后的身體狀況，需要隨時加減現成的方劑。

洗腳用的是銀盆，用幾大張銀片剪裁好，拿銀鉚釘連綴而成，中間是木胎，邊捲出來，平底，成斗形。銀盆可以防毒；木胎可以不易散熱，又輕；邊捲出來，可以放腿；平底容易移放，斗深為了泡腳。每次洗腳都用兩個這樣的盆，一個是放熬好了的藥水，一個是放清水，先用藥水，後用清水。

伺候老太后洗腳的專職宮女有兩個，也是經過訓練的。怎樣用毛巾熱敷膝蓋，怎樣搓腳心的湧泉穴，有一套專名和技術。腳洗完後，如果需要剪腳指甲，兩個洗腳的宮女中一個點起手提式羊角燈來，單腿跪下，手持著燈，另一個也單腿跪下，把老太后的腳抱在懷裡細心地剪。這要有個請剪子的過程。老太后屋裡有嚴格的規定，不許摸刀子、剪子。如果需要用，必事先請示，使用剪子需太后特批。伺候洗腳的宮女向侍寢的人輕輕地說一句：請剪子。侍寢的轉稟老太后，老太后說一句：用吧，還在原地方！這時侍寢的才敢取出剪子來，交給洗腳的宮女。完畢後，洗腳的宮女跪安退下。

老太后洗澡

司沐的是四個宮女，全都一樣的衣著，一樣的打扮，連辮根、辮穗都一樣。

老太后洗澡用的矮椅子很特別，四條腿很粗壯，共有八條小龍附在腿子上，每條腿兩條龍，一條龍向下爬，一條龍向上爬。椅子背是活動的，既能拿下來，又能向左或向右轉。椅背上兩面都有插榫，像門上的插關一樣，把椅子背放入插榫裡，用開關一扣緊，就很牢靠了。椅子很寬，但不長，這是為了老太后坐著安全，兩邊站人又方便，專為老太后洗澡而設計製作的。椅子下面還有個橫托板，是為了放腳用的。

老太后洗澡用兩個澡盆，仍是木胎鑲銀的，一個洗上身，一個洗下身。

洗澡的毛巾，二十五條一疊，四疊整整一百條，像小山似的擺在託盤裡。每條都是用黃絲線繡的金龍，一疊是一種姿勢：有矯首的、有回頭望月的、有戲珠的、有噴水的。毛巾邊上是黃金線鎖的卍字不到頭的花邊。

四個宮女分四面站開，由一個宮女帶頭，另三個完全看帶頭宮女的眉眼行事。帶頭的宮女取來半疊毛巾，浸在水裡，浸透了以後，先撈出四條來，雙手用力擰乾，分發給其他三個宮女，然後一起打開毛巾，平鋪在手掌上給老太后擦身子。四個宮女各有各負責的部位，擦完再換毛巾，澡盆裡的水要永遠保持乾淨，撈出來的毛巾就再也不許回盆裡蘸水了，所以毛巾是用完一條扔一條。

第一步，等候在寢室外面的宮女，悄悄地靜候著屋裡的暗號。聽到裡面輕輕地一拍，就進來四個人，低頭請過安後一句話也不說，把使用過的濕毛巾收拾乾淨，給澡盆添水。

第二步是擦香皂。把御制的玫瑰香皂塗滿了毛巾後，四個人一起動手擦，最困難的是給老太后擦胸的宮女，要憋著氣工作，不能把氣吹向老太后的臉。

第三步是淨身。擦完香皂以後，拿新的一疊毛巾浸在水裡，浸過三四分鐘以後撈出，擰得比較濕一些，給老太后擦身上的香皂沫。

第四步用香水。

第五步是乾身，四個宮女每人用一條乾毛巾，再把上身各部位輕拂一遍，然後取一件偏衫幫太后穿在身上。外面再罩上繡花的睡衣，上身的沐浴結束。

候在廊子下面專聽消息的幹粗活的宮女，聽到裡面的暗號，魚貫地進來，先把洗上身的澡盆和用過的毛巾收拾乾淨抬走，再重新抬進另一隻浴盆來洗下身，大致和洗上身同樣的費事。其他不說，整個過程下來，僅僅毛巾需要用七八十條。德齡說：「只就太后洗澡時所用的毛巾來講，已經可見其奢侈性的一斑了」，「自始至終，究竟換了幾次的新毛巾，我已經不太記得了，但讓我告訴你們，宮內有十個宮女，整天不做別事，專門在那裡給太后擔任漿洗衣服等類的工作，你們就可以知道，即使她老人家每洗一次澡要用四十條的毛巾，也不是什麼不可能的事了！」

怪不得學者們說德齡的書有史實不符的地方，不能全信，丫頭連毛巾都沒有數清，少數了一半。

老太后的大壽

光緒二十年（一八九四），慈禧六十大壽。

早在光緒十八年（一八九二）光緒帝即頒下上諭，為慈禧六旬生日做準備：「甲午年欣逢花甲昌期，壽宇宏開，朕當率天下臣民臚歡祝嘏。所有應備儀文典禮，必應專派大臣敬謹辦理，以昭慎重。著派禮親王世鐸、慶親王奕劻，大學士額勒和布、張之萬、福錕，戶部尚書熙敬、翁同龢，禮部尚書昆岡、李鴻藻，兵部尚書許庚身，工部尚書松溎、孫家鼐，總辦萬壽慶典。該王大臣等，其會同戶部、禮部、工部、內務府恪恭將事。博稽舊典，詳議隆儀，隨時請旨遵行。」

光緒十九年（一八九三），成立慶典處，專司辦理慶典事宜。隨後，帝國上下就折騰開了：油飾慶典場所，添置慶典所穿的服飾，令江西燒造繪有「萬壽無疆」字樣和各種吉慶圖案的餐飲具。全國各地貢獻聖壽禮品。慈禧下令設計《萬壽點景畫稿》，計畫從西華門到頤和園的數十里路上用彩綢搭建六十多處彩棚、戲台、牌樓、經壇和各種樓閣等點景工程。

也怪不得老佛爺不高興，十年前五十大壽，碰上個中法戰爭；現在過六十大壽，又碰上個中日戰爭，不管什麼戰爭，都跟太后搶著花錢。

國庫沒錢。光緒二十年（一八九四），慈禧壽典籌備接近尾聲之際，戶部透過海關總稅務司赫德，向英國銀行借貸一千萬兩，年息七厘半，十年以後還本，十年中利息銀四百二十萬兩。

聖壽節又不能省錢，根據《皇太后六旬慶典》文件資料記載，聖壽節費用出處有二：第一，部庫提撥。從軍費中提用一百萬兩，從鐵路經費中挪用二百萬兩；第二，京外統籌。即向京內外臣工攤派，宗室王公、京內各衙門、各省督撫將軍等文武官員共計報效銀兩二百九十八萬餘兩。

與此同時，伴隨著六旬慶典的籌備，清軍與日本軍隊屢戰屢敗的消息不斷傳來。太后生日前幾天，日軍雄赳赳氣昂昂，跨過鴨綠江，進入中國地界。朝中大臣紛紛奏請停止頤和園工程、停辦點景以移作軍費，一直主戰並且希望勝利果實有助於鞏固自己學生攬權的帝師、戶部尚書翁同龢更是在奏摺中力陳戶部籌款之艱難，也請求停止一些工程。老寡婦惱啊，惱中生智，說出了那句千古名言：「今日令吾不歡者，吾亦將令彼終身不歡。」問題是，帝國的大臣都特會玩道德綁架，太后要是不同意，那不就成昏后了嗎？咬咬牙，退了一步，對慶典的規模進行了限制，並相繼發布如下懿旨：「著由宮中節省項下發出內帑銀三百萬兩，交由戶部陸續撥用，以收士飽馬騰之效」；「所有慶辰典禮，著仍在宮中舉行，其頤和園受賀事宜，即行停辦」；「一切點景俱暫停辦。工程已立架油飾者不再添彩綢」。

即使這樣讓步了，實際舉行的慶典還是讓人目瞪口呆。以致帝師翁同龢在太后生日前幾天的慶典中，就發出了「濟濟焉盛典哉」的感歎。王樹增給太后的這個生日算了帳。僅首飾一項，合黃金一萬兩，合白銀三十八萬兩。衣服一項，由蘇州、杭州和江南三個織造局承辦，花費白銀二十三萬兩。點景工程，從頤和園回紫禁城的路上，六十段，兩百零九座點景工程，費銀二百四十萬兩。再加上紫禁城內的修飾、各方賀禮進貢、宴會唱戲、皇家賞賜，太后這個生日全部下來，估計要花一千萬兩白銀。

還有人給太后每天的生活費算了帳，說每天需要四萬兩銀子。至於頤和園的修建，一般的說法是三千萬兩白銀。四萬兩和三千萬兩是什麼樣的概念呢？王樹增給折算了，說當時英德製造的最現代化的戰艦價格約是五十萬兩白銀，而帝國北洋艦隊最鼎盛時期的軍艦總數不過二十五艘左右。也就是說，太后每半個月就要花費掉一艘戰艦，太后修建私人花園的錢，足以讓帝國擁有三支由最先進的戰艦組成的北洋艦隊！

當然了，帝國本來就是愛新覺羅家的，人家愛怎麼折騰就怎麼折騰，輪不上我們自作多情。作為愛新覺羅家的最高家長，老太后可以一生文明，生時文明——整個帝國都是她奢侈的資源，死後也文明——恨不得天下財寶都鑽她墳裡。

老太后的葬品

老太后的葬品，在李蓮英和自己的侄子合寫的《愛月軒筆記》裡有詳細記錄，看那些記錄我都看傻眼了，弄不清什麼是什麼，眼花撩亂中。同時，發現還有其他有心人，據此列出一個這樣的清單：

慈禧棺內底部鋪的是金絲織寶珠錦褥，厚七寸，下面鑲大小珍珠一二六〇四粒，紅光寶石八十五塊，白玉兩百零三塊，錦褥之上再鋪一層繡滿荷花的絲褥，上面鋪五分重的珍珠兩千四百粒。

蓋在慈禧屍體上的是一條織金的陀羅尼經被。被長兩百八十公分，寬兩百七十四公分，明黃緞底，撚金織成。全被不但花紋繁多，而且還織有漢字陀羅尼經文兩萬五千字。經被上綴有八百二十粒珍珠。在經被之上又蓋一層綴有六千粒珍珠的網球被。

慈禧頭戴鳳冠，冠由珍珠寶石鑲嵌而成，冠上有一顆重四兩大如雞蛋的珍珠，當時價值白銀約一千萬~二千萬兩，其鳳冠價值可想而知。口內含夜明珠一粒，此珠分開是兩塊，透明無光；合攏時是一個圓球，可透出一道綠光，夜間百步之內可照見頭髮。

慈禧脖頸上有朝珠三掛，兩掛是珍珠的，一掛是紅寶石的。她身穿金絲禮服，外罩繡花串珠褂；足蹬朝靴；手執玉蓮花一枝；頭前方有蚌佛十八尊，頭頂一翡翠荷葉，重二十二兩五錢四分，當時價值二百八十五萬兩白銀。頭兩側有金、翠玉佛十尊，手邊各置玉雕馬八匹、玉羅漢十八尊。在其屍體旁或足下共有金佛、玉佛、紅寶石佛、翠佛一百零八尊，每尊佛重六兩；翡翠西瓜四枚，估價六百萬兩白銀；翠桃十個，綠色桃身，粉紅色桃尖；翡翠白菜兩顆，綠葉白心，在白色菜心上落有一隻滿綠的蟈蟈，綠色的菜葉旁有兩隻黃色的馬蜂，估值一千萬兩白銀。

棺內最珍貴的是座用白玉雕琢成的九層玲瓏寶塔。其屍體旁邊還放滿了寶石、玉石、紅珊瑚樹、墨玉荸芥七百多件。當寶物殮葬完畢，發現棺內尚有孔隙，又倒進四升珍珠（八分大珠五百粒、三分珠兩千兩百粒，二分珠一千粒）；紅藍寶石、祖母綠寶石兩千兩百塊，僅這些填空的珍珠寶石就值二百二十三萬兩白銀……以上還僅是入葬棺材的一部分。

老太后對德齡說：「我不相信外國人真的比咱們富裕，瞧她們戴的珠寶那樣少。我聽人說，世界上沒有一個君王有我這樣多的珠寶，雖然如此，我還是想盡辦法不斷地得到更多。」看來，老太后不僅是這樣說，更是這樣做，死都可以死得如此豪華！所以，用金錢來算計老太后的奢侈還是有些拙了。她的奢侈，是以整個大清的滅亡作為代價的。所以說，大清才是她的隨葬品，而李鴻章這樣的能臣，甚至包括光緒本人都是她的人殉，這才是真正的奢侈。

我奢侈我快樂！

只不過，這種快樂是有限的。大清的霉運就不說了，只說老太后的霉運！

光緒三十四年（一九〇八），慈禧走完了她的文明人生。宣統元年（一九〇九），慈禧的梓宮葬入東陵地宮。二十年後，軍閥孫殿英盜掘了乾隆帝的裕陵和慈禧陵，毀棺拋屍，掠走了全部隨葬珍寶。慈禧遺體被拋出棺外，嘴裡的寶珠被摳走，上衣也被扒光了，僅剩一條內褲。

盜案發生後，溥儀派載澤到東陵進行了重新安葬。載澤等人鑽進地宮，見慈禧遺體趴在槨蓋上，頭朝北，腳朝南，左手反搭在後背上。地宮裡暴屍四十多天，遺體上出現了許多斑點，長了許多白毛。載澤等人見內棺尚完好，可以繼續使用，於是重新安葬。

一九七九年二月十七日，清東陵文物保管所對慈禧地宮進行了清理。一九八三年開始清理慈禧內棺，清理人員發現，還是一九二八年載澤等人重殮時的原狀，只是發現僅一隻腳上有襪子。

看來，生前穿的襪子再多，死後仍得光腳。正所謂光著腳來，光著腳走，帶走了大清所有的雲彩！

辛亥革命時期西方有學者認為，明朝的沒落是中國歷史的一幕，而清朝的滅亡則是世界歷史的大事。誠哉斯言，因為明朝的沒落僅是中國歷史週期率的顯現，清朝的沒落則象徵中華帝國數千年強盛的終結，一種世界古老文明的衰落。更要命的是，這僅是災難的開始，這學者當時就預言：「這齣長劇沒有就此結束。如果說過去中國曾經災難深重，她註定還將遭受十倍於此的災難。」

預言不幸成讖！

百年後的今天，誰敢說中國的現代化轉型已經完成？誰敢說孫中山的共和思想已經被落實？誰敢說五四運動所謂的民主與科學兩大旗幟已經插上了中國的山頭？

革命，是一波高過一波。可是革命的結果卻比改革還要不堪，這恐怕是革命先烈們做夢都沒有想到的、九泉底下有知還會深感不安的。羅榮渠先生說：「革命儘管是促進社會變革的最激進方式，但革命變革社會的實際成效與變革的方向，並不取決於革命家的主觀願望，而取決於各種主客觀條件。」

現實與歷史對接，現實以歷史的面孔呈現在我們面前，我們怎麼辦？梁啟超百年前的話放到現在也許依然對路：「非盡取天下之學究而再教之不可，非盡取天下蒙學之書而再編之不可。」

讓我們放下高居雲端的大菩薩，在歷史與現實的對接處，找尋歷史的光點，塑造渺小的目標，重新上路吧！

下篇

放下大菩薩，塑渺小之目標

第一章：何枝可倚李鴻章？

常說時世造英雄，其實時世也造替罪羊的！

個人認為，中國歷史上最冤的替罪羊當數李鴻章。大清的賣國賊只有一個，那就是掌握大清實際權力的老太后，這是從所有權方面來講的。當然，沒有所有權的人，也不是沒有賣國的念頭，但那僅限於謀求執政的在野者。蔣廷黻先生在《中國與近代世界的大變局》中籠統地說：北洋政府的執政者也有民族意識，也不想賣國，可是內政又逼著他們都要賣國，因為他們需要外援。大體說來，在朝者付出的代價較低，因為他需要的外援相對少；在野者付出的代價較高，為了上台，不惜把賣國的支票開得更大些。澳籍華人學者雪珥在他的《絕版甲午：從海外史料揭秘中日戰爭》中直接點名說：「那導致袁世凱被萬民唾罵的二十一條，很多條款之前早就和南方的革命黨人達成了共識，只是革命黨一直沒有機會掌握政權，未及付諸實現而已。」

幸好，李鴻章跟他的老師曾國藩一樣沒有司馬昭之心，否則他完全可以做些交易，拉些外援，從兩廣自立開始，過把帝王癮也不是不可能！

大清國是誰的？大家可別跟我說，大清是所有大清國民的，做奴才不能這麼自作多情！龔自珍的兒子帶領英法聯軍衝向圓明園的時候，小子可沒有這種情結。中國的統治者向來是「寧給友邦，勿給家奴」、「攘外必先安內」，他們根本沒有國的概念，只有家的想法。朱棣要取建文而代之，方孝孺反對，朱棣惱了，說：此乃朕的家事！康梁變法失敗後，老太后要廢掉光緒，外國駐京公使表示反對，老太后也惱了：此乃吾家事耳。一句話，大清當時能賣國的只有一個人——老太后！

用現代術語來講，整個大清就是一家股份有限公司，其股民由所有的滿人與極少部分漢族官僚組成，其法人代表是光緒，其公司董事長當然是老太后了，至於李鴻章，頂多是個業務部門的執行經理。按照公司的正常運作來講，最後簽字蓋章的只能是老太后，李鴻章只是個跑腿的，而且想叫你跑才能跑，不想叫你跑就要立正靠邊站。所以，「量中華之物力，結與國之歡心」這種話，只有老太后有資格說，而且說得理直氣壯！其他人你說說看？說賣國，那是不自量力；說愛國，那是自作多情！

大清國不是大清百姓的，所以李鴻章即使賣國，國民也管不著！大清國也不是李鴻章的，所以那國也不是他想賣就能賣的。

很奇怪的是，中國民眾可以很輕易的原諒執政者本人，卻很難原諒給執政者充當幫辦的人。比如趙構與秦檜，民眾更多的把唾沫奉送給了後者，用腳後跟想想就知道，如果沒有趙構的授意與支持，秦檜哪有那麼大的能量與膽量？再比如慈禧與李鴻章，老太后為了自己高興，拿整個大清江山做自己的陪葬，中國歷史上再也找不到比她更賣國的，但是我們聽到的罵聲，卻更多是針對李鴻章的。老李充其量也只是老太后賣國的經紀人，但我們看到的歷史結局卻是：老太后拉屎，李鴻章擦屁股；老太后賣國，李鴻章背黑鍋！可憐的李二啊！

光緒二年（一八七六），李鴻章致友人的書信中說：「處今日，喜談洋務乃聖之時。人人怕談、厭談，事至非張惶則鹵莽，鮮不誤國。公等可不喜談，鄙人若亦不談，天下賴何術以支持耶？」

這句話說得，教多少站著愛國不腰疼的爺們羞愧。李鴻章是這樣說的，更是這樣做的。問題是天不佑人，大清的生命之樹已衰，李鴻章無枝可倚。梁啟超認為李鴻章「有才氣而無學識，有閱歷而無血性」，說他「敬李鴻章之才」、「惜李鴻章之識」、「悲李鴻章之遇」。此中最引我同感的是「悲李鴻章之遇」，依我看，歷史把李鴻章推向了事業的頂峰，同時也把他踢進了名譽的泥坑。晚清歷史上的一些外交條約，都成為李鴻章的賣國罪證：一八七六年，與英國簽訂中英《煙台條約》，賣國一次；一八九五年，與日本簽訂《馬關條約》，賣國兩次；一八九六年，與俄國簽訂《中俄密約》，賣國三次；一九〇一年，與列強簽訂《辛丑合約》，賣國最後一次。事不過三，過三就是四了，沒意思，再說之後想賣也不行了，因為一則把國賣完了；二則，老頭賣國成功，興奮得吐血若干次，死了！

至於條約內容，咱就不展開說了。大清當時雖然沒有手機，但很流行簡訊，「李二先生是漢奸」傳得婦孺皆知，而且前面還有一句「楊三已死無昆醜」，故意把北京的一戲子與堂堂的李中堂相提並論，好像中堂大人就是現代影帝似的。中國人在變著法子噁心人方面情趣很高，能力也不低，卻鮮有人思考，決定一個國家國際地位的根本因素是什麼，是一個外交家的素質還是整個國家的實力？一個乒乓球運動員，完全可以根據自身的實力在運動會上取得名次，哪怕他的國家很弱小；一個外交家，如果他的國家特別軟弱，體制不行、經濟不行、政治不行、文化不行，外交上卻只想坑蒙拐騙，不按照遊戲規則來，打仗就一瀉千里，最高領導跑得比兔子還快，他個人再聰明又能怎麼著？所以，梁啟超才會以同情的語氣說：「當此之際，雖有蘇張之辯，無所用其謀；雖有賁育之力，無所用其勇。捨卑詞乞憐之外，更有何術？或者以和議之速成為李鴻章功，固非也，雖無鴻章，日本亦未有不和者也，而或者因是而叢垢於李之一身，以為是秦檜也，張邦昌也，則盍思使彼輩處李之地位，其結局又將何如矣。」

結局如何？不妨看看日本那邊的談判對手怎麼說的。馬關會議時，李氏曾經對伊藤博文發牢騷說：「貴大臣之所為，皆係本大臣之所願為；然易地而處，即知我之難為，有不可勝言者。」伊藤的回答是：「要使本大臣在貴國，恐不能服官也。」

伊藤的回答還是比較到位的。一句話，伊在中國，連官都做不成，別說做維新元老了。李鴻章在替老太后賣國的時候，很不順暢，差點成為賣國烈士。在日本談判時，遭遇日本「糞青」刺殺，刺而不死，就帶病賣國了。按照梁啟超記載：

日皇遣御醫軍醫來視疾，眾醫皆謂取出槍子，創乃可療，但雖靜養多日，不勞心力。鴻章慨然曰：「國步艱難，和局之成，刻不容緩，予焉能延宕以誤國乎？寧死無刺割。」之明日，或見血滿袍服，言曰：「此血所以報國也。」鴻章潸然曰：「捨予命而有益於國，亦所不辭。」其慷慨忠憤之氣，君子敬之。

看看老頭賣國賣到什麼地步了，賣得壯懷激烈，賣得捨死忘生，賣得像個民族英雄，直賣得日本都不好意思了，不但主動停止了戰事（否則北京都危險了），而且主動把條約內容減輕了一些！美國學者對此評價曰：「中日戰爭從頭到尾是一場十足的災難。中國最有效的討價還價籌碼，不是它所剩下的陸海軍力量，而是一個日本狂熱份子對李鴻章的傷害而使日本人感到的內疚。」

政府裡面，也許只有鬼子六恭親王那樣的人物才能理解李鴻章。李鴻章赴日前，恭王率領全體軍機上奏曰：「中國之敗全由不西化之故，非李鴻章之過！」這句話說得李鴻章老淚橫流！

馬關談判時，李鴻章的談判對手伊藤博文也曾經出於私誼推心置腹地質問老頭：「十年前我在天津時，已與中堂談及，何至今無變更？本大臣深為抱歉。」李鴻章回答如下：「維時聞貴大臣談論及此，不勝佩服，且深佩貴大臣為變革俗尚，以至於此。我國之事，囿於習俗，未能如願以償。當時貴大臣相勸，中國地廣人眾，變革諸政，應由漸來。今轉瞬十年，依然如故，本大臣更為抱歉，自慚心有餘而力不足而已。」

是的，心有餘而力不足，一個裱糊匠而已。更要命的是，大清的體制與人事，導致當時的西方媒體認為，所謂的中日戰爭，僅是李鴻章一個人的戰爭。

李鴻章在馬關賣完國，離開時發誓「終身不履日」，沒想到一年後他結束美國之遊搭乘美輪回國須途經日本橫濱換船，為了自己的精神和肉體堅決不和日本國土發生任何形式的關係，老頭無論如何也不肯上岸。侍從們無奈，只能在美國輪船和開到日本接他的帝國招商局輪船之間搭了一塊跳板，冒著掉到海裡的危險扶著他換了船。但這一切並沒有為李鴻章換來一絲同情與理解，相反的，他這頂賣國賊的帽子跟中國當今的房地產形勢似的，打著滾兒的往上漲。李鴻章在致友人的書信裡如此訴說：「十年以來，文娛武嬉，釀成此變。平日講求武備，輒以鋪張靡費為疑，至以購械購船懸為厲禁。一旦有事，明知兵力不敵，而淆於群哄，輕於一擲，遂一發而不可復收。戰絀而後言和，且值都城危機，事機萬急，更非尋常交際可比。兵事甫解，謗書又騰，知我罪我，付之千載，固非口舌所能分析矣。」

民意不理解也就罷了，誰讓咱人多民傻呢？問題是，政府也不善待李鴻章。周遊列國一回到家，李鴻章就遭到了政府的冷臉，給他的新職位是「總理衙門大臣上行走」，被外國友人林樂知抱不平地稱作「伴食宰相」。有意思的是，升任總理衙門大臣的同一天，李鴻章還得了個處分：罰停工資一年。原因很簡單，去頤和園給老太后彙報工作，回來時沒聽太監勸導，順便在英法聯軍燒過的那個皇家廢園裡逛了逛。一句話，就是廢墟，也是愛新覺羅家的，臣民人等一概不得擅入。就這待遇，李鴻章愛國情緒依然不減，給朋友寫信說，愈在國外看得多，愈增「內顧之憂」。老頭知道，中國與西方的距離，那不是一般的遠。問題是誰聽他呢？兩年後，連這個伴食宰相也不讓當了，乾脆掛起來了。再以後，為了廢光緒、捕康梁，太后把李鴻章發到了兩廣總督任上。直到老太后招惹得八國聯軍進中國，才再次想起李鴻章的賣國特長，調任他為直隸總督兼北洋大臣。人家都是美女救英雄，李鴻章卻是老頭救寡婦。七十八歲的老頭聽海南知縣裴景福說外國領事對他的重新出山都額手稱慶時，拋下這麼四個字：「捨我其誰！」當裴景福探問李鴻章大人對國事的看法是，老頭語帶哽咽，以杖觸地：「內亂如何得止？內亂如何得止？」當問到如何才能減少國家損失的時候，老頭已是淚流滿面，說：「不能預料！惟有竭力磋磨，展緩年分，尚不知做得到否？一日和尚一日鐘，鐘不鳴，和尚亦死矣！」

李鴻章因為庚子之亂下山賣國，那是政府請了一遍又一遍的，朝內大臣包括榮祿都近似哀求了，甚至德國外交部都表示，只要李鴻章北上，亂事即可平。但是李鴻章是不會輕易北上的。他不傻，知道自己雖然懂些國際遊戲規則，善於擦屁股，但是像太后這樣漫天拉屎，自己縱有齊天大聖的本事，也擦不過來啊！幸虧，他與湖廣總督張之洞、兩江總督劉坤一在盛宣懷的撮合下，弄出了一個「東南互保」

章程，使得中國的東南半壁江山沒有捲入北邊的亂事中。當政府的宣戰詔諭到達後，劉坤一、張之洞一方面扣押諭旨，一方面跟外國領事解釋，我們不會聽政府的，按照章程來，你們保護租界，我們保護地面，兩不相擾云云。相形之下，還是李鴻章有豪氣，說：此乃矯詔也，粵斷不奉！

現在政府叫他北上，他也不好好地奉了，以致政府請他出山的電報裡都有了這樣的語句：「該大臣受恩深重，尤非諸大臣可比，豈能坐視大局艱危於不顧耶？著接奉此旨後，無論水陸，即刻起程，並將起程日期速行電奏。」太后的恩情比海深，也不知李鴻章到底受了人什麼恩，反正您再不出來替人賣國，那才叫真正的賣國賊，於是李鴻章北上了。走到上海，得知天津失陷，北京不保，老頭又不走了，說自己感冒拉肚子，寸步難行，站都站不穩，請假二十天。這個藉口很好，太后您會拉褲子，我李鴻章也會拉肚子，再說我都七十八歲了，拉回肚子感個冒那是名正言順。與此同時，湖廣總督張之洞發來一份替政府開脫責任以保全太后的電報，要求李鴻章簽名。李鴻章一看無名火起，才回拍了前述那份豪電，直斥老太后誤聽人言，致拳匪猖獗，責有攸歸，中外共知！

也不知電報內容會不會傳到太后那邊，但老頭很有豪氣則是無疑的。老太后的髻子，他還是敢捋一捋的。後來政府再催，給他一個全權大臣。兩江總督劉坤一拍來賀電，云：「恭賀全權大臣，旋乾轉坤，熙天浴日，惟公是賴！」

不是劉坤一拍馬屁，大清當時著實沒人。英國《泰晤士報》認為：「華人四垓（萬萬）中，實無其匹。」《倫敦特報》云：「中國大臣，不乏老成持重，而具大見識，開大智慧，展旋乾轉坤手段，扶中國以趨前路者，斷推中堂一人。」總之，全帝國就指望這個老頭了。中國語境下，卻不是什麼好事。正做張之洞幕僚的辜鴻銘被張之洞派往北京，去協助李鴻章談判，由於德文流利，更由於做過聯軍統帥瓦德西的恩人與德語老師——按辜鴻銘給北大同事所吹，他在法國留學時，瓦德西是個在巴黎街頭賣糖果的流浪兒，他還教授過人家德文，是人家的恩師，並且是他把人送回德國讀軍校。所以他一到北京，就給慶王與李鴻章出主意，要慶王在家請瓦德西吃飯，他站在屏風後，聽到瓦德西無禮之時出來嚇他。據說還真嚇著小瓦了，當時小瓦大罵慶王，說太后穢德彰聞，說慶王沒資格代表中國人民，你們就等著聽我吩咐好了。罵完，站起要走的當口，小辜從屏風後冒出來，大罵小瓦無禮，並揚言要拍電報給德皇，你有什麼資格代表光榮的凱撒云云。據說小瓦當場就慫了，又是道晚安，又是求原諒的。第二天又找小辜表態，哥們你吩咐吧，你指東我打東，你指西我打西。老辜當然有些吹牛，但他在瓦德西前面態度比較強硬，則是眾所周知的。問題是再強硬，議和大綱也還是要簽的，只不過條款有斟酌而已，特別是賠款數額，聯軍那邊由七億降到了四・五億，老太后從西安行在發出的批示則是只答應兩億，否則不惜重新開戰、各督撫已經表示北上會師云云。李鴻章當然不願意破壞和局，更感覺那些表示北上會師的督撫都跟最高統治者一樣傻，明明早見了棺材，硬是不落淚，因為見識有限，看見棺材也不知道那是棺材。但辜鴻銘卻認為老李有投降主義傾向，氣得老李翻白眼：你以為我是秦檜嗎？小辜卻理直氣壯地對曰：「賣國者秦檜，誤國者李鴻章」。氣死李鴻章了，數日後斃命。不斃行嗎？天朝行情，咧嘴的都是愛國家，彌縫的都是賣國賊。好了，我走了，爺不跟你們玩了，你們自己玩吧！

李鴻章臨死前遺摺一封，遺詩一首。那首遺詩讀來甚是催人淚下：「勞勞車馬未離鞍，臨事方知一死難。三百年來傷國步，八千裡外吊民殘。秋風寶劍孤臣淚，落日旌旗大將壇。海外塵氛猶未息，請君莫作等閒看。」

老頭死不瞑目啊！對於李鴻章之死，史載大清國「樑傾棟折，驟失倚侍」，「太后及帝哭失聲，輟朝」。是啊，以後再也沒人替咱賣國兼背黑鍋了，日子還怎麼過呢？

李鴻章好歹算是個清醒者，他說：「我辦了一輩子的事，練兵也，海軍也，都是紙糊的老虎，何嘗能實在放手辦理，不過勉強塗飾，虛有其表，不揭破，猶可敷衍一時。如一間破屋，由裱糊匠東補西貼，竟然成一淨室，即有小小風雨，打成幾個窟窿，隨時補葺，亦可支吾對付。乃必欲爽手扯破，又未預備何種修葺材料、何種改造方式，自然真相破露，不可收拾，但裱糊匠又何術能負其責？」李鴻章這樣說，可能是受了司馬光的影響，司馬光寫過《資治通鑑》，可算是中國歷史上專門研究歷史興亡之得失的專家，他跟同事爭論時說過：「治理天下譬如居屋，破舊便修補，除非大壞是不能另造的。」李鴻章的苦衷是，大清早已是舊屋一間破衣一件了，奈何老太后還要在這破屋裡翻跟斗，在這破衣上繡百鳥朝鳳。李鴻章在這頭紙糊國防建設，她在那頭胡折騰，誰能招架得住啊！

如果你是李鴻章，你能攔住太后嗎？劉坤一倒是去攔了，正如榮祿對許應騤所言：「然其苦口力諫之言，竟不能勝太后一念報復之心。」中國的政治體制從來就是，執政者一念之差，就會有曠世浩劫。老太后一念之差，中國有了「庚子」之亂；毛澤東一念之差，中國有了「文革」之亂。也不是沒人攔過，可是攔的結果呢？血肉之軀，做了人家革命菜板上的肉餡。事後，當政者小嘴兒一張，牙縫裡都不露丁點肉絲。更要命的是，歷史都是勝利者書寫的，勝利者固然要說前任的不是，但是與前任的共同點導致他們還是不想露出你不幸的根源來。一句話，在歷史書裡，你都是孤魂野鬼！你犯得著嗎？

如果你是李鴻章，你能把小日本打敗嗎？能，前提是蘇聯出兵中國東北，美國佔領太平洋，並往日本本土扔兩顆原子彈！李鴻章知道這一點，所以他「和」為貴，大清國與人作戰的時候，他會歎氣，說些「敗固不佳，勝亦從此多事」的洩氣話（中法戰爭時，他給廣西巡撫潘鼎新的指示）。其實，李鴻章還是有些傻，最好的辦法是學大學士徐桐，人家一見洋人就以扇蔽面，端的愛國到家了，而且老先生每次上朝的時候，要路過洋人使館，他受不了，都是繞道而走。像老徐這種愛國老英雄，是絕不會與夷人見面打仗的，更別提簽訂賣國合約了！你何苦來哉？

整個十九世紀，國人因為遭受屈辱而累積的憤恨要得到宣洩，不能瞄準老太后，便只好瞄準老太后的經紀人了，於是李鴻章就成為愛國主義者的靶子——對不起，我們要開罵了。

當時最流行的罵人話是：李二先生是漢奸！最調皮的罵，是連李鴻章帶李鴻章的女婿一起罵，李鴻章的小女婿是著名的清流派人物張佩綸（字幼樵）。張佩綸大家都知道，著名的愛國賊，口頭上比誰都愛國，叫喚得外星人都知道，政府就派他上前線了。但是馬尾戰役中，作為海防大臣的他從未登艦一次，卻淨出餿主意，讓十艘主力艦密集紮在一堆，說這樣可以壯大聲勢！還用林則徐當年的一些戰法，比如讓水勇扮漁民，伏河幹裡候動靜；僱用會潛水一二丈的，作機動部隊使用；用無炮之商船載水勇向前衝，與敵船靠近時，讓水勇衝到敵船上與敵人近身肉搏……這種戰法要是能戰勝法國人，就見鬼了。馬尾一役，張佩綸的一世清名沒了，政治生涯也全部玩完——革職充軍。充軍的當口，老婆死了。充軍回來後做了李鴻章幕僚，李把自己的大齡剩女嫁給他，愛國英雄就這樣做了賣國賊的女婿——時人寫對聯罵曰：「老女字幼樵，無分老幼；東床配西席，不是東西。」

當代還有人罵李鴻章，這就是當代人的不是了。一者，過去的人沒有史膽，不敢罵太后；二者，過去的人沒有史識，不知道該罵太后。當代人還這樣，心智就值得懷疑了。歷史學者如此，革命群眾更是如此。大躍進時期，安徽合肥大興集乾脆把李鴻章的墳刨了，李鴻章穿著黃馬褂的遺體保存完好，被革命群眾掛在拖拉機後面遊街，直到屍骨散盡！

李鴻章泉下有知，也該要求屍體火化，揚灰海中了！

其實，李鴻章一輩子最大的失策不是主和而是親俄。如果說主和是出於知己知彼，親俄則有些既不知己又不知彼了——干涉還遼自然有俄國的首功，但是俄國什麼德行您總該知道吧？再說了，多壞相較取其輕，那麼多帝國主義國家，親誰都不能親俄啊！非要玩什麼「一邊倒」，與俄國簽訂《中俄密約》，讓俄國在東北攫取了諸多特權，刺激得其他帝國主義紛紛跟上。而且，俄國佔了便宜，卻沒有擔當與清國共同抗日的責任，倒是它自己首先成了中國最大的敵人。李鴻章遊外歸國後，曾經不無得意地跟黃遵憲說「二十年無事，總可得也」，跟後來的張伯倫走下飛機向英國人民說「我給你們帶來了和平」一樣令人傻眼。以致李鴻章死後，黃遵憲給他作的挽詩中有這麼一首：「畢相伊侯早比肩，外交內政各操權。撫心國有興亡感，量力天能左右旋。赤縣神州紛割地，黑風羅剎任飄船。老來失計親豺虎，卻道支持二十年！」雖然把李鴻章比作與俾斯麥（俾相）、伊藤博文（伊侯）一樣的人物，但是黃遵憲也承認，老頭被沙俄（黑風羅剎）給玩慘了。別說二十年，兩年不到就有事了，俄國在東北佔了便宜，刺激得德佔膠州灣，俄國不僅不阻止，還自己先佔了。再往後，沙俄與日本為爭奪東北，在中國的土地上大打出手，中國政府涎著臉跟其他國家一樣表示中立！當然了，在這方面，李鴻章並不是沒有後繼者。

眾所周知，五四新文化運動在政治上的巨大功用，就是催生了中國共產黨，並推動了國民黨的更新。當時，馬克思駕著十月革命的祥雲光臨中國，讓所有的中國人眼睛一亮，特別是蘇聯的三次對華宣言，宣布「廢除與日本、中國和以前各協約國所締結的秘密條約」，把沙皇政府「掠奪的一切交還中國人民」，廢棄一切在華特權，並明確宣布放棄中東鐵路的一切要求。正如恩格斯所言：「沙皇政府每次掠奪領土、使用暴力、進行壓迫，都是拿開明、自由主義、解放各族人民作為幌子。」

孫中山親俄的結果，就是聯俄聯共。聯之前，他讓徒弟北天取經去了。一九二三年八月十六日，在兩百萬盧布、八千支步槍、十五挺機槍、四門大炮、兩輛裝甲車、一所包括各兵種的軍校等許諾的勾引下，孫中山派手下「最能幹的人」蔣介石率領「孫逸仙博士代表團」從上海出發，前往蘇聯考察，三個月之後，也就是十二月二十九日，小蔣回來了。蔣僧與唐僧不同，他發現「北天」並非極樂世界。他給孫中山寫了一份《遊俄報告書》，中心意思如下：對俄黨不應過分相信，俄國人的話只有三分可信；俄國人有侵略中國東北、外蒙古和新疆，並有染指中原之嫌。因此，國民黨應自立而不依賴於人。問題是，孫中山根本不信這個邪，他甚至埋怨小蔣考慮得太多了：「未免顧慮過甚，更不適於當時革命的現實環境。」這一下小蔣倒楣了，由於他力主反對聯俄，所以一九二四年一月國民黨第一次全國代表大會上，總共選出了二十五名國民黨中央執行委員會委員、十七名候補執行委員；五名中央監察委員會委員、五名候補中央監察委員會委員，孫中山原本最信任的、最能幹的小蔣什麼都沒撈上，氣得他跑回上海了。

當時批評小蔣比較激烈的，還有廖仲凱先生。所以，跑回上海後小蔣寫了一封長信給廖，除了解釋自己跑回上海的原因之外，重點跟對方訴說了游俄觀感：「尚有一言，欲直告於兄者，即對俄黨問題是也。對此問題，應有事實與主義之別，吾人不能因其主義之可信，而乃置事實於不顧。以弟觀察，俄黨殊無誠意可言，即弟對兄言俄人之言只有三分可信者，亦以兄過信俄人，而不能盡掃兄之興趣也。至其對孫先生個人致崇仰之意者，非俄共產黨，而乃國際共產黨員也。至我國黨員在俄國者，對於孫先生惟有詆毀與懷疑而已。俄黨對中國之唯一方針，乃在造成中國共產黨為其正統，絕不信吾黨可與之始終合作，以互策成功者也。至其對中國之政策，在滿、蒙、回、藏諸部，皆為其蘇維埃之一，而對中國本部，未始無染指之意。凡事不能自立，而專求於人，而能有成者，決無此理！彼之所謂國際主義與世界革命者，皆不外凱撒之帝國主義，不過改易名稱，使人迷惑於其間而已。所謂俄與英、法、美、日者，其利於本國與損害他國之心，則五十步與百步之分耳。至兄言中國代表總是倒楣，以張某作比者，乃離事實太遠，未免擬於不倫。其故在於中國人只崇拜外人，而抹殺本國人之人格，如中國共產黨員之在俄者，但罵他人為美奴、英奴與日奴，而不知其本身已經完全成為一俄奴矣。吾兄如仍以弟言為不足信，而毫不省察，則將來恐也不免墮落耳。」除此之外，小蔣還順帶表了表自己的三觀：「黨中特派一人赴俄，費時半年，費金萬餘，不可為不鄭重其事，而於弟之見聞報告，毫無省察之價值，則弟當自愧信用全失，人格掃地，亦應引咎自辭也。弟在俄行動，自覺無可為人誹謗之處，亦無失卻黨體之點，因入共產黨問題，而弟以須請命孫先生一語，即以弟為個人忠臣相譏諷，弟自知個性如此，殊不能免他人之笑。然而忠臣報君，不失其報國愛民之心，至於漢奸、漢奴，則賣國害民而已也。吾願負忠臣卑鄙之名，而不願帶洋奴光榮之銜，竊願與兄共勉之！」

兵敗大陸後，他寫了《蘇俄在中國》，算是補充總結他當時的訪蘇觀感吧，其中有幾點值得注意：

其一，「綜括我在俄考察三個月所得的印象，乃使我在無形之中，發生一種感覺，就是俄共政權如一旦臻於強固時，其帝俄沙皇時代的政治野心之復活並非不可能。則其對於我們中華民國和國民革命的後患，將不堪設想」。

其二，「在我未往蘇聯之前，乃是十分相信俄共對我們國民革命的援助，是出於平等待我的至誠而絕無私心惡意的，但是我一到蘇俄考察的結果，使我的理想和信心完全消失。我斷定了本黨聯俄容共的政策，雖可對抗西方殖民於一時，絕不能達到國家獨立自由的目的；更感覺蘇俄所謂『世界革命』的策略與目的，比西方殖民地主義，對於東方民族獨立運動，更危險」。

其三，「蘇維埃政治制度乃是專制和恐怖的組織」。

小蔣還可以吧？問題是他老大中山先生一生都在過河，晚年好不容易摸到蘇俄這塊石頭。他對那些反對聯俄聯共的人說：「俄國的組織方法對我們說來是最好的典範，因而我請鮑羅廷同志擔任我們的顧問，任命他為我黨的教練員」；「黨員應該絕對服從自己的領袖和他的領導」；「我們的同志還有我們的軍隊，只有當命令對他們有利時才服從，反之往往拒絕服從。如果所有的國民黨員都這樣，我將拋棄整個國民黨，自己去加入共產黨。」先生這些話透著賭徒的氣息，十有八九，賭會輸啊！

蔣廷黻先生說：「我們玩了多年土產的革命沒有玩出好花樣，我們就試試一種最新式的舶來品，不過聯共反而把我們的國際問題加嚴重了。」豈止是國際問題，國內問題也嚴重了！

中山先生泉下有知，將是何感？他的聯俄，就是讓中國的土地上出產一個俄國學生——國民黨從俄國老師那裡學來的最大本事就是：黨治！其實在拜俄為師之前，孫中山也是黨治思想，只不過是英美式的多黨制。十月革命後，他認為，俄國革命比中國晚六年卻能成功，成功的原因「即因其將黨放在國上」，「俄國完全以黨治國，比英、美、法之政黨，握權更進一步」，「可為我們模範」。一九二四年改組國民黨後，孫中山的以黨治國思想進一步明確：一、以黨治國分兩個階段，第一階段以黨建國，第二階段以黨治國；二、黨和政府的關係是，黨在政府之上。黨是政府的總樞，政府接受黨的指導；三、黨和他黨的關係是領導與被領導的關係；四、黨治的最終目標是民權。民國以民為本位，而民以黨為憑藉，黨是全國人民的代表。後來的蔣介石忠實地執行了國父的黨治精神，並且發揚廣大，讓國民黨的黨治主義走向了一黨專制和領袖獨裁。

第二章：繞樹三匝康有為

康有為的終極理想，可能是帝王師。

但是這位老師頭腦一片混亂。變法時，上不著天，下不著地，被他弟弟康廣仁評為「規模太廣，志氣太銳，包攬太多，同志太孤，舉行太大」。我們可以看看他如何拐騙光緒的：「泰西講求三百年而治，日本施行三十年而強，吾中國國土之大，人民之眾，變法三年，可以自立，此後則蒸蒸日上，富強可駕萬國，以皇上之聖，圖自強，在一反掌間耳。」總之，康有為也有些大躍進的意思。當然，喜歡大躍進者，在中國歷史上不乏其人。變法前，王照勸康有為先辦教育培養人才再搞變法，康的回答是：局勢嚴重，來不及了。而且，他認為「變法三年可以自立」，「一反掌間，而歐美之新文明皆在我矣」。辛亥前，嚴復勸孫中山先辦教育，孫中山的回答是「俟河之清，人壽幾何」。他也等不及，而且要「畢其功於一役」，不但搞資產階級革命，還想把社會主義的命一起革了，揚言革命後建設十年可以與歐美「並駕齊驅」。

中國的悲劇也許就出在文人涉政上？文人容易上天入地，說好聽是高度的浪漫主義精神，說不好聽是巫婆神棍作法，自己都不知道要幹什麼。光緒遇到康有為這個半路殺出來的半吊子帝師，不知道是他的幸運還是他的不幸？反正這位帝師看不到他的帝無有實權，看不到宮廷裡的運作套路，缺少基本的政治常識，也跟孫中山似的，拿出了賭徒精神。結果人仰馬翻，自己流竄了，光緒囚禁了，帝國擱淺了，戰友沒命了。

流竄海外時，除了口舌之能，宣傳鼓動，康有為也曾經想起兵勤王。一九〇〇年初，設總局，制訂了「以全力取桂、襲湘、攻鄂而直搗京師」的戰略計畫。他以自己的門生為骨幹，內以財源茂盛招誘會黨入夥，外以勤王軍威運動華僑捐款。兩邊來回吹，直吹得國內的會黨以為華僑就不缺錢，國外的華僑以為勝利就在眼前。會黨獅子大開口，滿心想著撈大錢，忠君愛國什麼的，根本不在他們頭腦意識之內；華僑以為光緒馬上就能復出，強國富民為時不遠了，搞得兩邊都很亢奮。說實話，中山先生的大炮精神，康有為也不是沒有，而且這種大炮作風，連他的高徒梁啟超都看不慣了，寫信給師傅批評曰：「今海外之人，皆以此大事望我輩，信我輩之必成，而豈知按其實際，曾無一毫把握，將來何以謝天下哉？弟子每思此，輒覺無地自容。」還有信曰：「西報中屢傳先生有電報入內地，云在外得金幾何，擁兵幾何云云，弟子在疑信之間。先生或故出此手段亦未可知。然弟子甚不以為然。常作大言，與行者何異（康梁等人把孫中山稱作行者），徒使人見輕耳。弟子以為權術不可不用，然不可多用也。非開心見誠，不能得豪傑必矣。」有意思的是，雖然弟子批評師傅，但弟子也犯同樣的毛病，跟同志交代說，捐款聚眾兩事，不妨往大裡說。只不過，同志給他彙報萬事俱備只欠東風時，他會自己先往打折裡估算罷了：「今東風固欠，而百事之未備者，亦正多也。」

與弟子比起來，康有為倒是沒有這等不安與估量。聖人做事，言不必信，行不必果。何況救皇上事小，他還想救天下蒼生。

康有為最宏大的理想是大同，不過宏大得他自己都害怕，一直秘而不宣，以致直到今天我們還弄不清他這個思想的起始與淵源。當然，大略地說，其名稱來自於《禮記》：「大道之行也，天下為公，選賢與能，講信修睦。故人不獨親其親，不獨子其子；使老有所終，壯有所用，幼有所長，鰥、寡、孤、獨、廢疾者皆有所養；男有分，女有歸。貨惡其棄於地也，不必藏於己；力惡其不出於其身也，不必為己。是故謀閉而不興，盜竊亂賊而不作，故外戶而不閉。是謂『大同』。」其內容除了《禮記》之大同精神，還有中國傳統的均平觀和社會主義的烏托邦。在他的大同社會裡，國都不存在了，全世界在一個公政府統治下，沒有貴賤，沒有貧富，沒有家庭，沒有夫婦（男女同居一年，就要換人），沒有壞蛋，沒有司獄，沒有私產私企，沒有汙吏專制，沒有外交，沒有軍備，沒有危險，沒有戰爭……總之，人類所能想到的好事，他都想到了，而人類所能做到的壞事，卻不在他的考慮範圍。

事實上，這種尋找很具有歷史的弔詭。嚴復尋找到了真正的真理，但是英倫求學歸來，每有「局外人」之感，尤其對自己「仕途之不達」深感沮喪，甚至留下「當年誤習旁行書，舉世相視如髦蠻」的詩句。與伊藤博文都是留英的，伊成了日本名相，明治維新的元勳；嚴復則什麼也不是，只能做些翻譯工作，把西方的政治學、經濟學、社會學和自然科學著作一古腦地翻譯出來供奉給國人，好歹成為中國代近第一位啟蒙大師。但是這位大師在義和團時代，則成了義和團名單上的特大漢奸，必欲殺之而後快。最後在大刀王五的掩護下跑到租界，才算保住了小命。啟蒙大師成為啟蒙對象眼裡的特大漢奸，也只有中國這樣神奇的土地才能出產此類荒誕故事，更恐怖的是，這並不是最後的故事。

民國時期，嚴復搞起了孔教會。不過，嚴復歷來是堅持君主立憲的。他認為，一日民智未開則一日民主共和不可行。老實說，君主立憲對中國這個人多民傻的老大難國家來講，當然是歷史的一種飛躍，躍上，站穩，就是巨大的成功。可惜晚清沒弄成，袁世凱想弄，卻被喜歡一夜跑進共和的激進國人認作不要臉，進而徹底翻盤。嚴復做過袁世凱的憲法起草員，做過籌安會的發起人，支持袁世凱稱帝，對張勳復辟表示同情，對蔡元培支持學生運動表示不滿。社會經驗挺豐富。有人說，嚴復晚年消極了，保守了。要我說，搞孔教可以算是保守，支持君主立憲絕對不能算保守，他一百年前就搞，絕對算激進。再說了，即使消極保守，那也是被逼的。人多民傻，自己玩了一輩子都玩不轉他們，不消極不保守行嗎？我一直認為，激進從來就不是好東西。

孫中山原本走的是英美之路，武昌起義後，他在巴黎明確向外國記者宣布：「中國革命之目的，系欲建立共和政府，效法美國，除此之外，無論何項政體皆不宜於中國。」但是十月革命一聲炮響，就把他的英美共和給轟走了，原先說的話也忘了，一頭撲向了俄國那邊。

洪秀全尋找到了上帝，弄出的卻是一個不倫不類的拜上帝教。其族弟洪仁玕鼓搗出一個《資政新篇》，與洪秀全政府的實際運作風馬牛不相及，就連洪秀全的《天朝田畝制度》也是半吊子東西。理論上是均貧富等貴賤，實際上卻是分貧富劃貴賤；表面上是反封建主義，實際上比他要推翻的王朝還要封建。

歷史沒有給康有為機會，如果給他了，我擔心他可能是洪氏第二。當然，也可能是康氏第一。誰知道他能玩出什麼呢？說不定共產共妻啦，比洪秀全跑得還要遠。因為康有為也是為了目的不擇手段的人，所以他的救天下蒼生，站在另一方面，可能就是禍害蒼生了。在加拿大創立保皇會時，梁啟超並不希望公開明辦，因為他怕清廷迫害會員在內地的親屬，康有為的答覆是：「非如此，不大不固。」也許，清廷越迫害會員家屬，康聖人越興奮——你看看，我說慈禧太后不是東西，果真不是東西吧？至於同黨內部，不聽他話的，不願意拿出大量家財供黨和他個人使用的，他也會想些絕招甚至暗殺的手段去對付他們！

手段不正義，結果如何正義？

用慣了不正義的手段，上台後可能比前任還要不正義！

民國建立，針對康有為人頭十萬的通緝令自然失效，於是他大搖大擺地回到了國內，定居上海，以大清忠臣身分開始了自己的保皇事業，主編《不忍》雜誌，宣揚忠孔復辟，謀劃清廢帝溥儀復位。忠於大清也就罷了，政治上的這種堅貞也值得我們尊敬，但是拜託不要忘記自己原本是幹什麼吃的，原本是打著孔子的小旗出來拐騙維新的，可是拐騙來拐騙去，先把自己拐騙了，走火入魔，把小旗本身當作了目標，開始維舊了。帝制都被推翻了，他還倡議定孔教為國教並寫入憲法。搞孔教也就罷了，啟蒙家嚴復也搞上了，反正信仰自由，只是入憲就有些超過了。西方近代化象徵之一，首先是政教分家。孔儒本來就被中國政府「強姦」兩千年了，搞得中國臣民都像閹人，再入了憲，中華民國只能稱中華閹國了。最讓人生氣的是，他對共和以來免除跪拜大禮極表不滿，說：免除跪拜大禮，不敬天，不敬教主，則中國人「留此膝以傲慢何為也」！

看康聖人的意思，中國人裝孫子的時間還不夠長，大家還得繼續裝下去。中國人的膝蓋，天生就是用來下跪的，不跪，留著何用？做聖人做到這種程度，真是天生一個大賤人！

康有為的大同無法在全球實現，倒是在其家裡先試驗了。相對於他的高徒梁啟超的娶一而終，我們的康聖人則是人賤人愛，娶妻納妾，忙得不亦悅乎：年輕時娶元配夫人張雲珠；不惑時納十八歲的廣東姑娘梁阿覺；半百時在美國納十七歲的華僑姑娘何旃理；知天命後先納十八歲的日本姑娘鶴子，後納廖定征；耳順後納西湖一船女阿翠，大名張光芳……

聖人「妾意」昂然！

晚年的康有為，在青島購房居住，又迷上了風水占卜，要給自己和康家找風水寶地，最後選中的地方叫鳳凰山，又叫象耳山、棗棘山。他將自己的墓地選在了「鳳凰」頭部「鳳穴」的最佳位置。他切算，象耳山因為西邊的山峰很像大象的耳朵而得名，自己是一粒「糠」，墓穴必須躲進天下無敵的大象耳朵裡才能安寧。

第三章：左右不是袁世凱

袁世凱稱帝，很引我們公眾的憤怒。我們讀歷史的時候喜歡移情，潛意識中總是以孫中山革命繼承人的身分自任，對於袁世凱當總統，感覺人家是從自己手中竊的國；對於袁世凱稱帝，更覺得是自己受了騙。眾所周知，做皇帝之前，老袁曾經向許多人包括他的親信馮國璋等人表白，自己沒有稱帝的打算。一般人氣憤的是：老袁這個老猾頭，不但騙我們革命人民，竟然連自己的親信都騙！

在這一點上，老袁有點冤，我認為，老袁一開始並沒有稱帝的意思。他曾經向陳裕時表白：「外面人說我要做皇帝，這個皇帝是最要不得的東西，不是清朝就在你們手裡推翻了的嗎？我是在全國國民宣誓忠誠下就職的，怎麼能說我要做全國人民所推倒的玩意兒呢？你是對歷史研究很深的人，當然知道有史以來做皇帝的都沒有什麼結果。」老袁對心腹愛將馮國璋的表白是：「我絕對無皇帝思想，袁家沒有過六十歲的人。我今年五十八歲，就做皇帝能有幾年？況且皇帝傳子。我的大兒子克定殘廢，二兒子克文假名士，三兒子克良土匪，哪一個能承繼大業？你儘管放心。」

看老袁的話，發現他是挺明白的一個人，可是挺明白的一個人，為什麼最後卻失足掉到帝王的泥坑裡？

我覺得，壞就壞在老袁心裡有「賊」，這個「賊」就是幾千年累積下來的中國小農特有的皇帝夢。陳勝、吳廣說：「王侯將相寧有種乎？」劉邦說：「大丈夫生當如此也！」項羽說：「彼可取而代之！」就連孫悟空都知道「皇帝輪流做，明年到我家」。一般人從中看到的，只是民間的造反意識，卻看不到背後其實是「缺席者對於就席者的那種嫉恨」（李劼語）！更看不到這種嫉恨所導致的中國歷史的慣性——所謂的革命與起義，其終極意義只是朝代的更迭！

對比一下鄰國日本人，則發現他們胸中坦然，心中無「賊」。影視劇作家趙冬苓和日本著名作家森村誠一聊天，沒想到這個日本鬼子兩眼放光地評價中國：「我非常喜歡中國，特別是中國的歷史，簡直太喜歡了。中國歷史比日本的精彩，裡面有許多很民主的東西。比如，任何人都可以當皇帝——你能設想隨便什麼人當天皇嗎？」（趙冬苓：《和森村誠一聊戰爭與和平》，選自《讀書時報》，二〇〇四年三月十七日）森村誠一說得對，日本歷史上的幕府將軍們多厲害啊，可是他們為什麼就沒有取天皇而代之呢？還有，對比地球另一邊的英國，雖然因為王位爭奪發生了許多的戰爭，但與王室血親不沾邊的人士，從來也想不到自己做國王去。十三世紀英國通過的《大憲章》規定，人民有反抗政府暴政等權利。為保證這些權利的實行，需要組織一個常設委員會負責監督工作。若委員會發現政府和國王有違法行為，可以要求其在四十天內改正，否則該委員會有號召全國人民使用一切方式，包括武裝起義來逼迫國王改過。英國在歷史上沒有殺父弒兄、以暴易暴、擅於破壞一個舊世界，但從來不擅於建設一個新世界的純粹改朝換代的惡性循環，當然跟這種逼迫國王改過的精神相關。於是，英國的歷史在十七世紀結出了一顆政治碩果：君主立憲。它意味著，英國實現了國王、議會、選民之間的政治制衡，社會政治資源得到了優化組合！

與日本和英國顯著不同的是，中國政治文化路徑下，任何一個農夫不但可以在心裡做賊——當皇帝，還可以在實踐層面上求證——造反。袁世凱有此心賊，只是原先的他並不明白，或者說感覺不到，隨著時間的推移、條件的成熟，他的賊心可能膨脹了。裡裡外外的親信與所謂的國情，又加速發酵了他的賊心，就別說「各省公民請願團」、「軍警請願團」、「商會請願團」、「人力車夫請願團」、「孔社請願團」、「女子請願團」、「乞丐請願團」、「妓女請願團」的起鬨了，就連美國哥倫比亞大學法學博士古德諾都寫了一篇題名為《共和與君主論》的文章，登載在美國的《亞細亞日報》上，強調中國人只宜「君主立憲」。當然，傻乎乎的古德諾是針對拉丁美洲當時的狀況，特別是針對墨西哥的教訓而言的。眾所周知，墨西哥也建立了共和，可是共和的締造者迪亞斯獨裁了三十年（一八七六—一九一〇），共和不共和，帝制不帝制，非驢非馬也非騾的，結果迪亞斯去世之後，由於沒有法定繼承人，反而讓墨西哥出現了長期的戰亂。古德諾的意思是：既然歷史條件與國情導致畫虎不成反類犬，走什麼「共和」，不如乾脆稱帝算了，這樣有了穩定的接班人，國家也不至於動亂。古教授比較瞭解中國國情，但是不瞭解革命黨人的鼓噪下，全國憤青都蠢蠢欲動，要跑步走進共和。總之，袁世凱與古德諾僅看到了中國的一面——沒有皇帝不行；但是沒有看到中國的另一面——覺醒的憤青也許不能容忍穿龍袍的皇帝君臨中國，但是不能防止不穿龍袍的皇帝君臨中國。袁世凱傻就傻在，以為只有穿上龍袍才叫皇帝。於是，我們看到的最終結果是：古德諾的話，催化了老袁的那顆賊膽，他傻乎乎地表示：「如果全國老百姓一定要我做皇帝，我就做。」

一般人看到的，是袁世凱的厚臉皮，而我看到的，則是一個中國男人的可憐！明代哲學家王陽明說過：「破山中賊易，破心中賊難。」誠哉斯言，能破心賊的，世上沒幾個人啊！哲學家有一個，元代的理學家許衡，和友人們路過一處無人看管的梨園，大家都摘著吃，只有許衡沒有動手，並且撇下了一句千古名言：「梨雖無主，吾心有主」。中國出世的高僧們也能做到：一個女人半夜借宿寺中，住持領她走進一房間，她問：「門上緣何無鎖？」住持回答：「門上無鎖，心中有鎖。」政治家也有一個，就是美國的華盛頓，獨立戰爭結束後有部將建議他做皇帝，他堅決不幹。心中無賊，或者說心中有鎖，外人再起鬨，再架秧子，我自巋然不動。可歎袁世凱修養不到，而且一個梨子，一個女人，跟一個皇位的份量也不一樣啊！假設許衡面對的是無人就座的皇位，倒不見得還能保持住我心有主的從容；假設一個僧人面對的不只是一個普通女人，而是全天下女人任我挑的彩頭，也不見得還能保持住我心有鎖的風度。中國的文化土壤上，永遠結不出華盛頓這樣的果子，中國政治家更沒有此等修養，有的只是司馬昭之心，歷史就是最好的明證！所以，海派學者李劼才會說：「孫中山這尊雕像的意義在於僅僅制止人們搞穿龍袍、戴皇冠、登基大典之類的復辟形式，卻不能阻擋不穿龍袍的皇帝君臨中國！」

梁啟超於一九二二年在《五十年中國進化概論》中說：「任憑你像堯、舜那麼聖賢，像秦始皇、明太祖那麼強暴，像曹操、司馬懿那麼狡猾，要再想做中國皇帝，永遠沒人答應。」

第四章：上下求索孫中山

自《辛丑合約》簽訂後，大清已經完全淪為「洋人的朝廷」，成為殖民者統治與剝削中國人民的工具。奈何辛亥革命的爆發及革命形勢的發展，讓洋人痛感，舊有的代理人太窩囊，太不濟事，需要尋找一個新的代理人，找啊找啊找啊找，他們瞄上了袁世凱。

西方殖民者為什麼會喜歡袁世凱？孩子沒娘，說來話長。袁世凱在朝鮮時，就與許多英國人建立了友誼。袁世凱歸國後，在天津小站練兵，洋人們發現了袁世凱的軍事才能，認為在清國的所有官員裡，袁是第一個認真學習外國軍隊組織方法和戰略戰術的人，並且也是第一個鼓吹軍隊現代化的人。一八九八年十月二十七日，英國海軍少將貝思福到天津小站參觀訪問，對袁世凱新軍的評價是：清帝國僅有的一支裝備完善的軍隊。當然了，他還誇袁世凱軍紀嚴明，甚至誇袁世凱清廉，原話是這樣的：「中國兵力之弱，其源由於發餉之多克扣，此弊幾於通國皆然，但我觀袁公發餉之情形，而歎袁公之清廉為人所不能及矣。」並且由此而大生感歎說：「假使中國統兵大臣皆能效法袁公之發餉，則兵無缺額，餉無虛糜，華人何嘗不可成勁旅耶？」袁世凱的軍隊確實是勁旅，單說硬體就非常完善：第一，實行常備兵、續備兵、後備兵制；第二，配備有步、騎、炮、工程、後勤等多兵種；第三，仿行外國徵兵制，對應徵士兵嚴格要求，並給家屬多方照顧；第四，建軍官學校，培養專門的軍事人才；第五，聘外籍教官訓練新兵；第六，全部西式裝備。總之，就憑這支軍隊，洋人就對袁世凱刮目相看。

還有，袁世凱對義和團的態度，也很得洋人歡心。袁世凱畢竟稍微具有現代化常識，他傾心於西式兵法兵器，與迷信刀槍不入的義和團當然格格不入。正是由於與義和團格格不入，才導致他對於政府利用義和團對十一個西方國家同時宣戰的弱智行徑由不滿到陽奉陰違，進而與其他督撫聯合起來搞「東南互保」。由於義和團見洋人就殺，見教民就砍，所以「東南互保」時，山東竟然成為洋人的避難地，洋人不喜歡袁世凱才怪。

袁世凱玩得最漂亮的一招是：《辛丑合約》簽訂後，有關天津的接管問題。當時聯軍規定，八國聯軍交還天津後，中國政府不得在距離天津租界二十公里之內駐紮軍隊。天津不讓駐軍，北京的安全怎麼辦？嚇得老太后都不敢回鑾了。最後這個燙手的山芋扔給了袁世凱，你去接管吧！袁世凱從自己的軍隊裡提出三千兵，對他們進行了短期的專業培訓，改換制服，稱為「中國員警」。接管期一到，袁世凱的「員警」長驅直入，形式上與條約無衝突，實質上相當於中國駐軍。對此，八國聯軍既失望又敬佩，特別是天津治安一下子成為各省之冠，可謂是路不拾遺，夜不閉戶。後來，袁當上了直隸總督兼北洋大臣，施新政，搞改革，把天津治理成模範省，洋人越看越喜歡。後來，當袁世凱被迫回安陽釣魚時，他們甚至替袁世凱可惜，認為攝政王載灃是個軟弱的人物，袁世凱應該發動政變取而代之。所有這一切，導致辛亥革命發生後，洋人準備拋棄軟弱無能的清政府時，一下子就想到了袁世凱。

我曾經替孫中山可惜，對西方洋人有意見：你們已經拋棄了一個能讓中國發生希望的人物——光緒，為什麼還要繼續這樣——拋棄孫中山？事實上，洋人也考慮過孫中山，只不過考慮之後覺得不行，遂放棄罷了。正如對於光緒帝的評價一樣（他們認為光緒是一個幻想家），他們認為，孫中山「是一個空想政治家和誇誇其談者」。當時的英國記者查門對孫中山的評價是：「孫博士有許多英國和美國的朋友與同情者，但他們無意於支持反抗政府的叛亂……他們中大多數把孫看作是個不切實際的夢想家。」美國駐華公使嘉樂恆在致國務卿諾克斯的電文中，將袁與孫進行一番對比，他說：「一般認為袁是今日中國最有能力的人物」，至於孫中山「無論從其品格和能力來看，此間人士都不認為他是具有代表性的人物。他生在沿海，他在外國受教育，他絕大部分時間都生活在國外，他不知道中國的內情，或者說不懂得中國人民的生活、性格、傳統和習慣。」所以孫中山能控制局勢「是很可疑的」。英國駐華公使朱爾典對袁世凱的評價是：「袁世凱是確保在中國建立一個穩定政府的唯一人物。」

洋人廢話多，其實袁與孫的差別很簡單，前者是政治家，後者是理想家。政治家利用自己心中的「術」，憑藉手中的「力」，藉辛亥革命的「勢」，一腳踩清室，一腳踩革命黨人，三下五除二就摘走了辛亥革命的果實。心甘情願把果實讓出的孫中山，將滿肚子希望寄託到袁世凱身上，希望在袁世凱的帶領下，中華民國走向共和，趕超歐美。

為了讓中國趕超歐美，理想家決定與政治家分工合作——孫中山與袁世凱在北京第一次握手時，說出了一句名言：希望大總統為中國練二百萬軍隊，我為中國建設二百萬公里鐵路（一說是十萬英里，唐德剛先生說是二十萬里，所以這個二百萬可能是孫中山那個包括百萬英里公路在內的建國方略吧！其實，不管多少，好像都有些過於理想化，因為時至二〇一二年底，中國大陸的鐵路營運里程尚未突破十萬公里）。唐德剛先生分析說：「孫中山這席話，雖然出諸一位偉大愛國者的至誠，但是聽在有高度行政和經濟建設經驗的袁世凱的耳朵裡，就是信口胡吹了。」唐先生進一步認為，孫大炮這個諢名，可能就是袁世凱叫出來的。唐先生錯了，事實上，中山先生大炮之名來之早矣。遠在辛亥革命前，孫公經常在華僑界發動大家捐款贊助他的革命，奈何起義一次失敗一次，屢敗而戰，嚴格來講是屢敗而捐，而且每次募捐時都要向諸位保證：孫文這次一定成功。可是經常的情形是，孫公這邊話聲沒落地，那邊革命黨人起義失敗，甚至尚未起義因為洩密而失敗的消息就傳來了。由此，孫公得個孫大炮的諢名。

這個諢名並無惡意，相反，它是對一個理想家的最好的概括。《紐約先驅報》的駐華記者——那個後來曾經給老蔣做過顧問、與宋美齡私交不錯、甚至參與過西安事變和平解決的中國通端納，曾經記載他與孫中山一次關於修鐵路的談話，當時孫中山正在地圖上畫他的全國「路線」，他問端納：「你認為外國資本家會給這筆錢嗎？」

端納問：「條件是什麼？」

孫中山說：「啊，我們給他們築路權和經營四十年鐵路的權力，四十年期滿後，他們把鐵路完整而無償地交還中國。」

端納說：「除非有一個穩定的政府，否則哪怕修築一條最有利可圖的鐵路，也沒有希望得到一文錢的投資。」

孫中山說：「政府穩定與否有什麼關係？只要各省同意就行！」

端納問：「財政問題怎麼辦？」

孫中山的回答是：「財政是我最後才考慮的問題。」

從這些細節裡，我們不難看出，孫公缺少起碼的政治與經濟常識。第一，不考慮政府的穩定；第二，不考慮財政問題；第三，把外國投資商當傻瓜，以為人家不管中國政府是否穩定，就會拿著鉅款前來中國投資築路……可能正是這種常識的缺少，才導致西方人把他看成一個誇誇其談者吧？

汲古閣 15

老佛爺不高興 後果很嚴重

作者 端木賜香
美術構成 騾賴耙工作室
封面設計 九角文化/設計
發行人 羅清維
企劃執行 張緯倫、林義傑
責任行政 陳淑貞

企劃出版 海鷹文化
出版登記 行政院新聞局局版北市業字第780號
發行部 台北市信義區林口街54-4號1樓
電話 02-2727-3008
傳真 02-2727-0603
E-mail seadove.book@msa.hinet.net

總經銷 知遠文化事業有限公司
地址 新北市深坑區北深路三段155巷25號5樓
電話 02-2664-8800
傳真 02-2664-8801
網址 www.booknews.com.tw

香港總經銷 和平圖書有限公司
地址 香港柴灣嘉業街12號百樂門大廈17樓
電話 （852）2804-6687
傳真 （852）2804-6409

CVS總代理 美璟文化有限公司
電話 02-2723-9968
E-mail net@uth.com.tw

出版日期 2022年02月01日 二版一刷
定價 380元
郵政劃撥 18989626 戶名：海鴿文化出版圖書有限公司

國家圖書館出版品預行編目（CIP）資料

老佛爺不高興，後果很嚴重 ／ 端木賜香作.
-- 二版. -- 臺北市 ： 海鴿文化，2022.02
面 ； 公分. --（汲古閣；15）
ISBN 978-986-392-403-6（平裝）

1.（清）慈禧太后 2.傳記

627.81 110022240